最寒冷的冬天

韓戰啟示錄（上）

David Halberstam

大衛·哈伯斯坦

王祖寧、劉寅龍——譯

THE COLDEST WINTER

America and the Korean War

普立茲獎得主——大衛・哈伯斯坦——傳世經典紀念版【上】

麥克阿瑟出席南韓總統李承晚的就職典禮。這也是韓戰開打之前，麥帥唯一一次到訪南韓。在典禮上，他漫不經心地向李承晚誇下海口稱，如果南韓遭遇襲擊，美國會像「保衛加州一樣保衛它」。（US Army）

韓戰徹底改變美國的兩岸政策，也同時改變了東亞的格局。韓戰一開始，美國即命令第七艦隊巡防臺灣海峽，建立台海巡防艦隊，建立一道兩岸都不得跨越、「看不見的屏障」。圖為 1955 年，美國海軍作戰部長阿利．勃克抵台訪問，獲得蔣介石夫婦歡迎。（US Navy）

美國陸軍第 19 步兵團官兵在漢城以北 10 英里行軍，在一個已經習慣機械化載具的現代化步兵來說，朝鮮半島的陡峭、多山地形對這些美國大兵是個挑戰。在歷經韓戰以後，許多官兵的體力也被鍛鍊得比剛到戰場時更適應當地環境。（US Army）

意氣風發的麥克阿瑟。1950 年 9 月 15 日，仁川登陸的「鐵鍋行動」在仁川外海展開，如同麥帥的規定，攝影師只能從低角度拍攝他的照片。麥帥後方是遠東盟軍司令部作戰處長懷特准將，以及參謀長兼第 10 軍軍長阿爾蒙德少將。（US Army）

韓戰典型的散兵坑，美軍在天黑之前布置好陣地，等待共軍在入夜後的攻擊。（USMC）

1950 年 9 月 16 日的仁川灘頭，左側後方是登陸作戰的關鍵要點——月尾島。該島與 LST 戰車登陸艦之間，就是聯通仁川港的便道。可見整個仁川港都處於乾枯的狀態，潮汐落差大是這次作戰的最大挑戰，也是麥帥成功的因素。（US Navy）

美國著名喜劇演員鮑伯·霍伯到元山慰勞第十軍官兵，然而他的主要表演對象，美國海軍陸戰隊官兵還沒有上岸，霍伯只好自嘲說自己比陸戰隊更早登陸。（US DOD）

漢城巷戰。仁川登陸之後，美軍還是歷經一段苦戰，麥克阿瑟不斷強調：只要攻克了漢城，韓戰就會結束。事實卻不是如此。（USMC）

跨越 38 度線。在麥克阿瑟的命令下，聯合國軍趁勝追擊，把北韓軍逼到鴨綠江邊緣。在中共決定參戰以後，聯合國軍節節敗退，再次退守 38 度線以南。（USIA）

翻越海堤。美國海軍陸戰隊第 5 團 1 營 A 連 3 排的官兵，利用架在 LCVP 登陸艇上的木梯，爬上月尾島的海堤，為「鐵鎚行動」的成功奠定基礎。（USMC）

突圍成功的第 1 陸戰師官兵，聯合國軍在這次伏擊戰中被共軍誘導成功，導致 17,000 多人的傷亡。（USMC）

從長津湖向後撤退的美國海軍陸戰隊官兵，他們遭遇到共軍的攻擊，以及朝鮮半島百年來最寒冷的冬天。在古土里路邊停歇的他們，裝備與情報都不足。（USMC）

第 2 步兵師官兵在清川江操作機槍抵禦敵軍。隸屬阿爾蒙德第 10 軍的第 2 步兵師的非裔官兵，一直遭受阿爾蒙德的種族歧視政策所累。但這不影響他們在戰場上的表現。（US Army）

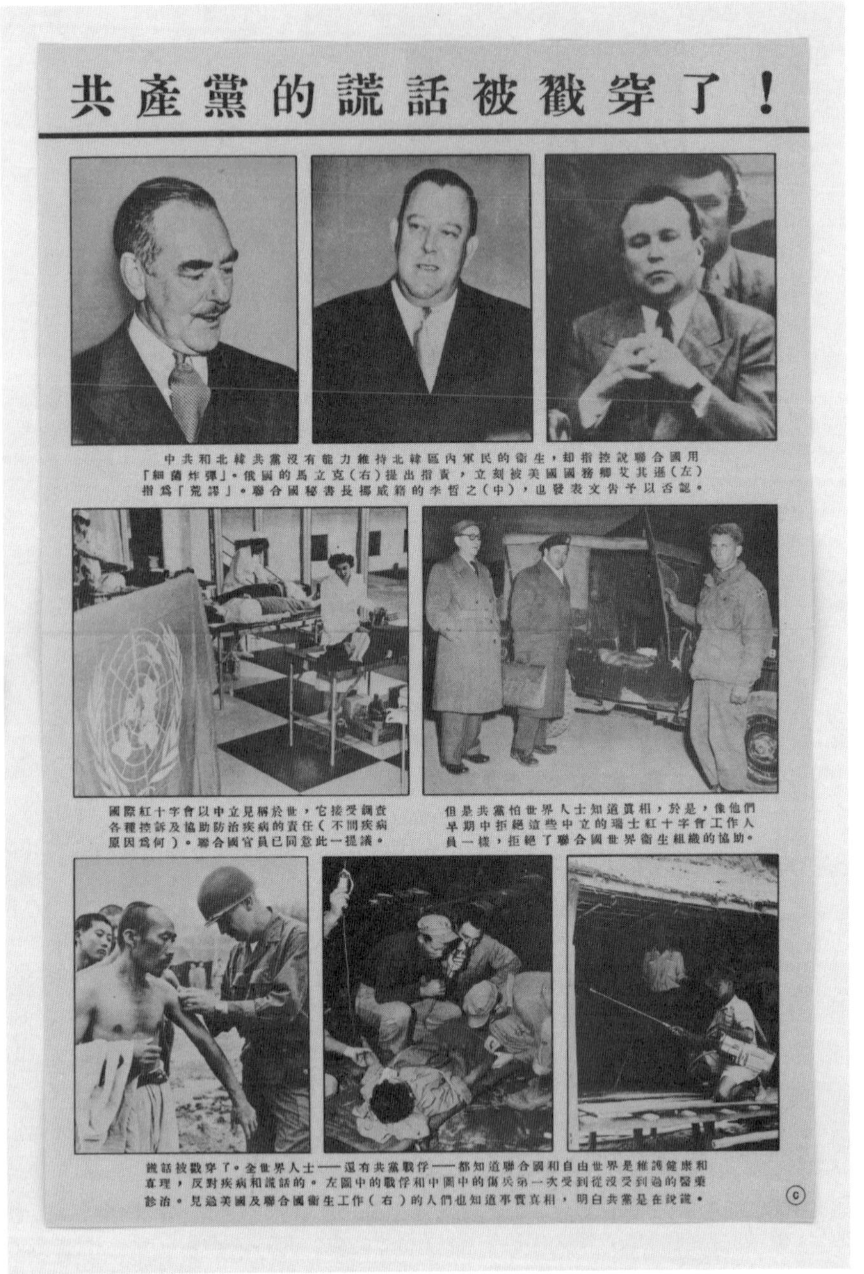
共產黨的謊話被戳穿了！

中共和北韓共黨沒有能力維持北韓區內軍民的衛生，却指控說聯合國用「細菌炸彈」。俄國的馬立克（右）提出指責，立刻被美國國務卿艾其遜（左）指爲「荒謬」。聯合國秘書長挪威籍的李哲之（中），也發表文告予以否認。

國際紅十字會以中立見稱於世，它接受調查各種控訴及協助防治疾病的責任（不問疾病原因爲何）。聯合國官員已同意此一提議。

但是共黨怕世界人士知道眞相，於是，像他們早期中拒絕這些中立的瑞士紅十字會工作人員一樣，拒絕了聯合國世界衛生組織的協助。

謊話被戳穿了。全世界人士——還有共黨戰俘——都知道聯合國和自由世界是維護健康和眞理，反對疾病和謊話的。左圖中的戰俘和中圖中的傷兵第一次受到從沒受到過的醫藥診治。見過美國及聯合國衛生工作（右）的人們也知道事實眞相，明白共黨是在說謊。

©

聯合國軍針對中共的宣傳品，不光是在戰場上，雙方還就衛生問題大打宣傳戰。（NARA）

仁川大捷後，杜魯門紆尊降貴來到威克島與麥克阿瑟碰面。麥帥告訴總統，中國絕不會參戰。即使他們真的參戰，他也完全有能力把戰場變成人類歷史上最大規模的殺戮場。（US DOD）

美國海軍 F4U「海盜式」艦載戰鬥機在韓戰期間為地面部隊提供許多的空中支援。（US Navy）

聯合國軍依靠強大的火砲、航空戰力與後勤補給的能力，為前線及被敵軍圍困的官兵提供火力以及彈藥、後勤的支援。這也就是為何聯合國軍兵力雖少，卻能夠抵銷共軍人數龐大的優勢。（US DOD）

李奇威（看鏡頭者）與麥克阿瑟（前座）共乘一輛吉普車，兩人在視察距離 38 度線以北 15 英里的戰線。李奇威對於麥帥的批評非常不能接受，這也提供了作者哈伯斯坦撰寫本書時許多不同的視角。（US DOD）

1953 年 7 月 27 日，聯合國、北韓與中共代表，在板門店簽署《韓戰停戰協定》。左側坐者為聯合國軍代表美國陸軍中將小威廉·哈里森，右側坐者為北韓人民軍代表南日，中共由彭德懷代表簽字。（NARA）

目次

【上冊】

「身上找不到一根懶骨頭」的哈伯斯坦

林博文（專欄作家、歷史記者）

上世紀七十年代中，一位來自密西根的美國朋友向我推薦大衛．哈伯斯坦的越戰經典：《出類拔萃之一群》（*The Best and the Brightest*，亦可譯為《最好的和最聰明的》）。記得那是一個酷寒的冬日，我在紐約華爾街附近的道爾頓（B. Dalton）書店買了一本《出類拔萃之一群》平裝本，價錢是一元九角五美分。三十多年來，這本八百三十一頁的書早就被我翻爛，書角變成一頁頁的「狗耳朵」（Dog-eared），書脊亦支離破碎了。三十多年來，我還買過這本書的精裝本、出版二十週年（一九七二年初版）的平裝紀念本，以及附有被越共關押了多年的前美國海軍飛行員戰俘、現任亞歷桑那州參議員、二〇〇八年共和黨總統候選人馬侃（John McCain）所寫的導言的版本。

在《出類拔萃之一群》面世前，猶太裔的哈伯斯坦早已是名聞全美的記者。他在六十年代初以《紐約時報》駐西貢（今胡志明市）特派員的身分採訪烽煙初起的越戰，因報導深入而獲得一九六四年普立茲最佳國際報導獎。據哥倫比亞大學對一百多名美國知識菁英所作的民調，他們表示哈伯斯坦的報導和《出類拔萃之一群》深深影響他們對越戰的看法。

＊＊＊

從六十年代到二十一世紀初，哈伯斯坦是美國文字媒體和非小說類寫作領域中最有活力、亦最富啟發性的寫手兼資深媒體人。從哈佛大學學生報紙《猩紅報》（*Crimson*）總編輯到在密西西比和田納西的小報採訪正在萌芽中的民權運動；從外放剛果、西貢、華沙當特派員再到專業作家，精力充沛的哈伯斯坦從未停止採訪、或找人做口述歷史、或到圖書館和檔案館裡東翻西找。一年四季，除了到麻州外海一個小島的度假屋休息，他總是不停地在採訪路上奔走，要不就是在紐約林肯中心附近自宅的書房或在曼哈頓上東區一家他最喜歡的私人圖書館裡寫作。他的紐約時報老同事、《王國與權力：紐約時報報史》的作者蓋．塔雷斯（Gay Talese）說：「在哈伯斯坦身上找不到一根懶骨頭。」當年以合眾國際社特派員身分和他一道採訪越戰的尼爾．希恩（Neil Sheehan，後跳槽至紐約時報）回憶說，他們在西貢同一個辦公室日夜趕稿，體力不支時，哈伯斯坦會說：「做一個記者，沒有疲倦的權力。」

哈伯斯坦是美國媒體的傳奇人物。他總共出版了二十一本書，寫作題材無所不包，從越戰到韓戰，從汽車工業到民權運動，從媒體到運動，幾乎每一本都是暢銷書。他通常每隔幾年出一本厚厚的大書，然後再出一本有關運動的小書（有些人說比厚書更精采）。哈伯斯坦一九三四年四月十日生於紐約，父親是陸軍軍醫，母親是小學教員。一九五五年畢業於哈佛大學，同學都找好工作或上研究院和法學院，他卻跑到密西西比州一個「鳥不生蛋」的窮鄉僻壤，找一家只有兩、三個人的小報當記者，他要磨鍊他的採訪技巧，更要體驗他完全陌生的美國南方生活，尤其是黑人的處境。幾年後，經由華府新聞界的龍頭老大、紐約時報資深記者兼專欄作家兼華府分社主任雷斯頓（James Reston）的引介，哈伯斯坦終於進入紐約時報當記者，從此改變了他的人生與事業。

哈伯斯坦在西貢採訪越戰期間（一九六二至一九六三），親眼看到無能的美國將領和大使虛報軍情和戰情的醜陋一面，他想到美國如何步武法國後塵掉進越戰泥沼（Quagmire）的歷史，以及美國捲入亞洲對抗共黨擴張的戰爭，即萌生有朝一日要寫一本美國與韓戰（朝鮮戰爭）的大書。韓戰開打三年時間（一九五〇至一九五三）正是哈伯斯坦就讀高中和大學的時候，智力已經成熟，他本人又是「新聞狂」，對韓戰印象極深。但他撰寫韓戰史的願望，卻拖至四十年後始付諸實現。就像他寫其他大書一樣。二〇〇七年九月出版的《最寒冷的冬天》，厚達七一九頁，哈伯斯坦自認是他最滿意的一本書。

＊＊＊

韓戰爆發於一九五〇年六月二十五日。中共的「中國人民志願軍」則於十月十九日秘密渡過鴨綠江（第一批有二十六萬人），十月二十五日在北韓境內與五星上將麥克阿瑟統帥的聯合國部隊（主要是美軍）開打，正式點燃了中共與美國首次大規模武裝衝突的戰火。韓戰打了三年，除了死傷無數，枕骸遍野之外，沒有一方是勝利者，朝鮮半島仍回復至戰前南北韓以三十八度線為界的對峙局面。中共打著「抗美援朝，保家衛國」的旗號，派遣百萬以上志願軍參與朝鮮戰爭，此一參戰行動對日後的亞太形勢（特別是東北亞）和美中關係，產生深遠的影響。

韓戰的起源，至今仍是一個爭議性的歷史課題。一些左翼的美國作家和學者認為韓戰係南韓總統李承晚與退守臺灣的中華民國總統蔣介石兩個人「各懷鬼胎」蓄意挑釁北韓，李企圖統一全韓，蔣則想跨海反攻大陸。以反抗權威著稱的報壇怪傑史東（I. F. Stone）即持此說。芝加哥大學歷史學講座教授兼系主任康明思（Bruce Cumings）在朝鮮半島問題上一向持修正觀點，立場亦親平壤。他曾於一九九〇年出版兩大冊巨著：《韓戰的起源》，被認為是研究韓戰的經典。二〇一〇年又出版《韓戰史》（二八八頁），他一直堅持李承晚是一九五〇年韓戰的挑釁者兼發動者。

比較中肯、客觀而可信的說法是北韓的金日成發動韓戰。當年出兵支援北韓的中共，近幾年來已改變過去譴責美帝與其走狗李承晚入侵北韓的說法，指出「（一九五〇年）六月二十五日，朝鮮人民軍越過三十八度線。」已故芝加哥大學華裔政治學教授鄒讜（國民黨黨國元老鄒魯之子）在其名著：《美國在中國的失敗》中，認為韓戰是國際共產對外擴張的一個先聲。自負又自大的金日成，急於吞掉南韓，統一朝鮮半島，他荒謬地高估自己，並錯估美國參戰的決心（包括蘇聯史達林），金氏甚至向史達林拍胸部保證：「三個月打垮李承晚！」

＊＊＊

關於派兵入朝作戰一事，北京中南海曾有過多次激辯，以周恩來為首的反對者佔上風，他們認為剛剛建國，面對百廢待興的國家和解放臺灣的任務，中共需要一個安定的環境來鞏固政權，從事建設。中國旅美學者、現任教康乃爾大學的近代史專家陳兼則認為，在麥帥所策畫的仁川登陸前一個月，即一九五〇年八月，毛澤東和其他北京領導人的觀點已趨於一致：派兵入朝助戰。甚至在七月份即已開始進行軍事與政治部署。他說，中共出兵的目的並非僅僅只要保衛中韓邊界，而是要把美國趕出朝鮮半島。北京領導人相信，朝鮮戰爭的結果必然與新中國的國內外利益具有密切關係。因此中共出兵是不可避免的。

然而，中國學者楊奎松（筆名青石）則根據大陸與俄羅斯檔案指出，毛澤東原先答應史達林的出兵要求，但在一九五〇年十月二日舉行的中共中央政治局擴大會議上，毛「吃驚的發現，幾乎所有領導人都對現在出兵朝鮮持懷疑和反對的態度。而最重要的是，軍隊領導人對同美軍作戰幾乎一致表示沒有把握。」毛澤東乃於十月三日約見蘇聯駐北京大使羅申，口述一封致史達林的電報，表示不願現在派兵入朝，史達林看到電報大怒。十月五日，曾被老毛寫詩歌頌（後被鬥垮）的「唯我彭大將軍」彭德懷在政治局會議上對出兵表示積極態度，毛才提議一面組建志願軍，一面派周恩來和林彪赴蘇聯向「老大哥」史達林說明出兵與不出兵的正反意見。周、林於十月九日在黑海之畔見到史達林。脾氣暴躁又極具優越感的史達林對著周恩來吼道：「那麼，你們的決定是不想派軍隊去朝鮮了，而朝鮮的社會主義很快就會崩潰了。」

毛澤東在史達林的脅迫下，在金日成的哀求下，終於答應出兵。中共出人力，狡詐而又心狠的史達林躲在幕後，中共志願軍所使用的武器和資源，由蘇聯提供，但中共必須償還。亦即中南海向克里姆林宮借錢打韓戰，送中國人當炮灰。史家認為中共志願軍入朝，對中國本身而言，可謂利弊兼具。弊的是拖延了經濟復原與建設的腳步，人民仍須過苦日子，欠蘇聯數十、百億美金的戰爭債，解放臺灣遙遙無期，自由世界視中共為黷武主義者而長期孤立北京。利的是，中共因韓戰而把勢力從朝鮮半島延伸至世界政治舞台，在亞太問題上有了發言權（獲邀出席日內瓦會議、美中舉行大使級會談），決心發展核武，埋下中蘇分裂之因，決定走自立更生之路。

哈伯斯坦說，美軍在韓戰中死了三萬三千人（越戰死亡五萬八千人）、十萬零五千人負傷；南韓軍民死亡四十一萬五千人、四十二萬九千人負傷；中共和北韓至今仍未誠實地公佈傷亡人數，但美國官方估計中共和北韓總共戰死一百五十萬人。親平壤的芝大教授康明思指控美國在北韓境內大事轟炸，至少有四百萬人被炸死，其中三分之二是平民。這個說法並未獲得多數專家認同。美方估計中共志願軍死亡人數（戰死或凍死或餓死）介於九十萬至一百萬之間。此說法的可信度頗高。可嘆的是，北韓後來從未對中共的出兵，表達任何感激之忱（包括老毛的兒子毛岸英被美軍飛機炸死），而從韓戰開始到今天，北韓仍靠中國「扶養」。沒有北京數十年來不斷地提供貸款以及糧食、油料和其他物資的支援，北韓早已崩潰。肥腫而又少不更事的金正恩又如何能接班！但西方戰略家認為，北韓的存在，乃是中共在東北亞制衡美、日和南韓的一顆極其重要的戰略棋子。

哈伯斯坦在《最寒冷的冬天》裡，選擇他最擅長的講故事的本領，在行文中凸顯出主角的生平，如艾森豪、杜魯門、麥帥、毛澤東、金日成等人，以及其他關鍵性人物的經歷，並把他們融到故事裡。哈伯斯坦敘事生動而又引人入勝。還原史事，充分凸顯了「新新聞」（New Journalism）的精髓。

永不知疲倦的哈伯斯坦於二〇〇七年四月下旬，把《最寒冷的冬天》的最後校樣交給出版社付印，他馬上飛到西岸的加州大學柏克萊分校演講，並在網路上徵求學生司機，因他想利用美西之行訪問卜居加州的美式足球傳奇人物台陀爾（Y. A. Tittle），為他的下一本書做準備。四月二十三日，應徵當司機的加大新聞系學生駕車不守規，而在史丹佛大學附近的孟諾公園（Mehlo Park）鎮發生車禍，哈伯斯坦當場被撞死，終年七十三歲。噩耗傳來，全美讀書界和新聞界為之震撼不已！

＊＊＊

二〇〇七年六月十二日，新聞界和文化界於紐約河邊大教堂舉行哈伯斯坦追悼會，在傾盆大雨的下午，近千人出席，美國各大媒體的名人幾乎都到齊，我和內人陳清玉亦趕去參加，向我們所尊敬的媒體人做最後的敬禮。會後，按美國作法，有酒會招待來賓，我告訴哈伯斯坦的遺孀，我是哈伯斯坦的大粉絲。我也對她說，哈伯斯坦在臺灣也有不少粉絲。

名歌手保羅・賽門（Paul Simon）在追悼會上自彈自唱他自己編寫的老歌：〈羅賓遜夫人〉（Mrs. Robinson）。歌詞中有一句提到當年的洋基棒球隊的打擊王佐・狄馬喬（Joe Dimaggio）：「佐・狄馬喬，你到哪兒去了？全國都以寂寞的眼光找你。」

創作力旺盛的哈伯斯坦走了，全世界的知識群眾都以痛惜的心情追懷他。

二〇一二年二月十六日寫於紐約

＊本文原發表於本書第一版（二〇一二年）。

韓戰六十年之後

朱立熙（知韓文化協會理事長、歷史學家）

今天，在臺灣談韓戰，儘管時空環境與人事都已非昔比，它仍是一個人人可以「各自表述」的歷史事件；尤其，在相關國家的意識型態仍然嚴重歧異的情況下，各取所需地自做歷史解釋，乃是理所當然。

六十二年前爆發的韓戰，在二次世界大戰之後的世界史上，具有重大的歷史意義，它不僅是第一次規模最大的戰爭，也因而促成了國際冷戰體制的全面啟動。戰爭景氣帶動了日本與亞洲周邊國家的經濟復甦。美國總統杜魯門派兵參戰的同時，下令第七艦隊協防臺灣，保障了臺灣不受中共乘隙進犯而遭到赤化，這可說是朝鮮半島的亂局，造福了臺灣。

當年的韓戰是中、蘇、美三大強權的較勁，只不過是由南北韓提供戰場，讓他們同族自相殘殺的一場代理戰爭。由於金日成的野心加上毛澤東對參戰有所圖謀，釀成了這場數百萬人傷亡的悲劇。今天，美、中、俄三大強權，任何一國都不再有打一場大規模戰爭的實力與能耐了。

同時，不斷在東北亞製造禍端的北韓，更沒有力量發動一場戰爭。核武雖然是它不斷用來恫嚇世人的利器，但這只不過是北韓一貫施展的「懸崖邊外交」手段而已。金正日生前就已深知，第二次韓戰爆發的話，不僅北韓全境會被夷為平地，也會讓金氏王朝徹底瓦解。

根據日本早稻田大學教授重村智計的研究報告，二〇〇五年北韓進口石油僅為五十二萬噸，相較於同年南韓的一億三千萬噸，日本的兩億四千萬噸，實在太過懸殊，重村認定北韓根本沒有能力打一場戰爭。北韓第三代接班人金正恩繼位後，雖仍充滿不確定性，但朝鮮半島重啟戰火的可能性幾乎是零，這是當年的韓戰留下的夢魘，讓各方都不敢蠢動，只能藉核武威脅的「恐怖平衡」來維持和平。

現在，讓我們來回顧一下當年的韓戰，各方主角的動機與謀略。

金日成的動機：他在一九四九年三月國共內戰正熾之際訪問蘇聯，尋求史達林對他動武的支持，但是遭到拒絕。他旋即尋求毛澤東的支持，毛一口同意，並且主張在一九五〇年上半年就要全面進攻。於是，在一九五〇年一月三十日金日成再次請求史達林支持，終於獲得史的首肯。所以金日成敢在一九五〇年六月二十五日以統一祖國為藉口，揮軍南侵。

毛澤東的謀略：一、中國幫蘇聯打美國，可以換取史達林提供武器與軍事工業的援助，以及共產主義勢力範圍的確立。二、國共內戰時，國民黨投降中共的殘兵敗將可以充當砲灰，送去朝鮮戰場。三、參戰的話，對剛剛建國的中共有太大的利益，不參戰則損害極大。四、於是，在一九五〇年十月十九日以麥克阿瑟將軍已經打到鴨綠江自家門口為口實，派遣「抗美援朝」志願軍投入韓戰。

人類戰爭史上，最殘忍也前所未見的「人海戰術」，就是首度在韓戰中使用的戰法。因為派去朝鮮戰場的兩百萬人民志願軍，是毛澤東不要的前國民黨軍。

然而，韓戰打了一年之後，兩敗俱傷，北韓實在打不下去了。一九五一年六月金日成前往北京會見毛澤東，請求他能同意停戰，但是遭到毛的拒絕。因毛澤東向蘇聯索求的軍事工業，仍未讓他滿足。其次，毛澤東知道蔣介石派出大量特工在南韓戰俘營進行策反工作，於是在停戰談判中堅持「戰俘一個都不能放走，必須全員送回中國」，讓談判無法獲致協議，而使韓戰多打了一年半，中國也多死了幾十萬人。毛澤東的泯滅人性，也由此可見。

史達林的盤算：一、蘇聯可在韓戰中充當軍火販子，大發戰爭財。二、藉機測試蘇聯軍備的實力，並取得美國的軍事技術。三、試探美國對抗共黨的底線。四、借中國人打美國人，牽制美國的力量，並把美國拴在朝鮮半島無法動彈，進而使世界權力平衡傾靠蘇聯。五、故意缺席安理會，不加以否決，引美國帶聯軍入甕。

杜魯門的對應：一、韓戰爆發兩天後派兵支援南韓。二、下令第七艦隊巡防臺灣海峽。三、九月十五日麥帥揮軍登陸仁川，將北韓軍截為南北兩段。四、美國政府在一九五〇年十二月十六日宣布全國進入緊急狀態；國務卿艾奇遜宣稱，美軍遭到一百年來「最慘的失敗」。五、師出無名，而且打了一場「不求勝，也不能敗」的戰爭。

蔣介石的算計：一、把韓戰視為良機，向美國表態願派陸軍三個師、飛機二十架參戰，但美英擔心此舉會導致中國參戰，而爆發世界大戰，隨即加以否決。二、中共介入韓戰，敗走臺灣的蔣政權認機不可失，與北京展開熾烈的國際宣傳戰，形同國共內戰的延伸。於是派出大量情報特工進入戰俘營，對二萬一千餘名中共軍俘虜展開策反遊說，最後在一九五四年一月二十三日成功將一萬四千三百二十一名反共戰俘（都是前國民黨軍）遣送回臺灣，戰俘成為蔣介石用來羞辱毛澤東的宣傳工具。

一九五三年七月二十七日總算簽署停戰協定。打了三年的韓戰，各方損失慘重。美國投入一百五十億美元的戰爭經費，美軍共有三萬七千人死亡；中國對外宣稱十萬人死亡，但是鄧小平、康生對外賓承認，共有四十萬人死亡；南韓則有一百萬軍民死亡。發動戰爭的北韓，則一共有二百五十萬軍民死亡，犧牲最多，戰爭結果，仍退守原本的北緯三十八度線，並未多得到一吋的土地。

事實上，二次世界大戰之後，南北韓分裂，美軍駐屯南韓，是為了左右防堵中國的霸權擴張與日本的侵略性。然而，北韓無視於自身只是「被利用」的存在，卻在「受害妄想症」之下把自己逼上梁山，而不斷以膽小鬼遊戲來玩弄強權，到今天淪為國際孤兒。一百年前「東學黨亂」引發清日以朝鮮為戰場的甲午戰爭，似乎沒有讓北韓學到教訓！

相較於二〇〇〇年韓戰五十週年時，兩韓是以高峰會的「和解」來取代「對抗」，六十週年的二〇一〇年，兩韓卻因天安艦事件與砲轟延坪島事件，而回到冷戰對峙的緊張態勢。如果兩韓不能以歷史為殷鑑，這個悲劇宿命不斷循環的民族，還是不免要被環伺的強權所操弄。期待《最寒冷的冬天》在一片韓流中能帶給大家嶄新的歷史認識。

二〇一二年二月十五日於南臺灣和煦陽光下

---

* 本文原發表於本書第一版（二〇一二年）。

軍事地圖說明
Note on Military Map Symbols

我們盡最大的努力，去改進本書的每一張地圖，務求以美軍軍事地圖 MIL-STD-2525B 通用戰術符號的標準來詮釋。這是一種供受過訓練的地圖判讀員，快速解讀地圖上有關單位的敵我、規模、類別以及所屬番號等綜合性資訊的標準符號。

在某些案例，特定單位無法提供完整資訊，為免提供錯誤訊資訊，會使用簡易的方式標示。要注意的是，其他以非 MIL-STD-2525B 戰術符號標準詮釋的符號，都是為了提高地圖本身有利於讀者的判讀。

由於 MIL-STD-2525B 標準包含有上千種戰術符號，只有少數是在判讀韓戰地圖時是用得到的。如下：

敵我辨識：		砲兵		師	XX
友軍	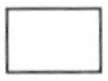	工兵	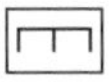	旅	X
敵軍	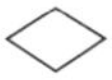	裝甲		團	III
部隊種類		**部隊規模**		營	II
步兵		軍團	XXXX	連	I
騎兵		軍	XXX	排	•••

次級部隊番號放在代表兵科的左邊，一級部隊番號放在右邊，部隊的規模則是標示在符號的正上方。例如，第八騎兵團（右邊的 8 代表）第三營（左邊的 3 代表番號、正上方的 II 代表營）。

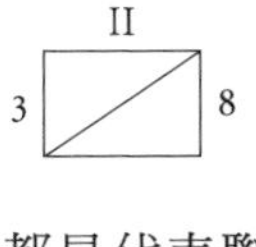

除非有另外註明，否則實心黑線都是代表聯合國軍或者是防守陣地。

軍事單位

各個軍事單位的建制與指揮幹部會因時空、地點與條件不同而有所變化。韓戰初期，幾乎所有聯合國軍作戰單位都有兵力不足的情況。因此，下列資料僅供參考。

軍團：約十萬名士兵（兩個或兩個以上的軍組成，四星上將指揮）
軍：約三萬名士兵（兩個或兩個以上的師組成，三星中將指揮）
師：約一萬五千名士兵，韓戰時期一般只有一萬兩千名士兵（三個團組成，二星少將指揮）
團：約四千五百名士兵，包括砲兵、裝甲兵以及醫護人員（三個營組成，上校指揮）
營：七百至八百五十名士兵（四個或四個以上的連組成，中校指揮）
連：一百七十五至二百四十名士兵（四個排組成，上尉指揮）
排：四十五名以上士兵（四個班組成，中尉指揮）
班：十名以上士兵（上士指揮）

軍事術語表
Military Terminology Table

武器裝備

M1 步槍：半自動步槍，重九點五磅，裝刺刀後重十點五磅，彈匣可裝八發子彈，三〇口徑，射速每分鐘三〇發，射程五〇〇碼。

卡賓槍：短管步槍，彈匣可裝十五或三〇發子彈，三〇口徑，射程較近，射擊精度較低。

白朗寧自動步槍：簡稱 BAR，一種由兩人共同操作的武器，其中一人裝彈藥，另一人發射，有半自動和全自動兩種，三〇口徑，射速每分鐘五〇〇發。

機槍：三〇機槍，射速每分鐘四五〇至五〇〇發。
五〇機槍，一般安裝在卡車、坦克或其他車輛上，射速每分鐘五七五發，射程二千碼。

火箭筒：二點三六吋火箭筒由於效率過低，一九五〇年韓戰爆發時已被三點五吋火箭筒取代。三點五吋火箭筒能夠穿透較厚的裝甲，射程約七五〇碼。

步兵用迫擊砲：（六〇公厘、八一公厘、四點二吋）前裝式火砲，發射角較高，能夠擊中山谷或者散兵坑，射程一千八百至四千碼。

榴彈砲：（一〇五公厘、一五五公厘、八吋）射程二至五英里的火砲。

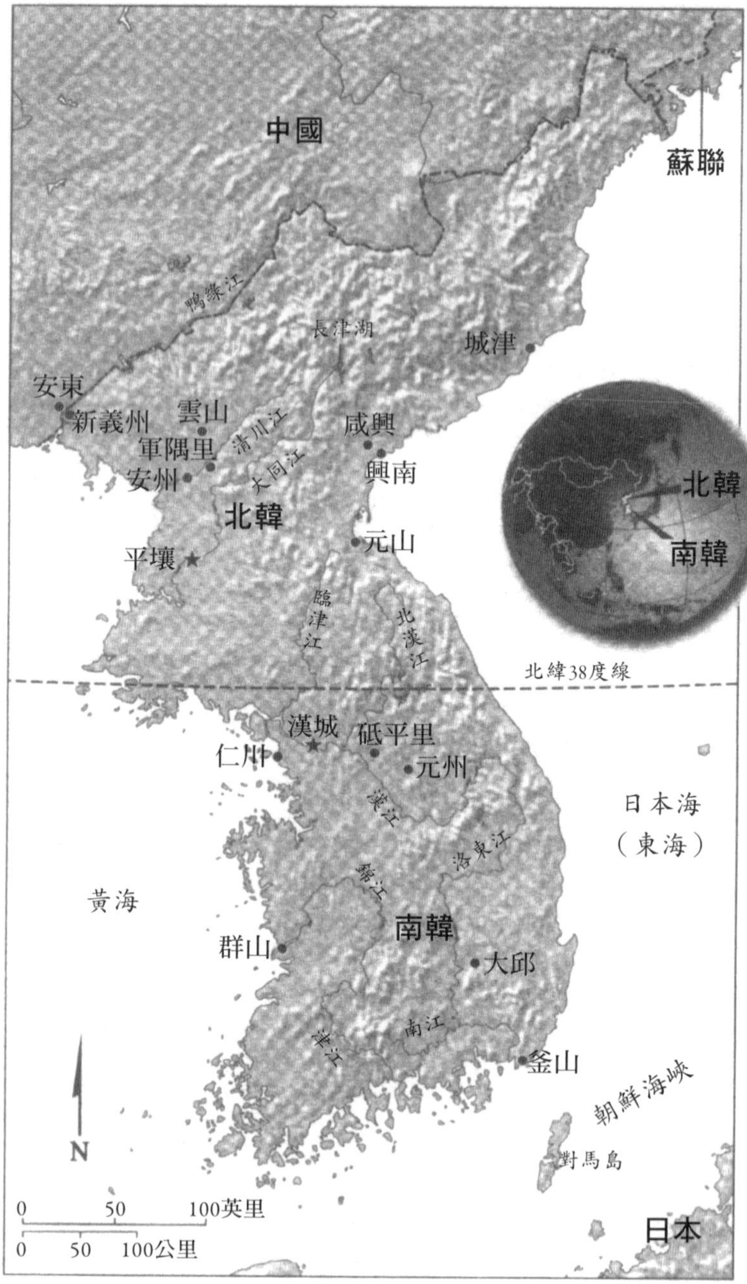

圖一　對峙前的朝鮮半島局勢，一九五〇年五月

自序

一九五〇年六月二十五日，北韓軍近七個精銳師一舉越過北緯三十八度線，揚言要在三週之內解放整個南方地區。在中國內戰期間，這七個精銳師中的許多士兵都曾為中共軍隊效力。此前大約六個月，由於國務卿迪恩．艾奇遜的一時疏忽，美國沒有將南韓納入其在亞洲的防禦範圍之內，從而鑄成大錯。當時駐紮在南韓的美軍不僅為數極少，而且僅僅隸屬於一個微不足道的軍事顧問團，因此對於北韓的這次進攻，他們幾乎毫無防備。在這次攻擊行動開始後的前幾週，北韓軍勢如破竹、節節勝利。對美軍而言，戰場上傳來的每一條消息都令人失望。此時在華盛頓，杜魯門總統及其高級顧問們正就敵人的意圖展開唇槍舌劍的辯論。這次進攻是俄國人的授意而北韓只不過是莫斯科手中的一顆棋子嗎？或者，敵人意欲聲東擊西，而這次行動也許是共產主義妄圖稱霸全球的第一次挑釁？隨後他們很快就做出決定，派遣美國軍隊及隨後組成的聯合國軍開赴南韓，以抵禦北韓的進攻。

然而韓戰不僅沒有在三週之內結束，反而持續了三年之久。在這場艱苦卓絕的戰爭中，面對敵方數量上的強大優勢，兵力相對有限的美軍與聯合國軍只能揚長避短，發揮自己在武器裝備與技術上的過人之處。但是，朝鮮半島不僅地勢極為險峻，氣候也十分惡劣。對於美軍來說，最大的威脅與其說是北韓或者中共的士兵，不如說是這裡冬季凜冽刺骨的寒風。因此，軍事歷史學家S．L．A．馬歇爾（S. L. A. Marshall）稱之為「二十世紀最令人難以忍受的局部戰爭」。崔嵬險要的崇山峻嶺不僅足以抵消美軍及聯合國軍在武器裝備上（尤其是在裝甲車輛上）的所有優勢，還為敵方提供了眾多棲身之所及天然屏障。在戰爭結束幾年之後，艾奇遜國務卿說：「無論是從政治角度還是從軍事角度來講，如果讓全世界最高明的專家找出這場糟糕的戰爭最不應該發生的地方，那麼他們一定會異口同聲地說，這個地方就是朝鮮半島。」就連艾奇遜的朋友艾弗利爾．哈里曼也認為：「這是一場有苦難言的戰爭。」

美國方面所謂「沒有必要挑起戰爭」的言論完全是一派掩人耳目之辭。事實上，正是那位不願將這場冠名為「戰爭」的總統親口號召美軍奔赴韓國戰場。然而杜魯門從一開始就相當謹慎，力圖淡化這一場衝突的本質。對於那些凡是有可能激化美蘇對峙局面的因素，他都要加以限制，而其慣用伎倆之一就是玩弄文字遊戲。六月二十九日，也就是北韓軍越過邊境線之後的第四天下午，杜魯門剛剛把美軍送上戰場，就立即在白宮接見了記者。當有記者問美國是否已經處於交戰狀態時，他斷然否定。於是，又有一名記者問道：「那麼我們是否能夠將其稱之為一次聯合國主持下的警察行動？」杜魯門答道：「是的，這種說法相當恰當。」這無疑等於說，在南韓的美軍充其量只不過是維持秩序的警察而已，然而這一暗示卻讓那些奔赴韓國戰場的美軍士兵感到無比辛酸。無獨有偶，四個月之後，當中共領導人毛澤東下令數十萬共軍挺進北韓時，出於某種與杜魯門相似的原因，決定採用同樣微妙的措辭：「志願軍」。

提問者漫不經心，作答也不痛不癢，然而這正是政策乃至戰爭的玄機所在。不知何故，杜魯門當時的說法被人沿用了相當長的一段時間。對於這一回答，如果說總統本人一直感到無怨無悔的話，那麼許許多多在前線浴血奮戰的美軍將士卻並不這麼認為。事實證明，韓戰既不是一場僅僅為了捍衛國家統一這樣動機單純的大規模戰爭——就像第二次世界大戰那樣，也沒有完全一分為二，成為人們揮之不去的夢魘——就像數十年後的越戰那樣。反之，這是一場令人困惑、陰雲慘澹、遠在千里之外的戰爭，是一場曠日廢時、看似永無希望、永無止境的戰爭。而箇中緣由，除了那些在前線奮力廝殺的美軍將士外，大多數美國人都寧願不求甚解。不過，在這場戰爭結束將近三十年之後，約翰．普萊（John Prine）的一段歌詞倒跟人們現在的心境很貼切：「大衛曾經在韓戰中掛掉／然而原因我們卻不知道／現在一切都已經不重要。」半個多世紀過去了，這場戰爭仍然停留在美國的政治與文化視野之外。關於韓戰，有本傑出的著作名叫《被遺忘的戰爭》（*The Forgotten War*），書名本身就是這段歷史的生動寫照。從某種程度上來說，韓戰似乎已經成了歷史的棄兒。

許多駐韓美軍對這次勞師遠征都滿懷怨恨之情。他們當中有些人曾經在二戰期間服役，然後轉為預備役，現在又被迫放棄自己的平民工作，極不情願地再次入伍。當他們的大多數同僚能夠在國內安居樂業時，他們卻不得不在十年之內兩次遠涉重洋、南征北戰。還有一些人在二戰結束後決定留在軍中，對於北韓發動進攻時美軍的可悲狀況，他們備感觸目驚心。兵員不足、素質低下，裝備陳舊不堪，再加上那些高階將領愚蠢透頂，讓駐南韓的美軍陷入窘境之中。在這些老兵看來，二戰期間美軍之輝煌、素質之精良、將士之孔武與韓戰初期美軍的困窘形成了強烈的反差。他們愈是身經百戰，就愈是對當前遭遇的狀況感到心灰意冷與驚恐不安。

第二步兵師第二十三團第一營營長喬治．羅素中校（George Russell）曾經寫道，韓戰最糟糕的地方，「正是韓國本身」。美軍一向過於依賴其發達的工業生產與先進的軍事裝備，尤其是離不開戰車，然而這裡的地形卻讓他們難以施展身手。雖然西班牙與瑞士也都地勢陡峭、群山連綿，但是山區過後很快就是一馬平川，讓工業強國的戰車可以長驅直入。然而，韓國在美國人看來，正如羅素所言，卻是「過了一山又一山」。如果說可以用一種顏色來代表韓國的話，羅素說：「那一定是棕色」。如果說要為這裡的美軍頒發戰役紀念勳表的話，那麼所有參加過此次戰爭的將士一定都會不約而同地認為，這勳表理所應當是棕色的。

與越戰不同的是，韓戰發生時，美國尚未進入資訊社會，電視新聞也剛剛出現。在韓戰時期，每晚十五分鐘的電視新聞過於簡短，不僅內容索然寡味，影響也微乎其微。在當時的技術條件下，要想把從韓國戰場上拍攝的膠片寄到紐約新聞中心，需要相當長的一段時間，而且在國內也成不了什麼氣候。美國人多是通過白紙黑字的新聞報導來了解韓戰，因此這種黑與白的印象也一直延續至今。二〇〇四年，在撰寫本書期間，我有幸參觀了佛羅里達州基韋斯特的圖書館：那裡的書架上一共有八十八本有關越戰的書籍，而有關韓戰的著作卻只有四本。也許此一事實多多少少說明了這場戰爭在美國人心中留下了多少記憶。第二步兵師一位名叫阿登・羅利的年輕工兵曾在韓戰中被俘，且被囚禁長達兩年半之久。他辛酸地寫道，不論是二〇〇一年還是二〇〇二年，都是韓戰中數次重大戰役的五十週年紀念，然而在這兩年間美國只有三部以戰爭為主題的電影—《珍珠港》、《獵風行動》和《勇士們》，前兩部是關於二戰的，第三部是關於越戰的。即使再加上一九九八年拍攝的《搶救雷恩大兵》，一共也只有四部。在所有涉及韓戰題材的電影中，最著名的人物應該是一九六二年拍攝的《諜網迷魂》中的英國演員勞倫斯・哈威，在影片中他扮演一個名叫雷蒙・蕭的美國戰俘。

如果說韓戰最後終於在流行文化中占有一席之地的話，那麼羅伯特・奧爾特曼的一部反戰題材電影（同時也是電視情景喜劇）《外科醫生》（M＊A＊S＊H）功不可沒。這部影片拍攝於一九七〇年，時值美國國內反越戰運動浪潮高漲。表面上看，這是一部有關韓戰的影片，但就當時的好萊塢而言，導演們對於製作一部反戰題材的電影仍然感到誠惶誠恐。因此，這部影片雖然打著韓戰的幌子，但實際上演的卻是越戰的事情。無論是導演奧爾特曼還是編劇林・拉德納都對越戰表現得極為關注，但是礙於這一題材過於敏感，難以隨心所欲地處理。然而值得注意的是，影片中的人物及軍官的髮型不是韓戰年代的平頭，而是越戰時期的寸頭。

因此，儘管這場戰爭如此慘烈，但是卻從未觸及美國文化意識的深處。據估計，韓戰中美軍有三萬三千人陣亡，十萬五千人受傷；南韓有四十一萬五千人喪生，四十二萬九千人受傷。但是，中國與北韓卻一直對自己的傷亡人數祕而不宣。據美國官方粗略估計，這一數字約為一百五十萬人。韓戰讓兩大陣營從「冷戰」暫時轉入「熱戰」，不僅加劇了美國與共產世界之間業已存在並且不斷升級的緊張局勢，也加深了美國與共產陣營在亞洲爭奪勢力範圍的鴻溝。美國一招不慎，讓中國也捲入了戰爭，在兩極對峙的格局下，雙方之間這種劍拔弩張、互不相讓的態勢愈演愈烈。簽署停戰協定時，雙方都宣稱自己取得了戰爭的勝利，但實際上朝鮮半島的局勢與戰前毫無二致。然而美國的情況卻非如此：它的亞洲戰略視野變了，國內的政治平衡也被打破了。

＊＊＊

那些遠赴韓國戰場的美國士兵常常感到與自己的同胞異常隔閡——沒有人對他們所作的犧牲表示感激，也沒有人認為這場戰爭至關重要。近日有人指出，在二戰期間，美國人民萬眾一心、同心同德，戰場上的將士被國人奉為美國民主精神與優秀價值觀的傳承而備受崇敬。然而，韓戰卻是一場難熬的局部戰爭，人們很快就認為這場戰爭對美國毫無益處。於是，當參與過韓戰的美軍服役期滿回歸故土時，對於他們在韓國的所作所為、所見所聞，街坊鄰里不僅顯得無動於衷，而且很快就拋諸腦後了，那些在後方發生的重大事件、工作職位的提升、新房產或新轎車的購置才是他們更為迫切關注的話題。一方面是因為來自韓國戰場上的新聞總是令人沮喪，而且即使戰局有所好轉，媒體也似乎從未感到樂觀。一九五〇年十月底，當中國參戰後，美軍打破困境的可能性好像越發遙不可及，就更不用說勝利了。當時在軍中，有一句廣為流傳的戲謔之語諷刺了這種僵局，那就是「為平局而死」（Die for a Tie）。

無論他們的表現多麼驍勇，無論他們的目的多麼崇高，這種前方將士與後方人民之間的巨大隔閡讓參與韓戰的美軍始終覺得，較之於先前參加過其他戰爭的士兵，他們總是等而次之，從而感到一種無以名狀、難以磨滅的痛苦。

第 1 章

雲山驚兆：美軍遭遇伏擊
A Warning At Unsan

這是美國全身而退的最後一次機會，麥克阿瑟卻錯失良機……
一九五〇年十月二十日，美軍攻克平壤。
一直以精通所謂「東方心理學」自詡的麥克阿瑟斷言中國不會參戰。
因此，他不顧天氣、地形等不利因素，要求美軍迅速北上。
然後對著鴨綠江水撒尿以慶祝勝利。
孰料，在雲山一帶，共軍彷彿從天而降，伏擊於此，
把美軍第一騎兵師打得潰不成軍後，又迅即消失得無影無蹤。

正是美軍遠東總司令道格拉斯．麥克阿瑟對警示的忽略，一場小規模戰鬥才會演變為大規模戰役。

一九五〇年十月二十日，美軍第一騎兵師直搗平壤。然而事後，關於究竟是誰先抵達該市的問題，第一騎兵師第五團與韓軍第一師卻各執一詞。實際情況是，第一騎兵師防區內所有通往大同江的橋樑都被敵方炸毀，因此阻礙了他們的行軍速度，而韓軍趁機搶先一步進入這座幾已成為廢墟的城市。儘管如此，美軍上上下下仍然額手稱慶，因為在他們看來，拿下平壤就意味著戰爭已接近尾聲。為了讓所有人知道，在美軍諸多作戰部隊中是第一騎兵師首先抵達平壤的，一些官兵甚至帶著油漆與刷子，在城裡的大街小巷塗滿第一騎兵師的軍徽。

此外，在平壤的各個角落，到處都有士兵三三兩兩私下慶祝。第九十九野戰砲兵營的觀測員菲爾．彼得森中尉（Phil Peterson），正與第一騎兵師八團三營的好友華特．梅奧中尉（Walt Mayo）互相道賀。他倆不僅是推心置腹的摯友，還是患難與共的知己。彼得森認為，只有軍隊才能造就這種非比尋常的真摯友情。華特才智過人，曾就讀波士頓學院，其父也是該校的音樂系教授；彼得森出身預備軍官學校，此前只在明尼蘇達州的莫里斯讀到九年級，之後為了賺取五美元的日薪，不得不輟學去田間工作。在平壤時，華特曾設法從蘇聯駐平壤大使館的大型酒窖弄到一瓶俄羅斯香檳，然後和彼得森用自己鋼杯一起分享這瓶偽香檳的烈酒——那辛辣刺鼻的味道簡直令人作嘔。

進駐平壤的第三營L連的比爾．理查森士官長（Bill Richardson）同樣感到如釋重負。他知道這裡的戰事幾乎就要結束，第一騎兵師很快就可以從韓國撤軍了。這不僅僅是因為軍中眾口相傳，而且連部也下令要求所有具備裝載船貨經驗的士兵向上級報到。毫無疑問，這代表他們即將凱旋歸國了。此外，還有一個跡象足以證明戰爭即將結束，就是上級下令他們上繳大部分彈藥。這樣看來，那些從各級指揮部傳出的隻言片語一定不是空穴來風。

理查森在自己的排裡一直以元老自居，因為幾乎所有人都是新面孔。他時常憶起三個月前與他一起出發的戰士，對他來說，這短短三個月似乎要比之前二十一年的人生還漫長。其他人有的陣亡了，有的受傷了，有的在作戰中失蹤了，唯一與他一起熬過這三個月的是他的好友吉姆・威爾斯上士（Jim Walsh）。有天理查森找到威爾斯，對他說：「老天，我們成功了！老弟，我們終究還是挺過來了！」於是他倆一邊恭喜對方，一邊仍對自己的好運半信半疑。這次小小的慶祝會發生在十月底，然而第二天上級又重新分配彈藥，並命令他們一路北上，去援救那些身陷困境的南韓部隊。

儘管如此，他們還是聽說東京將舉行一場勝利大閱兵。據說屆時第一騎兵師會走在隊伍的最前面——這不僅是因為他們表現英勇，更因為他們一直都頗受總司令麥克阿瑟的賞識。他們還聽說，閱兵式前要拿回黃色騎兵領巾，還要把自己打扮得有精神一點。是啊，總不能衣衫襤褸地走過東京的銀座吧？於是，第一騎兵師決定在路過麥克阿瑟位於東京第一大廈總部時，好好表現一下。他們的確應當好好表現一下了。

總之，在韓美軍當時的心態十分複雜，一方面過於樂觀，另一方面在精神和體力上都極度疲勞。有人甚至設下賭局，賭他們回國的時間。至於從釜山到平壤的戰況有多麼凶險，對那些初來乍到的補充兵來說只是聽來的故事而已。重要的是，最艱難的時刻已經過了，這本身就是一種莫大的安慰。一名來自奧克拉荷馬州、名叫班・博伊德（Ben Boyd）的年輕中尉在平壤向第一騎兵師報到，擔任第一營B連的排長。四年前，博伊德甫自西點軍校畢業，非常渴望在此一試身手，但當他聽說這個排的近況時，卻不由自主打了個寒顫。一名高階軍官問他：「中尉，你知道你對這個排來說是什麼嗎？」博伊德答道：「不知道。」「這就對了，中尉，不要以為你有多了不起。自我們來到韓國以來，你已經是這個排的第十三任排長了。」從那一刻起，博伊德再也不覺得自己有什麼了不起了。

他們在平壤的最後幾天還發生了一件事，那就是鮑伯．霍伯前來勞軍演出。這可不是一次尋常的演出：這位大名鼎鼎的喜劇演員曾在二戰期間為軍隊作過一場又一場表演，現在竟然來到北韓的首都為他們講笑話。當天夜裡，第一騎兵師的許多官兵紛紛前來觀看霍伯的表演。可是第二天一早，他們就帶著重新配發的彈藥，一路北上奔赴雲山，去那裡解救受到攻擊的南韓軍隊。在他們看來，南韓士兵總是陷入小麻煩，他們無疑只是去收拾殘局而已。

因此，從出發的那一刻起，他們就沒有做好充分的準備。是的，雖然他們已經領回部分彈藥，但問題是，究竟應該穿什麼樣的衣服？他們應該穿上特地為東京閱兵式準備的制服，還是裹上笨重的冬裝？不知為何，他們都選擇了前者。但是，韓國百年來最寒冷的冬天正快速接近。他們北上的目的地距離中韓界河鴨綠江只有咫尺之遙，但是這支隊伍上到軍官下至士兵，莫不認為自己早已脫離險境。很多人還聽說，就在兩週前，麥克阿瑟與杜魯門在威克島會面時，揚言要從韓國撤出一整師的兵力轉移到歐洲戰場。

第一騎兵師剛到平壤不久，麥克阿瑟也隨即抵達。「難道就沒有舉辦什麼慶祝儀式來為我接風嗎？」他一邊下飛機，一邊問道。「金大牙在哪兒？」他調侃金日成，好像這位北韓勞動黨領導已成為他的手下敗將。接著，他下令讓所有從一開始就在第一騎兵師服役的士兵出列。在當天集合的兩百多名將士裡，只有四個人站了出來，而且每個人身上都掛了彩。檢閱結束後，麥克阿瑟隨即登機返回東京，並未在韓國過夜。事實上，在他坐鎮指揮的這段期間，他從未在韓國待過一晚。

＊　＊　＊

麥克阿瑟回到東京後，華盛頓的一些高階將領認為他顯然準備讓美軍繼續深入北方。麥克阿瑟堅信，中國不會介入。當時的美軍勇往直前、所向披靡，而北韓人卻潰不成軍、望風而逃，因此，麥克阿瑟的將令也變得越不受約束，越來越含糊不清。形勢很明顯，他志在挺進鴨綠江，直趨中韓邊境，而對於華盛頓意欲強加於他卻又不敢強加於他的那些步步緊逼的限令，麥克阿瑟根本就不屑一顧。就連參謀首長聯席會議（參聯會）禁止派遣美軍進入任何毗鄰中韓邊境地區的命令，也絲毫未讓他放慢北上的步伐。其實，這件事沒什麼好大驚小怪的，因為人人心裡都十分清楚，麥克阿瑟只會聽從一個人的命令，就是他自己。眾所周知，共軍早已在鴨綠江對岸嚴陣以待。他們意欲為何，麥克阿瑟自認為比杜魯門政府的高官更瞭若指掌。他曾在威克島上告訴總統，中國絕不會參戰。即使他們真的參戰，他也完全有能力把戰場變成人類歷史上最大規模的殺戮場。對於麥克阿瑟及其手下來說，順利穿越這片與阿拉斯加有著類似氣候與地貌的不毛之地，就等於從仁川登陸開始的北伐行動取得了決定性的勝利。這不僅僅是一場偉大的勝利，還是一段頗具傳奇色彩的佳話——因為華盛頓的大多數人極力反對時，麥克阿瑟將軍卻力排眾議。因此，當麥克阿瑟命令美軍朝北方挺進時，華盛頓的文武高官變得越來越驚惶不安。對於中國（實際上也包括蘇聯）的意圖是什麼，他們無法像將軍那樣鎮定自若，而且聯合國軍極度暴露的態勢尤其令人感到不安。然而他們都十分清楚，麥克阿瑟極難駕馭——雖然他們都對這位五星上將敬畏有加。

若說當前的局勢對聯合國軍極為有利，那麼在六月底北韓人剛剛越過三十八度線時，無疑是共產集團占了上風。他們似乎攻無不克、戰無不勝，而那些孱弱無能、疏於防範的美軍與南韓軍卻節節敗退。然而，隨後美軍立即派遣大批精兵強將前來增援，再加上麥克阿瑟指揮的仁川登陸也大獲全勝，從而使美軍成功深入了北韓腹地。此後，北韓人民軍已成強弩之末，尤其在美軍經過幾番苦戰拿下漢城後，[1]

1 譯註：南韓首都，自二〇〇五年一月十八日中文名稱統一為首爾，但本書敘述歷史，仍舊使用漢城一詞。

北韓的抵抗能力幾乎已喪失殆盡。儘管華盛頓的高層大多對仁川一役讚譽有加，麥克阿瑟日漸增長的威望卻讓他們感到如芒在背。北京方面早已發出警告，揚言他們將要介入，但在目前這種情況下，仁川登陸不僅讓麥克阿瑟變得目空一切，而且讓人們對他奉若神明。這位一直以精通所謂「東方心理學」自詡的將軍曾斷言，中共一定不會參戰。然而在二戰前夕，對於日本人的參戰意圖與作戰能力，正是這位專家做出了大錯特錯的判斷。後來，華盛頓的一些高官認為，在聯合國軍抵達平壤、北上雲山之前，美國喪失了最後一次機會，從而使戰事升級成一場與中國之間的大規模戰爭。

* * *

那些率軍北上的將領同樣感到驚慌不安。許多作戰經驗豐富的軍官們發現，在他們艱苦跋涉的同時，氣溫驟降，地形愈加險峻，北上的征途正變得令人毛骨悚然。幾年後，韓軍第一師師長白善燁——美國人眼中首屈一指的南韓名將——曾憶及這次北上時的不安，因為一路上他們幾乎未遭遇任何抵抗，到處都是一片荒涼，彷彿與世隔絕。作為一名曾經參與對日作戰的資深指揮官，白善燁起初感到十分迷惘，直到後來才意識到，南韓軍隊所到之處，無一不是萬籟俱寂，荒無人煙。就在之前，南下的難民總是絡繹不絕，此時路上卻杳無人跡，好像要發生什麼大事，而他對此卻一無所知。在此同時，這裡早已是天寒地凍，氣溫每天都要下降攝氏五度左右。

此外，一些重要的情報人員也感到不安。他們持續從各路消息來源獲知一些資訊，這些傳聞使他們確信，共軍將在十月底前大舉進入北韓。第一軍（第一騎兵師歸其所轄）參二情報參謀珀西．湯普森上校（Percy Thompson）是在韓美軍中公認的最佳情報官員之一。對於這些傳聞，他感到十分悲觀。他幾乎可以肯定共軍已到眼前，因此試圖向上級發出預警。不幸的是，第一騎兵師的高階軍官對於東京總部的態度深信不疑，因而心情愉快。於是，湯普森直接向第一騎兵師八團團長哈爾・艾德森（Hal Edson）報告，說他認為該地潛伏有大批共軍，但是艾德森和其他軍官卻對他的情報「置若罔聞、不屑一顧」。在接下來幾天，他的女兒芭芭拉・湯普森・艾森豪（即德懷特・艾森豪的兒媳）發現，父親從韓國寄來的信一改往日的語調，好似就要與她生離死別。後來她回憶說：「他確信美軍將一敗塗地，自己也將要戰死沙場了。」

湯普森完全有理由感到惶恐。後來的事實證明，他最初得到的情報準確無誤：中共軍隊已經入境，悄悄潛伏在北韓的群山之中，耐心等待韓軍和聯合國軍一路北上，繼續拉長已經吃緊的戰線。他們沒有打算立即對美軍下手，而是要等到美軍長途跋涉、筋疲力竭之後再開始進攻，因為那時打敗美軍簡直易如反掌。

「打到鴨綠江邊去，」十月底，白善燁將軍率領的士兵們搖旗吶喊，「打到鴨綠江邊去！」然而，就在十月二十五日，中共軍隊開始大規模出擊。兵敗如山倒，白將軍日後這樣寫道。一開始，韓軍將領不明所以，在共軍猛烈的迫擊砲攻擊之下，韓軍第一師第十五團完全陷入癱瘓狀態，左翼的第十二團也隨即遭到迎頭痛擊。接著，第十一團（師預備隊）的側翼與尾部也遭到攻擊。顯然，敵軍深諳用兵之道，因此白善燁認為這一定是中國人幹的。於是他迅速反應，馬上把第一師撤回雲山鎮內，從而保住了大部分兵力。白將軍後來寫道，這就像美國西部片中的那些場景，當白人遭到大批印第安人攻擊時，只能採取迂迴戰術；同樣的，他的整個師也陷入了中共軍隊巨型的埋伏中。有些南韓軍就沒那麼幸運，也沒碰上那麼好的指揮官。

白善燁很快就明白，這一定是共軍。戰役開始的第一天，十五團捉到了一名俘虜，由白善燁親自審問。俘虜年約三十五歲，身穿一件正反兩用的禦寒厚棉衣，一面是卡其色，另一面是白色。這種服裝，白善燁寫道，「無疑是在雪原上進行偽裝最簡單且有效的方法」。此外，他還戴著一頂又厚又重、兩邊都有耳罩的棉帽，腳下穿著一雙膠底鞋。對於這身裝束，韓軍很快就不再陌生。此人雖略顯木訥，在審訊過程中卻承認，他來自中國廣東省，是共軍的正規軍。他還告訴白善燁，附近的群山埋伏著中國數萬軍隊，南韓軍第一師可能已陷入重圍。

白善燁立刻打電話給軍長法蘭克·「大蝦」·米爾本（Frank "Shrimp" Milburn），然後將俘虜送往米爾本的總部。這次審訊由米爾本主持，白善燁不時插話。白將軍後來寫道，審訊過程大致如下：「你是哪裡人？」

「中國南方人。」

「哪個單位的？」

「三十九軍。」

「參加過哪些戰役？」

「海南島戰役。」

「你是中國韓裔僑民嗎？」

「不是，我是漢人。」

白善燁完全能夠肯定，這名俘虜說的都是實情，因為在審訊過程中，他既沒有自吹自擂，也沒有躲躲閃閃。根據他所提供的情報，眼下的局勢無疑相當危急。當然，他們早就知道，至少有三十萬中共大軍駐紮在鴨綠江邊，隨時聽候差遣。唯一的問題：當北京向全世界揚言要出兵時是不是在危言聳聽。米爾本立刻把這個最新情報呈上給第八軍團司令部，再由該部通報給麥克阿瑟的情報處長查爾斯·威洛比准將（Charles Willoughby）。但是，威洛比一向對中國人不會介入戰爭的判斷深信不疑，因此他認為北韓境內不可能有共軍——至少不可能有大批足以製造事端的人數。這一論點與他的上司不謀而合。而對麥克阿瑟來說，情報部門的唯一工作與第一要務，就是要證明他的決策有多麼英明。美軍、南韓軍與聯合國軍之所以膽敢以有限的兵力深入北方、直搗鴨綠江畔，正是建立在沒有共軍此一前提之上。如果這時麥克阿瑟的總部突然對外宣布，美軍已經與共軍正面交火，那麼此前一直不得不在後方靜觀其變的華盛頓恐怕就要趁機主動出擊了。屆時東京總部不僅會喪失主導權，而且再也不能一舉到達鴨綠江邊了。這肯定不是麥克阿瑟想聽到的消息，而他想聽的消息就是，威洛比的情報要能夠向所有人證明，他的決策有多麼英明。第一次有報告說大批共軍在鴨綠江北集結時，威洛比嗤之以鼻。「這很可能是外交訛詐。」他向總部如此報告。而現在，當韓軍捕獲第一個中國戰俘，對於這個顯而易見的證據，威洛比的情報部門很快便傳話過來：這俘虜是一名中國的韓裔僑民，而且他是自願參戰的。這個說法相當古怪，其真正意圖就是為了盡量淡化這名俘虜可能造成的影響。也就是說，這名俘虜不僅不清楚自己的身分與國籍，而且對自己所屬的部隊與兵力更是一無所知。然而，這個結論卻讓共軍司令部大喜過望，因為這正是他們想讓美軍抱持的態度。美方越是對此漫不經心，他們將美軍一舉包圍、大獲全勝的可能性就越大。

接下來幾週，不斷有美軍或南韓軍報告俘獲了共軍，這些人不僅供出部隊番號，還證實已經有大批共軍跨越了鴨綠江。然而，對於這些來自前方戰地的最新情報，威洛比一次又一次地輕描淡寫搪塞了過去。至於這些中國俘虜是否真的就是中國人，他們是否真的來自某個師、軍團或集團軍級單位的下屬部隊，以及這個事實對於那些兵力分散的聯合國軍來說意味著什麼——一旦讓美軍各個師、軍、軍團以及遠東司令部就這些問題爭執不休的話，後果將不堪設想，所以絕不能讓這個消息走漏到美軍各部隊之中。尤其是正從平壤向雲山推進的第八騎兵團始終堅信，擋在他們前方的只是北韓人民軍殘餘的烏合之眾，他們很快就可以抵達鴨綠江畔，對著江水撒尿以慶祝勝利。

第八軍團的高階將領之間，彌漫著一種極其危險的愉悅情緒。就像麥克阿瑟一樣，他們並未對此認真反思。既然美軍身經百戰的最高統帥都堅信他們的未來一片光明，那麼各個師與軍的高階將領同樣應當感到信心十足才對。尤其在東京總部，這些將領的軍階越高，認為戰爭已經結束的感覺就越強烈。在他們看來，現在剩下的唯一任務只不過是收拾殘局而已。這種自負心態從很多事情中都可窺知端倪。十月二十二日，也就是南韓軍抓獲第一名共軍俘虜的三天前，第八軍團司令沃爾頓・華克中將（Walton Walker）曾經請求麥克阿瑟批准，將所有裝有彈藥的貨船目的地從南韓轉移至日本。麥克阿瑟不僅批准了這項申請，還親自下令，讓六艘載有一〇五公厘和一五五公厘砲彈的船隻開往夏威夷。在此之前的四個月裡，這支軍隊亟需彈藥，現在卻棄之如敝屣。

十月二十五日，在第八軍團的防區內，著名的第二步兵師師長勞倫斯・「荷蘭佬」・凱瑟少將（Laurence "Dutch" Keiser），召集所有將領參加一次特別軍事會議。當時，第三十七野戰砲兵營的觀測官瑞夫・霍克利中尉記得十分清楚，在韓戰中打下最多硬仗的第二步兵師即將撤離戰場。凱瑟神采飛揚地說道：「我們要回家了，我們要在耶誕節之前回家了。」他告訴這些軍官：「我們已經接到了上級的命令。」當有軍官問他們會被派往哪裡時，凱瑟回答他不便透露具體地點，但絕對是他們想去的地方。於是，人們紛紛開始猜測：東京、夏威夷或美國本土，甚至是歐洲某個軍事基地。

* * *

第一騎兵師第八團一路暢行無阻抵達了雲山。赫伯特・米勒中士（Herbert "Pappy" Miller，綽號老爹）聽說，上級之所以讓他們離開平壤北上雲山，是為了穩定南韓軍軍心。米勒是八團三營L連某排的排附，他本來倒還想在平壤多待幾天，但是軍令如山，而他們的任務就是去收拾南韓軍留下的爛攤子。對於為什麼會有長官認為南韓軍能夠帶領全軍北進，他一直都感到大惑不解。米勒不怎麼擔心共軍會參戰，他擔心的是這裡寒冷的天氣，因為大家穿的還是夏裝。他們還在平壤的時候，就有人說冬裝快要到了，已經裝進卡車裡了，再過兩三天就會發下來。可是，這話他們已經聽了好多天了，冬裝仍遲遲不見蹤影。過去的幾個月裡，米勒的團已經參加過無數次作戰，死傷無數，營上的組成今非昔比。米勒與摯友——來自密蘇里州喬普林市的另一位二戰老兵理查．赫廷格（Richard Hettinger）曾經相約，要互相照顧對方。儘管大家紛紛傳言說美軍要在耶誕節前回家了，米勒卻固執地認為，除非你已經站在家門口，否則就還沒有回到家。

「老爹」米勒來自紐約州的小鎮普拉斯基。二戰結束後，他從四十二師退伍還鄉，但找不到合適的工作，無奈又在一九四七年重新入伍，成為第三步兵師第七團的一員，隨後又併入第一騎兵師。一九五〇年七月，當他被派往韓國參戰時，只剩六個月他的三年役期就滿了。二戰期間，米勒一直覺得諸事順遂，但在韓國，幾乎每件事都不對勁。七月中旬的某天早上，他們連隊抵達南韓，隨即趕往前線的關鍵結合部——大田附近的一個村莊，一開始就要面對強敵。從那以後，他遇到了所有的事，這就是為什麼連上的弟兄給他取了「老爹」的綽號，儘管他只有二十四歲。

第一天，在向大田前線推進的途中，許多只從戰爭片認識戰爭的年輕士兵們誇誇其談，揚言要給北韓人來個下馬威。米勒這時卻在旁邊不發一語。就他來看，誇誇而談最好等到作戰結束以後，而不是在作戰開始之前。但是，米勒沒必要對他們說這些，因為這只有過來人才能理解。他們準備不足，北韓人不僅驍勇善戰，且經驗豐富，因此剛一交鋒他們就立刻敗下陣來。第二天，全連人數從一百六十人銳減為三十九人。「我們幾乎是在一夜之間被敵人全數殲滅。」米勒說。此後，再也沒有人說要給北韓人來個下馬威了。

不是因為弟兄們仗打得不好，而是他們沒準備好，完全沒有進入狀況。此外，北韓人似乎多到數不勝數。不管你仗打得有多好，北韓人總是源源不絕。他們會偷襲你的後方，切斷你的退路，然後包抄你的側翼。這可是他們的拿手好戲，米勒心想。前一兩波進攻可能還帶著步槍，而後面那些沒有步槍的士兵會撿起前面倒下同胞的武器，繼續戰鬥。米勒認為，要對付數量如此眾多的士兵，連裡的每一個人都需要配備自動武器才行。但是美軍的裝備十分糟糕，基本的步兵裝備簡直就是一堆垃圾。當他還在帝文斯堡（Fort Devens）時，上級配發的槍枝不僅早已落伍，而且嚴重變形、保養極差，根本一文不值。這大概就代表著這個國家對於和平時期軍隊的態度吧。

等他們抵達南韓後，彈藥變得極度匱乏。米勒還記得，戰爭剛剛開始的時候，他們遭遇了一場硬仗。有人搬來彈藥，彈箱都無法關好，弟兄只好自製開關關緊。米勒不禁要問，究竟是什麼樣的軍隊為這些在敵眾我寡局勢下命懸一線的步兵送來這些無法使用的裝備。真夠外行的，他想。北韓人開著先進的俄式T－34型戰車，而美軍那些二戰時期可憐兮兮的老掉牙反戰車火箭筒根本連它的皮都擦不破。在二戰戰場上，美軍不僅目標明確，且防守得當；在韓國戰場上，他們卻亂打一通，甚至不知道自己的側翼有沒有人進行掩護，因為那些南韓士兵很可能早就不見蹤影了。

抵達雲山後，米勒對陣地方圓五英里範圍進行了一次巡邏，途中遇到一位老農。他告訴他們，這一帶有成千上萬的共軍，其中有不少是騎著馬來的。老農的話雖不多，卻言之鑿鑿，因此米勒深信不疑。於是他把這個農夫帶到了營部，但是營部裡卻沒人相信他的話。共軍？成千上萬的共軍？哪裡有中國人的蹤影？還有騎兵？真是荒謬至極。最後這件事不了了之。好吧，米勒暗想，他們可都是情報專家啊，若真的有中共軍隊出現，他們一定會心裡有數的。

八團三營I連有個名叫萊斯特．厄本（Lester Urban）的年輕下士第一個嗅出這裡的險情。厄本是營部連的傳令兵，因此常在營部附近走動，也有機會聽到軍官們的隻言片語。年僅十七歲的厄本身高僅五呎四，體重只有一百磅。在西維吉尼亞州德爾巴頓的高中裡，他這樣的塊頭打不了美式足球。這裡的人給他取了個外號叫「花生」，但實際上厄本吃苦耐勞、跑得飛快，所以後來成了一名傳令兵。韓戰期間，美軍的有線與無線通訊設備都經常失靈，因此他的任務就是把上級口頭或書面的命令從營部傳到連部。這項任務非常危險，可是厄本不僅能順利傳達命令，還能保全自己的性命，對此他引以為傲。如果一天當中要走上幾個來回，厄本總是不斷變換路線，而且從不懈怠。在他看來，作為一名傳令兵，一旦有規律可循，那就必死無疑。

近來厄本感到有些惶恐，因為部隊的左右兩側都無人掩護，從而提高了被攻擊的機會。不過在過去的幾個星期裡，由於美軍節節勝利，幾乎未遭到任何抵抗，因此他的不安感一閃即逝。至少在他們抵達雲山之前，沒有什麼能讓他特別不安。然而到了雲山以後，用厄本的話來說，他們團形單影隻、孤軍奮戰，只要有人稍加留心便會發現，這三個營不僅來錯了地方，也錯估了空間。總部的地圖顯示這三個營之間的距離很近，但是厄本走了幾趟之後卻發現，這段距離其實相當遠。

十月三十一日這天，厄本正在營部附近時，曾任第八騎兵團三營營長、上週剛剛晉升為第五騎兵團團長的哈洛德．強森中校（Harold "Johnny" Johnson）想在離開前視察一下自己的舊部。離開平壤之前，強森做的最後一件事就是為三營在這次戰役中犧牲的近四百名官兵舉行追悼儀式。與他一起參加這次追悼的是那些從一開始就在該營的戰士。「他們的人數少得可憐。」強森這樣寫道。

對於他的大多數老部屬來說，強森值得敬佩和愛戴。他從抵達南韓之日起就與他們患難與共，而且總能在戰場上做出英明的決定。強森對屬下極為愛護，那些基層士兵在評價軍官時會注意並重視這一點——他們總是關注軍官的表現，因為這關係到他們的性命。有一次，在戰爭剛剛開始的時候，為了能夠與初來乍到的三營士兵待在一起，為了能夠對自己帶來的這些戰士負起責任，強森甚至回絕了一次晉升團長的機會。

強森是一名飽經憂患的老兵。二戰期間，他在巴丹島被日軍俘虜，卻在巴丹死亡行軍與三年的鐵窗生涯中奇蹟似地活了下來。一般來說，戰俘的經歷無助於一名軍官的晉升——尤其是在朝鮮戰場上，美國戰俘的待遇尤其殘酷。受到洗腦政策的影響，許多人身心嚴重受創。然而強森最終卻成為美國陸軍參謀長。「他是個出類拔萃的人，」厄本數年後追憶道，「有些人天生就是領袖。在我看來，強森總是替他人著想。從來沒有人能超越他。」巴丹島的經歷讓強森對所謂的傳統觀念不屑一顧，因此他遠比大多數美軍軍官更加清楚，過度樂觀的後果會是什麼。就在那時，他下令讓五團當預備隊，在他的舊部以南數英里外駐紮待命。當聽說有大批敵軍經過此地，有可能封鎖道路，切斷八團與其他團之間的聯繫時，他感到十分緊張。於是，強森獨自一人駕車北上，想要察看一下這裡的情況。途中他也遇到了白善燁將軍遇過的問題，那就是這裡悄無聲息，這讓強森十分恐慌。他後來追憶說，這種情況讓人覺得如芒在背。然而當他最終來到自己的舊單位時，卻吃驚地發現這裡的情形更加讓人惱怒。強森的繼任者羅伯特・奧爾蒙德（Robert Ormond）在他看來完全是個外行，三營部署得一團糟。大部分士兵都駐紮在平坦的稻田上，而且連戰壕也沒有挖。

看到這兩人會面的情形，厄本感受到強森的沮喪。在厄本看來，向來都和顏悅色的強森這一次對奧爾蒙德卻極為嚴厲：「你要讓這些人離開低地去到高原！這麼做他們會不堪一擊！要是有敵軍進攻，這樣還怎麼防守！」（「我還以為他會當場痛打奧爾蒙德一頓呢。」厄本數年後回憶。）強森以為奧爾蒙德會採納他的建議，後來卻驚訝地發現，奧爾蒙德對他的建議完全置若罔聞。不僅三營的部署有失妥當，在這場慘劇發生以後，就連許多高級軍官都承認，整個第八騎兵團的部署都疏於防範。他們的駐點，好像根本就沒有敵人值得他們畏懼。

雲山戰役之後，休利特・雷納中尉（Hewlett "Reb" Rainer）加入第八騎兵團。他做的第一件事就是思考已經發生的事。他對八團當時的部署同樣感到震驚。「首先，各營間缺乏有效的連接，根本就不能互相支援；其次，它們相距太遠，共軍完全可以在不為人知的情況下順利通過。這就是敵軍的作戰方式，突然出現、移向側翼然後再包抄擠壓，」雷納說：「我知道總部沒有事先告知八團有關共軍的消息，但是他們絕不應該把紮營地點視同兒戲，好像馬上就要回國了一樣。說他們怠忽職守還真是太輕了。」

L連重武器排的比爾·理查森中士（Bill Richardson）率領一支配有無後座力砲的小分隊。對於一九五〇年十月三十一日發生的事，他記得一清二楚。當時，他的小分隊正在三營的南端，一個稱為「駱駝頭」（Camel's Head Bend）的地方附近駐守，這裡有一道橋樑跨過南面川（Nammyon River）。前一天，他們才接收了一批補給品。後勤單位的人說是冬裝，等打開一看，才發現裡面只有一些野戰外套、新的襪子，除此之外沒別的了。理查森吩咐一名弟兄妥善地發下去這些服裝，但因為數量有限，只好跳過不提供給士官們。幾年後，有人寫道他們連的士兵是在睡袋裡被人活捉時，理查森勃然大怒。他們被動挨打就已經夠糟了，但他們肯定不是在睡袋裡被俘的，因為根本就沒有睡袋。事實上，所謂的睡袋就是他們東拼西湊裹在身上的毛毯與雙人半幅帳篷而已。

那天輪到理查森在橋上站崗，恰巧強森中校從營部返回時經過這裡。強森似乎很想對他說些什麼，但是卻幾番欲言又止。他說：「你看，有報告說這一帶有敵軍，我們認為他們很可能是北韓軍隊的殘部。現在他們很可能已經沿著河灣地帶北上，朝這裡來了。」聽了強森的話，理查森越發感到摸不著頭緒。他告訴強森：「中校，如果他們到了這裡的話，我們會讓他們好看的。」（這是他的口頭禪。）接著，強森告誡他要多加小心，然後他們倆互相握手道別。臨行前，強森祝他好運。可是理查森卻覺得，強森孤身一人在鄉間小路上穿行，他倒想說：中校先生，需要好運的人恐怕應該是你自己吧。

他們兩人曾經同在麻薩諸塞州帝文斯堡接受訓練。在二戰接近尾聲時，理查森正在歐洲服役。但當時已是大戰後期，他沒有親身經歷慘烈的戰鬥，只見到大戰過後的一片廢墟。然而在韓國戰場上，理查森身經百戰，還參加了至今為止最艱苦卓絕的戰鬥。理查森從小在費城長大，父母都是從事演藝事業的。他的學業成績並不理想，因此被送往當地的一所技術學校，這意味著從此以後他將與大學無緣，而理查森似乎也從未動過這個念頭。於是上完九年級後，他的學校教育生涯就告一段落，轉而加入軍隊——在這裡理查森感到如魚得水。他由那些在二戰戰場上，歷經惡劣條件下的老練軍人的訓練，因此對於生存之道頗為精通。一九五〇年早春，理查森第三次延長他的役期，但當時正值戰後大裁軍時期，因此陸軍一直想讓他退伍。這時，北韓人突然南下，於是上級在一夜之間改變想法，決定讓他留在軍中。

七月末，在帝文斯堡退伍不成的理查森反而成了第八騎兵團第三營的創建者之一。他清楚記得，六月二十六日至二十七日，就在北韓進攻後不久，強森在營區的電影院裡召集全營士兵。但因為當時人數太少，他們只坐滿前面兩三排的座位。那天放映的是一部步兵宣傳片，影片結尾有些士兵因為表現英勇而獲得了銀星勳章與銅星勳章。強森告訴他們：「弟兄們，你們當中如果誰還沒有勳章的，再過幾個禮拜就會有了。」聽了這話，理查森還以為他精神失常了。然而不出數日，各兵科人員紛紛抵達，包括憲兵、伙房及後勤人員，以及所有步兵都到齊了，足夠坐滿整個電影院了。接著，他們就遠渡重洋。

後來，在他們遭到中共軍隊的襲擊後，理查森才真正感受到之前強森的那番話其實意味深長——當時他一定是想警告自己，該地區已經有中共軍隊出沒，而通向八團的道路門戶洞開。在當時的情況下，「中國」這個字眼無疑會讓小士官緊張萬分，因此強森只能點到為止。如果強森還是該營營長的話，理查森相信他一定會收緊陣地，同時向高處轉移，並且確保該營的火力能夠相互支援、相對集中。理查森想，也許有一天奧爾蒙德會成為一名出色的指揮官，但此時此地可不宜開戰。

就像強森一樣，第三營作戰官（S－3）菲爾莫爾．麥卡比少校（Filmore McAbee）對於該團的部署同樣感到十分不安，卻再也沒有機會就此和強森討論，因為此後三年他是在戰俘營中度過的。麥卡比參加過二戰，是一名戰鬥經驗豐富的軍官，來韓國之前曾在第一騎兵師擔任連長。大家一致認為，他是一名傑出的戰鬥指揮官，但是此時此刻，中共軍隊的進攻卻讓他產生了強烈的挫敗感。無論是奧爾蒙德還是他的副營長維爾．莫里亞蒂少校（Veale Moriarty）都是新接手的指揮官，因此在麥卡比看來，他們的能力相等於團級的參謀而已。此外，這兩人很熟，反而將身經百戰的麥卡比排擠在外。「我總感到有點不安，但自己卻是局外人。」後來他這樣說道。儘管麥卡比屢次試圖提醒奧爾蒙德，該營所在的地形十分不利，卻總是白費脣舌。此外，當時營部氛圍也令他不快，這要歸咎於那些高階軍官：正是因為他們掉以輕心、妄自尊大，人們不斷談論要往哪裡去——通常說的是下一步到鴨綠江，然後回家。隨後麥卡比發現，當陸續有中國士兵被俘時，美軍各個作戰單位卻對此一無所知。他認為，上級單位就是要封鎖這些消息，而一旦封鎖不住也要竭力遮掩過去。這種做法真是前所未聞，完全是怠忽職守、敷衍塞責的表現。當他逐漸熟悉了中共軍隊的戰術後發現，當時他們團的部署過於分散，很容易成為敵軍首要的攻擊目標。

* * *

在中共軍隊進攻之前，包括奧爾蒙德在內的軍官們其實知道，上級司令部正對此爭論不休。第八騎兵團團長哈爾．艾德森上校（Hal Edson）想收縮防線，不僅因為該團位置過於暴露，而且已經有太多徵兆引發他的戒心。十一月一日，當他醒來發現，因森林著火，上空出現濃煙滾滾。艾德森和其他一些軍官都懷疑，這場大火很可能是敵軍為了掩護自己的行動不被美軍偵察機偵知所為。對於該地區已有中共軍隊出現的報告，第一騎兵師師長哈普．蓋伊（Hap Gay）比他的上級更為警覺，時間越久更是越感到焦躁不安。十一月一日當天，他在雲山以南的龍山洞（Yongsan-dong）設立了師部，但是由於軍部一時心血來潮，完全不考慮該師編制的完整性，而將他的幾個營調撥給其他師，致使第一騎兵師兵力分散，這讓蓋伊大惑不解。現在第八騎兵團孤軍作戰，完全暴露在敵人的槍口之下，因此蓋伊十分不安。

蓋伊的侍從官威廉．韋斯特中尉（William West）能夠感覺到，蓋伊從一開始就對軍部指揮的方式十分不滿。蓋伊在二戰期間是巴頓將軍的參謀長，因此他對於如何運籌帷幄並不陌生，但在韓國，戰事從一開始就指揮失當。他對戰爭初期美軍的糟糕狀況感到十分震驚。在蓋伊看來，麥克阿瑟一直對敵人掉以輕心，自以為「一隻手捆在背後」也能打敗北韓人，其實犯下了兵家大忌。蓋伊覺得，那些在東京坐鎮指揮的高級軍官完全不了解敵軍與該地區的實際情況，而且似乎也根本不願意去了解，這真是令人詫異。從麥克阿瑟總部出來以後，蓋伊對韋斯特說：「這些該死的傢伙從來都不肯降尊紆貴，還在那裡做該死的美夢呢。」最讓蓋伊感到憤怒的還不只這些：儘管蓋伊非常想讓那些最具才華的軍官擔任營長，可是麥克阿瑟總部總把他們抽調過去當參謀。他對「總司令部的臃腫程度已經超過二戰時的同級指揮單位」的情況非常震驚。他忍不住開始發牢騷，一九四五年的第三軍團司令部只有數百名軍官指揮前線的數萬名將士，而眼下的情況卻恰恰相反，東京總部有數千名軍官坐鎮，指揮前線數萬名士兵。總部甚至還能派出一名軍官，定期往返東京與蓋伊師部之間，就只為了及時了解他們的需求。有一次，蓋伊列出一份被派往東京總部、參加過二戰的軍官名單，非常希望能讓這些人回到前線指揮作戰。

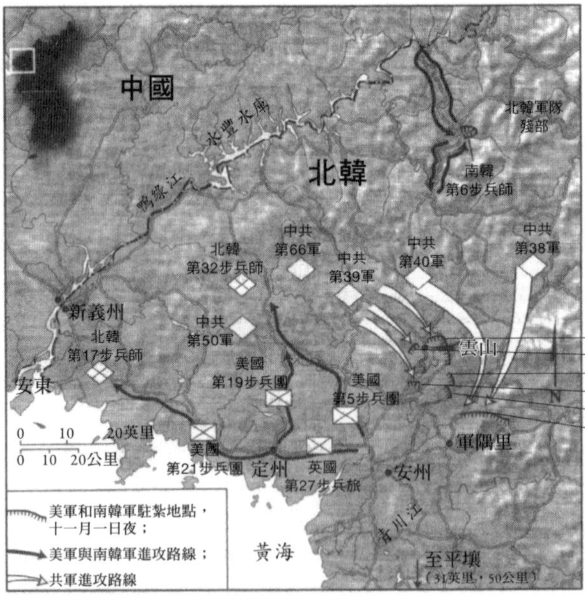

圖二　第一次遭遇中共軍隊，一九五〇年十一月一日

然而，等到那名聯絡官回來之後，蓋伊問起那些軍官的情況時，他得到的答覆卻是：「麥克阿瑟將軍說，不能浪費這些人才。」

「天哪，見鬼了！難道讓這些身經百戰的軍官指揮美軍作戰也稱得上是浪費人才嗎？」蓋伊咕噥。此外，對於美軍在耶誕節前就能回家的傳言，蓋伊也感到大惑不解。他問道：「是哪個耶誕節？今年的還是明年的？」他說道。「這是愚蠢的說法，這只會對士兵們對於要回家了感到興奮，從而造成他們掉以輕心。」讓蓋伊憂心忡忡的是，自己的其中一個團有可能陷入敵軍的包圍圈，因此他想盡辦法撤離該團，並增強全師的戰力。但是，他的上司第一軍軍長法蘭克・米爾本（Frank Milburn）卻不願這麼做。在軍隊裡，除非萬不得已，他們是不會用「撤退」這個詞的，更適當的說法是「逆向行動」（retrograde movement）。然而即使如此，米爾本還是不同意，因為在之前的六個星期裡，他們是持續的前進著。而且更重要的是，麥克阿瑟總部施壓，要求他們盡快抵達鴨綠江畔。韋斯特知道，儘管東京總部一再宣稱沒有發現敵軍的蹤跡，但是蓋伊卻越來越擔心，自己很可能會失去整整一個團的兵力。如今，總司令部與前線之間已經產生巨大的裂痕：一方面是前線的美軍將士出生入死、命懸一線；另一方面，東京的高級官員卻自欺欺人、盲目樂觀。同樣的，軍部與師部之間也有巨大的隔閡：軍部似乎對東京的熱切希望深信不疑，而師部卻感到前方敵眾我寡、不堪一擊。雖然他們有不只一次的機會能讓第八騎兵團脫離險境，米爾本卻始終不願下令撤退。

十一月一日下午，當蓋伊與第一騎兵師砲兵指揮官查爾斯・帕爾默准將（Charles Palmer）一起在指揮所時，一則由L-5聯絡觀測機上的觀測員通過無線電發出的報告引起了他們的注意：「這是我所見過最奇怪的事了。有兩大股敵軍步兵縱隊正從龍塘洞（Myongdang-dong）與龍雲洞（Yonghung-dong）附近的小路向東南方向前進。我們的砲彈正好擊中敵軍位置，但是他們並沒有停止前進。」那是距離雲山五、六英里處的兩座小村莊，帕爾默將軍立刻下令砲兵開火，同時蓋伊也緊張地撥了第一軍司令部的電話，再次請求上級准許八團撤到雲山以南數英里外，然而他的請求再次遭到拒絕。

這麼一來，他們就喪失了挽救第八騎兵團，尤其是第三營的最後一次機會。接下來的這場戰鬥幾乎在頃刻之間就勝負已定。中共兩個由經驗豐富士兵組成的精銳師，與一支毫無準備、部署不當、在大多數情況下都由那些以為韓戰業已結束的軍官指揮的美軍菁英師，進行正面交鋒。

＊＊＊

第五騎兵團在強森的率領下，在北上雲山展開救援行動的途中陷入中共軍隊設置的大型伏擊點。事實上，他們不僅難以解救受困的第八騎兵團，而且就連自身是否能從這場鏖戰中順利脫身、免遭全軍覆沒的命運都不知道。正如那位以嚴謹著稱的韓戰歷史學家羅伊·阿普爾曼（Roy Appleman）所描述的：「十一月一日夜幕降臨前，第八騎兵團被中共軍隊三面包圍，只在東面留有一個缺口。如果當時南韓軍第十五步兵團能就地抵抗的話，他們也許還有一線生機。」

班·博伊德中尉（Ben Boyd）是第八騎兵團第一營B連的新任排長。該營配有戰車和火砲，實際上是個營級特遣隊，當時駐紮在雲山鎮以北四百碼之處，因此是第八騎兵團三個營中位置最為暴露的單位。該營營長名叫小傑克·米利金（Jack Millikin, Jr.），是博伊德在西點軍校時的實習幹部。博伊德印象中的米利金是一個為人和善、行事穩妥的人。據博伊德所知，第一營比其他兩個姊妹營先離開平壤抵達現在的位置，其他兩個營是否有跟著推進他則不得而知。而就在第一營到達這裡的當天下午，曾把迫擊砲對準四周的目標，並且與敵軍進行了幾輪交火，但是因為戰況並不激烈，所以大家都想當然耳以為，敵方只不過是北韓的一些散兵游勇而已。可是到了晚上，剛從營部開會回來的B連連長卻對博伊德說：「這一帶大概有兩萬名洗衣工。」博伊德當然懂得他的意思：在他們周圍有兩萬名共軍。

接著，他們聽到樂器的聲音，像是怪誕的亞洲風笛。一開始，有些軍官還以為是英國旅的援軍到了。然而那種聲音卻不是蘇格蘭風笛發出的，而是從軍號與喇叭發出的一種詭異聲響。對於這種聲音，只怕很多人會在此後終生難忘，因為他們很快就知道，這種聲音不僅代表共軍要來了，同時還是對我方的一種強大威懾。博伊德相信，儘管人手短缺，但是他的士兵已經嚴陣以待。他的一半官兵是美國陸軍附編韓軍（KATUSA，Korean Augmentation To the United States Army）。大部分美國軍官認為，這些南韓官兵訓練不足，到了與敵軍真槍實彈交火時，完全無法指望他們；將他們混編進來不是為了加強美軍的戰鬥力，而是為了增加美軍與聯合國軍的數量。對於這種輕率的做法，不僅那些必須與南韓軍並肩作戰但言語不通的美軍連長與士兵感到十分不滿，那些整天被呼來喝去的附編韓軍人員同樣感到不快。[2]

晚上十點三十分左右，中共軍隊發動猛攻。這真是兵敗如山倒，博伊德心想。後來有人說，中共軍隊如入無人之境般迅速穿過美軍薄弱的防線。美軍看似防守嚴密的營部在頃刻之間就被瓦解。各排的一些倖存者想要建立一條臨時防線，但很快就因寡不敵眾而土崩瓦解。到處都是美軍傷兵，對於眼前越來越混亂的局面，米利金已經竭盡所能了，博伊德心想。米利金集合十輛二點五噸軍用卡車，盡可能地將傷兵運載出來。這時，博伊德看到隨軍牧師埃米爾．卡朋（Emil Kapaun）上尉正在全力照料自己身邊的傷患。博伊德立刻下令，讓部下安排這名牧師上車，但被後者一口回絕，因為他打算與這些很可能衝不出去的傷兵待在一起。儘管卡朋神父十分清楚，他們最終很可能會一起被俘，但是他會盡其所能讓這些美國士兵得到善待。

---

2 美軍至今維持有 KATUSA 的編制，是兩國維持友好及同盟關係的表徵。如今每年有一八〇〇名韓裔役男通過美軍綜合英語溝通能力測試後，分發至美國陸軍第八軍團各個部隊服役。

第三營有兩輛戰車。等到車隊終於出發時，米利金登上一輛戰車在前方開路，博伊德上了另一輛戰車斷後。到雲山鎮以南約一英里處時，出現了兩條岔路，他們的一支隊伍朝東南方，另一支隊伍沿西南方向前行，先後進入第三營的防區，然後通過比爾．理查森及其重武器分隊鎮守的那座橋樑。後來的事實證明，米利金不顧一切率部南下是對的，凡是最後突出重圍得以倖存的士兵莫不是受益於此。

中共軍隊早已在這條道路的兩側重兵埋伏。博伊德當時很難估算敵軍在什麼時間、什麼地方開火，但是他模糊記得，他們沿著這條路走了五、六百碼後，中共軍隊就開火了，火力異常猛烈，而他們的車上全都是傷兵，根本無力還擊。於是整個車隊都熄了車燈。博伊德所在的那輛戰車駕駛兵驚慌失措，他猛烈地旋轉砲塔，把坐在上頭的那些士兵全都給弄了下來，博伊德也跌進一條壕溝裡。後來他能活下來，博伊德心想，完全是天意。

他甚至能聽到中國士兵的腳步聲，這時唯一的辦法就是裝死。不久，有人走了過來，先是用槍托

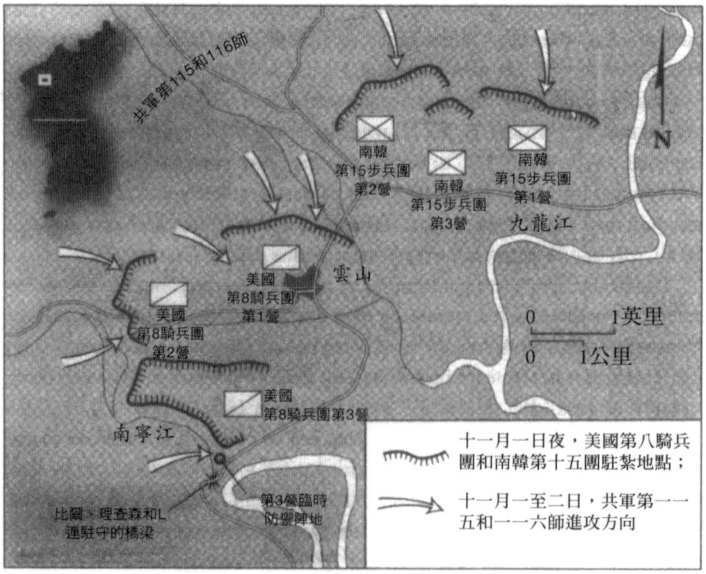

圖三　雲山戰役，一九五〇年 十一月一至二日

狠敲博伊德，然後又猛踢他。所幸沒有人用刺刀戳他。博伊德等了很長一段時間，少說也有幾個小時，才慢慢爬起來。這時的他完全迷失了方向，除了渾身是傷，還有嚴重的腦震盪。博伊德聽到不遠處似乎有開砲的聲音，很可能是美軍的砲火，便朝那個方向蹣跚前行，涉過可能是南面川的小溪，才發覺自己的雙腿異常疼痛。他覺得這很可能是中國士兵使用的白磷造成的燒傷。

博伊德小心翼翼走了幾個晚上，一到白天就盡可能躲起來。他帶著極度的痛楚與飢餓，朝著美軍防線的方向走了至少一週的時間，也許有十天左右，最後是一位當地農民給他食物充飢，並用最原始的手勢為他指明美軍的位置。博伊德相信，沒有這位農民的協助，他絕對不可能活著回來。十一月十五日左右，在經歷了將近兩週的艱難跋涉之後，博伊德終於來到一處美軍陣地。他的燒傷已經十分嚴重，他馬上獲得後送到後方醫院去治療。對於博伊德來說，這場戰爭已經結束了，他成了少數幾名倖存者之一。博伊德只知道他的連長在這次戰鬥中陣亡，但不知道他的排是否還有人倖存，因為從此以後，他再也沒有見過其中的任何一個人。

* * *

在中共軍隊發動攻擊之前，在第八騎兵團的防禦圈南端，L連的比爾．理查森仍駐守在那座長約九十呎的水泥橋上。橋下原是一條小河，但現在河水已經乾涸。理查森與大部分士兵都守在橋北的平地上，也就是第八騎兵團駐地的最南端。營部就在此地以北大約五百碼之處，而L連的其餘兵力則在往西大約三百五十碼處。當理查森第一次聽到南邊山頭上傳來的聲音，他問自己的好友，也就是這個班裡除了自己以外唯一有過作戰經驗的士兵吉姆．威爾斯：「你有聽到我聽到的聲音嗎？」理查森覺得那裡一定出了什麼事，但是卻抽不出人手去偵察。於是他接通連部的電話，希望他們能夠提供支援。但是連撥了三通，連部那裡才有人接起電話，這讓理查森感到憤怒不已——他們怎麼能這麼漫不經心？接下來，連部又接通營部，最後營部從情報與偵察單位派來一名士兵。這兵一路悠然自得走了過來。在理查森向他說明任務之後，這兵很快就不見了。過了一會兒，只見他與其他四名士兵在山頂上大呼小叫地進行所謂的偵察，理查森想，他們的聲音大概整個師都能聽得到。等到他們聲勢浩大的偵察行動結束後，帶頭的士兵說：「那裡沒有任何人。」但是，另一名士兵的手裡卻拿著一把鐵鍬和一雙手套，這種手套理查森從來沒有見過。更重要的是，手套是乾的。顯而易見，在這種雨雪交加的天氣裡，只有一種可能，那就是有人不久前留在這裡的。「沒錯，」這名士兵承認，「是有幾個散兵坑，但顯然很久以前就在那裡了。」聽了這話，理查森暗自大怒。即使不是偵察人員或情報人員，也應當能立刻理解這雙手套的重要性。於是，理查森堅持要偵察兵把手套與工具送到自己的上司那裡，並且通報這裡可能有情況發生。可是這名士兵滿臉慍色地回答：「聽著，要是你不喜歡我們的偵察結果，那就麻煩你們自己過去那裡瞧瞧吧。」

所有的一切都讓理查森愈發警惕起來。那天晚上，他還接到一通電話，要求他派一個班的士兵增援連部的偵察巡邏。這讓理查森大為光火，因為他這裡只有十五名士兵，其中有五個還是不會講英語的附編韓軍。於是，理查森只好讓這五個人留下，派遣自己的得力助手威爾斯與其他三名士兵去參加連部的偵察行動。理查森後來聽說，這些士兵到營部後被告知，他們的任務就是挖幾個臥射掩體，然後就可以休息了。儘管這時理查森的陣地仍然沒有任何動靜，但是第一營與第二營卻已遭到中共軍隊的痛擊。

接著，十一月二日凌晨一點三十分左右，一切都爆發了。共軍突襲了第八騎兵團第三營。幾年後，理查森在其他史料中讀到，共軍身穿繳獲的韓軍制服偷襲美軍。不過對於這種說法，他並不認同，因為中共軍隊完全沒有必要偽裝，他們只要從門戶洞開的東面如潮水般湧入就可以了。曾經一度，營部是美軍活動的主要集中點，頃刻之間，這裡就被共軍占領了。在此同時，在距離理查森左側大約三百五十碼的地方，L連也被共軍一舉擊潰。那時，敵人只使用四挺機槍掃射理查森的陣地，就立刻將他們撕成碎片。

在南邊，一位剛來到L連、名叫羅伯特．凱斯（Robert Kies）的年輕中尉排長，與理查森的好友排附「老爹」米勒中士——他在抵達雲山鎮時曾接到有關共軍活動的警告，正從距離理查森陣地東南方兩三個山頭之遙的九〇四高地撤退。理查森不太認識凱斯，因為第八騎兵團的排長換得很快。凱斯抵達後，急著要用理查森的野戰電話詢問發生了什麼事。由於通訊狀況欠佳，凱斯的排與外界失去了一切聯繫。可是理查森的電話突然也打不出去了，凱斯斷定一定是中國人切斷了電話線。於是，凱斯決定一路前行，把自己的手下帶到營部。米勒與理查森握了手，並祝他好運（「我再次見到他時，是在五十二年後的一次老戰友聚會。」米勒說道）。當時理查森甚至無法與自己的連取得聯繫，於是他派一名士兵穿過一個三百五十碼的缺口，前往L連探查，但是這名士兵不幸在途中遭到襲擊，未能成功抵達。他一路爬回理查森那裡，反覆道歉：「對不起，對不起，我沒有達成任務。」當理查森趨前解開他的上衣，看到他渾身是血。這名士兵最後死在理查森懷裡。後來理查森回憶，直到那時他才發現，最糟糕的是自己竟然不記得這名士兵的名字。

他們駐守的橋樑已經失守。於是，理查森率領自己僅剩的兩三名部下一路往北，朝營部出發。當他們走到一條壕溝旁，突然看到對面有兩名士兵朝這裡走來，原來是之前與威爾斯一起被派往營部的那幾個人。「其他人都死了！威爾斯也死了！」其中一名士兵說道。另一名士兵補充說，共軍突襲的時候，他們正在睡覺，而他剛好出來撒尿，所以趁機逃跑，否則必死無疑。幾天前，理查森和自己的老友威爾斯還在平壤互相道賀，慶幸他們一起挺過來了，而現在威爾斯卻戰死沙場，他們的團也已經被擊潰了。

＊　＊　＊

對於第三營作戰官菲爾莫爾．麥卡比少校來說，最糟糕的事就是一團混亂，他們甚至還不知道是誰襲擊了自己，也不清楚敵方究竟有多少兵力。「是一萬、一百還是一千人？是中國人還是北韓人？」數年後他這麼問。有兩個問題至為重要：現在是誰在指揮這裡的美軍？下了哪些命令？那位身負重傷、隻身北上雲山探查敵情的營長奧爾蒙德現在不是奄奄一息，就是一命嗚呼了，麥卡比再也沒有看過他；那位前去偵察的副營長莫里亞蒂也一去不返，麥卡比也沒有再見過他。之後幾年，麥卡比對莫里亞蒂的失蹤始終耿耿於懷。儘管這位參謀最終活了下來，但是麥卡比覺得自己有責任留下來，確保三營官兵能夠維持作戰。

麥卡比向南出發，想要看看究竟發生了什麼事，卻在路上撞見三名中國兵。從他們的棉衣與有耳罩的帽子，麥卡比立刻猜到了他們的身分。當這三名士兵看到他時，也大吃一驚。他們舉起手中的步槍，對準麥卡比。在這種情況下，溝通是不可能的，於是他指了指前方的道路，讓他感到詫異的是，這三名中國兵竟然沒有開槍射他，而是朝著麥卡比指的方向離開了。就在這時，他的好運用完了，突然有兩顆子彈射中了他，顯然是遠處的幾名中國兵開的槍，但是麥卡比沒有看清楚。第一顆子彈擊中了他的臉頰，接著第二顆子彈射穿了他的肩胛骨。麥卡比覺得自己肯定是完了，因為頭部已經血流如注，身體越來越虛弱，再加上嚴寒的天氣，幾乎沒有生還的可能。然而這時一名美國士兵發現了他，並且引導他回到了營部。

＊＊＊

凱斯中尉在橋邊與理查森道別後，就與部隊失去了聯繫。當共軍開始使用機關槍與迫擊砲進攻時，他正率領自己的殘兵向營部退去。他想讓弟兄進入沿著道路的一條壕溝，卻被夾在共軍與美軍之間，傷亡十分慘重。「中尉，我想我們已經被北韓人包圍了。」其中一名班長盧瑟・懷斯中士（Luther Wise）說道。此語甫畢，一枚迫擊砲彈打了過來，懷斯不幸陣亡，凱斯也身受重傷。凱斯中尉發現自己的一隻胳膊突然抬不起來了，但是他繼續率領殘餘的士兵朝營部過去。混亂中，他們差點兒就與一名中國軍官撞個正著。幸好凱斯及時發現立刻後退，最終成功抵達重新建立的營部，其實那裡已經成為營部的救護站。在返回營部的途中，有一挺機槍恰好阻斷了他們的去路。但是凱斯注意到這名機槍手的開火方式十分特別，他停停打打、打打停停，且每次間隔的時間完全一致，就好像是在發密碼電報一樣。於是，凱斯算準他每次開火的時間，然後讓自己的部下分成小組，在機槍停火時穿過去。在凱斯看來，當時中國兵的屍體已經越積越多，或多或少阻礙了機槍手的視線，使他們得以順利脫險。到達救護站後，凱斯略約數了一下，出來時排裡還有二十八名弟兄，現在只剩十二人。他的排從一開始就因為兵源告急而人手短缺，現在簡直成了一個班。正當凱斯想要幫助營部軍醫克萊倫斯・安德森（Dr. Clarence Anderson）的時候，這時一枚手榴彈突然落在他腳下。凱斯再次負傷，一條腿被炸了四個洞，另一條腿也受了輕傷。手榴彈剛剛落下，又有一枚迫擊砲彈擊中這裡，炸死了凱斯排裡僅存的五名尚有戰鬥力的士兵。凱斯覺得很難有人能再突破重圍，自己就更沒指望了，因為他的兩條腿已經動彈不得。

這時，營部已是一片混亂。驚嚇、身受重傷、因業已發生的事而全然麻木的人散亂地從不同的位置趕往這裡。到達營部以後，理查森驚訝地發現，這裡已全然混亂。攻克指揮所的中國兵和美軍殘兵混在一起，這些中國兵似乎不敢相信自己的勝利，好像現在的結果完全出乎他們的意料。雖然他們已經拿下了指揮所，但是對於接下來該怎麼做卻顯得茫然不知所措。一名救護兵告訴理查森，他們在附近為四十名傷兵闢出了一塊地方，安德森醫生和卡朋神父都在那裡。然而，最重要的問題還是究竟由誰來指揮這支隊伍。奧爾蒙德和麥卡比都身負重傷，莫里亞蒂不見蹤影。看來這支隊伍的新任指揮官只有留待自行出現了，理查森想。

他決定回L連看看那裡還有沒有人能到營部來。於是，他一邊往回走，一邊高聲報出自己的名字，這樣他的部下就不會朝他開槍了。理查森發現L連的連長保羅．布羅姆瑟中尉已經中彈身亡，副連長弗雷德里克．吉魯中尉（Frederick Giroux）雖然負了傷，但還能行走。真是太可怕了，吉魯說，共軍席捲而來，原來連上的一百八十人恐怕只剩下二十五人了。吉魯問：「你能帶他們出去嗎？」理查森回答：「能，但是不能過橋。」他得繞過彎延小道另尋出路。途中，他們遇到兩名帶著手榴彈的中國兵，擊倒了其中一人。這時一枚手榴彈突然爆炸，共軍的一挺機槍開始向他們掃射，這些美軍士兵頓時驚慌失措。當他們接近營部的臨時陣地時，發現有兩輛美軍戰車正朝這邊開過來。有些士兵本能地立刻跳上戰車——美國人總是離不開自己的運輸工具，理查森想，好像這些工具能讓他們大難不死。他敢肯定，共軍一定會先拿戰車下手，所以他和吉魯勸他們下車來。

他們在先前的營部方圓兩百碼內建立了環形防禦陣地，然後迅速在鬆軟的河床上挖出了幾道戰壕，可以容納那三輛戰車。這麼一來，可以讓他們多加一點火力，並且能夠收到友軍一些微弱的無線電訊號（當時只有這幾輛戰車的無線電還能使用）。第一天晚上，他們持續遭受攻擊。令人詫異的是，共軍完全可以趁機將他們一網打盡，卻沒有再度全面攻擊。理查森認為，那天晚上共軍和美軍一樣都感到十分困惑。不過，理查森還記得，中國人的困惑並沒有持續到第二天。破曉時，美軍稍稍鬆了一口氣。他們熬過了敵軍的第一次攻擊。在這場戰鬥中，敵方很少在白天進攻。雖然這是美中兩軍的第一次交鋒，但美軍毫不懷疑中國兵與北韓軍有著明顯的不同。仍然有一線希望。從他們最新收到的無線電訊告知，援軍已經在路上了。就在這時，那位後來因表現得英勇無私而為人銘記（且被授予優異服役十字勳章）的隨軍牧師卡朋問起理查森的狀況。

「你知道今天是什麼日子嗎？」牧師問道。

理查森回答不知道。

「今天是萬靈節。」

「神父，」理查森說道：「最好有人正在尋找我們失去的靈魂，我們真的很需要。」

「是的。主正在尋找。主正在尋找。」神父回答。

＊　＊　＊

那位在平壤與沃爾特．梅奧共享一瓶香檳的菲爾．彼得森中尉，是九十九野戰砲兵營C連的觀測官。C連負責支援第八騎兵團第三營，並配屬於第三營的K連，陣地就在營部附近。在敵軍進攻前幾小時，營部已事先收到當地有共軍出沒的報告，但對這個重要情報作了牽強附會的解釋。時隔五十年後，彼得森幾乎還能一字不漏回憶起當時營部的說法：「他們認為中國人只是來這裡保護北韓（鴨綠江上游）的發電機組，所以中國人不開火，我們就不開火。砲兵觀測員不得召來火砲轟炸任何電力設施。」

共軍發動攻擊後，彼得森才意識到之前上級總部曾試圖告知他們當時的險情，卻故意語焉不詳。多年以後，他不無憤怒地說道：「他們給我們的情報，只不過是一堆表面文章。」當天夜裡九時左右，在雙方還未猛烈交火之際，有人從K連的前哨位置帶回一名身穿棉衣棉褲的俘虜。該連的南韓士兵無法和這名俘虜溝通。彼得森可以肯定，這是他們遇到的第一個中國兵。隨後他們接獲上級命令，讓該連撤出這塊高地與營部會合。但是那天晚上的行動卻著實令人匪夷所思，全連分成每十二人一組的小隊分別撤出。就在這時，共軍突然開火。彼得森率領的小隊被困在稻田旁邊的一條水溝裡，兩面都有共軍猛烈的火力。他與一名被射中了臀部而哭笑不得的中士一起蹲在溝底。兩人心裡都十分清楚生還的可能性微乎其微。中士以晦暗的幽默對彼得森說：「瞧啊，中尉，我中了百萬大獎的槍傷！」這樣的槍傷必定能讓他回國。此時此刻，家，對他們來說，似乎已遙不可及。

當彼得森被困在壕溝裡時，K連的其他官兵正試著移動該砲兵連的六輛拖著一〇五榴彈砲的卡車。他們能保全這些裝備不被敵軍俘獲的時間非常有限。然而，當他們集合好車隊，並且制訂好突圍路線時（約有十六輛車，卡車拖曳著榴彈砲，吉普車載送人員與一些口糧），一切為時已晚。中國人已神不知鬼不覺地切斷了通往南方的道路，並埋伏在道路兩旁守株待兔。其中許多士兵都配有在剛結束的國共內戰中，從國軍手中擄獲或購買的湯普森衝鋒槍。儘管美軍早已淘汰了這種槍枝，此時此刻它們卻極為管用。

設伏敵軍的火力極具毀滅性。漢克．佩蒂科恩中尉（Hank Pedicone）是K連最出色的軍官之一。他曾在二戰時榮獲銀星勳章。當天晚上，他也是車隊成員之一，並奇蹟似地存活了下來。後來他告訴彼得森，他們根本就沒有任何突圍的機會，只能眼睜睜看著整個連被敵人消滅。就在那天稍早，佩蒂科恩曾向上級請求開始撤離，得到的答覆卻是要等候命令。佩蒂科恩說：「我們不能等，因為我們完全失去了聯繫，只能自力更生。」包括砲兵連長傑克．博爾特上尉（Jack Bolt）在內的少數幾個人率先登上了一輛吉普車，並設法突破重圍。這時共軍突然停火，大概是想要等那輛拖著榴彈砲的大卡車過來時再集中火力，因為這個戰利品不僅更加顯眼，還可以順便製造路障。最後，約有一百八十名士兵的這個連，活下來的屈指可數。這是美軍最後一次試圖逃出雲山地區。在此同時，彼得森正率領手下緩緩撤退，一邊朝營部退去，一邊等待早晨的到來。黎明時，他們終於抵達一處距離營部大約兩百碼的平地，然後分成多個小組快速進入防禦陣地。

＊＊＊

十一月一日夜裡，「老爹」米勒、他的好友理查．赫廷格以及倖存的弟兄在距離營部大約一英里遠處時接到電話，要他們返回陣地。不光是第三營，包括第八騎兵團都接到上級命令，要他們撤離陣地。然而這道命令來得太晚。他們剛經過一座橋樑附近的前哨陣地，就在那裡傳出了第一聲自動武器槍響，敵軍已團團包圍他們。米勒迅速帶領弟兄從橋下穿越這條已經乾涸的溪流，到處都是敵軍的曳光彈滿天飛。大多數人上岸後，一枚手榴彈的碎片傷到了米勒的手。當時他唯一記得的就是到處都亂成一團，共軍似乎無所不在，美軍已無路可退。他感覺附近似乎有敵軍，就在這時突然出現在他們的上方位置。那時他們已經到了路旁的一條水溝裡，只好躲在裡面。米勒還記得，身旁的這些弟兄大部分都是剛到的補充兵，他們從來沒見過這種戰鬥場面。他們錯誤地選擇這條水溝當作掩體，這裡毫無掩護可言，雖然看起來安全但是一點也不是。不論你是在制高點上，還是待在營部裡，都沒有絕對的安全可言。米勒知道，此時此刻最不安全的地方就是在水溝裡躲避，但是裡面已經有三十五名弟兄，一些是他排裡的，另一些是其他排的。於是，他對自己的朋友赫廷格喊道：「老赫，趕快出來，不然我們會死在這裡！」然後他們一起催促裡面的人全都出來。米勒估計，當時應該是十一月二日凌晨三點左右。當他差不多讓所有士兵都從水溝裡出來的時候，一枚手榴彈突然落了下來，炸斷了他的一條腿，血肉橫飛、腳骨破碎。米勒再也走不動了。

他只好躺在那裡等待天亮，等待死亡，因為他知道沒有人能夠把他背走。唯一的希望就是他也許能爬到附近的營部救護站。即使他爬到了，那裡的救護站很可能也已經被敵軍占領。刺骨的寒風讓他幾乎無法呼吸。他擔心共軍很快就會過來檢查屍體，到時候他的呼吸就會暴露行蹤，於是米勒設法用旁邊敵軍的屍體掩蓋自己。十一月二日下午兩點左右，五、六名中國兵一邊穿越這片戰場，一邊頗為熟練地檢查兩邊士兵的屍體。他們很快就發現了米勒，其中一個用槍抵著他的腦袋。哦，米勒心想，最後還是輪到我了。就在那時，卡朋牧師衝了過來，一把推開了那名士兵，把他從槍口下救了出來。米勒等著中國兵向卡朋和自己射擊，但或許是牧師無畏的神色鎮住了他們，他們誰也沒有開槍。卡朋看也不看那些中國兵一眼，使勁地把米勒拉起來扛在背上。他們很可能都會成為俘虜，但是不管還能走多遠，卡朋都不會丟下米勒。

＊＊＊

第八騎兵團第一營的官兵對於共軍的突襲感到大吃一驚。其實之前他們曾與共軍有過一次小型的交戰，只是不知道對手究竟是何許人也。第一營D連（重兵器連）的十九歲下士雷．戴維斯（Ray Davis）還記得，那是一次漫無目標的亂射——這種事好像經常發生。十月三十一日，他們已經抵達雲山鎮。當他和一支連級單位穿越一片稻田時，附近的幾座山頭上突然傳來了槍聲。戴維斯記得，槍聲剛剛響起時，他們顯得漫不經心，許多人甚至連頭盔都沒有戴。接著，雙方都撤退了。真正的激戰在一天半之後才到來。

戴維斯隸屬於一支重機槍分隊。他們的陣地位處地勢較高的地方，所在的山頭位於一條通往東南方向道路的南端。這條道路十分狹窄，一次剛好只能通過一輛牛車。然而第八騎兵團的車輛卻一輛接著一輛的表現，卻向他們的新敵軍展示出自己無法脫離車輛行動的弱點。中國人徒步行軍，輕而易舉就穿過那條道路直達高地；而美軍士兵卻認命似的讓自己跟車輛和道路連在一起，最後全都只能被困在山谷。

剛過午夜不久，共軍全力出擊。在過去的四個月裡，無論是參加哪一場戰鬥，戴維斯總會遇到敵眾我寡的情形，但這一次對他的班來說，就像其他機槍手一樣，最大的問題是機槍因過度使用而出現故障的狀況。戴維斯對於這種必須由兩人操作的機槍非常熟練。剛到韓國的時候，他還只是個幫忙攜帶彈藥的阿兵哥，之後擔任彈藥裝填手，最後才成為一名機槍手，期間他已經損耗了三、四挺機槍了。因為敵我力量差距過於懸殊，因此對於火力的需要也總是源源不絕。一開始，他們使用的是步兵的基本武器：

M-1步槍、卡賓槍，甚至機槍。但是無論什麼武器，面對數量龐大的敵軍來說都遠遠不夠。有一次，營長鮑勃·凱恩中校（Bob Kane）對戴維斯說：「這場戰爭的關鍵就是，你得撂倒一百名敵軍，然後就能回家了。等到你真的撂倒了一百名敵軍，這場戰爭也就不算什麼了。」不過，要如何證明你已經撂倒了一百名敵軍，凱恩並沒有明確解釋。

戴維斯很少看到這樣的情形。當美軍射出照明彈後，從小在紐約上州的農場長大的他看到滿山遍野的敵軍時，不由得想起家鄉麥浪翻騰的景象。現在這種景象令人不寒而慄，成千上萬的敵軍朝他們衝過來。就算你撂倒了一個，還會有下一個；就算你撂倒了一百個，還會有另外一百個前仆後繼。這種場景對凱恩的玩笑來說無疑是莫大的諷刺。接著，戴維斯看到一名騎馬的軍官，他似乎正在指揮這些士兵。他們還拿著號角，而每當號角聲響起時，敵軍士兵便會時不時變換進攻的方向。

戴維斯知道，身邊幾名士兵的彈藥已經所剩無幾，而且恐怕他們的時間也所剩無幾。他們不斷開火，通常是近距離平射。戴維斯後來回憶，一小時，最多兩小時之後，彈藥都打光了，機槍也因為過熱而不能使用了。凌晨兩點左右，排附找到了他，戴維斯用手中僅剩的一枚燒夷手榴彈摧毀了自己的機槍，然後兩人設法一起來到迫擊砲位擊出空炸砲彈打向共軍，這多少給了他們一點掩護。眼下最重要的是熬過這一夜。天剛破曉的時候，他們試著重新部署，驚訝於他們既然還能活著。此刻他們已經徹底陷入重圍。

＊＊＊

在營部附近急促建立的防禦陣地內，身受重傷的吉魯已經成為被包圍官兵的實質領袖。他是一名二戰老兵，經驗豐富的步兵軍官。他十分清楚怎樣才能在極有限的時間裡、極有限的範圍內做出選擇，從而使部隊發揮最大的效用。和他在一起的還有彼得森中尉、他的朋友梅奧和理查森。後者雖然不是軍官，但是在戰爭初期艱苦的北進過程中，已經成長為具有豐富作戰經驗的士官。一開始，他們就意識到自己的對手是中國人，意識到整個第八騎兵團已經成為戰場上的前鋒部隊，意識到這次戰鬥最終會演變成另一場全然不同的戰爭。雖然防禦陣地內的這些士兵已經在第一次戰鬥中成功脫險，但是今後的日子仍然烏雲慘澹。儘管上層指揮部已經不只一次說過援兵就在路上，但是至今仍毫無蹤影。那一天，一架美軍直升機為了運出部分傷患而試圖降落，卻因中國人的砲火過於猛烈，在投擲了一些敷料等醫療用品後，不得不掉頭飛走。

防禦陣地內這些絕望的士兵正面臨雙重困境，那就是如何突圍及如何處置傷兵。此外，他們的彈藥所剩無幾，槍枝也不夠用，但冷靜而實際地看，這不是最麻煩的問題。如果他們能幹掉一些敵軍士兵，那麼槍枝彈藥也許不成問題。然而，他們的防線卻極為薄弱，這裡地勢平坦、毫無遮蔽，而且距離住著許多傷兵的營部只有七十碼。十一月三日中午，彼得森、梅奧、理查森和吉魯一起到指揮所開會，商議怎樣面臨即將來臨的末日。因為理查森不是軍官，所以沒有參加這次會議，但是他很清楚他們幾個會討論什麼。所有的軍官，包括那些受傷的軍官，無一例外地都在討論那個難以啟齒的話題：眾所周知，現在已經到了最後的緊要關頭，他們該如何處置這裡人數眾多的傷兵。那些受傷的軍官將必須做出決定，要不要把自己的性命交到敵人手裡。布羅姆瑟和梅奧走到凱斯中尉的身邊，表示他們願意盡力突圍。接著，他們又問凱斯能不能和他們一起殺出去。凱斯回答不行，要大家把自己給忘掉，因為他現在不能行走，也不準備拖累別人。

理查森當時心想，這些年輕人要做出何等心碎的抉擇啊！他主動請纓，要求與這些傷兵在一起，並盡可能掩護他們，但遭到那些決定留下來的傷兵斷然拒絕。凡是還有行動能力、能夠指揮他們突圍的人，絕不能浪費在——如果可以這麼說的話，保護這些傷痕累累甚至奄奄一息的士兵身上。所有人都很清楚，時間非常有限，而且敵軍的下一次進攻一定會更加猛烈。他們甚至能夠聽到中國士兵從河床附近向這邊挖戰壕的聲音，這樣他們就能搶在美軍之前占領這裡的制高點。和理查森在一起的是一名格外剛毅的中士，但是理查森卻不知道他的名字。理查森把每個人手裡的手榴彈都收集過來交給他，對他說他的責任就是設法阻止中國人繼續挖戰壕。這名中士一路匍匐前進，然後單槍匹馬地阻止了敵軍的挖掘行動。理查森心想，這是何等英勇無畏的壯舉啊！這種情形只會出現在電影裡，從來沒有出現在現實生活中。

然而絞索越縮越緊，現在幾乎沒人談論救援行動了。當天，澳洲飛行員駕駛幾架B－26轟炸機對當地進行了一次空襲，但是天公不作美。還有一次空投補給行動，一架小型偵察機在距離防禦圈大約一百五十碼處投下一個粗呢包裹。理查森一路匍匐過去撿了回來，但是裡面的東西很少，而且也沒有他們急需的彈藥與嗎啡。

援軍是不會來了。數天前就堅持讓第八騎兵團撤離的蓋伊師長曾派幾支隊伍前來營救，但是途中卻遭到埋伏在一處最佳地點的中共軍隊的痛擊，並切斷了他們北上的道路。他們早就埋伏在此，等待一舉殲滅前來營救的美軍。然而，美軍救援部隊缺乏必要的火砲與空中打擊力量，很難對中共軍隊造成任何威脅。強森中校（Johnny Johnson）率領的第一騎兵師第五騎兵團是其中一支救援隊伍，他們試圖突破敵軍的防線，但傷亡慘重，有兩百五十名官兵受傷。十一月三日，眼看救援無望，米爾本軍長下令撤退。蓋伊結束了救援行動，不得不讓受困者自生自滅。蓋伊後來說，當時自己做出了一生當中最艱難的抉擇。

當天稍晚，又有一架觀測機傳來訊息，要這群受困者盡力脫險。這稱不上鼓舞，理查森和這裡的大多數人早就決定要靠自己了。夜幕低垂後，中共軍隊再度全面進攻。受困的官兵朝通往南方和西南方道路上一些廢棄的美軍車輛發射反戰車火箭筒，車輛很快就燃起了熊熊大火。汽車著火後會燃燒相當長一段時間，既能做為己方的照明，也能暫時有效地阻止敵軍進攻。然而過了一夜，防禦陣地內尚有行動能力的美軍仍不斷減少。一開始他們還有將近一百人，但現在人數越來越少，彈藥也所剩無幾。十一月四日天亮前，理查森估計，大約還有二十五人正使用從中國士兵屍體上搜來的衝鋒槍持續戰鬥。第二天晚上又是一場硬仗，他們的最後一輛戰車自行突圍——有人說是命令要他們突圍，也有人說是要自行逃出的，這麼一來，防禦陣地與外界的一切無線電聯繫都不復存在了，意味著不會再有任何人前來救援，這一點著實令人感到可怕。有一件事彼得森記得十分清楚，那就是當中共軍隊集中火力進攻時，他們只剩下最後一挺機槍，而周圍美軍的屍體卻堆積如山。

十一月四日一早，理查森、彼得森、梅奧與其他一些士兵進行巡邏，看看是否還有突圍的可能。這時軍階高低已經不再重要，儘管梅奧和彼得森都是軍官，但他們同時也是砲兵和前進觀測員。而吉魯也提醒理查森，儘管他只是一名士官，但很可能是這群人中最具備步兵作戰經驗的人了，因此他必須相信自己的直覺。出發前，彼得森記得發生了一件令人難過的事。當他爬過一個身負重傷、躺臥在地的無線電通訊兵身邊時，這名士兵問道：「彼得森中尉，你要去哪裡？」彼得森回答，他們要去看看能不能突圍，然後再來救大家。這名士兵哀求：「彼得森中尉，請不要丟下我！請不要丟下我！你們不能把我丟在這裡！」彼得森看了他一眼，知道這名士兵大概活不了幾小時了。「對不起，對不起，我們得走出去，才能回來營救大家。」他一邊說著，一邊和巡邏隊的其他人爬開了。

理查森認為正東方應該有能夠突圍的路線，因為除此之外，到處都有中共軍隊的火力。在緩慢前進時，他們發現河床附近到處都是橫七豎八的中國傷兵。儘管理查森知道我方的傷兵很可能會成為中國人的俘虜，但他還是鄭重其事地告訴身邊的弟兄：「別讓人以為你想拿槍指著他們，更不能向他們開槍射擊，想都別想。這是你們聽到過最嚴厲的命令。」隨後，他們在一間裝有美軍補給的房屋前停下來，裡面到處都是中國傷兵。這些傷兵似乎都發出同樣的聲音「Shwee」，簡直令人毛骨悚然。後來理查森才知道他們說的是「水」。他們走到河床後發現，這裡的中國傷兵約有四百到五百人之多，大都是被炸彈炸傷的，大部分人已死。活著的也氣息奄奄，手裡拿著杯子向他們討水喝。至此，這些美軍士兵才相信，他們能帶領同伴從東面突圍，於是他們又悄悄溜回陣地去。

理查森回來後不得不做出一生中最艱難的決定，此後發生的任何事都難以與之相提並論。這裡現在大約有一百五十名傷患，在敵人猛烈砲火覆蓋下的崇山峻嶺當中，他們根本沒有突圍的可能，而且還會讓那些尚有行動能力的弟兄白白犧牲。所有傷患都清楚這一點，但沒人希望自己落到中國人手中。理查森回來後，不斷有人找他，哀痛欲絕地請他看在上帝的份上，不要讓他們落入中國人手裡，不要眼睜睜看著他們死去。理查森心想，如果自己盡忠職守，服從上級的命令，並盡可能救出戰友，自己的良心是否仍會感到不安？對於所做過的這些事，你最後會不會原諒自己？五十年後，他仍在問自己同樣的問題。他丟下了那麼多曾經朝夕相處的戰友、那麼多曾經共同浴血奮戰的士兵。

在最初的幾天裡，吉魯一直表現出色。他試圖建立某種戰場秩序，並照料重傷患，但他後來死在戰俘營中。凱斯和其他傷患一起等著中共軍隊的到來。他們已經完全沒指望了。中國人終於來了，其中一個人命令凱斯站起來，凱斯掙扎著想要站起來，卻倒了下去。他的腿已經廢了。由於傷口腫脹得厲害，他不得不割開自己的軍靴。凱斯記得，中國人把美國俘虜分成兩組，一組是像安德森醫生及卡朋神父那樣能夠行走的人，另一組是像他那樣喪失了行動能力需要被安置在擔架上的人。凱斯估計後者大概有三十人。這一組中有五個人當晚就死了。在接下來的數週裡，中國人不停更換安置傷兵的房子。凱斯回憶，十六天當中，他們就像原始部落的人一樣活著，只在夜間出行，而且速度非常緩慢。凱斯記得，中國人帶著他們向北走了大約兩週以後，他聽到河水流淌的聲音，凱斯相信那一定就是鴨綠江了。某夜，中國人出乎意料地折返，朝向美軍所在的南方行進，大概是他們不想再讓這群俘虜拖累他們了吧，凱斯後來猜想。十一月末，他們把這群俘虜留在距離美軍陣地以北大約幾英里處的一間房屋裡。在凱斯這組人當中，有一個剛剛被關進來的俘虜還能走路，並設法往南聯繫上友軍，最後美軍派來幾輛汽車把他們接走了。凱斯總共當了將近一個月的俘虜。他知道自己已經很幸運了。而那一組能夠行走的美軍戰俘一直待在韓國，在兩年多嚴酷的戰俘營生活後，大多數人都客死異鄉。凱斯隱約記得，在他們原本將近三十人的那組俘虜中，最後得救的只有八人左右。凱斯的左腿被一枚迫擊砲彈炸傷，有四處骨折，腰部以下的傷口也有五十二處之多。那名搭救他的士兵說道：「你看起來可真慘。」他輾轉於各處的陸軍醫院，終於熬了過來，身體大致復原，後來還在越南擔任過兩年軍事顧問。

＊＊＊

讓我們回過頭來再看看美軍小小防禦陣地的情況。那些準備突圍的人在下午五點前開始行動。這支近六十人的隊伍來到河床，河水在前方即轉彎向南流去，因此他們想要繼續前進十分困難。現在他們已經突破了中共軍隊的防線，但是由於人數過多，很容易被敵軍發現。來到大路後，他們在理查森的指揮下魚貫而行，迅速穿過這條道路。在停下來休息時，其中一名來自情報小組的士官溜到理查森身邊小聲對他說，其大意是如果他們兩個悄悄離開，那麼完全有可能順利回到美軍的防線，因為他們都是職業軍人，否則就會受到這些外行人的拖累。他的話固然沒錯，換作是別的軍官也許會聽從他的建議，但是理查森沒有這麼做，此時此刻，他更不會丟下這群人不管，即使為此付出自己的生命也在所不惜。

十一月五日一早，他們誤打誤撞地闖入一個中共軍隊的前哨陣地，於是雙方交火。現在他們已經暴露了自己，中共軍隊也知道了他們的具體位置。在這支隊伍當中，理查森拿著唯一的一把衝鋒槍。他讓其他人先走，當他覺得自己就要成功突圍時，卻被中國人發現並活捉了。看來，他不能像東京總部承諾的那樣，在耶誕節前回家了。相反的，在未來的兩年半時間，他將要在戰俘營中度過。就像理查森一樣，菲爾．彼得森也遭到同樣的命運。

＊＊＊

這次戰鬥結束後，第八騎兵團原有的兩千四百人死傷八百餘人；時運不濟的第三營原有的八百餘人只有近兩百人成功突圍。迄今為止，這是韓國戰場上美軍傷亡最慘重的一次敗仗。美軍經過四個月的苦戰，眼看就要勝利在望時，戰場形勢卻突然逆轉。這個結果對一向戰無不勝的美軍來說尤其讓人痛心疾首。中共軍隊彷彿突然從天而降，瞬間就把美軍的精英部隊給打得潰不成軍。在雲山戰役中，第八騎兵團死傷慘重，還損失了許多先進武器裝備，包括十二門榴彈砲、九輛戰車、一百二十五輛卡車與十二門無後座力砲。在中國人發動攻擊後的第二天，該團發言人對記者的一席話卻令人發抖。他說：「我們不知道他們是否能代表中國共產黨政府，但是這次戰鬥就像當年卡斯特在小大角戰役遭印第安人襲擊一樣，完全是一場印第安式的大屠殺。」

「老爹」米勒在受傷被俘之後，被卡朋神父背著，與其他少部分的俘虜一起每天晚上緩緩北行。在前往戰俘營的途中，他們曾經來到一處中共軍隊的臨時基地。在那裡，他們看到鋪天蓋地的中國士兵，足足有兩、三萬人。這裡彷彿成了北韓的一個祕密城市：除了中國士兵，還是中國士兵。此情此景，讓米勒不禁心生感慨，形勢發生了天翻地覆的變化。但是現在這番話他又能對誰說呢？在接下來的兩年裡，他被關進了一座戰俘營。

不管聯合國軍是否喜歡「逆向行動」這個詞，他們也開始迅速向清川江的另一側撤離，準備迎接中共軍隊的下一輪攻擊。但在這時，就像他們神不知鬼不覺地出現一樣，中共軍隊瞬間消失得無影無蹤。誰也不知道他們究竟去了哪裡。他們悄悄離開戰場，再一次把自己隱藏起來。儘管東京總部的人們樂於相信他們已經離開這個國家，但實際上他們仍躲在北方某處。他們希望美軍再次陷入圈套，來到距離他們大本營更近的地方。雲山戰役只是開始，真正的鏖戰發生在三週以後，一個比雲山更北、更冷的地方。

雲山之戰只是一個警告，但美軍卻沒有留心。在這之前數週，美國總統和他的高級顧問們一直對中國介入這場戰爭的意圖大惑不解，而現在他們變得愈發惴慄不安。為了消除杜魯門總統的不安情緒，十一月三日，參聯會致電麥克阿瑟，要求他對「中國共產黨軍隊在北韓境內赤裸裸的干涉行為」作出回應。然而接下來幾天發生的事情，卻暴露了一心想要打到鴨綠江畔、統一南北韓的麥克阿瑟，與唯恐跟中國發生全面戰爭的華盛頓之間的巨大分歧。

對於華盛頓來說，中國究竟意欲何為再次成了首當其衝的問題，而麥克阿瑟故技重施，想透過控制情報來獲得做決定的主動權，於是威洛比將軍就成為關鍵人物。他刻意縮減中共軍隊的傷亡數字，有意淡化中國方面的參戰意圖。十一月三日，在他的精心處理下，美國國內只知道，中國赴韓軍隊的人數最少一萬六千五百人，最多三萬四千五百人（然而僅在雲山一處，就有接近兩個師約兩萬名中國士兵襲擊了美軍。幾乎同時，在朝鮮半島東側，一個營的美國海軍陸戰隊員遭到另一股兵力相當的中共軍隊襲擊，而且傷亡慘重）。事實上，當時北韓境內的中國士兵已經有三十萬人或三十個師的兵力。麥克阿瑟對這次襲擊十分震驚，卻試圖敷衍過去，因此他對參聯會的電報回覆和威洛比如出一轍。他在回電中說，中國人之所以幫助北韓人，只是為了能「在北韓擁有一處名義上的立足之地」，從而有機會「從廢墟中撈取好處」。

如果說一開始麥克阿瑟被中共軍隊的襲擊給嚇壞了的話，那麼當他們消失後，這位將軍又更有自信了。美國第八軍團司令沃爾頓・華克將軍（Walton Walker）在雲山遇襲後向東京發出電報說：「我方遭到一股有組織、經過完整訓練的新生兵力的埋伏與突襲，其中有些部隊是中共的軍隊。」再也沒有比這更明顯的事實了，但是對於華克的直言不諱，麥克阿瑟的總部十分不快。將軍想讓華克盡量淡化與中國發生正面接觸的危險，假裝一切正常，然後繼續揮師北上。然而華克對於繼續北上感到惴慄不安，並且像華盛頓的官員一樣，想將朝鮮半島一分為二，盡快了事。對此，麥克阿瑟的措辭很快變得嚴厲起來。

就在華克擔心麥克阿瑟很可能要將自己撤職的時候，麥帥質問華克，為什麼第八軍團在雲山之戰後就與敵軍停止接觸，退縮到清川江之後。接著又逼問，難道就因為有區區幾個中國的「志願軍」嗎？顯然麥克阿瑟想要華克繼續向北挺進，而他對華克與日俱增的壓力遠比那些此時深藏不露、靜觀其變的中國人造成的威脅要大得多。

十一月六日，麥克阿瑟在東京發表一則公報，說由於他已經在平壤北部收攏了對敵人的包圍圈，因此韓戰基本結束。然而，不是每一個人都像他這樣志在必得。對於親身經歷了雲山戰役的第八軍團的高階軍官來說，這場戰役只是中國潛在威脅的冰山一角。

此時此刻，華盛頓的人們比以往更有理由惶恐不安。正如後來李奇威將軍（Matthew B. Ridgway）注意到的那樣，中國人首次進攻時，麥克阿瑟把它當作一場災難，並立刻致電華盛頓，對於任何可能阻止他炸毀鴨綠江橋樑的禁令表示抗議。如果允許中共軍隊穿過這些橋樑，他說：「就會對我指揮下的美國軍隊造成毀滅性的威脅。」參聯會立刻回電，指出中國的介入，用李奇威的話來說，就是「已經成為事實」。也就是說，對於美軍是否應繼續北上，需要做一番痛苦的權衡。麥克阿瑟再次回電，卻與自己前一封電報自相矛盾，他告訴華盛頓不用擔心，美國空軍完全有能力保護他的陸軍，挫敗任何擋住去路的強敵。隨著美軍繼續一路北上，決定韓戰最終命運的時刻似乎已經來臨。在自己征服北韓的偉大夢想與在強敵當前的局勢下置美軍安危於不顧兩者之間，麥克阿瑟最終選擇為實現自己的個人夢想而將美軍推入險境。

＊＊＊

對此，華盛頓的高官們無可奈何。國務卿迪安·艾奇遜（Dean Acheson）後來寫道，我們起初冀望中國人、後來又冀望麥克阿瑟去控制戰爭。然而我們現在對前者無能為力，對後者也力不從心。艾奇遜曾寫道：「麥克阿瑟究竟想要透過向我們展示這次驚人的軍事舉措達到什麼目的？」此時此刻尤為關鍵的是：一支全新的、驍勇善戰的敵軍突然出現在戰場上。而在大敗美軍之後，似乎轉眼之間就「消失得無影無蹤」。艾奇遜補充說：「最值得我們警惕的是，他們完全有可能像上次那樣突然捲土重來，對我們造成極大的傷害。」

十一月二日至四日，在朝鮮半島另一端，一個名叫「水洞」的地方，第十軍所屬的海軍陸戰隊一部在一場與雲山規模相當的戰役中遭到敵人痛擊，四十四人陣亡，一百六十三人受傷。他們認定，中國人這次的襲擊顯然經過精心籌畫。中國人早已布下天羅地網，卻等不及更多的美國人北上自投羅網。水洞一役足以證明雲山之戰不是偶然巧合。這是美軍停止北上、迅速南撤，從而避免與中國發生更大規模戰爭的最後一次機會，但是華盛頓卻無所作為。艾奇遜在回憶錄中寫道：「當麥克阿瑟帶來這場夢魘的時候，我們就像嚇壞了的兔子，坐在那裡不動。」

第 2 章

愁雲慘霧：北韓軍南侵
Bleak Days: The In Min Gun Drives South

當北韓軍突然越過三十八度線時，沒有人比麥克阿瑟更吃驚了……

二戰後，朝鮮半島以北緯三十八度線被分隔為南北韓。

前者依賴蘇聯，後者仰仗美軍保護。

一九五〇年六月二十五日，史達林默許金日成發動近十萬大軍越過界線，大舉南侵，並佔領了漢城。

美國人反應遲鈍，如夢初醒，一場始料未及的戰爭在朝鮮半島揭開序幕。

02 史達林的默許

不到五個月前，大約是一九五〇年六月十五日，北韓的六個師祕密開赴北緯三十八度線附近，與之前駐守在那裡的其他部隊會合。他們一起進行了強化訓練，還實施無線電靜默。同時，大批工兵也暗地裡派送至此，設法加固通往南方主要幹道上的那些簡易橋樑，以便重達三十二噸的蘇聯製T－34戰車能順利通過。二戰後，這個國家一分為二，貫通南北的鐵路線被切斷，這時，他們不顧一切要修復這些鐵路設施。二十四日晚上，天降大雨，一直持續到第二天清晨。九萬名北韓人民軍士兵，組成超過七個步兵師和一個裝甲旅，穿過三十八度線一路南下。這是一場經過精心策畫的多路進攻，利用公路幹道與鐵路加速前進。在大多數情況下，他們的行動都異常敏捷。被包圍的南韓軍目瞪口呆，根本不知道發生了什麼事。第二天，一名蘇聯顧問對這次進攻給予高度評價：他們的行動甚至比蘇聯紅軍要快。

一九四五年，當金日成被蘇聯安置在平壤時，這位北韓領導人就對揮師南下統一南北念念不忘。他在這個問題上毫不退讓，一再懇請蘇聯領導人史達林准予他採取行動。一九四九年末，他在一次會議上告訴史達林，自己要「用刺刀尖碰一碰南方」。

當毛澤東高舉革命大旗，眼看就要統一中國時，金日成對史達林的施壓也與日俱增。毛澤東的成功似乎加劇了金日成的挫折感：毛澤東即將成為世界舞臺上一個可怕的新角色，而他卻只能困在平壤無所作為。沒有蘇聯的准許，他不敢輕舉妄動，只能統治半壁江山的他是個不完整的統治者。於是，金日成一而再、再而三向史達林施壓。他所兜售的想法十分簡單，聽起來也似乎輕而易舉：一場共產主義式的攻勢，南方就能垂手可得。在金日成看來，只要他以迅雷不及掩耳之勢發動一次裝甲攻擊，南方人民就會立刻揭竿而起，一呼百應，戰爭在幾天之內就能順利結束。

過去，史達林對金日成的反覆懇求一直相當謹慎。美國人沒有離開南方，即使他們只是顧問的身分，但史達林仍處處提防，不願與美國正面衝突。然而，金日成根本就沒有把美國人扶植的李承晚政權放在眼裡，並對自己鼓吹的那一套深信不疑。他是最危險的那種人，一個真正的信徒，完全信仰自己擁抱的真理。在金日成看來，只要蘇聯人不再阻攔，同意他揮師南下，那麼假以時日他就能所向披靡；同樣的，李承晚也認為，只要美國人不再令人生厭地指使他，攻克北方簡直易如反掌。

對朝鮮半島南北雙方一定程度上的軍事對峙局面，史達林並未不快。在他看來，雙方的對峙程度不算太嚴重，但足以讓彼此擦槍走火。史達林有時會鼓勵金日成繼續打擊李承晚政權。「現在進展得如何，金日成同志？」一九四九年春，他在一次會議上問道。金日成解釋說，那些南方人讓事情變得十分棘手，邊界地區衝突不斷。史達林問他：「你在說什麼？難道武器還不夠用嗎？你必須和南方人直接對打。」他想了想，然後又說：「打擊他們，打擊他們！」

但是，允許「侵略」卻又另當別論。蘇聯的領導人並不急於公開製造事端。隨後，一系列外部事件的發展改變了史達林的態度，其中包括一月十二日美國國務卿艾奇遜在華盛頓國家新聞俱樂部發表的那篇演說。艾奇遜似乎在暗示，南韓已經不在美國的亞洲防禦範圍之內，而莫斯科則把他的演說解讀為，如果南韓境內發生任何衝突，美國可能不會輕易介入。這篇演說是對那個時代最意志堅強的外交人物的重大誤解，因為它嚴重影響了共產主義勢力對現況的判斷。中國共產黨統一中國後，艾奇遜一直試圖解釋美國的亞洲政策，最後反而向共產主義世界發出了一個極危險的錯誤訊息。數年後，他的老朋友艾弗利爾・哈里曼（Averell Harriman）說：「艾奇遜這次恐怕搞砸了。」

為了得到史達林的恩准，從一九四九年末到一九五〇年初，金日成一邊加緊厲兵秣馬，一邊三番兩次趕赴莫斯科進行遊說。在這幾個月裡，蘇聯一直抱持靜觀其變的態度，想看看如果允許金日成南下，自己能有多少勝算。最後，他們認為美國人不會插手。在史達林的要求下，毛澤東與金日成面對面地就美國可能採取哪些行動進行了一次討論，並一致認為，美國人參戰以拯救這塊「彈丸之地」的可能性微乎其微，因此毋須中國派出增援。但是日本仍是該地區一個不能輕視的勁敵。毛澤東允諾，如果日本介入這場戰爭，那麼中國一定會提供人力和物資。

中國發生的事情也對史達林的態度產生了相當的影響。美國人曾信誓旦旦地告訴自己忠實的盟友、中國國民黨領袖蔣介石，如果中國大陸全線告急，他們一定會進行軍事干預，最後卻沒有兌現自己的諾言。如果毛澤東發動的戰爭能在中國農民當中一呼百諾並最後成功，那麼南韓的農民會不會以同樣的方式響應金日成的號召呢？難道他不是有前例可循嗎？於是，金日成的計畫逐漸贏得莫斯科方面的支持。一九四九年末，毛澤東第一次與史達林會面時，兩人共同商討了金日成的作戰計畫。史達林暗示，要讓大約一萬四千名在中共軍隊服役的韓裔士兵回到北韓陣營，對此毛澤東表示同意。在一本名為《不確定的夥伴：史達林、毛澤東與韓戰》（*Uncertain Partners: Stalin, Mao, and the Korean War*）的書中，史學家謝爾蓋·岡察洛夫（Sergei Goncharov）、約翰·路易斯（John Lewis）與薛理泰對這個問題進行了開創性的研究。他們寫道，金日成的這次遊說活動表明，「史達林最終決定支持北韓的軍事行動，但又刻意保持距離，不願直接介入其中。」史達林在這裡玩了一個極其微妙的遊戲，在入侵問題上閃現半綠半黃的曖昧態度。由於事情的發展往往出人意料，並不一定會按照金日成的預言進行，史達林可不想參加這次更困難、代價更高昂的冒險行動，或是在這次行動的批准書上留下指紋。

一九四九年十月，毛澤東在內戰的最後勝利進一步刺激了金日成的渴望。他認為現在輪到自己大顯身手了。一九五〇年一月，在為北韓駐中國大使舉行的餞行午宴上，金日成再次對蘇聯大使館幾位高級官員表明了自己的態度。金日成說：「中國已經解放了，現在是解放南韓人民的時候了。」他又說，為了解決統一問題，他輾轉反側、徹夜難眠。接著，金日成把特倫蒂·什特科夫上將（Terenti Shtykov）

這位實質上統治北韓的蘇聯將官拉到一旁，請他安排自己與史達林再次見面，然後再與毛澤東會面。一九五〇年一月三十日，也就是艾奇遜發表演說的十八天以後，史達林發電報請什特科夫轉告金日成：「我已經準備好要幫你了。」當什特科夫將這個消息告訴金日成時，後者表示十分愉快。

一九五〇年四月，為了消弭史達林最後的一絲顧慮，金日成在南方共產黨領導朴憲永的陪同下訪問莫斯科。朴憲永向蘇聯獨裁者史達林保證，南方人民會在北方發出信號的第一時間內一呼百諾，揭竿而起（然而南方人民並沒有真的揭竿而起，朴憲永為自己誇下的海口付出了慘痛代價。當韓戰於三年後結束，朴憲永在不驚擾到旁人的情況下被處決）。從四月十日到二十五日這十五天當中，金日成和朴憲永一共與史達林見了三次面。金日成堅信自己穩操勝券，因為他身旁的人總是說，他有多麼受人愛戴，而李承晚又多麼令人憎恨，南方人民早就對他的入侵望眼欲穿了——恰好與李承晚聽到的逢迎之詞相反。這兩人當權都已經有五年之久，無論南方人對於李氏政權如何怨聲載道，對平壤的高壓政策他們同樣也聞之色變。作為共產主義的忠實信徒，金日成可料不到南方人是這麼想的，也不認為自己的政權有壓迫性。他始終堅信，在北方崛起的新韓國乃是一個真正公平正義的民主國家。

金日成向史達林保證，美國不會冒著與蘇聯、中國開戰的危險來干涉朝鮮半島。至於毛澤東，這位中國領導人歷來都對南韓的解放事業表示支持，並願意派兵支援。不過，金日成似乎早已成竹在胸，不需要中共的軍隊。當時，史達林告訴金日成，雖然自己與他的立場一致，但是不會提供過多援助，因為自己在其他地方，尤其是歐洲還有更多重要的考量。假如美國真的介入，金日成不該期望蘇聯派兵增援。「如果到時候你打不過美國，我不會出手相救。你還是得讓毛澤東助你一臂之力。」金日成的任務，史達林說，就是向那位「對東方之事務了解甚深」的毛澤東尋求更實際的援助。

這是史達林典型的一步棋。他既不出言反對，也不提供援助，而是把責任推給一個立足未穩，卻對他感恩戴德的新共產主義政權。毛澤東一直想要統一中國，但在臺灣問題上卻遭到美國阻止，如果他想收回國民黨的最後陣地，就不得不仰仗蘇聯的力量。因此，史達林很清楚自己能對毛澤東施加相當大的影響。事實上，毛澤東已開始與蘇聯密切磋商，請求提供必要的空中與海上援助。一九五〇年五月十三日，金日成在北京祕密會見了毛澤東。第二天，毛澤東收到史達林的電報，電文中確認蘇聯對金日成的進攻只能給予十分有限的支援。於是毛澤東承諾對金日成提供援助，並詢問他是否需要中國向中韓邊境派兵，以防止美國介入。金日成一口回絕。毛澤東對自己的俄語翻譯師哲說，金日成回答得著實「傲慢」。他們原本以為，這是一個危難中的小國代表向一個剛剛在內戰中大獲全勝的大國統治者求援，而中國會慷慨大度地施以援手。中國人認為，好像金日成來北京只是為了兌現自己對史達林的承諾而已。顯然，在金日成看來，他的偉大歷險毋須中國人染指。他堅信，戰事不出一個月就會結束，即使美國想要出兵，恐怕也為時已晚。但是，毛澤東向他暗示，既然美國一手扶植了李承晚政權，日本又是美國東北亞政策的關鍵所在，那就不能完全排除美國介入戰爭的可能性。金日成對這個暗示無動於衷。至於援助問題，蘇聯會提供他們足夠的武器裝備。他這話倒是不假，蘇聯的重型武器已經通過補給線陸續運抵平壤（在戰爭前夕，金日成的武力不僅遠勝於李承晚的武力，同時也大大超過了仍在使用從日軍與中國國民黨軍隊手中攫獲武器的中國軍隊）。

根據作家沈志華所言，毛澤東向金日成暗示，想要「速戰速決」，就應當繞過城市，不要讓部隊陷入城鎮戰中，而要打擊李承晚軍隊的軍事要地。速度是關鍵。毛澤東預言般地向他承諾，美國要是參戰的話，中國一定會出兵相助。這次會見結束後，金日成當著毛澤東的面告訴蘇聯駐中國大使羅申（N. V. Roshchin），他與毛澤東對自己即將發動的這次進攻意見一致。這並不全然是真的，毛澤東並不喜歡這個自負無禮、帶著他有限的戰勝紀錄的年輕人，以如此的態度對待他，並以這麼高調的方式，還自稱能代表毛說話。

早先，北韓一直都是蘇聯的附庸國，而蘇聯也一直刻意淡化中國方面的影響。隨著戰事日益接近，金日成身邊的高級顧問——那些蘇聯的將軍們——逐漸接管了策畫戰爭的大權。他們認為金日成之前制訂的進攻計畫並不高明，並根據蘇方的意圖進行了修改。在歷次高度敏感的戰爭計畫會議裡，北韓勞動黨政治局和軍隊的親華人士都被刻意排除在外。某些重型武器也是通過海路而非鐵路運抵北韓，為的就是繞開中國。顯然，北韓和蘇聯雙方都想盡量縮小中國的角色。金日成曾暗示，希望在六月中下旬雨季來臨前的某個時間點開戰。最後，史達林同意把時間訂在六月末。蘇聯最後一批大規模運送的武器裝備在六月初運達。距離北韓人發動進攻的日期越近，蘇聯的操弄就越明顯。直到六月二十七日，也就是金日成的軍隊越過三十八度線兩天後，他才通報中國當局。在此之前，中國只能靠廣播報導獲取有關消息。當金日成終於接見中國大使，一口咬定是南韓首先發難，而中國知道這是漫天大謊。有意思的是「入侵」前幾週，蘇聯、北韓、中國三方的態度。儘管金日成一直認為自己穩操勝券，但這三國之間由於某些深刻的歷史淵源而出現了相當程度的緊張和對立，彼此的信任程度驚人地薄弱。

對於美國及其他西方國家來說，這不是一場內戰，而是一次越過國界、一國對另一國的「侵略行徑」。因此他們很容易就聯想到，西方國家因為沒有及時阻止希特勒的侵略行為而引發了第二次世界大戰。然而，這種觀點對於中國、蘇聯和北韓卻顯得匪夷所思。他們認為，一九四五年美蘇授意作為南北韓分界的那條三十八度線，根本就不是什麼邊界線（這種觀點在之後幾個月，當美軍和聯合國軍跨越三十八度線北上時有了改變）。在他們看來，北韓在六月二十五日的作為，與當時中南半島尚未結束、而中國業已結束的內戰如出一轍，這是代表韓國人民的利益所進行的長期鬥爭過程中，又一次的行動而已。

＊＊＊

早在北韓發動攻擊前幾週，就已經開始出現某些徵兆。不過，在當時美國情報部門獲悉的關於好鬥、憤怒的南北雙方報告中，每天都有不計其數的正反消息證明某些事件即將發生或根本不會發生，因此這些跡象很容易就被遺忘。如果當時稍加留心，美國人也許能從中發現一些不祥之兆。一位年輕的前美國戰略情報局（OSS）——也就是中央情報局的前身，派駐在中國的情報員，約翰·辛格勞（John Singlaub）當時正在培訓一批韓國特工，去尋找一些能證明平壤方面不再採取「打帶跑」游擊戰術的證據。隨後，他派遣這些人越境潛伏。這些人都是新手，而且他們的訓練也沒有達到最高水準，因此這些特工的任務就是搜尋那些最簡單的跡象：首先，同時也是最重要的，邊境地區有沒有疏散或撤離當地居民的行動，因為這是戰爭的準備工作正在進行的訊號，而共產黨當局對此會極力掩飾；其二，小型橋樑的加固或拓寬；其三，可能重新開通南北鐵路的任何活動跡象。

辛格勞的手下都很年輕，但是他認為有些人相當優秀。到了春末，他已經搜集到不少非常有價值的情報。情報顯示，北韓正在向邊境地區派遣精銳部隊，同時悄悄撤離當地平民。此外，他還得知有些橋樑正在加固，而每到夜間，邊境地區就有人加緊修復鐵路。因此，辛格勞相信，儘管有關情報鋪天蓋地，但邊境地區密集的各種活動足以證明，這裡必將有大事發生。

然而，辛格勞的工作卻受到了諸多方面的束縛。作為一名曾在戰略情報局就職的現任中央情報局官員，他甚至不能公開地在朝鮮半島搜集情報，因為無論是麥克阿瑟還是情報處長威洛比，都對戰略情報局恨之入骨。二戰期間，他們就將該局排除在自己的戰區之外，現在他們又故技重施。麥克阿瑟的宿怨部分來自他素來為人所知的反英情緒，以及對那些在戰略情報局影響甚深、威望頗重的東方當權派的不滿情緒，部分則是出於某種更為實際的考量。如果麥帥的情報部門能夠壟斷這個戰區的所有消息，他就更有可能掌控該戰區的決策大權。因此他和威洛比都希望，在他們的亞洲地盤上發生的事，五角大廈和杜魯門政府最好能完全依賴他們的情報，這樣麥克阿瑟就不會被不同觀點的情報所掣肘。掌控情報就等於掌控決策權。

＊＊＊

先前造訪過東京的喬治・肯楠（George Kennan）對東京司令部忽略正在發生的事絲毫不感到奇怪，因為他對麥克阿瑟的參謀，尤其是那些華而不實、極端反共、過度自信的情報人員的素質和能力深感懷疑。某次他對一位空軍高階軍官說，如果美國撤出地面部隊，那麼朝鮮半島的地緣政治形勢將變得極為脆弱，這位軍官卻不以為然地認為根本沒有使用地面部隊的必要，因為駐沖繩的戰略轟炸機足以擊退任何可能進犯的敵軍。然而，肯楠表示難以苟同，因為他曾目睹過中國內戰，中共的軍隊似乎並不懼怕國軍的空中武力。隨後，在一九五〇年的五、六月間，肯楠從國務院政策計畫處的一些同僚那裡聽到一些風聲，據說共產主義陣營即將有大事發生，而且很快就會有大批軍隊投入戰鬥之中。當時，美國的各個情報單位在對整個共產主義陣營進行了深入分析後，信心十足地認為，無論是蘇聯還是它的東歐衛星國，都不可能輕舉妄動。肯楠卻認為，也許北韓有這種可能。然而從軍中傳來的消息卻認為，所謂的共產主義襲擊完全是「無中生有之事，因為南韓軍隊裝備精良、訓練有素，作戰能力遠在北方之上」。

來自辛格勞手下情報員的報告經由威洛比之手後，打上了「F－6」最低等級的標籤，就是說該特工不值得信任，並對內容的真實性存疑。因此，北韓軍隊在清晨揮軍南下時，南韓軍及美軍顧問完全猝不及防。這場戰爭的雙方並非勢均力敵。北韓士兵驍勇善戰，武器裝備也相對先進。他們的武器大多是專為這次進攻而由蘇聯新近製造並運達北韓的。他們的士兵訓練有素，而且人數幾乎是南韓軍隊的兩倍，其中將近一半士兵有豐富的作戰經驗。經毛澤東允許，大約有四萬五千名曾在中共軍隊服役的韓裔士兵逐步調入北韓軍隊中。這批官兵思想堅定，多數人有十年以上的軍旅生涯，並在一場武器裝備始終處於劣勢的戰爭中倖存下來。事實上，北韓軍是一支令行禁止、紀律嚴明、階級森嚴、信仰堅定的隊伍，為同樣令行禁止、紀律嚴明、階級森嚴、信仰堅定的政府服務。這些士兵大多出身農村，對自己的生活狀況極為不滿。一開始，當權者把他們的怨恨歸咎於生活的貧困、日本統治者的暴虐無道以及上流社會與日本人的同流合污，而今在他們心裡，美國已取代日本成為新的仇恨對象。如果無人刻意強調這些那倒也沒什麼，然而他們和家人生活的殘酷卻反覆強化著這些信條。

* * *

在漢城，作為南韓政治和軍事顧問的部分美國人反應遲鈍，很晚才意識到已經發生了大事，有十萬北方大軍將殺過來。北韓的進攻始於當地時間週日凌晨四點，即華盛頓時間週六下午三點。時任美國駐南韓大使的約翰．馬其奧（John Muccio）是國務院才具非凡的官員之一，卻是在戰鬥開始四個小時後才從一位首席助理的來電得知這個消息。「你可要撐住啊，」美國駐南韓大使館臨時代辦莊萊德（Everett Drumwright）對馬其奧說：「共軍正全面進攻。」李承晚在清晨六點三十分聽到這項消息，也就是說，其間至少有一個半小時，他沒有通知美國人。馬其奧與莊萊德通話結束後，兩人決定在大使館碰面。在前往大使館路上，馬其奧遇到合眾社記者傑克．詹姆斯（Jack James，United Press）。詹姆斯那一天本來打算處理完一些工作後就去野餐的。馬其奧告訴詹姆斯，有報告說北韓人正全面進攻，自己正要去查證這項消息。詹姆斯一進大使館就遇到一位在軍情單位工作的朋友。這位軍官問詹姆斯：「你聽說邊境那裡出事了嗎？」詹姆斯回答：「我聽到的不多，你都聽到了什麼？」這位軍官答道：「見鬼！除了第八師的地盤外，恐怕他們早就無孔不入了。」

聽到這些消息後，詹姆斯走到電話機旁，開始狂撥電話，試圖拼湊這些隻言片語。隨後，上午八點四十五分左右，使館海軍陸戰隊警衛保羅・杜普拉斯中士（Paul Dupras）問他出什麼事了。他回答，北韓人已經越過邊境。杜普拉斯說，這沒什麼，這種事情常常發生。詹姆斯答道：「是的，但這次他們開著戰車。」隨著各方面的細節越來越多，詹姆斯在當地時間上午九點五十分左右發布了第一則新聞快訊。之前他一直在城裡四處打聽消息，回到大使館後，另一位在軍情部門工作的朋友告訴他，現在該是讓華盛頓了解一些情況的時候了。詹姆斯覺得，既然他們能接受這樣的消息，那麼自己當然也可以接受。於是，詹姆斯字斟句酌，他後來這樣說，由於這事關一場戰爭，為避免引起軒然大波，沒有必要再去誇大任何事實，此後幾小時和幾天當中，一定會有大量的詳盡報導。雖然合眾社向來因其低俗趣味而惡名昭彰，但是這一次詹姆斯卻自作主張，用最快的速度發了這則新聞快訊。由於他行動迅速，因此只有他的報導傳回美國，並且立刻被刊登在當地週日的早報上。這篇報導用典型的通訊社風格開頭：「據紐約合眾社25095通訊員詹姆斯快訊，陸續有消息指稱，北韓軍隊於週日上午穿過北緯三十八度線，沿著邊界全面進攻。當地時間九點三十分的報告指稱，距離漢城西北四十英里的開城和南韓第一師師部已在九點失守。敵軍已抵達翁津半島南緣三到四公里處。據悉，敵軍在距離漢城西北五十英里處的春川地區使用了戰車……」

此後，華盛頓不斷收到大使館的報告，但是詹姆斯的新聞快訊讓美國提高警覺。當合眾社及其他新聞機構紛紛致電政府高層想要確認這項消息時，他們才如夢初醒，一場始料未及的新戰爭已在朝鮮半島揭開序幕。

* * *

北韓人進攻時，麥克阿瑟的反應出乎意料地慢。他對那些有關北方進攻的最初消息似乎無動於衷。

相反的，他對周遭一些人憂心忡忡。這些人不光是基於國內政治原因而要架空他的自由派人士，還包括那位與國家安全部門過從甚密的極端保守派人士、共和黨影子內閣國務卿、時任國務院顧問的約翰・福斯特・杜勒斯（John Foster Dulles），以及曾作為杜勒斯的助手參訪漢城和東京的國務院強硬派人士約翰・艾利森（John Allison）。

北韓發動攻擊時，杜勒斯與艾利森恰巧在東京，他們是為了與日本簽署正式結束美國占領日本的和平條約而來。在戰爭爆發的前幾天，他們一起去三十八度線附近的南韓碉堡視察，還與當地的軍人合影留念。當時，杜勒斯頭戴一頂招牌式的漢堡帽，好像要去華爾街參加銀行家大會一樣。國務卿艾奇遜說：「福斯特竟然戴著一頂漢堡帽出現在碉堡裡，這種景象可真是讓人啼笑皆非。」他對杜勒斯這個一心想占據自己職位的人一點好感也沒有。十八個月前，在杜威競選總統時，杜勒斯滿以為自己能坐上艾奇遜現在的位置。第二天，這位從不自戀的杜勒斯竟然在南韓國會上擺出一副滿腔正義、悲天憫人的樣子發表演講。他告訴議員們：「你們並不孤單。只要繼續為人類的自由事業奉獻自己的綿薄之力，你們就永遠不會孤單。」這篇演講稿是遠在華盛頓，專門為杜勒斯撰寫的，執筆人就是在幾個月後以不一樣的方式冒出頭的強硬派中堅人物、負責遠東事務的助理國務卿魯斯克（Dean Rusk）和政策計畫處處長保羅・尼采（Paul Nitze）。儘管杜勒斯的演講用詞誇張，但是人們沒有理由覺得南韓陷入重大危機。就在幾天前，杜勒斯和艾利森聽過威洛比將軍的簡報，簡報中並沒有提到北韓可能發動襲擊之事。

當北韓發動攻擊時，杜勒斯與艾利森私下一直對麥克阿瑟總部某些人的意見十分關注，這些人在意識形態上對北韓持同情態度，但並非麥克阿瑟團隊的核心成員。一開始，傳來的消息非常不利，可是麥克阿瑟及其手下卻令人難解地等閒視之。六月二十五日，也就是開戰的週日晚上，麥克阿瑟在簡報會上顯得非常輕鬆。他告訴杜勒斯與艾利森，之前的相關報導都是不確實的。他說：「這很可能只是一次威力搜索而已。如果華盛頓不在那裡礙手礙腳的話，我把一隻手捆在背後都能對付他們。」接著又補充道，李承晚總統曾要求美國增援一些戰鬥機，雖然他認為韓國人未必能妥善使用這些飛機，但為了鼓舞士氣，他還是打算送一些過去。

艾利森覺得，麥克阿瑟信心滿滿的態度一度讓杜勒斯如釋重負，不過他還是想給艾奇遜和負責遠東事務的助理國務卿魯斯克拍一份電報，請他們立刻增援南韓。但是，艾利森和杜勒斯與麥克阿瑟圈外的人士交流越多，他們越感到事態嚴重。當晚，艾利森前往老朋友橫濱港司令克倫普·加爾文准將（Crump Garvin）家中赴宴，後者向他透露，最近兩三週第八軍團情報部門的多份重要報告顯示，北韓邊境附近居民正被悄悄疏散，並有大批軍隊在當地集結。艾利森大吃一驚。加爾文對艾利森說：「凡是看過這些報告的人都明白，很快就有大事要發生。不知道東京的情報部門都在幹什麼。」

到了週一，前線的實況與麥克阿瑟總部的情報之間，出入似乎已越變越大。美國駐韓大使馬其奧下令美國婦女兒童要盡快撤離南韓。麥克阿瑟仍擺出一副悉聽尊便的模樣，還暗示馬其奧的做法倉促草率。他信誓旦旦地說：「沒有必要在南韓引起恐慌。」然而，前線傳來的壞消息卻是一件接著一件。當晚，兩位高級官員分頭行動，艾利森前往東京與某些高官共進晚餐，杜勒斯參加麥克阿瑟的私人晚宴。席間，艾利森看到不斷有資深記者與外交人員進進出出，證實了越來越多的晦暗戰報——南韓已潰不成軍。當晚將盡，艾利森決定與杜勒斯查對情況，想必他在晚宴上得到的消息一定比自己更多。「我想你一定聽說了南韓方面的壞消息。」他說。然而杜勒斯卻表示對此一無所知。「難道你不是與麥帥共進晚餐嗎？」「是的。」杜勒斯回答，席間只有麥克阿瑟夫婦及他們夫婦四人，晚餐結束後大家還一起看了電影——麥帥最喜歡的娛樂，沒有人打斷他們的晚宴。於是，杜勒斯打電話給麥克阿瑟，問他有關南韓潰敗的情況。將軍回答說他要先了解一下情況。艾利森後來寫道：「讓一個國務院代表告訴美軍將官他的後院發生了什麼事，這種情況在美國歷史上恐怕屈指可數。」

第二天，越來越多跡象顯示，展現在他們面前的將是一場巨大的災難。馬其奧大使報告說，漢城已經開始撤離行動，李承晚政府準備撤到漢江以南的大田。就在當天，杜勒斯和艾利森準備飛回美國。他們在羽田機場候機時，麥克阿瑟來了，神色異常，這讓艾利森十分詫異。這位兩天前還洋洋自得、顧盼自雄地認為北韓不過是在搞威力搜索的風雲人物現在卻垂頭喪氣、滿臉陰霾。雖然他們之前就聽說這位將軍喜怒無常，但是乍見之下，杜勒斯和艾利森還是感到無比震驚。麥克阿瑟宣布：「韓國已失守，現在我們唯一能做的事就是讓我們的人安全撤離。」艾利森後來寫道：「我從沒見過麥克阿瑟將軍像一九五〇年六月二十七日那天那樣灰心喪氣、委靡不振。」

然而，更讓人大惑不解的還是飛機因機械故障而延誤時麥克阿瑟的舉動。告別儀式似乎沒完沒了，這時陸軍部長來電，要求在東京時間下午一點與將軍進行一次電訊會議。由於當時的通訊尚不發達，所謂的電訊會議就是藉由打字員之間的文字溝通來進行的。杜勒斯與艾利森一致認為，這一定是一次極為重要的會議，因為華盛頓迫切想從這位身在前線的總司令那裡知道，該如何因應這場重大危

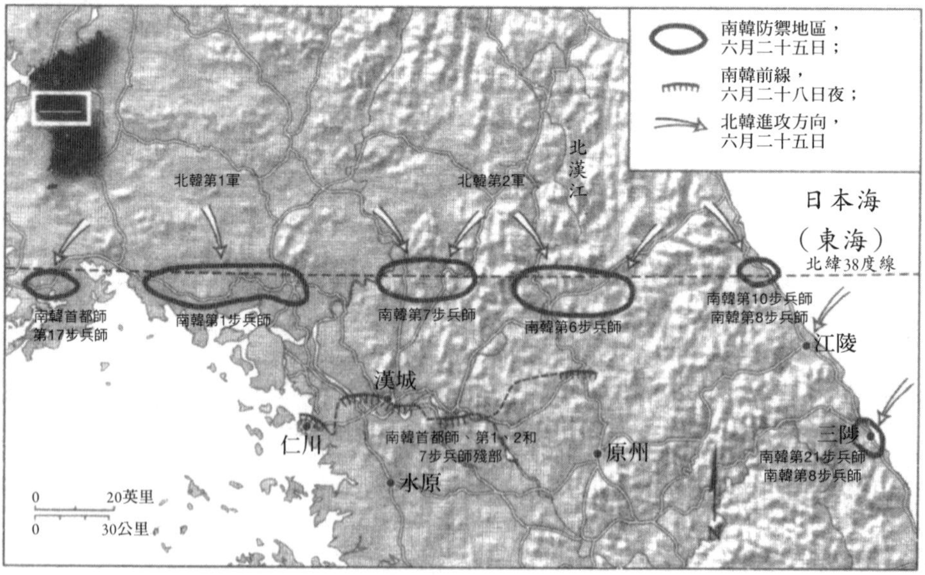

圖四　北韓軍大舉南侵，一九五〇年六月二十五至二十八日

機。麥克阿瑟必須立刻離開羽田機場才能趕上這個會議，但讓他們吃驚的是，這位將軍滿不在乎地告訴助手，他正忙著為杜勒斯送行，華盛頓方面與他的參謀長談就行了。麥克阿瑟的做法讓杜勒斯極為不解，於是他施了點小計，讓麥克阿瑟可以回去東京。他讓機場呼叫他們一行人立刻登機。直到這時，麥克阿瑟才起身返回總部。之後，杜勒斯及隨行人員又返回貴賓室等了幾個小時。後來艾利森才得知，就在那次電訊會議中，杜魯門政府決定向南韓派出美國的空中和海上力量。這可不是一個令人欣慰的開始。

有些人會由此聯想到當年太平洋戰爭爆發時，麥克阿瑟的司令部也同樣地顯得措手不及。他低估了日本在太平洋美軍勢力範圍內的打擊能力，再加上各級指揮官疏於防範，導致日本航空兵力一舉摧毀了美國在菲律賓克拉克空軍基地上的所有轟炸機，而那時已是日軍偷襲珍珠港九個小時之後的事情了，美軍在這段期間竟然毫無作為。英國歷史學家馬克斯・黑斯廷斯（Max Hastings）寫道：「在其他國家，像他那樣經歷了美軍一九四一到一九四二年在菲律賓巴丹半島的慘敗後，不僅撇開一切責任，而且還能在軍中擔任重要職務的將領恐怕少之又少。像他那樣在巴丹一役中拋下自己大難將至的指揮職責，並與親信甚至僕人逃離當地，還宣稱自己對國家的價值遠高於那些為其犧牲的將士的將領，恐怕更是罕有其人。」看來，那些統馭他人的規則並不適用於麥克阿瑟本人。

03 李承晚與近代朝鮮

當北韓軍隊突然越過三十八度線作全面進攻時，沒有人比麥帥更吃驚了。為了將日本從戰敗國塑造成一個更平等、更民主的社會，他此時正全神貫注於該國的政治發展。二戰剛揭開序幕時，日本還只是一個奇特的混合體：現代化的經濟和軍事，混雜了社會和政治的封建制度。為了進行土地改革、組建工會、維護婦女權利，麥克阿瑟一直在創造相互制衡的力量，並且取得了大大的成功。他似乎是順勢而生的——這個國家在太平洋戰場上一敗塗地，天皇也因此威望掃地，日本正在尋求一個新的世俗領袖。麥克阿瑟恰巧是那種喜歡受人崇拜的人，這正是他進行自我神化的絕佳機會。天性獨斷、自以為是的麥克阿瑟在處理這個戰敗國時顯現令人驚歎的快速敏捷。他審時度勢，挾天皇以令諸侯，不僅無損天皇的神威，反而增加了自己的威望。在美國，他是保守派人士，與許多頑固的保守派政治人物過從甚密，但在日本，他彷彿象徵著自由而現代的美國。儘管在國內，他向來對「新政」不以為然，但是在這裡，他不僅極為熱情地對待那些擁護「新政」綱領的年輕自由派人士，而且允許他們極為自由地重新打造戰後的新日本。為首的肯迪斯（Charles Kades）相信，自由派當時的確擁有塑造日本的自由權力，這不僅是有助於社會進步的正確選擇，而且從舊體制向新社會轉變的過程中，日本發生的變化越大，麥克阿瑟就顯得越重要，在該國的權力也就越大。

為日本的變化，以及積極籌備中的「舊金山和平條約」，佔據了麥帥日常的工作大部分的時間。對其麾下的駐日美軍部隊，那個在太平洋戰場上曾經大敗日軍，但如今已喪失昔日風采的軍隊，他漠不關心。儘管這支隊伍人員短缺、裝備落後、缺乏訓練，麥克阿瑟仍置若罔聞。對曾經淪為日本殖民地，在一九四五年被美蘇兩國解放後又一分為二、南北對峙的朝鮮半島，他更是漠然處之。麥克阿瑟對南韓沒有任何興趣，他只行色匆匆地造訪過一次。美軍駐韓司令約翰．霍奇將軍（John Hodge）反覆懇請作為太平洋盟軍最高司令的麥克阿瑟多關注一下那裡的局勢，他依然置之不理。有一次，他搪塞霍奇說：「我對當地的情況不夠了解，因此難以向你提出更明智的建議，但是對你在這一事項上的任何決定，我都會表示支持。」

顯然，在一九四五到一九五〇年間，麥克阿瑟對南韓沒有興趣。他的辦公桌上堆滿了霍奇將軍向他徵詢建議或尋求幫助的電報。其中一份電文如下：「我迫切希望在這個問題上能夠得到您的積極配合……」福賓．包爾思（Faubion Bowers）因為能說一口流利的日語而成為麥克阿瑟最得力的助手之一，他還記得，有一次霍奇自作主張前去拜訪麥帥，在門外滿懷希望地苦候了幾小時後，得到的答覆卻是他得自己管好自己的地盤。麥克阿瑟在驅車回家的途中告訴包爾思：「我不會干涉南韓的。那裡歸國務院管。他們不是想要南韓嗎？好啊，就讓他們管好了。那是他們的管轄範圍，不是我的。我連碰一下都不會。那些該死的外交官挑起戰爭，但仗是我們打贏的。我為什麼要向他們伸出援手？我才不會去幫霍奇，就讓他們各顧各的吧。」事實上，麥克阿瑟只去過南韓一次，還是為了出席由美國扶植上臺的總統李承晚的就職典禮。在那次典禮上，他漫不經心地向李承晚誇下海口，如果南韓遭遇襲擊，美國會像「保衛加利福尼亞州那樣保衛它」，而他說這話前並沒有徵詢任何華盛頓官員的意見。

在他的眾多仰慕者與部下看來，像麥克阿瑟這樣年逾古稀仍然精力旺盛的人並不多見。然而他的年齡與健康狀況卻早已成了外界議論紛紛的話題。甚至在一九四五年日本敗局已定之時，就有高階將領開始為他感到擔憂。該年九月，在密蘇里艦上觀看日軍受降儀式的史迪威將軍發現麥克阿瑟的雙手不斷顫抖，這讓史迪威十分震驚。一開始，史迪威還以為這是出於緊張的緣故，但麥克阿瑟身邊的幕僚沃爾特．克魯格（Walter Krueger）告訴他，這是帕金森氏症的表現，史迪威心想：「這可真糟。」此外，還有許多跡象足以顯示他的健康狀況正日益惡化。他的注意力似乎越來越難以集中，有時甚至魂不守舍，也很難理解新挑戰的嚴重性。他日漸衰退的聽力早已不是什麼新聞，消息靈通的參謀都知道，正因為這個緣故，麥帥才不怎麼喜歡主持會議。還有些人認為，當有來賓幸獲接見時，他卻總是在自言自語，那是因為他聽不清楚別人在說什麼，很難進行交流。麥克阿瑟向來注重外表，尤其是上了年紀以後，為了確保記者從正確的角度拍攝照片，好使他顯得年輕一點，他的幕僚可謂煞費苦心。麥克阿瑟總是喜歡戴著軍帽出現在公共場合，原因就是為了掩飾他日漸稀疏的頭髮。然而，無論他年輕也好，年邁也罷，不管他堪當此任也好，力不從心也罷，他仍然是一尊極具政治資本的偶像。在他漫長而輝煌的一生當中，他也犯過不少小錯。有時候，與其說他是一位雄才大略的將軍，不如說他更像是一個虛榮自負的俗人，許多人因為他的失誤而付出了慘痛的代價。然而，作為一位曾經在一戰期間敢作敢為、名揚四海的將領，作為一位曾經在二戰太平洋戰場上運籌帷幄、以少勝多的指揮官，作為一位在韓戰爆發時正在為日本的現代化事業而努力工作的領袖，一九五〇年的麥克阿瑟仍稱得上是一名叱吒風雲的人物。

麥克阿瑟對韓國毫無興趣的態度在他的同胞中也屢見不鮮。南韓與美國既沒有政治上的共通性，也缺乏精神上的契合。長期以來，美國人一直對中國興致盎然，對在貧窮和苦難中掙扎的中國人懷有強烈的父愛情感，其中還摻雜著好奇心。美國人對日本也曾敬畏交替。但對於南韓，他們卻始終提不起一點興致。一九〇六年，傳教士霍默．赫伯特（Homer Hulbert）曾經這樣寫道，對於朝鮮人，「我們醜化得太多，欣賞得太少。他們沒有中國人口眾多，又不像日本人那樣詭計多端。他們既沒有中國商人的精明，又缺乏日本武士的勇猛，但他們堪稱遠東地區最和善友好的一個民族。他們錯就錯在隨波逐流、隨遇而安。如果他們能獲得更好的機會，一定能迅速改變當前的處境。」此後的四十多年中，美國對朝鮮的興趣並無明顯增加。在太平洋戰場上，蘇聯人姍姍來遲，美國的兩顆原子彈讓這場大戰戛然而止。直到那時，好像為了亡羊補牢一樣，在這場戰爭的最後一刻，韓國才被五角大廈裡漫不經心的人們，從三十八度線之處一分為二。因此，第一批來到這裡的美國將領對於朝鮮人如何痛恨日本的占領，對於日本的統治有多麼暴虐無道毫不知情，甚至還在利用原有的日本殖民警察勢力來維持南韓的秩序。霍奇是戰後第一位在南韓坐鎮指揮的美國將領，他性格粗魯、說話直率，既不喜歡這個國家，也不喜歡他的人民，在他看來朝鮮人「就像日本人一樣卑賤」。美國人在南韓的存在也許是以一種隨隨便便甚至不負責任的形式開始的，他們的出現卻給這個小國帶來一個新的強權。南韓隨後幾年因其地理位置而不是自然資源成為鄰近強國爭相重視的對象。正如歷史學家布魯斯．康明思（Bruce Cumings）所指出的那樣，一支新生力量——美國的出現，打破了該地區原有的平衡。不僅是因為自一九四五年以後蘇聯人就盤踞在此，而且更是因為朝鮮半島的安危還直接關係到日本的安全。

美國與朝鮮半島——更準確地說是南韓——之間始於一九四五年的聯姻，或多或少是一種無奈的結合或冷戰的產物，因此這個過程勢必不會一帆風順。作為一個附庸國，南韓不僅因為剛剛結束的殖民統治而感到滿腔酸楚，更讓他們憤憤不平的是，在被人一分為二之後統治他們的竟然是一個笨手笨腳、似乎還不知道自己究竟想不想要稱霸世界的新興超級大國。朝鮮人認為，二戰及日本殖民統治的結束，並沒有像他們希望的那樣為他們帶來自由的呼吸，也沒有為他們帶來按照自己的政治藍圖重建國家的機遇。他們認為朝鮮被一分為二的事實是讓人痛心疾首的不公。他們不僅不能按照自己的意願塑造國家的命運，相反的卻再一次淪為在他人陰影之下生存的國家。朝鮮人首先意識到，他們的國家，或者更準確地說，他們的半壁河山竟然掌握在千里之外、遠隔重洋、對這個國家既不了解也不想去了解的人手中。美韓關係從一開始就注定充滿緊張與誤解。隨著冷戰進一步加劇，兩國關係才真正變得具有價值與意義。如果全球不存在共產主義的威脅，美國才不會關心南韓的死活。有了這種威脅，美國才會誓死為之奮戰到底。

韓國是一個面積雖小卻充滿民族自豪感的國家。不幸的是，它不得不在三個更大、更強的國家——

中國、日本與蘇聯——之間求生存。這三國都想把韓國當作自己攻擊或防禦其他兩個國家攻擊的戰略基地。一九五〇年六月之前，韓國的這些強鄰都曾在歷史上的某個時刻，為了抵禦其他對手的攻擊，為防患於未然而入侵過韓國。就像因為地理因素而不得不在德國與蘇聯的夾縫中艱難求生的波蘭一樣，韓國的地理位置在很大程度上決定了它的命運。關於這一點，李承晚樂於引用一句古老的韓國諺語：「群鯨相爭，小蝦喪命。」

中國在歷史上對韓國的影響比其他兩國更大，一八九五到一八九六年的甲午戰爭，暫時終結了中國對朝鮮半島的影響，而此時的日本作為一個國力迅速上升、工業化步伐不斷加快的傳統軍國主義國家，正逐漸成長為一個新的帝國，成為地區霸權的有力競爭者。一八九六年的俄國，這個在社會上、政治上與經濟上都已腐朽不堪的龐然大物，與積極進取的日本達成一項協定，雙方沿三十八度線劃分勢力範圍。如果俄國看起來比實際上更強大的話，那麼日本看起來好像沒有實際上那麼強大，而他們之間的協議不過是一種暫時的妥協而已。

一九〇四年二月，在事先沒有任何警告的情況下，日本突襲俄國海軍，並且在對馬海戰中將之徹底摧毀。不久之後，駐太平洋與滿洲的俄軍也遭到重創。後來，為了給自己這次在遠東的不宣而戰尋找藉口，日本宣稱一個俄化的朝鮮會對他們造成極大的威脅。日本著名政治人物藤澤利喜太郎說日本襲擊俄國是迫不得已，因為「朝鮮就像一把對準日本心臟的尖刀，」一位美國國家安全高官在近半個世紀以後也這麼說。接著，他補充說：「俄國占領下的朝鮮，無論怎樣腐敗無能，隨時都可能淪為俄國老鷹的獵物，從而使日本的命運落入這個肆無忌憚的『北方巨人』之手。日本不能接受這樣的命運。因此，日俄戰爭不只是日本進行的防禦戰，還是為了獨立而進行的生存鬥爭，這一點無須作出更多的解釋與說明。」這其實是一場進攻戰的絕妙託辭，讓日本蠢蠢欲動的不是魔鬼，而是朝鮮人。

＊＊＊

對自己的未來沒有發言權似乎已成為朝鮮國運的一部分。日俄戰爭的和平締造者不是朝鮮人，而是美國總統老羅斯福，他還因此榮獲諾貝爾和平獎。事實上，他付出的一切努力與韓國人民的福祉完全無關。老羅斯福代表一個全新的、強壯的美國，這個國家正開始展現其潛意識中的帝國主義衝動。一八九八年，他極力鼓吹美西戰爭，並使菲律賓淪為美國的殖民地。老羅斯福是一個應運而生的時代人物，他篤信並身體力行所謂「白人的負擔」這種說法，也就是說，他認為（信仰基督教的）高加索人種體格壯碩、為人可靠、品質高尚，因此他們有義務對虛偽狡詐的非白人世界進行統治，同樣的，非白人世界也應當心甘情願地接受他們的管轄。唯一被老羅斯福排除在自己所認為的亞洲低等國家和民族之外的就是日本。「日本人很有意思，我喜歡他們。」他在寄給一位朋友的信中這樣寫道。總之，日本人除了在膚色、體型與眼型方面與盎格魯－薩克遜民族有異之外，在吃苦耐勞、體格強壯、有組織、有紀律，甚至在富於帝國主義侵略性方面都與白人如出一轍。

老羅斯福對日本人的能力印象深刻、讚譽有加。在他看來，日本這個國家「完全有資格與文明世界當中的任何一國比肩」。這一切使得朝鮮，按照作家、前情報人員，專精韓國事務的羅伯特・邁爾斯（Robert Myers）的說法，「在惡狼一般的日本帝國主義面前，彷彿就像一頭初生的牛犢一樣軟弱無力」。對不幸處於特殊地理位置的朝鮮來說，唯一能做出改變的就是遠隔重洋的美國。事實上，早在一八八二年，朝鮮王國就曾經與美國（以及其他一些歐洲國家）簽訂條約，請他們在自己遭受攻擊時施以援手。然而，這種援助卻始終口惠而不實，因為美國對朝鮮鞭長莫及，而且在日俄戰爭時，美國的海軍力量也十分有限。此外，對於亞洲事務的安排，老羅斯福總統自有輕重緩急之分，而朝鮮永遠都上不了檯面。美國感興趣的不是增援朝鮮，而是保衛自己的新殖民地菲律賓。因此，在美國人的默許下，日本對朝鮮的控制日漸牢固，日俄戰爭結束後更成為「強國對弱國的保護關係」；到一九一〇年，日本公然併吞朝鮮，將它完全變成自己的殖民地。

由於能說一口流利的英語，李承晚被朝鮮宮廷選為特使，於一九〇五年夏天赴美拜訪老羅斯福總統。此時老羅斯福正準備磋商結束日俄戰爭的和約，李承晚希望老羅斯福能幫助自己，終結日本對朝鮮的殖民統治。用記者兼歷史學家約瑟夫．格登（Joseph Goulden）的話來說，老羅斯福給了李承晚「不失禮貌而又模棱兩可的含混之詞」。他知道，朝鮮駐美國大使館的親日份子不會給李承晚任何幫助。他也沒有告訴李承晚，國務卿威廉．霍華．塔虎脫（William Howard Taft）正在前往東京的路上，準備與日本簽訂一項祕密協定，美國准許日本控制滿洲與朝鮮，作為回報，日本應承諾不插手美國在菲律賓的事務。後來，李承晚的美國友人之所以認為李承晚生性多疑、為人狡詐，正是因為我們曾不只一次背叛、欺騙了他。最後，日本人開始了在朝鮮將近四十年的暴虐無道殖民統治。老羅斯福後來在回憶錄中寫道，美國「連對自己都保證不了的事，當然無法向朝鮮作出保證」。日本對朝鮮的殖民統治雖然異常殘暴，但在朝鮮境外，這種情況卻鮮為人知。

李承晚留在美國，接受了對於他那一代朝鮮人來說非常優異的教育，並繼續為朝鮮的解放孤軍奮戰。這段期間，他經常與一些有地位的美國人見面，這些人多數與教會有關，透過他們又結識了許多有政治影響力的人物。然而，這些關係只是為他提供了一些途徑，使他有機會為祖國的自由大聲疾呼，但他依舊人微言輕。後來他成為普林斯頓大學政治學博士候選人，李承晚頗受校長伍德羅．威爾遜（Woodrow Wilson）的賞識。他成為威爾遜家非正式社交聚會的常客，在那裡經常有許多學生一起彈琴、唱歌。儘管李承晚不會唱歌，卻樂於分享這種輕鬆自在的美式聚會所帶來的溫馨感覺。威爾遜看來很喜愛他，也經常向陌生的來賓誇讚他是「朝鮮獨立的未來救星」。

但是，後來登上美國總統寶座、把美國帶入第一次世界大戰的威爾遜，與在普林斯頓當校長的威爾遜相比，已不可同日而語。在一戰後召開的巴黎和會上，威爾遜表示希望能建立一種全新的世界秩序，其中之一便是給予殖民地國家自決權。對於威爾遜的這種設想，沒有人比他的門生兼故友李承晚更歡欣鼓舞了。在這場最尊榮的盛會中，那位曾經屬意李承晚作為獨立的新韓國領導人的導師，為李承晚的祖國帶來了自由的曙光。這正是李承晚期盼已久的時刻。他希望自己能立刻離開美國前往巴黎，代表自己的同胞向這位偉大的知己進行遊說，讓日本殖民者鬆開拳頭。但是，威爾遜在巴黎想要的跟李承晚不同。如同過去一樣，這位總統需要日本在亞洲的配合。此外，日本在一戰中選擇了正確的一方，作為勝利者，它正準備繼承戰敗國德國在中國的特權。李承晚這時才懂得世界大戰的首要原則，那就是獲勝者繼續擁有自己的殖民地，而失敗者只能把自己的地盤拱手讓人。在此同時，美國國務院接到命令，不得給李承晚發出護照。

＊ ＊ ＊

一九五〇年六月，美國決定誓死保衛南韓，這不能不說是一種莫大的諷刺。美國之所以看重南韓，絕不是因為它自身有什麼價值，更多是因為美國擔心，如果自己沒有對共產主義的挑戰作出干預與回應，那麼曾對南韓長期實行殖民統治而其工業潛力對美國又極為重要的日本，不知會發生什麼事。歷史前進的步伐就是這樣難以捉摸、沒有定數。現在，原本看來即將成為盟友的中國，正變成美國的敵人，而日本卻要改頭換面，成為美國的新盟友。

日本長期的殖民統治給朝鮮人帶來了深重的苦難，摧毀了朝鮮正常政治發展和現代化的所有可能性。日本殖民者的暴虐無道與殘酷壓迫，使大批傑出的朝鮮政治家被捕或遇害，加上李承晚及其未來的對手金日成被流放，讓朝鮮喪失了像其他國家一樣推動政治進步與現代化的一切可能。有些南韓人與日本人沆瀣一氣，淪為他們的幫凶。二戰期間，正如羅伯特・邁爾斯指出的那樣，歐洲被占領國一直對援軍的到來望眼欲穿，等待強大的盟軍聚集於此，然後結束德國對歐洲的蹂躪。然而朝鮮人從來都沒有這樣的希望，十年、二十年、二十五年過去了，沒有任何國家的援軍前來解救貧困、屈辱的百姓，把日本人從他們的土地上趕走。

直到一九四一年十二月，當日本人的手伸得太長，悍然攻擊美國、英國與荷蘭在南亞和東南亞的殖民地時，一絲希望出現了，雖然還太過渺茫，因為戰爭初期的勝利都屬於日本。當太平洋戰局逆轉時，朝鮮人對時局變化的消息仍一無所知。西方的援軍即將來臨，即使不是為了朝鮮的利益，而是出於他們自身的考量。他們的勝利意味著日本的末日。但是到了一九四五年，朝鮮的中上階層已經或多或少與日本殖民者沆瀣一氣、同流合污，甘願接受日本人的統治，並且變得孱弱無能。日本的占領使朝鮮人滋生出一種玩世不恭的情緒，有些人甚至開始羨慕日本人——無論如何，他們是第一個打敗其他亞洲國家白人殖民者的亞洲人。

一九四五年的朝鮮基本上是一個沒有政治制度與本土領袖的國家。當紅軍橫掃北方的時候，蘇聯人將自己的政治制度及新的領導人金日成強加在他們頭上。而在南方，不管美國人喜歡與否，他們還是選中了那位大半生都在國外流放的李承晚。那時的他已經是一名七十五歲的老人，感情強烈、自以為是、反覆無常，具有強烈的民族主義和愛國主義情結，極端仇視共產主義。他曾經是一名民主主義者，可是一旦掌握全國的民主制度後，所有的人都要對他唯命是從。正是日本人與美國人造就了這樣一個李承晚，他的一生都在背信棄義、鐵窗生涯與政治放逐中度過，他的性格因此改變，心也變得堅硬如鐵。無論是這位曾經野心勃勃的年輕政治家的多舛命運，還是金日成的種種人生際遇，實際上正是他們國家歷盡磨難的現代歷史悲劇的生動寫照。

李承晚年紀輕輕就已經是幾次與死神擦肩而過的政治犯。儘管他拿到了哈佛大學的學士學位和普林斯頓大學的博士學位，他的人生仍然像他的祖國一樣充滿了坎坷與失望。作為一個被流放國外的政治犯，李承晚始終覺得自己人微言輕；同樣的，作為列強眼中一個被人遺棄的國家，朝鮮一直舉步維艱。獲得博士學位以後，他曾經短暫回國，但是此後卻不得不重返美國，度過三十五年的時光。他成為一名專業的懇求者，為了讓朝鮮掙脫殖民統治的枷鎖而不斷遊說。李承晚既是一個滿腔熱忱的民族主義者，同時還是一個不屈不撓的自我宣導者。當大權獨攬時，他的成功助長了他的偏執傾向。

一九四五年太平洋戰爭結束後，李承晚的手裡握有一張王牌，為了這個出牌的機會，他已經苦等了三十年。由於那些即將決定戰後朝鮮命運的少數美國人從來就沒有關心過這個國家的戰後地位，因此長期生活在美國，曾經為了朝鮮的獨立而四處遊說的李承晚就成為獲得美國支持的不二人選。此外，他還與一直和華盛頓過從甚密的中國國民黨有長期的來往。在朝鮮，就像在中國一樣，美國人想要選出一個既是民族主義者又是基督徒的領袖。同時，這些人的民族主義情結還必須符合西方的宗教和政治標準。

有了蔣介石的支持，就等於有了一張能在華盛頓發揮影響力的通行證。事實上，不管是好是壞，那些無論賞識還是憎惡蔣介石的人都認為李承晚就是一個「小蔣介石」。與蔣介石不同的是，他是一個嚴謹的基督教徒。李承晚在一個非基督教國家加入基督教，並且在許多場合都因為自己的信仰而遭人詬病。對那些早年力挺李承晚的美國人來說，儘管亞洲人與他們格格不入，但是他（以及蔣介石）的宗教信仰卻讓他們感到寬慰。就在韓戰爆發前，一位外交官向當時很有影響力、後來出任艾森豪政府國務卿的杜勒斯譏評蔣介石與李承晚，杜勒斯頗有啟發地回答說：「好吧，我告訴你。不管你說他們什麼，這兩位紳士都相當於當代的耶穌。他們為了自己的基督教信仰而遭受磨難。」

包括蔣介石在內的許多人都向麥克阿瑟推薦過李承晚。當他最終回國出任總統時，乘坐的是麥克阿瑟的專機，這件事本身就是一則典型的政治宣言。美國人似乎找到了自己人，或者更準確地說，是自己人找到了他們。對美國十分友好的英國高級外交官羅格·馬金斯（Roger Makins）認為，美國當時的舉動就像一個孤立主義國家極不情願地被拖入世界大國的新角色，因此他們始終傾向於找到一個讓自己放心的代理人。美國選擇李承晚，說明「美國人總是希望與一個能被他們當成『自己人』的外國領袖打交道。他們不喜歡大動干戈」。但是，喜歡李承晚的並不包括那些在朝鮮每天與他打交道的美國人，其中相當一部分人對他十分反感。生性粗魯、不擅外交的首任駐韓美軍司令霍奇將軍尤其鄙視李承晚。正如軍事史學家克萊・布萊爾（Clay Blair）所說，霍奇認為李承晚「陰險狡詐、喜怒無常、凶殘腐朽、捉摸不定」。

04 金日成的成長歷程

在北方，蘇聯選擇扶植金日成，這個做法顯然更有遠見。二戰結束後，金日成憑藉史達林的力量與紅軍的強勢大權在握。正因為如此，從一開始他就借用了蘇聯模式，他的身邊圍滿了蘇聯顧問。到一九五〇年春，金日成已執政五年之久。在其中至少兩年的時間裡，他反覆向史達林施壓，要求攻打南方，並且一次比一次更積極。他信誓旦旦地向史達林保證，南方人民一定會揭竿而起，自發地支持他的進攻。到時候，南方二十萬共產黨員與愛國人士一定會拿起手中的武器，痛打李承晚這隻美國帝國主義的走狗（那個時代共產黨的流行語）。但是，能對這次進攻行動大開綠燈的只有一個人，那就是史達林。

史達林從一開始就不斷獲得越來越多的個人權力，並且在一戰之後的近二十五年左右蘇聯的發展。他因蘇聯紅軍大敗納粹德國而贏得了崇高的威望，雖然他曾經嚴重誤判了希特勒的意圖，而更為糟糕的是，在希特勒發動侵略戰爭的幾個月前，他還在軍中搞大清洗。不管史達林犯過多大的錯誤，蘇聯人仍然把他當作衛國戰爭的偉大領袖。至於那些幾乎讓德國人擊敗蘇聯的錯誤，反倒讓他在蘇聯人的眼中更具英雄色彩，進一步鞏固了他對蘇聯的控制，同時還為他的領導神話平添了幾分神祕色彩。史達林體現的不是蘇軍早期的慘敗，而是史達林格勒保衛戰中的浴血奮戰與紅軍在柏林的大獲全勝。這場勝利讓他在蘇聯百姓心目中變得格外偉大，使他成為現代的傳奇沙皇，成為二十世紀蘇聯的主要人物。

一九五〇年，毛澤東已經成為中國政府的領導。他在經歷多年的鎮壓、鬥爭與內戰後才掌握了中國的政權，理應成為更加顯赫的歷史人物。毛澤東是中國革命的總設計師，引領中國革命度過了漫長而艱辛的歲月。他經常以寡敵眾，從蔣介石與軍閥的聯合攻擊中拯救革命。在國共內戰期間，他既是一名政治戰略家，也是一名軍事戰略家。他創造了一種新的戰爭形態，把政治與戰爭緊密聯繫與結合起來，使軍事因素永遠是實現政治目標的一種手段。毛澤東使馬克思主義適用於中國社會，他的革命理論、將馬克斯主義應用於農村社會，遠比史達林在二十世紀下半葉的作為引起更廣泛的共鳴。到了一九六〇年代，史達林對俄國及東歐人民的暴行被揭露，讓西方與落後國家中那些聰明而理想的左派份子感到相當難堪，這是一位他們欲避而不談的領導，其代表著一股雖已式微但卻殘忍的力量。毛澤東卻正好相反，長久以來，直到他性格的黑暗面與中國人民面臨的恐懼為人所知以前，他都是一位比較浪漫的人物，更像是革命的化身。在那些年裡，是他被視為窮人世界對抗富人世界的領導，而非史達林。

金日成正好相反，他是蘇聯帝國一手打造出來的狂熱民族主義者。他深受日本殖民引發的民族主義熱潮所感召，耳濡目染之下，成為一名忠誠的共產黨員、精力充沛的游擊隊戰士，從一開始就幾乎是蘇聯政策完美達成的工具。別人在金日成身後只看見蘇聯在幕後操縱的黑手，他卻在自己身上看見朝鮮民族主義純粹的體現。當然，他的出生地形塑了他的性格。對金日成來說，身為朝鮮愛國主義者及忠誠的共產黨員，與身兼蘇俄的工具並不相互衝突。

朝鮮半島上下都有反抗日本殖民統治的豐富土壤。隨著日本人占領的時間越來越長，一種宿命論開始在受過良好教育的中產階級之間傳播開來。許多特權階層也極不情願地與日本人達成妥協，並最終淪為他們的幫凶。二戰結束後，他們當中的許多人都在朝鮮的經濟和軍事領域中成為呼風喚雨的人物。相反的，那些出身農民，對日本統治者恨之入骨，並且不會為了錢而與之勾結的人，最後變成一群與社會疏離的左派份子。誠然，他們的確感到孤立無援，因為日本對朝鮮的殖民統治異常殘暴。在日本人看來，朝鮮人是低等人，並由於輕易被征服而更加下賤。

日本有明確的帝國主義目標和高人一等的優越感，毫不留情地摧毀朝鮮一切獨立的可能與民族文化。他們從語言入手，想讓朝鮮文化蕩然無存。日本宣布朝鮮的官方語言為日語，而日語課本則被命名為《母語讀本》。他們還規定，朝鮮人都要取日本名字，朝鮮語只是方言。正如許多殖民統治者一樣，日本人後來才逐漸意識到，對於被征服的民族來說，你越想要壓制的某種東西，就會變得越重要。那時，這些原本看似習以為常的事物：歷史、語言、宗教以及許許多多人們認為理所當然的事，才會顯現真正的意義。日本殖民者為朝鮮社會製造的鴻溝越來越深，深得超出許多外國人的想像。將這個國家一分為二的不僅僅是三十八度線，還有全體國民心中那一道深深的裂痕，也就是在那段令人心碎的歲月裡，一個朝鮮人到底要站在哪一邊。這條裂痕產生了各式各樣的分歧，這些分歧又在韓戰時相互碰撞。這不僅僅是一場越境戰爭，一場北方對南方的侵略戰爭，而更像是因為殖民統治陰魂不散，那種壓抑了幾十年之久的政治衝突猶如離弦之箭爆發了。雙方都試圖以不同的方式或不同的名義解決持續了將近半個世紀的紛爭。日本的殖民統治異常殘暴，因此民族主義無法在本土滋生。可以說，那些留在當地的愛國人士通常或多或少與日本人有瓜葛，而那些被放逐到國外的民族主義者同樣也多少與自己客居之地的外國勢力產生聯繫或深受其影響。正是這樣一個一貧如洗、被他國占領的殖民地朝鮮，讓李承晚在自己的放逐生涯中前往美國求援，同時也使金日成走上另一條道路。在日本早期殖民統治下，朝鮮的經濟狀況極不平衡，使得許多朝鮮家庭包括金日成一家難以維生。從孩提時代起，金日成就受到政治的深刻影響。年幼的他曾被流放國外，青年時期大多也是在與日本人的艱苦鬥爭中度過的。因此，金日成年紀輕輕就成了一名矢志不渝的民族主義者與堅貞不屈的共產主義者。他以自己的方式表現出朝鮮近代史上的憤怒與辛酸。

金日成原名金成柱，生於一九一二年四月十五日，也就是日本開始在朝鮮殖民統治兩年之後。可以想像，如果一個歐洲兒童從出生到三十三歲都生長在納粹當權時期的荷蘭或法國，那麼金日成身上的憤怒與強硬就不難理解了。他的祖父母生活在萬景台里，日後這裡因為是金日成的出生地而聞名於世。有一次，金日成宣稱，他的曾祖父在一八八六年率領當地人民襲擊了美國武裝商船「舍門將軍號」（*General*

Sherman），當時這艘船偏離大同江航線太遠，後來又不慎擱淺，當地居民蜂擁而至，把那些外國人打得七零八落。金日成的曾祖父真的參與過此事嗎？不得而知。因為他在神化自己的傳記方面一向具有超乎尋常的想像力。

他的父親金亨稷出身農家，中學沒上完就輟學了。十五歲時，金亨稷與當地一名小學校長的女兒結婚，並先後當過小學教師、漢方醫生，偶爾還充當守墓人。當時，金亨稷的妻子康磐石十七歲，比他年長兩歲。康磐石的家人大都受過一定的教育，在她的親戚中既有教師，也有牧師。康磐石的家人對他們的婚姻並不怎麼熱心，因為金亨稷門第較低，名下只有兩英畝的土地。金日成出生時，他的父親只有十七歲，仍然在自己父母的家中生活。金日成的父母家都與教會有淵源，雖然之後他在經過淨化的個人履歷中宣稱：他的家人並不信仰基督教，他的父親之所以去教堂，全是因為長老教會讓他讀教會學校的緣故。他還引述了他父親的話：「要信神，就信朝鮮神！」以上是否屬實，亦未可知，然而在許多落後地區，進教會的部分誘因，正是因為教會能提供較佳的教育機會與及時的經濟援助。不過，金日成的家人與政治有不解之緣的確是事實。他的父親及兩個叔叔都曾因從事獨立運動而屢次入獄。一九一九年，金日成只有七歲的時候，他們家也像其他成千上萬的朝鮮民族主義者一樣，舉家越過北部邊境到滿洲，以逃避日本統治。他們在間島一帶定居下來。該地有一個大的朝鮮社群，金日成在那裡的中國學校讀書，並學習漢語。

金日成十一歲時，父親將他送回朝鮮，想讓他對自己的祖國及母語有更深入的了解，雖然日本人禁止公開使用朝鮮語。他在那裡與外祖父母共同生活了一段時間，然後回到滿洲，進入一個由朝鮮民族主義者舉辦的軍事院校就讀。後來，金日成聲稱，因為自己過於激進，入學六個月後就被退學了。不管怎樣，他很快移居吉林，那裡有大批朝鮮流亡人士，以及許多日本特務。在吉林，他們有足夠的時間從事革命活動。後來他說，自己經常和好友爭論，他們究竟應該先進行一場結束日本經濟掠奪的鬥爭，還是先進行一場結束日本殖民統治的革命。他們還探討了這場革命究竟應當是由朝鮮率先發動，還是要等到共產黨在日本掌權後再伺機行事。就像他那一代的許多朝鮮人一樣，隨著時間推移，以及日本殖民統治所帶來的難以抹滅的痛苦，金日成變得越來越激進。金亨稷去世之後，金日成的母親開始做一些縫縫補補的針線活。他在中國讀初中時，遇到了一位名叫尚鉞的老師。尚鉞是一名共產黨員，出於對自己學生的賞識，他把自己的藏書全借給金日成（隨後由於觀點激進，尚鉞很快就被該校開除，後來成為共產中國著名的歷史學家）。

此後，金日成的思想日漸左傾，並成為一個共產主義青年團體的創辦人之一。一九二九年秋天，金日成在十七歲時被滿洲當局拘捕入獄。幸運的是，當局沒有把他轉交給日本人，金日成的傳記作家布萊德利．馬丁（Bradley Martin）寫道。六個月後，金日成獲釋，並在次年加入中國共產黨。據說大約是從那時起，他開始使用「金日成」這個名字。他的批評者說金日成其實偷了另一位以勇猛的游擊隊員著稱的朝鮮愛國名人的名字，並享有現成的「朝鮮羅賓漢」美名。因著這虛偽的化名，有些誹謗者認為金日成在滿洲的游擊隊生涯全都是捏造的。當然事實上並非如此：金日成掌權後，的確將他身為游擊隊長的事蹟加以誇大了，然而大約從一九三一年開始，他就已經是日本人的眼中釘、肉中刺，度過了一段艱苦危險的歲月，經常與搜捕他的日軍部隊正面交鋒。

也就是說，金日成在不到二十歲時就拿起武器與日本殖民者抗爭了。到了一九三二年春天，他已經擁有自己的一支游擊隊。回國後，金日成與其他像他那樣的民族主義者因為經常在滿洲的甲山一帶活動，而被稱為「甲山派」。這時，由於在東亞地區連連得手，日本人的野心膨脹起來。他們意圖將殖民統治範圍擴大到滿洲，還為它取了一個「滿洲國」的名字。打擊日本殖民者的游擊隊中既有朝鮮人，也有中國人，而金日成的隊伍就是其中之一。游擊戰持續了將近十年，但幾乎屢戰屢敗。日本軍隊人數眾多，武器精良，彈藥充足。日本人還讓當地農民不得不經常做出痛苦的抉擇：提供這些可能是他們朋友或同鄉的游擊隊員的情報，並因此獲得不菲的酬勞；如果不與日本人合作，那就等於死路一條。

大約從一九三四到一九四〇年，日本人派遣大批軍隊進入這個地區，用極其殘忍的手段迫使當地居民招供。他們最後打敗了游擊隊，並將他們驅逐到蘇聯的遠東地區。當時金日成的隊伍加入了由中國共產黨員楊靖宇指揮的東北抗日聯軍。游擊隊的目的與其說是殲滅日軍，不如說是騷擾日軍，使他們難以順利進入中國。儘管金日成的部下大都是朝鮮人，但是他們從一開始就是在中國共產黨的支持下展開活動的。

毋庸置疑，當時他對游擊隊的領導舉足輕重，他的級別也越來越高——從營長到後來的師長，不過據說他的手下只有三百多人。對共產黨來說，他是一位歷經考驗、忠誠可靠、價值很高、受人尊敬的游擊隊領袖。但是對日本人來說，他是重要的通緝犯之一。從一九三五年起，日本人就不惜重金懸賞金日成的人頭，但他總能順利脫險。雖然金日成與中國人和蘇聯人之間有著牢固的意識形態連結，彼此之間仍有巨大的民族差異，從而不可避免地互相猜忌。

一九四〇年，當楊靖宇將軍最終落入敵手，並被日本人殺害時，金日成暫時成為該地區被通緝的頭號游擊隊員，懸賞金額二十萬日元。但是，隨著這一帶的日軍變得越來越強大，游擊隊被迫暫時撤退。在這個階段，大約在一九四〇年，金日成終於來到蘇聯。一九四二年，他被納入蘇聯軍隊，並被派往蘇聯遠東地區伏羅希洛夫村（Voroshilov）附近的訓練營。在那裡，金日成迅速成為蘇聯遠東方面軍第八十八步兵教導旅的成員之一。該旅的任務是偵察進入蘇聯境內的日軍動向（當時蘇聯與日本並未正式進入交戰狀態）。他不僅成為蘇聯士兵，還從開始的上尉升為後來的營長。在這支高度集權的隊伍當中，他成為徹底的蘇聯軍官，以及貨真價實的蘇聯公民。他的營大約有兩百名士兵，全部是朝鮮人，其中有一些是在蘇聯境內土生土長的。他們個個都極為堅定，因為思想政治教育在蘇聯軍中是一門最重要的課程：對政治信仰的要求甚至超過對軍事能力的要求。二戰期間，金日成曾前往莫斯科。不過在蘇聯人看來，隨著二戰接近尾聲，以及蘇軍的不斷東進，他的營不再適用於對日軍迎頭痛擊，倒是可以另作他用。

像其他同世代的朝鮮人一樣，金日成知道，朝鮮的獨立離不開外援。對身穿蘇聯軍服的金日成來說，蘇聯人的支援能力遠比中國人要強大的多，因為中國的陰影在歷史上已更為濃重地投落在朝鮮之上。此外，到了一九四四年時，蘇聯人的勝利指日可待，而且必將成為戰後具有重要影響力的大國之一，而此時毛澤東的革命運動仍主要局限在中國貧窮落後的西北地區。此外，蘇聯不但完成國內革命，一舉擊潰了敵軍，還成功地讓這個古老的國家進入了現代化社會。因此，蘇聯模式對於這位來自不發達世界、即將成為北韓勞動黨領導的金日成來說，格外有吸引力。那時的金日成是一位全新的現代朝鮮愛國人士，一個對蘇聯模式頂禮膜拜、身體力行的信徒。有些人也許會認為，民族主義與蘇維埃獨裁主義之間有重大矛盾，但是金日成不這麼認為。對於偉大的共產主義事業，或者更準確地說，蘇聯及朝鮮偉大的共產主義事業，金日成始終堅信不疑。從一開始，他就認為這兩者其實毫無二致，因為凡是對蘇聯有利的事也都對他和朝鮮有利。

這時，二戰戛然而止，讓蘇聯人與美國人大感意外。朝鮮立刻從三十八度線之處被臨時一分為二。蘇聯紅軍——而不是朝鮮人，當然更不是金日成所在的第八十八步兵教導旅——隨即開赴朝鮮，由此贏得了解放朝鮮的美名。數週後，紅軍中的韓裔部隊才得以進入境內。剛開始，金日成為了統一朝鮮只能依靠蘇聯人的勢力，而這也正是史達林在共產主義世界裡慣用的伎倆。他深知金日成是那種在擁有實際政權後會變得不可一世，並以為自己真的已經獨立的人。與其這樣，還不如讓那個人符合自己的需求，宣稱他是英雄，為他打造一套奠基於假歷史的神話，然後分配權力給他。

蘇聯就是這樣對待金日成的。他並不需要有魅力，而他也確實沒有。在蘇聯衛星國裡的這個黨內並不需要萬人迷。史達林對南斯拉夫共黨領袖狄托與毛澤東始終半信半疑，正是因為他們倆人重大的成就，最終證實支援擁有卓越成就的國家強人是相當危險的。金日成沒有意識形態的問題：多年來，蘇聯形塑了他的性格，他亦通過重重祕密考驗，堪稱真正的信徒。蘇聯口中的西方、資本主義與朝鮮現況，皆吻合他個人的實際經驗。史達林死後數年，共產世界不斷分崩離析，金日成卻不屈不撓堅持作最後一位史達林信徒，他仍堅信那些舊時代的真理——即便多半已被世界證明為錯誤。這些真理並不全是謊言，至少在北韓不是，因為他能透過他的雙手與力量使之成真。最終，他成功打造了世上控制最為嚴密、歷時最久、嚴苛至極的社會：最史達林主義的社會。若史達林生在朝鮮並在該地掌權，他必然會像金日成一樣統治這個國家，並且活下來，直到生命終結。

北韓不可避免地成為那些為蘇聯模式歌功頌德者的樂土，而金日成的經歷就是一則現代傳奇。為了宣揚他在戰爭中的英勇，為了宣揚他如何單槍匹馬戰勝困難、赤手空拳勇退日寇、游擊戰術無人能及，為了證明他不出手太陽在朝鮮就升不起來了，任何手段都能派上用場。北韓的革命與中國的情況完全不同。在漫長艱苦的鬥爭中，毛澤東運用革命思想去爭取群眾的廣泛支持，從而出色且嚴厲地打擊了殖民主義或新殖民主義秩序。與此相反，金日成必須依靠莫斯科的決定與紅軍的兵力。說白了，金日成欠蘇聯太多了。然而缺乏政治經歷的過去反倒對他有利，因為他從沒有什麼個人的權利基礎，也就沒有任何東西需要摧毀。如此一來，他倒能任由蘇聯揑圓搓扁、變成對方想要的任何東西。最後，他搖身成為這世上相當罕見的存在，折射出在日本殖民主義下童年時期的殘酷、以及在他和朝鮮同一世代的人身上揮之不去的孤立與偏執：一名嚴肅卻憤怒的愛國者，也是一名異常仇外、心胸狹窄的民族主義者，直到死前都被他國領袖阻絕在外——即使是共產世界的領袖也不例外。

在那些不了解史達林心理的外界人士看來，可能還有許多人能領導戰後的北韓。但是從該國獨立之日起，大部分人就被自動排除在外。有些朝鮮人曾在毛澤東的軍中長期服役，並立下汗馬功勞。然而正是因為他們與中國的關係過於密切，因此在史達林看來不夠純潔。另外還有一些人無論是從觀點上還是理想上，都與克里姆林宮大相逕庭，因此也不在考慮之列。北韓勞動黨的重要成員玄俊赫，旋即被認定為過於獨立，而後在一九四五年九月底遭到暗殺。當時他坐在卡車上，旁邊是另一名活躍的黨員曹晚植。很顯然，這一招讓一位政客退出舞台，也讓另一位心生警戒。差不多就在玄俊赫被暗殺的同時，金日成穿著蘇俄紅軍少校的制服首度現身在平壤。

＊　＊　＊

金日成也許是個合適人選，但他不是個真正的政治家，朝鮮人翹首企盼一位雄才大略的領袖人物來領導他們，不要任何外國勢力，無論比日本人友善多少都不要。一九四五年十月初，蘇聯人選擇在餐廳舉行的一次小型晚宴派對上推出這位政治人物。一位蘇聯將軍在宴會上致辭說，金日成是一位英勇抗擊日寇的偉大朝鮮愛國志士。參加這次宴會的，還有一位人稱「朝鮮甘地」的非暴力民族主義者曹晚植。他出席這次宴會的任務之一是替金日成接風，但是在蘇聯人的眼裡，他有過於沉重的歷史包袱，在意識形態上也不能讓人放心。蘇聯認定他是個中產階級民族主義者，而那可不是令人欽羨的類別。這種人並不知道重要決策都要出自莫斯科。如果曹晚植扮演好這個角色，心悅誠服地卑屈下位，對蘇聯來說或許還有短期利用價值，可以讓他當個小心翼翼，沒有實權的傀儡領袖。然而曹晚植沒有這樣的機會，因為他是個獨立自主的政治人物。史特科夫將軍（Terenti Shtykov）——史達林的代表，也是「朝鮮的沙皇」——隨後也來到平壤，他認為曹晚植過於反俄、反史達林，並據此回報莫斯科。

十月初的這場盛宴不算成功，稚嫩與粗魯的金日成並未給其他赴宴的北韓政客留下深刻印象。到了十月中旬，在平壤的一次群眾集會上，蘇聯人再次鄭重其事向人們推出這位政治人物。熱烈企盼出現一位北韓民族主義救星的群眾，當天相當失望。他們顯然希望見到一位令人肅然起敬的領袖，他為了解放人民而經年努力不懈，並在正式脫離日本殖民統治後對國家散發出巨大的熱情。然而上演的卻是一場俄國秀。金日成用單調平板的語調唸著俄國人寫好的臺詞，群眾聽到的是一位稚嫩的、甚至是口齒不清的政客用「扁平的鴨嗓」發出的聲音。在場的一位民眾認為金日成的西裝太小、髮型太像「中國侍者」，然而真正令群眾不快的是他對史達林與蘇聯的奉承。他大大讚頌了蘇聯紅軍的偉大與令人驚嘆之處，但是群眾希望聽到的卻是朝鮮人對自由的內心呼喊，金日成的講話代表了他們要屈服於這個新的政體，金日成的講話將朝鮮人的心聲扭曲為蘇俄的需要，「低調的話音不斷重複，幾乎讓人民筋疲力盡」。這次集會的真相記錄在兩張同中有異的照片裡：在第一張照片中，年輕而又緊張的金日成身邊，至少侍立著三名蘇聯將軍；在第二張竄改過——於金日成稍後創建神話時製成——的照片裡，他站在相同的講臺上，角度略有不同，那三名將軍卻不翼而飛。然而，曹晚植的時日已經不多了。在一九四六年初，他因為朝鮮民族主義的一些重要事務而與蘇聯發生了分歧，蘇聯方面因而更加認定他是反動份子。史特科夫將軍徵得史達林的同意，要淨化曹晚植。不久，他被關進平壤的一間旅館，說好聽點是「保護拘留」。沒有人能去看他，事實上，再也沒有人見過他。

金日成終於在朝鮮的半壁江山裡獨攬大權。但無論是在世界舞臺上還是在社會主義陣營中，他都不是最重要的角色。金日成既不像毛澤東般有那麼強的合法性，因為毛澤東是靠自己的力量掌握政權，蘇聯人只提供了少許幫助；也不像當時正對法國殖民者發動軍事攻擊的越南共產黨領袖胡志明，是越南本土民族主義的化身。誠如布萊德利．馬丁所言，脫離日本統治十年後，金日成反而是「在他的蘇聯導師面前獻媚，扮演一位完美的職員，並實行他們下達的指令，好像這樣會被賜予更多權力與自治權似的。」金日成很快就領悟箇中要領，充分運用極權主義國家的各種工具，包括警察與製造恐懼。就像史達林一樣，他深明如何搞分裂與征服，以及如何剷除敵人，而他也從史達林那兒學到一個偉大的真理：不論表面上看起來有多忠誠，沒有人是絕對可靠的。

金日成也像史達林那樣搞個人崇拜。在一九四八年出版的一本傳記中，金日成就被說成是最英勇的抗日游擊隊長，是「我國最偉大的愛國主義英雄，我們人民希望的太陽」。這本傳記中還寫道：「在朝鮮三千萬人民中，日本帝國主義者最痛恨的就是金日成將軍。」在他回到朝鮮尚未滿一年時，一首《金日成將軍之歌》似乎在向人們暗示今後即將發生的事：「滿洲原野茫茫風雪請你告訴我／密密森林漫漫長夜請你告訴我／不朽的游擊戰士他是誰？卓越的愛國者他是誰？／勞動人民的解放者，我們的恩人／你是民主的新朝鮮，偉大的太陽。」

一九五〇年初，金日成一步一步掌握了所有的大權。現在最讓他耿耿於懷的問題是，他不甘心只執掌半壁江山。他最大的希望莫過於親自率領這支日益強大、蘇聯訓練、蘇聯裝備、紀律嚴明的軍隊去解放南方，而千百萬南方人民正期盼他打過來。他要一統江山。六月二十五日，北韓人終於揮師南下，一開始捷報連連，似乎印證了金日成的預言。面對輕而易舉的勝利，金日成及其高官開始對中國共產黨的代表不屑一顧，甚至嗤之以鼻。七月五日，史達林建議中國向鴨綠江畔派遣九個師的兵力以防萬一。這與中方的想法不謀而合，因為對於美國是否介入戰爭，中國的態度始終沒有金日成那麼樂觀。其實早在幾天前，周恩來就派自己的得力助手柴成文趕赴平壤，以加強兩國關係。七月十日，柴成文抵達後立即與金日成見面，但是後者卻告訴他：「如果你需要什麼，隨時都可以來找我。」隨後，金日成專門委派一名高官每天向柴成文通報戰況，從而將他排除在決策圈外。事實證明，北韓人所謂的通報根本毫無價值可言，因為他們提供的情報完全可以透過當地的外國電臺得知。中國領導人要求在平壤派駐一批高級軍官以便實地考察，金日成拒絕。他確信沒必要請中國增援，因為事態的發展一帆風順。

05 北強南弱

南韓軍隊不僅缺乏訓練，而且毫無防範。也許有一天，南韓會發展成一個更強大、更富有活力的國家，但是建國之初的南韓政府和軍隊管理不善、混亂不堪。高階軍官個個腐敗無能，基層士兵積極性不足，裝備陳舊。他們使用的大多是二戰後剩餘的、淘汰的武器，缺少火砲，沒有裝甲車輛，只有幾架戰鬥機。華盛頓始終擔心，如果他們按照李承晚開出的清單提供武器的話，那麼他很可能第二天就揮師北伐。這一切都表明，喜怒無常、在所有傀儡中最有獨立性的李承晚與那些以主子自居的美國人之間的巨大分歧。李承晚有一種近乎病態的反共心理，他唯一的願望就是對北方宣戰（或者如果可能的話，誘使更加富強的美國代替自己向北方宣戰）。他的目標與金日成恰好相反，那就是不惜採取任何手段，建立一個由他執掌大權的獨立統一的非共產主義韓國。在亞洲，美國已在蔣介石身上嘗到一次教訓了，而這次和上次一樣棘手：是他們在這個新的後殖民時代把李承晚安置為一個亞洲的領袖，因此他越是依賴美國，他們之間的關係就會變得更為艱難。作為一個傀儡，他渴望採取措施以證明自己有獨立性，痛恨美國人的控制。

一九五〇年，階級鮮明、高度集中的北韓軍反映出北韓當時的社會情況，同樣的，一盤散沙的南方軍隊也反映出南韓當時的困窘局面：一個壓抑的半封建社會，正在與殖民歷史和封建包袱鬥爭，在一個喜怒無常、自詡為真正民主主義者的獨裁者領導下，笨拙、緩慢而無力地從歷史陰影中走出來。韓國現代化的發展即將來臨，一開始南方比北方慢，北方的現代化發展儘管迅速，卻空無一物，缺少某種靈魂。南方的現代化發展更困難、更複雜。事實上，正是北韓這次的入侵讓南韓突然獲得現代化的成形與目標。

五十年後，當南韓發展成一個令人羨慕、工業充滿活力，甚至更加民主的國家時，北韓仍是一個貧瘠呆板的國家，與韓戰剛開始的情況差不多。

一九五〇年六月，南方的情況大致可以這樣形容：一支孱弱無能的軍隊正在為一個同樣孱弱無能，甚至難以確定是否真正存在的國家浴血奮戰。南韓士兵大多是青年文盲，被人從街頭或田裡強拉而來。許多人在上戰場前沒有受過任何訓練。在韓戰的第一年裡，逃兵不計其數。戰爭一開始，南韓士兵就大量消失，還以為他們陣亡或在戰鬥中失蹤了，不過幾週或幾個月後，他們就會回來，但手中的武器肯定丟失了。南韓也有一些英勇無畏的青年軍官，但是正如克萊・布萊爾所言，軍隊竟然成為「投機份子以權力謀私的避風港。在這裡，偷竊、賄賂、勒索及回扣屢見不鮮」。那年六月，南韓軍隊正如南韓這個國家，距離現代化還有很長的路要走。

但是，在一九五〇年六月，那些負責南韓軍隊發展的人統統不關心這支隊伍的窘境。相反的，負責韓國軍事援助與顧問團的美國顧問及高級官員，對南韓軍隊的現狀存在相當驚人的自欺欺人現象。美軍顧問團的英文縮寫是KMAAG，後來很快就被那些在戰場上與韓軍並肩作戰的美軍官兵語帶揶揄——同時也是不可避免地——解讀為「Kiss My Ass Good-bye」（原為Korean Military Advisory Group）。同樣自欺欺人的現象也出現在十年後的越南，當時許多美國高階軍官在明知南越軍隊不堪一擊的情況下，還公然宣稱這支軍隊是亞洲的常勝軍。無論是在韓國還是越南，美國人通常會擔憂，如果他們坦承當地軍隊訓練不足、戰鬥力低下，他們恐怕就與升官無緣了。

韓戰開始的數週前，顧問團團長威廉・林恩・羅伯茲將軍（William Lynn Roberts）剛結束他的團長職務任期，他是當時唯一敢於直言相告的人。早在一九四九年三月，他就寫了一封兩千三百字的長信，遞交給參聯會的上司，陸軍副參謀長查爾斯・博爾特中將（Charles Bolté），詳細彙報了南韓軍隊的糟糕狀況。但當時美國出於財政緊縮正準備從南韓撤軍，所以公開說法是這樣的：南韓軍隊的情況已經好轉，武器裝備亦在北韓軍隊之上。這就是一九四九年六月博爾特在國會作證時的證詞。他還說，現在美軍可以從那裡安全撤出。沒有一個參與訓練南韓軍隊的人相信他的話。一九五〇年六月，也就是羅伯茲即將赴國防部任職前的幾週，他展開了一次宣傳活動，目的是告訴公眾南韓軍隊如何英勇無敵。他在軍事顧問團的大多數手下都知道，他在撒謊。一九五〇年六月十五日，也就是在北韓發動攻擊的十天前，該團向五角大廈遞送了一份報告，指出南韓軍隊基本上沒有作戰能力，武器裝備形同虛設。他們至多只能抵抗十五天。這份報告最後總結：「南韓面臨的是一場像中國曾經遭受的巨大災難。」由於小道消息滿天飛，部隊狀況之差早就不是祕密了，而羅伯茲將軍的繼任者法蘭克・基廷少將（Frank Keating）亦因此被勒令退伍。

讓羅伯茲將軍特別擔心的是北韓空軍，因為它擁有一百多架蘇聯製軍機。但令人驚訝的是，身為一名前戰車部隊指揮官，羅伯茲竟然不怎麼擔憂北韓的裝甲部隊，他認為在這樣一個極不適合裝甲戰的國家裡，戰車並不重要。他的看法沒錯，朝鮮半島的確是一個不適合使用戰車的地方，因此美國在戰車製造與戰術方面的優勢不能再像他們在其他戰場上一樣具決定性。然而，他的錯誤在於，北韓一開始就利用自己在戰車而不是空軍方面的優勢，將沒有配備戰車、仍舊使用老掉牙的反戰車火箭筒的南韓軍隊打得潰不成軍。對於沒有戰車或反戰車武器的一般步兵來說，沒有什麼比戰車更令人害怕的了。所以說，在戰爭初期，引起南韓軍隊恐慌的不是戰車，而是北韓戰車部隊就要來了的傳言。克萊・布萊爾寫道：「身為一名作戰經驗豐富的裝甲兵，羅伯茲一定知道，在二戰期間的阿登反擊戰中，德軍裝甲師曾使那些沒有配備戰車的美國步兵驚恐不已。而現在他卻漠視北韓軍的裝甲部隊，這可真令人費解。」

儘管當時 IS-3型已取代T-34，成為蘇聯最先進的戰車，但T-34戰車仍然威力驚人，北韓軍隊有一百五十輛該型戰車。戰爭初期的那幾週裡，T-34所向披靡。大約在十年前的莫斯科保衛戰中，T-34在抗擊納粹德軍方面有著關鍵角色，被曾在一九三九年率領德國裝甲師橫掃波蘭的古德林將軍譽為

「世界上最好的戰車」。當它在一九四二年首次出現在東線戰場上時，蘇聯人終於能和德國人一較高下了。這型戰車前身低平，能容易使敵方的砲彈偏離目標；它結實耐用，行動迅速，最高時速可達三十二英里。它的履帶很寬，能在泥地或冰面上平穩行駛，一百加侖的超大油箱使之能在不加油的情況下連續行進一百五十英里。它重達三十二噸，裝有一門八十五公厘的主砲、兩挺七點六二公厘的機關槍及厚實的防彈鋼板。南韓軍隊用老式二點三六吋巴祖卡火箭筒對付它，但這種火箭筒在二戰戰場上就不怎麼好用。吉姆・蓋文准將（Jim Gavin）曾在二戰後對這種火箭發射筒進行深入研究，結果對其有效性十分懷疑，認為它還沒有德國的火箭筒好用。五年後，事實證明，這種火箭筒通常會被T-34戰車的裝甲彈開，而且有些甚至無法爆炸。毫無疑問，在韓戰初期，T-34可以粉碎南韓軍的一切抵抗。湊巧的是，當時美國剛研發出改良型的三點五吋巴祖卡反戰車火箭筒，並於一九五〇年六月十日開始量產。七月十二日，第一批新型反戰車火箭筒運抵南韓，還有專人負責指導他們如何使用。此後，北韓軍在戰場上享有的巨大優勢開始喪失。

北韓軍打擊的，是美國這個超級大國在全球防禦圈中最薄弱的一個點。這時美國對於什麼才是國家安全的責任仍茫然不清。因此，在北韓軍的猛攻之下，南韓軍隊不可避免地節節失守，並且迅速分崩離析。六月二十七日，即北方發動進攻兩天以後，北韓軍就占領了距離三十八度線以南六十英里的南韓首都漢城，而南韓守軍匆匆炸毀漢江上的橋樑，以便能有片刻的喘息時間。

第3章

戰爭升級：華盛頓介入

Washington Goes To War

華府的第一反應就是，史達林才是幕後主使，金日成不過是他在北韓的代理人而已……
所以這次入侵只是一個序幕，繼之中共就會奪取臺灣。
杜魯門因此決定出兵，六月二十七日，美軍在聯合國的旗號下開赴戰場。
然而，出於政治考量，他只能依靠一個自己既不喜歡，
也不信任的麥克阿瑟將軍指揮這場遠在千里之外的戰爭，
後者剛愎自用、自我膨脹，嚴重輕敵，用人唯己，與華盛頓分庭抗禮，
因此初戰失利，史密斯特遣隊全軍覆沒。

06 杜魯門決定出兵

北韓入侵的消息傳到華盛頓時，已是星期六的深夜。當時美國政府還沒有實行每天十八小時、每週七天的值班制度，政府要員們早已下班。那位酷愛火車旅行的美國總統在週六白天參加了巴爾的摩友誼機場的落成儀式後，隨即飛回了位於密蘇里州獨立城的家中，國務卿艾奇遜也正在馬里蘭州的農場度週末，其他政府要員們也都各有各的週末活動。艾奇遜的下屬向他彙報了有關北韓進攻的消息，經過仔細查核實，艾奇遜叫醒了杜魯門：「總統先生，我這裡有個重大消息。北韓進攻南韓了。」杜魯門打算立刻動身返回華盛頓，艾奇遜勸他暫時別回來：一是他手頭的消息還不足；二是艾奇遜認為，如果總統深夜返回華盛頓，這種緊張氣氛會立刻引起其他國家的警惕與不安。儘管如此，艾奇遜的直覺卻告訴自己，這件事非同小可。

在接下來的三十六小時，來自南韓的消息湧向華盛頓。然而，最早也最能說明這件事重要性的訊息來自杜勒斯和艾利森。他們在週日清晨從東京發電報告訴杜魯門和艾奇遜，一旦南韓人堅持不住，美國就應該出面干涉。這份由杜勒斯署名的電報說道：「如果我們坐視不管，任由南韓被無端的武裝攻擊所推翻，就會引起一連串災難性的後果，從而極有可能引發世界大戰。」同樣的，這份電報也提醒杜魯門，要從政治立場去考慮這起事件。而杜魯門剛接獲這則消息時，他僅是本能而近乎原始地反應，並沒有關注這起事件的政治意義。

一聽到進攻的消息，杜魯門就開始考慮盡快返回華盛頓。然而他並沒有大幅改變原先的行程計畫。週日一早，他仍按原訂計畫造訪兄長維維安的農場。下午三點左右，他飛返華盛頓，與高級軍事顧問和文官專家們召開一系列馬拉松式的會議。總統的第一個決定本來是利用美國駐韓空軍與海軍的力量保護美軍眷屬，但是隨著北韓迅速向南推進以及南韓的一敗塗地，會議最終在週末做出一項歷史性的決定：派遣地面部隊進入南韓。

一九五〇年六月二十五日下午，杜魯門信心滿滿地搭機返回華盛頓。當時的他不但擺脫了羅斯福的陰影，而且還在美國人面前證明了自己：他在總統選舉這個最盛大的國家賽事中大獲全勝。他對自己的決策能力越來越有自信，同時也對身邊的大部分同仁深感滿意——馬歇爾、艾奇遜、布萊德雷和哈里曼。在杜魯門看來，哈里曼是個不可多得的人才，他以前為杜魯門在歐洲跑腿，現在即將被授予更大的權力，調停各方之間的矛盾。此外，杜魯門與國務卿艾奇遜的關係也日益密切，互相信任的程度恐怕在整個美國政治史上都絕無僅有。因此，杜魯門毫不懷疑自己能勝任總統這個職位，他沒有歷史包袱，也沒有黨內人士會對他說，你要考慮這件事羅斯福會怎麼做。不管怎麼說，杜魯門不必顧慮既往。

在某種程度上，有關南韓的關鍵決議在杜魯門的飛機抵達華盛頓前就已成定局。杜魯門與他的諸多高級顧問都清楚他們將會選擇哪條路。國家安全委員會的所有成員無一例外地認為，北韓越過三十八度線，乃是對聯合國憲章的公然挑釁。同樣的，在美國人看來，這是一個國家無緣無故侵犯另一個國家的行徑。然而，如果遠在地球另一端的社會主義領導們認為，這一次華盛頓當局會像對待中國內戰那樣對待這件事，那麼他們就大錯特錯了。與此相反，這一代人的國家安全意識均由二戰鑄成；北韓的舉動無疑激起了他們腦海中有關二戰初期的那些回憶，正是民主國家的縱容態度導致了侵略的蔓延。在韓戰雙方產生的諸多誤算中，共產黨一方最大的錯誤可能是他們誤解了西方民主國家，尤其是美國的態度。

美國是根據慕尼黑事件來看待北韓的入侵。據杜魯門回憶，他在飛回華盛頓途中一直在想，第二次世界大戰時，民主國家是如何喪失阻止墨索里尼入侵衣索比亞的最後機會，又是如何坐視日本侵占滿洲，以及法國和英國如何一度能輕而易舉地阻止希特勒併吞奧地利與捷克斯洛伐克。在杜魯門看來，是蘇聯推動甚或是命令北韓跨越三十八度線，而蘇聯人懂得的唯一語言就是武力。後來，杜魯門寫道：「我們必須在武力的基礎上與之打交道。」南韓在美國人的眼中未必有多重要，但是他們必須對共產黨的挑釁做出回應。他們認為，北韓的侵略是對美國尊嚴的嚴重挑戰。艾奇遜也說，他在聽到北韓越過邊境的消息時深深感到：「尊嚴是武力投射的陰影，武力才能產生強大的嚇阻力。」

此時的杜魯門已經是一名強硬份子。二戰後的這五年是非常艱難的五年，兩個強大又極為焦慮的國家對峙，各自都對自己強權的新角色感到不自在，都在自己的模式中處於孤立狀態，雙方各自建立的經濟體制都視對方為死敵，都預言對方就是洪水猛獸，要將自己毀滅，雙方都對自己在前所未有而令人害怕的核武時代中的新角色感到莫大的恐懼與擔憂，兩者各有各的焦慮，甚至偏執。從一九四五年七月末波茨坦會議上的第一次交鋒起，過度自信、近乎興高采烈的杜魯門就誤判了史達林。當時盟軍在歐洲戰場上的勝利幾乎已成定局，但杜魯門低估了史達林的陰暗面。事實上，他對史達林的政治權力慾望只略知一二，會議一結束，他甚至對身旁的人們說：「我對史達林就像對湯姆．潘德格斯特（Tom Pendergast）這些人一樣熟悉。」潘德格斯特是堪薩斯城的政界領袖，杜魯門正是在他的支持下展開政治生涯。他必須清楚意識到史達林是個難以對付的人。後來他說：「我喜歡這狗娘養的傢伙。」在波茨坦會議期間，他曾希望憑中西部美國人的那種坦率和直接，靠自己開誠布公的態度，為戰後的世界創造出穩妥可行的模式，可能是對戰時關係謹慎而又分明的延續。然而，他的這些舉動對史達林沒有用，因為史達林從來不把自己的牌亮在檯面上，更不會向世界最強大的資本主義國家的總統亮出自己的任何一張牌。其實，杜魯門並沒有他自以為的那樣坦白：就在波茨坦會議進行之際，美國成功地進行了第一次原子彈測試。雖然杜魯門不準備提及此事，但是史達林早已透過蘇聯間諜了解得一清二楚。

史達林在處理蘇聯與西方世界的關係時，始終被一種由來已久的偏執——國家的偏執和個人的偏執——所驅使。他既沒興趣和戰後這些國家建立同盟關係，也不相信他們。然而到了一九五〇年，那個滿心希望要與史達林通力合作的杜魯門也不見了，代之而起的是一個口氣生硬、滿腹狐疑的杜魯門，認為自己以前是個「天真的理想主義者」。正如杜魯門錯估了史達林，史達林也誤解了杜魯門。他們在波茨坦見面後，史達林就像許多美國的保守政客一樣，嚴重甚至危險地低估了這位剛走馬上任的美國總統。他告訴當時在蘇聯政壇嶄露頭角的赫魯雪夫，杜魯門毫無價值。

隨著英國、法國、德國與日本的陸續崩潰及其帝國體制的先後瓦解，美蘇兩國迅速填補了他們留下的權力真空，一場新的大國博弈不可避免地在戰爭中出現了。到北韓入侵南韓時，美蘇之間的冷戰達到白熱化的程度，這為十二年後美蘇在古巴飛彈危機中所面臨的核武深淵埋下了伏筆。一九五〇年六月二十五日，在邱吉爾發表鐵幕演說的四年後，也是在柏林危機（蘇聯突然封鎖柏林，美國通過空運物資聲援）的兩年後，韓戰一觸即發。截至一九五〇年，西方盟國眼看就要順利完成馬歇爾計畫，同時還成立了北大西洋公約組織（ＮＡＴＯ），以增強那些飽受戰爭蹂躪而局勢動盪的歐洲國家的實力。然而在共產黨人看來，美國此舉是試圖利用自己手中的核武，創造出由反共國家組成的高牆，來包圍共產世界。

六月二十五日，正當杜魯門政府的高級官員齊聚一堂，試圖理解北韓這次進攻的意圖時，他們不再將此事單純視為半島的一半進攻另一半，而是希望能窺探到此事背後更深層、更黑暗的意義。在美國政府看來，蘇聯在那段日子裡的一舉一動都暗藏著極端詭祕的意圖，甚至連莫斯科的電話簿都被視為機密檔案。在華盛頓與總統共商大計的政府要員的第一反應，就是北韓的侵略行動直接受莫斯科指導，史達林才是整個行動的幕後主使，金日成不過是他在北韓的代理人。直到後來，人們才發現這種觀點與事實完全不符：多年後，當蘇聯的檔案被公諸於世時，歷史事實才清晰地呈現出來，原來年輕氣盛的金日成才是韓戰的真正推手，一向謹慎的史達林只不過是極不情願地默許附和而已。

當時杜魯門手下的蘇聯專家認為北韓只不過是蘇聯的附庸國，完全處於蘇聯的管轄之下。大多數時候確實是如此，但在韓戰問題上，史達林卻充其量只是個後盾，而不是煽動者。戰爭初期，華盛頓首先關注的問題是：這次入侵會不會只是一個假象或一次佯攻，只不過是蘇聯進一步侵略計畫的第一步？如果真是這樣，那麼史達林的下一步行動又是什麼？史達林是在暗中瞄準歐洲世界，還是在覬覦中東國家？艾奇遜認為，這次入侵只是序幕，接下來蘇聯會支持中共奪取臺灣、對蔣介石展開進攻，或者中共因蔣介石的挑釁而發動反攻。無論是哪種情況，都同樣危險。

相反的，杜魯門認為史達林的下一步行動會在伊朗展開，就連和杜魯門經常意見相左的麥克阿瑟也這麼認為。六月二十六日，杜魯門和幾位親近幕僚在商議時，走到一個地球儀旁邊，然後把它轉到中東地區，用手指著伊朗說：「如果我們不加倍小心，這裡就是他們挑起事端的地方。南韓就是遠東的希臘。如果我們現在夠強硬，如果我們能像三年前在希臘時那樣頑強抵抗，他們就不會有進一步的行動。要是我們袖手旁觀，他們就會入侵伊朗進而控制整個中東。所以，如果我們現在不奮起抵抗，天曉得他們會做出什麼事來。」

二十五日傍晚，當杜魯門返抵華盛頓時，國務卿艾奇遜、國防部長江森（Louis Johnson）、副國務卿韋伯（James Webb）在機場迎接。從這三人坐進杜魯門總統專車的那一刻起，歷史的發展趨勢就毫無疑問定下來了。杜魯門說：「我以上帝的名義發誓，一定要讓他們罪有應得！」江森立刻表示同意杜魯門的意見。不過韋伯卻提醒杜魯門先看看國務院提呈的一些資料。國務院根據來自南韓的不完整報告提出許多早期應對建議，所有這些建議都不怎麼樣：他們希望杜魯門能授權麥克阿瑟將軍給予南韓人需要的武力支援，派遣美國空軍和海軍部隊掩護美軍眷屬撤離，同時保護南韓的港口，以免在撤退途中落入北韓之手。同時，根據總統之後的決定，他們希望參聯會隨時做好準備，在必要時以武力阻止北韓人。他們還希望杜魯門派遣第七艦隊前往臺灣海峽，既防止中共進攻臺灣，也阻止蔣介石挑釁大陸的新政府。此外，他們還認為，美國應著手軍援中南半島的法國人，同時向緬甸與泰國提供軍事援助。當總統專車抵達杜魯門的臨時住所布雷爾寓所時，韋伯趁著與杜魯門獨處的時機提出了另一項建議：既然華盛頓有意將北韓侵略一事提交聯合國，那麼應考慮將臺灣問題與韓國問題分開處理。

假如當時美國政府沒有旗幟鮮明地提出干涉韓戰的決議，那麼其立場很可能就此模棱兩可，也許整個歷史會因此改寫，而不僅僅是韓國問題。二戰結束後的幾年間，華盛頓的決策者在處理世界舊秩序的瓦解與其他戰爭遺留問題時面臨了兩大難題：首先是如何制止蘇聯在歐洲的擴張，這是眾所周知最迫切的問題，美國政府對這個問題的處理極富外交技巧與遠見卓識，但不幸的是以第二個重大問題為代價，即如何因應殖民時代的結束。如果單從影響力來看，第二個問題或許不那麼緊迫，不算核心要務。當時，美國最重要的盟國在政治上（有時在軍事上）受到其前殖民母國的威脅。由於民族主義時常表現為共產主義，因此美國很難理解那些未開發國家的民族主義。事實上，有兩種不同類型的共產主義會引起完全不同的威脅：一類是舊式的、呆板的蘇聯共產主義，由蘇聯紅軍傳播到歐洲諸國；另一類是出現在第三世界的共產主義，反殖民力量在無法得到華盛頓的支持後便轉向莫斯科尋求協助（例如中南半島的情形），這時共產主義就會成為反殖民力量最便捷的工具。不管怎麼說，北韓的入侵是一種老式的越境行為，但是在中南半島的問題上，雖然美國人將它與韓國及歐洲境內更大的對峙聯繫起來，但它還是純粹的殖民戰爭。

當晚，所有的文武高官在布雷爾寓所共進晚餐。飯後，他們開始談論北韓的入侵。有些事情變得更加清晰：雖然沒人知道北韓入侵背後的意圖到底有多深，但這毫無疑問是非常嚴重的侵略，而且南韓軍隊打得並不好，很可能無法自保。飯後第一個發言的是參聯會主席布萊德雷將軍。一年前，他曾贊同撤回駐韓美軍作戰部隊，因為當地的作戰條件極為惡劣，而且毫無戰略價值可言。他說，我們必須與共產主義陣營劃清界線，而南韓不失為一個合適的地點。南韓的價值一夜之間翻轉。這時杜魯門插話表示完全支持他的觀點。美國政府的態度就在這一刻塵埃落定。布萊德雷補充說，從戰爭的規模來看，北韓背後一定有蘇聯的指使。接著，海軍軍令部長佛斯特．薛曼上將（Forrest Sherman）、空軍參謀長霍伊特．

范登堡上將（Hoyt Vandenberg）先後發言，話裡反映出美國人對其空軍和海軍力量的樂觀與信賴，同時對自己軍隊無與倫比的戰鬥力信心十足。相反的，他們對北韓軍隊的作戰能力都不以為然，認為只要出動空軍和海軍就夠了。陸軍參謀長柯林斯卻認為（Joe Collins），根據他得到的報告，美國有必要出動地面部隊作戰。動用陸軍是非比尋常，甚至更重大的一步。布萊德雷、柯林斯及陸軍部長法蘭克・培斯（Frank Pace）則堅持美國沒有必要如此冒進。然而布萊德雷不久後就發現，他大大低估了北韓人的武力和能耐。他後來說：「當時沒有人相信北韓人竟然這麼強大。」

與會人員逐步達成如下共識：立刻動用空軍減緩北韓的攻勢，同時向聯合國報告此問題以尋求支持，如果有必要，美國仍願意採單邊行動制止北韓的侵略。會議即將結束時，韋伯提醒杜魯門要從政治角度分析局勢。杜魯門嚴厲地答道：「我們根本不用討論政治！我會處理好所有的政治問題！」之後，杜魯門立即簽署命令，要求使用空軍保護美軍眷屬撤退，同時在南韓領空與北韓爭奪制空權。他要求培斯命令麥克阿瑟派一個調查小組到南韓，查明軍事所需。接著，具決定性地，他命令薛曼從菲律賓撤回第七艦隊，將之部署到臺灣海峽，它區隔了臺灣與落入共產黨之手的中國大陸。但他說，在艦隊部署到位之前，不要對外公布此事。

派遣地面部隊的決定就像暴風雨的烏雲罩頂。總統的顧問們都認為南韓軍隊很可能自身難保。第二天，杜魯門在給當時仍在獨立城的妻子貝絲的一封信中提到，他返回華盛頓的空中旅行非常順利，在布雷爾寓所舉行的會議也極為成功，但是南韓問題仍舊相當棘手。「自從希臘和土耳其落入我們之手後，我再也沒有如此不安過了。就讓我們往好的方向想吧……」當時幾乎沒人願意相信，史達林只是默許了北韓的侵略，而不是這場戰爭的幕後操縱者，否則我們今天的歷史就會發生重大改變。然而，默許也好，操縱也罷，在美國人看來毫無差別。當時美國頗具影響力的主流媒體《紐約先驅論壇報》曾經在頭版頭條刊登了一則標題為「蘇聯紅軍入侵南韓，戰車部隊直搗漢城」的新聞。

對國家安全部門的某些高官來說，類似的新聞報導雖說令人心驚膽寒，但也算是天賜良機；即使算不上天賜良機，至少也令人喜出望外。在此之前，他們曾迫切希望大幅提高國防預算，卻希望渺茫。事實上，他們一直惴慄不安地等待類似危機的發生，並確信這一天總會來臨。他們相信這些事件能讓美國人更加清醒地認識到自己面臨的新挑戰。喬治・肯楠作為美國最重要的蘇聯問題專家，卻與布雷爾寓所會議無緣，這著實令人沮喪。後來他寫道：「這次凡是受邀赴宴的人就是後來負責執行國務院決定的那幫人。」用肯楠自己的話來說，他只不過是個局外人。他已經離開國務院政策計畫處處長的職位，準備前往普林斯頓大學反思美國的過去，而非現在和未來。

在接下來的幾天裡，由於艾奇遜擔心北韓的軍事行動只不過是蘇聯侵略計畫的偽裝，於是他就蘇聯人的真實意圖密集徵詢肯楠的意見。肯楠並不認為這次進攻將意味著又引發更大的事件。他在寫給艾奇遜的信中說，蘇聯並不想和美國進行一場更大規模的戰爭，但如果美國陷入一場「既無利可圖又名譽掃地的戰爭」泥沼之中，或者坐視北韓占領整個朝鮮半島，從而喪失該地區對美國的信任，那麼他們當然會大喜過望。他評論說，在策畫如何因應朝鮮半島問題時，美國必須意識到自己最大的危險不在歐洲，而在亞洲。蘇聯很可能會讓中國作為代理人而捲入其中。這話表明肯楠不認為更大規模的戰爭會爆發，而且認為美軍應當對此慎重回應。這的確是由美國最重要的蘇聯問題專家所提出的清醒而有預見力的建議。

第二天，當這些要員再次聚集在布雷爾寓所，艾奇遜——在南韓問題上除了總統之外最重要的人物——宣布，第七艦隊已準備就緒，是時候總統簽署命令讓保護臺灣。他還提到，美國應當立即告誡蔣介石，要求他停止對中國大陸的一切軍事活動，第七艦隊會密切關注蔣介石的舉動。隨後，艾奇遜簡明扼要地闡述了自己對朝鮮半島及整個亞洲事態的建議。美國準備對正與共產黨游擊隊交戰的菲律賓政府提供援助，對正與具有共產主義和民族主義雙重身分的越南獨立同盟交戰的法國提供援助。這是讓中南半島戰事升級的關鍵一步：美國本來反對法國重啟在中南半島的殖民統治，只是迫於巴黎的壓力才無奈附和，可是在戰爭進行了四年後，正當法國人顯露疲態時，美國卻準備提供大量經濟支援。不久，美國成為法國最大的支持者與金援者。隨後，美國又向中南半島派遣大規模的軍事顧問團，這意味著美國開始涉足新的領域，投入一場痛苦不堪的殖民戰爭。當時沒有人能想像，或者說沒有人在乎這場戰爭的後果是什麼。當時沒時間考慮這麼多。六月二十九日，也就是北韓越境四天以後，美國派出八架C-47運輸機，載滿救援物資飛越太平洋，直達中南半島。自此，美國開始向法國提供大規模軍事援助，這種援助後來漸漸演變成美國人一種難以自拔、可悲的冒險行動。

在週一晚間的會議裡，華盛頓的決策者們還討論了動用蔣介石部隊到南韓作戰的可能性。之前蔣介石自告奮勇地向華府表示，可以派出部分精銳部隊參與作戰。這項表態引起杜魯門極大的興趣，並傾向接受提議，但是艾奇遜堅決反對。從南韓危機爆發開始，他就一直在考慮有關蔣介石的問題，當蔣提出介入戰事的請求時，他並不吃驚，因為艾奇遜很清楚蔣介石的意圖，那就是引發一場更大的戰爭，從而使中共以某種方式捲入其中。這種想法與美國人把韓戰限定為一場將中國排除在外的局部戰爭的目的背道而馳。美國和臺灣可以結為同盟，但是雙方想要的東西卻大相徑庭。艾奇遜認為自己對這個問題的判斷不容置疑。無論如何，憑蔣介石在中國戰場上的狼狽表現，艾奇遜也不願將韓戰的勝利寄託給他，更何況就在之前國民黨軍隊才剛被共產黨打得落花流水。不過，包括麥克阿瑟在內的不少人對艾奇遜的觀點表示異議，對蔣介石參戰的想法興奮不已，因為這項提議解除了美國人的後顧之憂。艾奇遜堅決反對這種看法，而出於軍事方面的顧慮，參聯會的大多數成員也投了反對票。

然而，杜魯門的政敵卻支持動用蔣介石的軍隊。他們認為韓戰的爆發是他們反對杜魯門與艾奇遜的天賜良機，可以將朝鮮問題與杜魯門政府支持下的蔣家政府失守中國大陸這件事聯繫起來。這是一種本能而敏捷的反應。六月二十六日，與「中國遊說團」相交甚深的布利吉斯（Styles Bridges）參議員在參議院振振有詞地質詢：「我們是否還要繼續推行姑息政策？我們是否還需要等待『塵埃落定』（這是對艾奇遜先前言論的揶揄。[3]艾奇遜認為，美國應該等待中國政局穩定後再伺機分離蘇聯和中國）？我看現在就是劃清界線的最佳時機。」加州參議員威廉・諾蘭（William Knowland，與「中國遊說團」關係密切，人稱「來自福爾摩沙的參議員」）補充說：「如果我國對這種公然的侵略行徑都視若無睹，那麼想要阻止共產主義在亞洲大陸的擴張根本就是異想天開。」最後，內華達州喬治・馬隆（George Malone）將當前的形勢與阿爾傑・希斯（Alger Hiss）一案聯繫起來。任職於美國國務院的希斯被控在蘇聯間諜案中做偽證。馬隆還聲稱，無論是過去發生在中國的事件，還是現在爆發的朝鮮危機，都是那些左派顧問搞出來並上報國務院的。

一開始，杜魯門對北韓入侵的反應是下意識的，甚至完全缺乏政治意圖，但政治因素在韓戰期間始終發揮著重要作用。在是否庇護蔣介石和保衛臺灣的問題上，杜魯門內閣中也存在著諸多分歧。由於杜魯門沒有一如既往地對蔣介石表示支持，這不僅成為他諸多政敵最常攻擊的事項，而且在政府最祕密的會議上大家也開始對此議論紛紛。在艾奇遜看來，蔣介石政府敗局已定，美國應慎重考慮是否給予援助。考慮到亞洲瞬息萬變的態勢及動盪不安的政局，從長遠來看，支持國民黨政府只會對美國產生不利的影響。然而，國防部長江森（他其實希望自己能夠成為杜魯門之後的民主黨總統候選人）與艾奇遜針鋒相對，公開表示支持蔣介石參戰。但是杜魯門的一些親信認為江森是「中國遊說團」的成員。他曾經向蔣介石的駐美大使誇下海口，稱自己不但要孤立艾奇遜，還會將他逐出政府。江森的高級助理保羅・格里

3 「中國遊說團」是在美國近代政治史上，對華府的外交政策具有強大影響力的群體。其作用及目的，即在於維護中華民國的利益，防止美國承認中共及阻止中共進入聯合國。

菲思（Paul Griffith）和中華民國駐美大使、同時也是「中國遊說團」的核心人物顧維鈞一直保持密切聯繫。此外，其他政府成員所不知道的是，大約九個月前，顧維鈞在紐約市的里佛岱爾為宋美齡與江森安排了一次祕密會晤。江森與國民黨之間的往來是杜魯門政府內人盡皆知的事，這便意味著政府內部有人傳播共和黨人對當局對華政策的批評，而且政府高層會議的情況都會立即傳到國民黨耳裡。

這種情況在政府內部引發了某種令人不快的政治鬥爭。這個鬥爭從韓戰一開始就影響政府的決策，就像中國問題影響了美國政府的所有決策一樣。江森注定難以獲得這場鬥爭的勝利。杜魯門與艾奇遜有相近的政治立場，而且杜魯門對艾奇遜的為人處世和政治判斷能力也十分信任，因此最終他還是同意了艾奇遜的建議，小心謹慎地避免讓戰事擴大。但是另一方面，杜魯門還欠江森一個人情。一九四八年的民主黨全國代表大會後，杜魯門迎來了最為艱難的時期。當所有人都認為杜魯門會在即將來臨的總統大選中一敗塗地時，江森卻挺身而出，堅定地支持杜魯門。後來，民主黨因為財政空虛無力支援杜魯門時，江森成為他最重要的資金籌措者。杜魯門在當選總統後，舉薦江森出任國防部長，作為回報。

從杜魯門在布雷爾寓所召集他的團隊開始，艾奇遜與江森就在臺灣問題上產生了尖銳而不必要的爭論。雖然其他與會者都希望把重點放在南韓問題上，江森還是提出了臺灣問題。之前，他一直試圖違背總統與艾奇遜的意願，建議將臺灣納入美國在亞洲的保護範圍。在布雷爾寓所的會議上，他再次藉機提出了這項建議。江森在會上指出，臺灣問題對美國安全的影響程度遠高於南韓問題，而艾奇遜卻一直試圖將主題拉回韓戰。最後杜魯門只好中斷會議，宣布晚餐開始。晚飯過後，江森試圖再提臺灣問題，杜魯門再次打斷了他。

然後，眾人很快就將蔣介石部隊拋諸腦後，轉而關注更重要的南韓問題。柯林斯指出，現在南韓軍隊已潰不成軍，用他的話說，南韓軍參謀總長「早已喪失鬥志」。他們都知道這意味著美國有必要動用地面部隊出兵南韓。但即使是二戰期間，美國也始終堅持避免向亞洲大陸派兵作戰，因此布萊德雷提議總統靜觀其變，過幾天再公布這項重大決定。於是，杜魯門建議參聯會研究此事。考慮到這個問題的嚴重性，杜魯門一度神情肅穆地望著眾人說：「我不想參戰。」但他深知自己正一步步接近最後決定。

六月二十七日早上，杜魯門和艾奇遜一起會見兩黨國會領袖，重述了他的決定。國會領袖們基本上同意杜魯門的決定。紐澤西州共和黨參議員亞歷山大．斯密斯（H. Alexander Smith）問杜魯門是否會請國會兩院通過聯合決議，批准美軍即將在南韓展開的軍事行動。這的確是個好問題，而這兩天在布雷爾寓所開會時竟然無人認真考慮過。與會者都認為應該先把政治放在一邊，至少是應該被他們放在一邊。杜魯門告訴斯密斯，他們會納入考慮。當天稍晚，杜魯門又分別向艾奇遜和哈里曼提及此事。韓戰爆發後，哈里曼立刻成為杜魯門的高階特別助理。他雖然不像艾奇遜那樣出身鉅富，卻對美國政治有敏銳的洞察力。他強烈建議杜魯門尋求國會決議，而艾奇遜卻反對，因為現在是兵貴神速的時候。杜魯門偏向艾奇遜，因為他是由國會選舉產生的，如果自己在事關戰爭與和平的重大問題方面凌駕於國會之上，那一定會惹惱國會。不過，他也不想因此而放慢行動的腳步。杜魯門與國會之間在中國和蔣介石的問題上產生的爭論，也讓他對參議院的那些政敵心懷顧忌。三天後的六月三十日早上，杜魯門再次會見了國會領袖。這一次，內布拉斯加州的參議員肯尼斯．惠利（Kenneth Wherry）直截了當地詢問杜魯門，出戰的決議是否得到國會的批准。杜魯門政府的官員大多不喜歡惠利。據說在某次聽證會上，艾奇遜差點就和他大打出手，最後被惠利的助手攔下才控制住局面；杜魯門則喜歡稱惠利為「來自內布拉斯加腦袋不通的殯葬業者」，因此對於惠利的問題，杜魯門搪塞道：「如果有必要經過國會批准，我一定會找你。但是我希望最好毋須國會插手就能制伏那些北韓強盜。」

這時正是尋求國會決議的理想時機，這個機會稍縱即逝，而在戰爭初期形成的政治共識也逐漸消散。戰事的慘烈程度漸漸超出了人們原有的設想，美國國內對於戰爭的態度變得更加複雜，許多人的立場開始變化。由於杜魯門沒有考慮事先獲得國會的支持，反對者開始變得理直氣壯，他們拒絕為美國參戰帶來的後果承擔任何責任。陸軍部長培斯也建議尋求國會批准，但杜魯門卻對他說：「培斯，我們根本沒必要這麼做，他們都是站在我這邊的。」培斯答道：「沒錯，總統先生。他們現在的確支持您，但是我們不能保證過了一段時間後，他們依舊一如既往地支持您。」在最初那段時間裡，幾乎所有人都同仇敵愾、團結一致，所以杜魯門表現得十分自信。當總統決定支援南韓的消息傳到眾議院時，整個眾議院都為之歡呼雀躍。作為華盛頓出類拔萃而又經驗豐富的資深記者之一，《基督教科學箴言報》的約瑟夫．哈施（Joseph Harsch）寫道：「我以前從未感到這樣如釋重負與萬眾一心的氣氛瀰漫在整個城市之中。」

在那個星期，所有的總統顧問都清楚意識到，他們離派兵亞洲大陸的日子越來越近。這是軍政兩界最不願意看到的事，但現在卻日漸沉重地壓在每個人身上。僅靠美國的空中與海上力量，不足以擊敗北韓。麥克阿瑟曾接獲命令——如果那也可以算是命令的話——前往南韓，了解當地的作戰需求並回報當局。現在，也就是六月三十日的凌晨，東京的消息即將抵達華盛頓，所有人都知道不會是什麼好消息。在華盛頓時間凌晨一點半左右，馬其奧告訴艾奇遜，麥克阿瑟要求派出更強大的武裝力量，因為朝鮮半島的情況不妙。馬其奧的這番話為麥克阿瑟致電華盛頓要求增兵埋下了伏筆。

一個半小時後，剛從南韓視察歸來的麥克阿瑟向參聯會報告說，美國急需大量增兵南韓。他這番有決定性意義的話語如下：「要想守住現在的戰線，要想收復失地，唯一的做法就是派遣美軍地面部隊深入南韓戰場。缺乏有效的地面攻擊，單憑我們的空軍和海軍力量，難以取得決定性的勝利。」麥克阿瑟想先派一個團戰鬥群迅速前往那些已經展開爭奪戰的位置，再從駐日美軍中盡快抽調兩個師的兵力展開反擊。他還宣稱，除非我們這麼做，否則「我們在這場戰爭中的最好結果是無謂地犧牲生命、金錢與尊嚴，而最壞的結果就是以失敗告終」。

在華盛頓，負責遠東事務的助理國務卿魯斯克與陸軍參謀長柯林斯想在凌晨三到四點安排一次與東京方面的電話會議。但是由於他們的級別相對較低，需要層層上報，加上當時又是凌晨，因此等待的過程十分漫長。東京方面提出的問題事關重大：戰還是不戰？華盛頓的答覆姍姍來遲，他們在好多問題上都拖拖拉拉，這讓麥克阿瑟非常不滿。「豈有此理！我當陸軍參謀長時，要是想和胡佛總統講話，他就得立刻放下手中的任何事！但在這裡，不但陸軍參謀長拖泥帶水，就連陸軍部長和國防部長也都拖拖拉拉。這就是他們領導的結果，這些人難辭其咎！」

華盛頓時間凌晨四點半左右，麥克阿瑟再度向柯林斯詢問派遣地面部隊一事，柯林斯再次上報給培斯，經由培斯打電話告知杜魯門。杜魯門一直保留著在農場勞作時的作息習慣，所以一向起得很早。培斯來電時，他正在刮鬍子。六月三十日清晨五點前，杜魯門批准了派遣地面部隊進入南韓的請求，美軍的地面作戰行動就此開始。在韓戰初期，麥克阿瑟曾誇下海口，只要華盛頓不對他橫加干涉，他就能輕而易舉遏制北韓的入侵。可是現在，他卻說需要兩個師的兵力才能完成這個任務。後來事實證明，即使如此，他還是低估了對手的實力，同時過分高估了自己指揮的軍隊（包括美軍在內）的素質。

杜魯門始終在考慮動用國民黨部隊一事，於是他召集艾奇遜、哈里曼、江森和參聯會成員，最後一次討論是否可讓蔣介石部隊參戰。考慮到南韓軍隊潰不成軍，杜魯門認為蔣介石的提議不失為權宜之計。艾奇遜卻堅持，一旦動用國民黨軍隊，勢必會將中國共產黨牽扯進來。參聯會方面並不希望蔣介石軍隊參與。

在烏雲密布的氣氛中，尚且有一條稍稍振作人心的消息，那就是美軍將以聯合國的名義參戰。在杜魯門批准使用地面部隊之前，他已經得到了聯合國的授權，當時要獲得聯合國授權比現在容易得多。一九五〇年的聯合國在很大程度上仍是美國與西歐諸國利益的反映，唯一顯著的異議來自蘇聯及其衛星國。那時的聯合國在某些方面是白人世界的最後殘餘。在聯合國安理會針對是否出兵南韓進行表決時，只有兩票棄權，而且這兩張棄權票都來自非白人國家——印度和埃及。從一九五〇年代末到六〇年代初，殖民時代結束的浪潮席捲全球，非洲、亞洲及中東國家的先後獨立與成長使聯合國的面貌發生了巨變，大大削弱了西方國家對聯合國的影響。從此，美國與西歐的保守派們極為蔑視聯合國。但是在一九五〇年，聯合國仍深受美國及其盟國的影響。由於蘇聯人愚蠢地抵制安理會就南韓問題進行表決，因此也就不可能行使自己的否決權。他們這麼做的理由竟然是反對國民黨政府代表中國成為安理會常任理事國。六月二十七日星期二，美國人終於如願拿到了他們想要的決議，於是居主導地位的美軍在聯合國的旗號下出征了。

07 心比天高

美國即將出兵南韓，而杜魯門並不願意出任總司令，不願在一個美國國家安全部門認為毫無價值的地方，依靠一名他從來都不喜歡而對方也從來不尊敬他的戰地指揮官，打一場他不願打的戰爭。將官們從一開始就不合作。韓戰爆發後的第三天，時任哥倫比亞大學校長的艾森豪順道走訪五角大廈，與李奇威中將討論了南韓戰場的指揮問題。擔任參聯會副主席的李奇威在新一代高階將領中有著極高的威望，他被視為繼麥克阿瑟之後最適合擔任南韓戰場指揮官的理想人選。幾乎沒有人比艾森豪更清楚麥克阿瑟如何行事。艾森豪先後在華盛頓與馬尼拉擔任過麥克阿瑟的助理，因此非常清楚麥克阿瑟在向華盛頓軍、政兩界報告戰事時，是如何巧舌如簧地選擇事實的。艾森豪告訴李奇威，現在南韓戰場急需一名更年輕的指揮官，而不是一個「誰也管不了的人」、一個不可捉摸的人或一個擅自決定什麼消息可以讓華盛頓知道、什麼消息必須隱瞞不報的人。

後來艾森豪寫道，軍事與政治之間有著涇渭分明的界線，幾乎所有高級軍官都會小心翼翼遵守這個原則。但是，麥克阿瑟卻與眾人迥然不同，「即使麥克阿瑟將軍意識到這條界線的存在，他也寧願對此置之不理」。馬克斯．黑斯廷斯寫道，麥克阿瑟一生都根據某種信念行事，這個信念就是「那些為少數庸人制訂的規則並不適用於麥克阿瑟本人」。

杜勒斯和艾利森親眼目睹了麥克阿瑟在韓戰之初坐立不安的狼狽模樣，但是普通美國民眾對此卻無從得知。相反的，在資深媒體記者、發行人與編輯面前，麥克阿瑟始終是一個全民神話。麥克阿瑟對這些重要的新聞界人士一直殷勤備至，這就是他的形象能在公眾面前一直屹立不搖的奧妙所在。北韓入侵之後的第四天，《紐約時報》就像往常一樣迫不及待發表了一篇熱情洋溢的社論，對美國能夠擁有麥克阿瑟這樣的謀臣良將深感欣慰。「命運不能選擇一個男人更有條件命令這個國家的人民毫無保留地的信任。他是一位深謀遠慮的戰略家、一位才華出眾的領導者，他臨危不懼，英勇無畏，機敏果敢，而且始終保持著莫大的耐心與沉著的氣質。」

當時的麥克阿瑟已年逾古稀。這位來自西點軍校的天才人物少年得志，一路青雲直上，最後成為美軍的高階將領。有人說，現在只有上帝的資歷比他更深。麥克阿瑟年少時便以獲得校史紀錄中的最高分——四年的平均成績九十八．一四分，開啟了自己的事業，這超出了他立下的誓言。在往後的仕途中，他總是以最年輕軍官之姿獲得晉升的階級。第一次世界大戰出征法國時，他是美國有史以來最年輕的師長。在西點軍校的歷史上，他又是最年輕的校長，還是西點軍校實施現代化改革的代表人物。他是最年輕的陸軍參謀長，最年輕的少將，以及最年輕的上將。新聞界異口同聲地讚頌他，並塑造出一個聖人般的形象。這不僅因為他事業的輝煌與資歷的豐厚，更因為他始終煞費苦心、竭力維護自身的形象。他時時刻刻都在確保自己在每一場勝利中能獲得最大的功勳與褒獎，反之，他的手下能得到的則越少越好。他是美國軍方中最矯揉造作的一位，不僅要忙於處理將軍的公務，還要用一種最戲劇性的方式演繹將軍的神話。偉大的麥克阿瑟將軍不愧是出色的演員，歷史就是他的劇場，生活就是他的舞臺，全世界的人都是他的觀眾。

雖然《紐約時報》常對麥克阿瑟歌功頌德，但是其社論版的理念屬於中間偏右，遠不如《時代》雜誌那樣言過其實。當年，《時代》雜誌創辦人兼主編亨利．魯斯對中國和蔣介石有著極大的興趣，並和後來被稱作「中國遊說團」的那幫人過從甚密。在「中國遊說團」看來，中國就等於蔣介石，因此他們認為美國政府對於蔣介石的援助力度還遠遠不夠。從一九四〇年代末到五〇年代，就政治影響力與社會輿論導向而言，《時代》雜誌遠比其他任何一家雜誌都更強調「亞洲第一」的觀念。這在很大的程度上是因為魯斯的父親曾在中國傳教，影響了魯斯。除了邱吉爾之外，蔣介石或許就是魯斯最喜愛的世界領袖；正是由於其他國際主義者對亞洲毫不關心，而麥克阿瑟卻和魯斯在亞洲問題上一拍即合，所以麥克阿瑟便成為魯斯最喜愛的將軍。

北韓入侵後的一九五〇年七月十日，麥克阿瑟一躍登上《時代》雜誌封面。在那個年代，能在《時代》雜誌封面上亮相是一件極為重要的事，而這已經是他第七次登上《時代》雜誌封面了，堪與蔣介石媲美。下面的這則報導，即使是為了讚揚一位深受國人愛戴的將軍也顯得過於誇張，其吹捧藝術到了登峰造極的地步：「在曾經是日本保險業帝國中心的東京第一大廈內，一位近視的參謀從堆積如山的檔案堆中抬起頭來，不無驕傲地自言自語道：『天啊，他是一個多麼偉大的人啊。』麥克阿瑟的參謀長阿爾蒙德也坦承：『他是世界上最偉大的人。』此外，可敬的空軍將領喬治．斯特拉特邁耶則更直截了當地評價道：『他是史上最偉大的人。』」

當然，並不是所有人都這麼認為。如果說麥克阿瑟在討好那些社長和主編方面不遺餘力的話，那麼這位高傲而愛慕虛榮的將軍對一般的記者根本不屑一顧。許多記者都對麥克阿瑟身邊的阿諛逢迎氣氛議論紛紛。對麥克阿瑟的採訪從來都不會像一場記者會那麼簡單，反倒更像是一場個人秀。將軍投入這場表演的精力與關注程度，端視採訪者的地位而定。史迪威將軍曾對自己的高級助理法蘭克．多恩說，麥克阿瑟的問題在於「已經當了太久的將軍了」。史迪威在一九四四年說：「他在一九一八年得到第一顆將星成為准將，這意味著到今天為止他已經當了將近三十年的將軍。讓一群人在自己身邊三十年如一日地逢迎拍馬、投其所好，對誰來說都不是一件好事。」

＊＊＊

一九五〇年的麥克阿瑟高高在上，所有人都必須依他的指令行事。事實上，他不僅在規模龐大的軍隊中糾集了一支對他唯命是從的小部隊，甚至還創造出一個由他一人大權獨攬的小世界。華盛頓方面的任何指示、建議甚至命令，即使是來自麥克阿瑟名義上的上級部門，他一概置之不理。在麥克阿瑟的等級觀念中，那些所謂的上級根本無法與他相提並論，因此也就沒有資格對他非難或發號施令。他營造了一個以自我為中心、極其危險的小圈子。無論是從社會、政治或軍事方面來說，這個小圈子將自己與現實世界裡的社會、政治和軍事事務隔離開來，沒有人膽敢持異議，對他的所有言論奉若聖旨，視為值得鐫刻在石碑上的真理。在他們看來，麥克阿瑟不僅是活在歷史中心的聖賢，更是能未卜先知、料事如神的預言家——因為對於未來即將發生的事，他那些冠冕堂皇的泛泛之言似乎都能獲得驗證。麥克阿瑟身邊的人無不對自己的主子敬畏有加，而那些不夠畢恭畢敬的將領很快就會被他排擠出去，更不用說在這個圈子裡久留了。那些經麥克阿瑟欽定的來訪者在抵達位於東京第一大廈的司令部後，都可以在訪談的時候親眼目睹一齣由將軍本人自導自演的戲碼。在接待來訪者的當天早晨，麥克阿瑟會穿著浴袍站在鏡子前提前演練。等那些來訪者到達後，他就能信心十足地告訴他們即將發生哪些事情。而大多數人，無論如何學富五車，對這些事情都要謹言慎行，因為歷史總是變幻無常。麥克阿瑟的表演總是光彩奪目，雖然每一場演出都經過他的精心排練，但他總能演得就像即興演出一樣。每次表演時，麥克阿瑟都是一個技巧高超的獨白者。在這樣一個無法控制、無法安排的真實世界中，麥克阿瑟的表演永遠都構思精巧、安排合理、排練充分，即使當今的世界已經不同於之前的任何一個世紀，總是會不斷出現一些突如其來的敵對力量。

在東京的總部裡，每個人都是麥克阿瑟忠實的聽眾。沒有誰會挑戰麥克阿瑟恢弘的言論，沒有誰會質疑麥克阿瑟扮演的先知。他高談闊論，大到全球時事，小到蘇聯和中國。雖然他早就與真正的美國脫節，而且幾乎從來沒有真正地理解過這個國家，他仍會大談特談美國時政。然而，他身上缺乏一種任何成功的軍事將領都應該具備的關鍵素質，那就是傾聽的能力，不過他根本就不想學會這種能力。沒什麼比一九四八年肯楠的到訪更能說明這個問題。當時，肯楠受命前往日本，參與當地戰後的政治改革與經濟復甦事宜。很多資深外交官和高級指揮官都對肯楠的到訪興奮不已，尤其是那些要和蘇聯人打交道的當事人。雖然他們對肯楠的觀點並非全盤接受，卻仍然認為與肯楠的短暫相處可以讓他們獲益良多。當時的肯楠知名度日漸提升，被視為美國政府中最能洞悉蘇聯意圖的首席專家。人們公認肯楠才智過人，思路清晰，熟稔蘇聯和中國的歷史與政治。在事業上取得一定成就的肯楠可能略顯稚嫩，但無疑是個標竿人物。然而，肯楠卻無法跨越他與麥克阿瑟之間的那道鴻溝，因為他太像麥克阿瑟討厭的那種人了，所以兩人之間不可能推心置腹或互通有無。肯楠對自己在東京的所見所聞極為震驚。他寫道，麥克阿瑟對美國政府竟然「如此有意排斥、滿腹猜忌」，而肯楠自己的工作彷彿就像是「在與一個總是充滿敵意、處處杯弓蛇影的外國政府展開對話並試圖建立外交關係」。

如果說杜魯門是因意料之外造就的總統，那麼麥克阿瑟絕不是一位偶然出現的將軍。麥克阿瑟從出生起就被刻意培養，這是很多人無法企及的。這種培養來自他的父親亞瑟．麥克阿瑟，一位憑自身才華贏得眾人敬畏的軍官。老麥克阿瑟不但是南北戰爭時期北軍中的戰爭英雄，而且在往後的美菲戰爭中也扮演了重要角色。更重要的是，老麥克阿瑟在兒子眼中簡直就是卓越的神話人物。而這個神話則由亞瑟的妻子、麥克阿瑟的母親蘋姬．麥克阿瑟精心創造並完美演繹。她經歷了丈夫的死亡，目睹了丈夫對自己未竟事業的眷戀與不捨。然而幸運的是，她看到兒子的事業、超乎尋常而堅定不移的雄心壯志，以及一種幾近獨一無二的專心致志，因此她成為兒子事業的奠基人。

雖然麥克阿瑟的勃勃雄心和頑強鬥志在很大程度上源自於母親，但是他的父親亞瑟也不是個含蓄謙遜的角色。相反的，老麥克阿瑟的內心有一種非常強烈的悲劇性訴求：他要時時刻刻讓自己絕對正確。他自認為在軍事藝術和政治判斷力上無人可與他匹敵。他的侍從官伊諾克．克勞德上校（Enoch

Crowder）評價說：「在見到他兒子以前，我一直認為他是我所見過最赤裸裸的個人主義者。」老麥克阿瑟的軍事生涯既輝煌奪目又充滿荊棘，有時好像驚鴻一瞥，有時彷彿黯淡無光。退休之前，他幾乎出任過美軍所有的重要職位，獲得了當時能有的最高軍階，包攬了美國能夠給予英雄們的所有獎章。他以當時的最高軍階——三星中將，結束了自己的軍旅生涯，還被授予美國國會榮譽勳章，但他始終對自己的事業深感不滿，對軍隊非議頗多，更與當時的國內政治環境抗爭多年。憑藉自己一生輝煌燦爛的經歷與至高無上的榮譽，老麥克阿瑟完全有資格被安葬在阿靈頓國家公墓，可是出於政治上的怨憤，以及與當政者的疏離，他斷然拒絕了這項提議。

從某種角度來看，老麥克阿瑟雖然是一名偉大的愛國者，可是他的愛國卻包含很多扭曲甚至反國家的情緒。這似乎是因為他的靈魂深處有著極為黑暗的一面，或許是因為他所投身的事業需要他超越小我、為更博大的理想與信念冒險和犧牲，而這些都不允許他將過多的心思放在那個以自我為中心的世界裡。因此，無論老麥克阿瑟獲得了多少殊榮、取得了多大的成功，都無法填補靈魂的慾望。對於已經得到的東西，他永不知足；只有沒得到的東西才會令他魂牽夢縈，讓他直到生命的最後一刻仍念念不忘。

老麥克阿瑟和自己的兒子有太多的相似之處：如果什麼東西不在他的掌控之中，或者沒有按照他的意志發展，那麼他們寧願將之毀掉。軍中有許多高階將領在與政府部門打交道後，都會變得不喜歡或至少是不信任政客。這一點本來無可厚非，因為政客與軍人處在兩種截然不同的文化氛圍之中。一般來說，那些出類拔萃的將士之所以如此優秀，是因為他們不會像政客一樣見風轉舵。然而，老麥克阿瑟絕不僅僅是普通的厭惡與懷疑，可以說，他對政客之流的排斥已經到了某種病態的程度。無論對方的政見如何，無論對方是誰，他都會毫無例外、強迫性地加以抵制。老麥克阿瑟最關注的問題莫過於華盛頓怎麼對待自己。到了晚年，他天天咒罵那些邪惡的政客，而這種態度無疑也遺傳給了自己的兒子。

在麥克阿瑟的軍旅生涯即將開始時，他面臨的是一場極為艱難的競賽：他不但肩負有青出於藍的使命，除了要取得父親曾取得的成就以外，而且要替他父親一生中所有的失望報仇，對那些曾經中傷和輕視過父親的人以牙還牙。事實證明，這些使命對任何人來說都過於沉重了。父子兩代人的生命和事業，在美國國土成倍擴張、國民經濟蓬勃發展、軍事實力迅速強大、政治影響力蒸蒸日上的關鍵時期，交織在一起。老麥克阿瑟生於一八四五年，十八歲時成為南北戰爭的英雄；麥克阿瑟生於一八八〇年，在二十世紀的三場大戰中，無論是第一次世界大戰、第二次世界大戰，還是後來的韓戰，他都是美國軍隊中舉足輕重的戰地指揮官。麥克阿瑟於一九六四年去世，正好與其父成為戰爭英雄時相隔整整一個世紀。此外，父子兩人事業的終結方式也幾乎如出一轍：當時榮膺二星少將的老麥克阿瑟在率軍打贏美菲戰爭之後，卻因與美國政府之間一些不必要的糾葛而被勒令回國；半個世紀後，麥克阿瑟同樣因為過於頻繁地跨越軍事與政治之間的界線以及表現得過於政治化，而在韓戰中被美國總統撤銷總司令的職務，黯然下臺。

老麥克阿瑟是密爾瓦基一位野心勃勃的知名法官之子。南北戰爭開打之際，這位法官試圖將亞瑟．麥克阿瑟送到西點軍校，甚至還請威斯康辛州的參議員帶兒子到白宮面見林肯總統，卻完全卡不到位；法官只好動用私人的政治關係，將兒子安插進威斯康辛州第二十四團當團部行政官。亞瑟．麥克阿瑟任官時才十八歲，然而起初團部對於來了一名娃娃行政官並不感到雀躍。隨後他卻在一八六三年查特怒加附近的米申納里嶺之役（Battle of Missionary Ridge）首度嶄露頭角。南軍占據了該處的制高點，輕而易舉就擊破在後方窺伺的大批北軍。北軍指揮官下令採用牽制戰術，卻導致原本就不堪一擊的北軍的傷亡更加慘重，面對大量的傷亡所引發的怒氣，北軍官兵不顧一切衝上制高點，把躲在堅固工事內的南軍給驅趕出來。

這支北軍正是由威斯康辛州第二十四團所率領，而那位帶著軍旗攻頂的男人——或者該說是男孩——正是老麥克阿瑟。繼倒下的士兵之後，他也許是第三個或第四個執起軍旗的人。北軍指揮官謝爾頓將軍對此意外勝利感到十分激動，據聞事後他曾說吩咐應該要好好關照那位執旗的年輕小夥子，因為他剛剛的舉動已經為他贏得美國國會榮譽勳章的榮耀——雖然在往後二十七年的歲月裡老麥克阿瑟並未真的拿到它。老麥克阿瑟在橫越喬治亞的薛曼大行軍中參與過十三次戰鬥，受過四次傷。由於他的表現相當出色，年僅十九便成為北軍有史以來最年輕的上校，素有南北戰爭「娃娃上校」的稱號。老麥克阿瑟聰明勇敢，對戰爭有天生的直覺。南北戰爭後他離開軍隊，但很快就厭倦了小市民的生活。他仍舊選擇重回軍隊，即使得放棄戰時的階級。

老麥克阿瑟很快便升為上尉，但往後二十三年間卻未再升級。然而，這是鮮少有額外回報的艱苦年代，卻得到了寶貴的經驗。在美國不斷西進的腳步中，老麥克阿瑟往往被派往邊疆。他總是得面臨相當原始的狀況，管轄的多半是法律所無法觸及的地帶，或者精確地說，法律是由他說了算。美國的國內政治在邊疆地區幾乎是不存在的，因此對指揮官的約束力極小。就某種程度上而言，就算有些限制，也只是軍人們用來操縱華盛頓那群政客的手段，那些政客遠在天邊，無知懵懂，搞不清楚軍隊在這裡為國家做了些什麼骯髒事。

老麥克阿瑟在邊疆地區獲得意料之外的成功，對自己的用兵也有了相當的自信。雖然他沒受過什麼正規教育，但閱讀能力卻驚人地優異，對自己的智力也頗為自負。正如他兒子的傳記作家威廉・曼徹斯特（William Manchester）所云，在不受美國政府管轄的那些年，只助長了他的傲慢，讓他看不起美國當局；這種態度不僅害他日後在菲律賓惹上麻煩，同時也遺傳給他的兒子麥克阿瑟，更讓這一家上下老少幾乎都對政治人物懷有敵意，然而令人諷刺而奇怪的是，他們也在不知不覺中變得更有政治手腕了。

一八八九年，老麥克阿瑟終於升為少校，到華盛頓擔任助理人事參謀。在一八九七年美西戰爭的前夕，他升為中校。當戰事在一八九八年開始時，他希望能晉升為上校，赴古巴指揮美軍對西班牙的作戰。此戰意味著美西兩國衝突的高峰，前者開始意識到自己新生的經濟實力，以及即將領導世界的工業也就是說它開槍時不會產生煙霧，因此敵方的步槍兵較難以鎖定目標。在美國大兵傳唱的歌裡，有一首這麼唱道：「在星條旗之下／用克瑞格步槍教化他們」。但接著來臨的徵兆表明，在亞洲將有多場戰爭要打：因為菲律賓人不是白人，起初美國人十分輕敵，但其頑強抵抗令他們相當驚訝。事實證明，美菲戰爭比任何人預期的都還要艱難與殘酷。

許多美國士兵就像老麥克阿瑟一樣，剛從邊疆地區或印第安戰爭被調遣至菲律賓，所以對敵人的仇恨也混雜著對異族的恐懼與憤恨。「除非這些黑鬼像印地安人一樣被殺光，否則這個國家不會平靜下來。」有位士兵這麼對記者說。而另一位則說道：「菲律賓人只有死掉時才是善良的。」正如六十年後的越南人一樣，菲律賓人極少在白天公開行動，他們經常在夜間作戰，並設下埋伏。這令一些指揮官十分惱怒。菲律賓叛軍也常常窩藏在當地民居之中，因此美軍對平民採取了更高壓的暴力手段，在這類戰爭中你無法分別平民是敵是友。這場理應容易而快速結束的戰爭還持續著。在戰爭結束之前，約有十一萬兩千名美軍，其中包括六萬二千名正規軍以及五萬名志願者被送到那裡。

暴力手段不單升級，而且變得更為兇殘。美軍准將賈可・史密斯——綽號鬼吼地獄傑克（Jacob Smith, Hell-roaring Jake）——對部下說：「我不要活的俘虜，我希望你們把敵人都殺死或燒死，燒殺得越多我越高興。我要所有能夠當兵、對美國懷有敵意的俘虜都被殺光。」有名部下詢問是否應設下年齡限制。史密斯說：「十歲。」部下接著問道：「十歲？十歲的孩子就能當兵攻打我們嗎？」史密斯說：「沒錯。」美菲戰爭總共打了三年半，在當時的美國國內逐日不受歡迎。一九〇一年，在一場大膽的突襲中，方斯頓將軍抓到了反叛軍領袖阿奎納多，戰爭終於畫下句點。最後，有四千兩百名美軍死於美菲戰爭，兩千八百名士兵受傷。菲律賓方面，大約有兩萬名菲律賓士兵死亡，同時也有兩萬五千名菲律賓人喪生。後來，麥金利向友人說：「如果喬治・杜威在擊毀西班牙艦隊之後旋即離去，那會省了我們多少麻煩啊！」

力量；後者是日薄西山的帝國，正日漸衰亡中。然而老麥克阿瑟並沒有當成上校，反而連跳兩級升上了准將；他並未坐鎮古巴，而是去了菲律賓。

當時的總統是威廉．麥金利（William McKinley），一位來自俄亥俄州的共和黨員，對於美國成為太平洋上的勇猛新帝國感到五味雜陳。跟其他人一樣，他驚訝地發現：他自己不只是要鎮壓古巴的暴動——在那兒是輕易地獲取成功，更要引領美國向太平洋跨出更為複雜的一大步。他發現自己要面對的是更複雜的任務，將美國的意志加諸亞洲。亞洲各地的原居民領袖希望能達成一個目標：即驅逐西班牙帝國主義者。因此他們起初十分歡迎美國人前來協助，而後發現美國人並不只是幫助他們，也打算從中獲益，即在美國的統治下打造新的政治秩序。

這就是美國最初的殖民經歷，那經驗並不美好。美軍與菲律賓叛軍初次交火約是在一八九九年二月，距離二十世紀的到來只剩十一個月，但就美軍的力量與抱負而言，它在菲律賓進行的殘酷反叛亂行動卻為下一個千禧年帶來陰霾。美軍幾乎是若無其事地開赴菲律賓，好像這不過是古巴事件的翻版。就在古巴戰事開始後，太平洋艦隊司令、海軍上將喬治．杜威（Admiral George Dewey）即命美國艦隊駛入馬尼拉灣，擊毀落伍的西班牙艦隊。事實上他只看見了西班牙帝國的衰弱遺跡，所以，西班牙充其量只是把它的殖民地菲律賓免費奉送，於是美國便順理成章地收下了。

麥金利對菲律賓並不特別熱中，他曾對友人說過，他根本無法「辨識這些兩千英里外的可恨島嶼究竟在何處」。然而一種延續十九世紀以來的昭昭天命，以及為了向其他國家展示自身的經濟實力，美國內部尋求某種形式擴張的壓力自有其動力。若美國在那些年裡，對日漸攀升的國力急需某種形式的證明，那麼擁有殖民地恰能達成此一目的。美國內部有兩派主張，一是對政治與軍事設限派，另一派則是嗜血且貪得無厭的強硬派，兩者之間的衝突不止發生過一次，而強硬派的主張似乎總能勝出。誠如《華盛頓郵報》所言：「似乎有一種新的意識在撞擊著我們——一種力量的意識，而其中有種新的慾望與渴求顯示了我們的……抱負、興趣、土地占有慾、傲慢、不僅僅只是戰爭的喜悅。不管那是什麼，我們已被新的意識所驅使……正如同叢林熱愛嗜血，人民口腹已經品嚐到了帝國的味道。這一切就意味著走向帝國政策。」

美國出兵菲律賓之際，正值當地反叛軍挑戰西班牙政權，為他們的獨立而戰。美國向菲律賓人保證，美國人的天性是絕不會殖民的。而後，當美國以殘酷而醜惡的反叛亂止住了戰事時，美國內部的兩大勢力又再度槓上了：一股力量來自教會，這力量驅使美國有必要一肩挑起使菲律賓文明化的責任，即基督教所謂的「白人的負擔」；同時又存在一股最尖刻的種族歧視力量，也因此那些菲律賓游擊隊員被稱作「黑鬼」或「古古」（Gugu 或寫成 Goo-goo），後者因菲律賓女人用當地的一種樹皮洗頭而得名。這個詞最後演變成亞洲人的通稱「Gook」，美國軍隊就是這樣一直稱呼二戰、韓戰與越戰中的亞洲人。

麥金利反覆斟酌是否要出兵，但是周遭的力量總是強過他的意志，他本人對此議題似乎不具絲毫影響力。最後，他告訴其中一個教會團體，他決定出兵，因為他別無選擇。他說這是個艱難的決定，而後他提到，他在白宮裡跪下，祈求「萬能上帝給予光明與指引」。他說，畢竟他也不可能將菲律賓還給西班牙人了——那可是既膽小又可恥，他也不可能把菲律賓讓給另外兩個有興趣的掠奪者：法國和德國；當然更不可能天真地讓菲律賓人統治菲律賓。因此他唯一的選擇，便是將菲律賓收為美國所有，而美國人便可以「教育、提升、基督化菲律賓人，因著神的恩典，盡我們所能做到最好，一如那些追隨耶穌為之殉身的同胞」。

但戰爭這個詞本來就跟其他利他主義的字眼不同，也難怪菲律賓人對美國的施恩似乎很不領情。起初，美國人低估了菲律賓的反叛軍實力，他們遠比美國人了解當地，亦得到民眾的支援，這些人隨即以游擊隊員的身分，而非正式的步兵，拿起武器抵禦外侮，打起仗來出人意料地出色。美國人在武器上略占優勢，有賴挪威製「克瑞格」（Krag-Jorgensen）新型栓式步槍，具有五連發彈匣及無煙火藥的優點，亞瑟．麥克阿瑟少將於一九〇〇年五月取代斯蒂芬．奧蒂斯，成為美軍駐菲指揮官。老麥克阿瑟看不起奧蒂斯，形容他是「一節底部朝上卻全速前進的火車頭」。老麥克阿瑟比奧蒂斯更好鬥，即便他願意推動政治解決方案，但他更想運用強大的武力來殲滅游擊隊。這導致他與華盛頓之間的緊張關係。麥金利不願被捲入無止境、耗損國力、越來越不得人心的戰爭之中，因此他並不想給駐菲律賓美軍任何資源，反倒想尋求某種政治途徑解決。一九〇一年，他終於決定派出一個五人委員小組到菲律賓循政治途徑解決，由他的朋友、能幹的俄亥俄州律師暨法官威廉．豪沃．塔弗特（William Howard Taft）領軍。塔弗特對菲律賓沒有任何興趣，他最有興趣的是美國最高法院中的席位；但是，他擔心若回拒了前者，後者就永遠不會到手。塔弗特是個三百二十磅的大個子，根本提不起勁去馬尼拉。「但是總統先生，」當他們會面時，塔弗特說：「對於我們接到菲律賓這顆燙手山芋，我深表遺憾。我一點也不想要，而且我覺得你手上應該還有更懂得並同情這個狀況的人才。」根據塔弗特的說法，麥金利總統當時回答：「你跟我一樣想要。」總統堅持讓他去，因為總統需要的只是在菲律賓找個他能信賴的代表。

老麥克阿瑟當時是美國在菲律賓的總督，這個暗地進行的布局無疑是在挑戰他的絕對統治，讓他非常惱火，而他根本不給塔弗特出手的機會。五人委員小組抵達菲律賓時，他並不會見他們，反而只派了代理人到船上。更糟的是，就像歷史學家吉摩曼所言：「為了讓五人小組知道誰才是老大，老麥克阿瑟讓他們在高溫下久候，而後像個亞洲皇帝般接見他們。」對老麥克阿瑟來說，對塔弗特無禮似乎並不造成困擾，因為他對總統麥金利也一樣不敬。他所奮戰的只是自尊心的勝利；他所陷入的並不是塔弗特設下的圈套，而是他將自己推入了深不可測的陷阱中。

塔弗特的任務是非常政治性的，只不過是保護美國未來的利益，以及防止菲律賓獨立。他有時會說：「菲律賓是菲律賓人的，」或者跟隨潮流，偶爾將菲律賓人稱為「棕色的小兄弟」。然而老麥克阿瑟麾下的士兵並不認為敵人有可能是他們未來的手足，軍中流傳著這樣一首歌：「他也許是威廉．豪沃．塔弗特的兄弟／但可不是我的。」老麥克阿瑟與塔弗特的日常會面也極少，為了與老麥克阿瑟溝通，塔弗特還必須寫信。即便他與美國政界高手斡旋多年，在老麥克阿瑟膨脹的自尊之下塔弗特還是敗下陣來。

塔弗特不只是獲得總統麥金利的認可，也是總統的好友，在此情況下，老麥克阿瑟的行為不但魯莽，也十分短視，從而引發全面性的自我毀滅。塔弗特在這場軍政兩方角力的過程中益發重要，但老麥克阿瑟卻無緣無故就得罪了當時最重要的四位共和黨人士：麥金利、盧特、老羅斯福（一九〇〇年成為麥金利的競選拍檔，在麥金利遭暗殺後繼任總統），還有塔弗特本人。在一九〇二年，塔弗特成為菲律賓總督，而後是美國國務卿，並於一九〇八年當選總統。在麥克阿瑟被召回美國之前，他抵制塔弗特長達十三個月。馬尼拉的這份工作標示了他事業的巔峰。八年後，當塔弗特一上任，他即刻辭去軍職。但這都是很久之後的事了。老麥克阿瑟雖然已經是中將，卻從未當上陸軍參謀長，而那才是他夢寐以求的職位。老麥克阿瑟雖然立下了許多戰功，他卻以自身的痛苦，以及一股像是自身造成的持續性憤怒，結束了自己的生命與職業。就像威廉．曼徹斯特指出的，那些年裡，老麥克阿瑟在他兒子身上播下了軍政分立的惡種：「這顆種子耗費了半個世紀才開花，但是最後的果實卻異常非凡。」對於已經知道麥克阿瑟跟杜魯門日後的嫌隙，但稍晚才知道老麥克阿瑟如何錯待塔弗特（隨後旋即成為他的總統）的人來說，老麥克阿瑟的故事簡直就是未來事件令人感到毛骨悚然的注腳：歷史總是預言，而非重複。

老麥克阿瑟在一九〇九年辭職後只活了短短三年。在他去世以後，妻子蘋姬接過了丈夫的衣缽，維持著丈夫的神話。在她看來，年輕的麥克阿瑟應當為麥克阿瑟家族報仇雪恥。她不斷教導自己的兒子：「你必須成為像你父親一樣偉大的人。」有時，她還會這麼說：「或者成為像羅伯特．李將軍一樣偉大的人。」麥克阿瑟不但要達到父親的高度，而且應該超越父親的成就，讓她成為最成功的母親。當麥克阿瑟最終被任命為陸軍參謀長時，蘋姬說道：「要是你父親能活著看到今天就好了！孩子，你已經成為他最想成為的人。」

08 誓作偉人

誰也沒想到，出生在十九世紀的一位女性會對發生在二十世紀中葉的韓戰有著如此深遠的影響。麥克阿瑟的母親生於韓戰爆發的九十八年前，在韓戰即將來臨的十五年前就離開了人世。想要從根本上了解麥克阿瑟，除了要談到他自視甚高、不可一世的父親，也不得不提及他那深謀遠慮的母親。在那個年代，所有重要人物，即使是小羅斯福受其極強勢的母親影響，都遠遠不及麥克阿瑟。麥克阿瑟這位國會榮譽勳章受獎者，在敵人的砲火面前——即使是在自殺式襲擊面前也毫不畏懼；但他也一直是「媽媽的乖兒子」。很少有女性像麥克阿瑟的母親那樣，在兒子離家前往西點軍校求學時，為了監督孩子的成長而舉家搬遷。為了確保兒子朝向偉人的方向發展，蘋姬在西點軍校附近的哈德遜河沿岸的小鎮上找了當地最好的旅館，她就在克雷尼飯店（Craney's Hotel）裡整整住了四年，以監督兒子的四年學業，以免他誤入歧途、淪為庸人。西點軍校是美國要求最嚴格的四年制院校，但蘋姬仍然對學校的管理憂心忡忡。她唯恐管理人員疏忽大意，讓平庸散漫有機可乘，或者校方沒有認識到，她送去西點的乃是一名青年才子。

蘋姬不僅是麥克阿瑟事業的主要掌權人，更重要的是，她一手塑造了麥克阿瑟的個性和靈魂，使他成為一個徹底的自我崇拜者。她殫精竭慮、致力於成就一個偉大的公眾人物，為之奮鬥了四十年。用現在的話來說，蘋姬是個「星媽」，一個被廣大抱負驅策的女性，卻苦無發揮舞臺，便將夢想轉移到兒子身上，並活在他的成功裡。可以說蘋姬是一個世界級的超級野心家，而她的野心就是道格拉斯．麥克阿瑟。麥克阿瑟的成功，也等於她的成功；當他征服了眼前許許多多的挑戰，也等於是她攻克了這些困難；當他接受榮耀，她亦感同身受。她養育麥克阿瑟絕不只是為了讓他獲得普通意義上的成功，而是為了讓他不惜犧牲所有天情來換取成功。想成功就不能顧及他人，否則就會反受其累。蘋姬正是以這樣的方式將麥克阿瑟培養成了一個極端自我，同時也因此極端孤立的人。麥克阿瑟完全不具備與人建立真誠友誼的能力，也許在很大的程度上是因為他認為沒人有資格與他平起平坐。

蘋姬養育麥克阿瑟不僅是為了讓他為父報仇，更是為了讓他成為一個不遜於乃父的大人物。她培養出的麥克阿瑟是一個天賦過人、才能出眾、無人能及之人。他既是一個軍事天才，也是一個人中之妖——從不犯錯、從不失敗。雖然他才華過人，卻有可怕而不為人知的人格缺陷。韓戰爆發時，也許那個讓麥克阿瑟與之殊死搏鬥的勁敵既不是杜魯門，也不是中國人，而是麥克阿瑟自己。事實上，整個韓戰不過是聰明大膽、極富創造力的麥克阿瑟和虛榮自私、驕傲自大的麥克阿瑟之間的一場對抗。究竟麥克阿瑟是聖賢偉人還是惡魔化身，人們很難加以分辨。西點軍校的軍事歷史學教授科爾．金西德曾把麥克阿瑟與十七世紀英國的清教徒將軍奧利佛．克倫威爾相比。某個描述克倫威爾的句子似乎也可恰如其分地用在麥克阿瑟身上，那就是「他是一個偉大的惡人」。

這些都來自麥克阿瑟的母親蘋姬。從母親身上，他學到必須時時保持完美或看似完美，掩飾所有可能暴露弱點的徵兆。或許最大的影響，便是令麥克阿瑟無法承認錯誤，因為要時時保持完美便不可避免會成為一種偏執。在他心目中，別人總是不如自己。別人怎麼可能比自己強？一戰在法國時是如此，後來在華盛頓當高官時亦然。他生活在這樣的世界裡：人們談起他時，只能想到他的豐功偉業。即使出現問題或遭遇失敗時，麥克阿瑟也絕不會從自己身上尋找原因，失敗一定是自己的敵人造成的，或是其他什麼人的失誤造成的，絕對與我無關。在第一支進入南韓作戰的美軍部隊因為缺乏準備而遭遇慘敗時，麥克阿瑟寫道：「我不停地問自己，為什麼我們的國家會允許這麼糟糕的局勢發生？這不禁讓我想起不久前的美國，那個世界上最大的軍事強國。在短短五年的時間裡，美國的實力迅速衰退。更可怕的是，從長遠來看，美國在世界上的領導能力仍繼續衰減。」這時，麥克阿瑟當然不會提到是自己加快了美國的裁軍速度，因為他對外宣稱，只需要不到駐日美軍一半的兵力；當然他也不會提到在他的直接領導下，無論防守還是進攻，自己首度前往南韓的軍隊顯得如此準備不足；他更不會提起自己很少真正關心部屬，除非他們是在參加軍中的美式足球賽；他同樣也不會提起自己和美國政府一樣，承平日久，早就忘了怎麼打仗。

* * *

瑪莉・蘋姬・哈帝（Mary Pinckney Hard）是一位來自美國南方的美女，這可是關鍵。她是維吉尼亞州諾福克一位棉花中盤商之女，她在嘉年華會上遇見老麥克阿瑟，兩人在一八七三年結婚，此時美國史上最血腥的南北戰爭結束才不過第八年，這場戰爭引發的熱情與偏見依舊存在，她有兩位加入南軍的兄弟拒絕參加婚禮。然而，她的婚姻並不輕鬆。這位初入社交界的名媛生來便擁有不凡的地位與奢華的物質享受，卻選擇了艱困的生活，不斷遷徙搬家，不知不覺地成為一位探險家，經常在偏遠的西部或西南部過著簡陋的生活。令人驚訝的是，她出身尊貴卻能一直堅持下去。威廉・曼徹斯特說，「那是一種對她的勇氣，又或者說社會紀律力量的致敬。」

蘋姬的長子亞瑟・麥克阿瑟三世在成年之後加入了海軍，但是在一九二三年英年早逝。二兒子瑪律科姆在五歲時因麻疹而不幸夭折。三兒子道格拉斯出生在一八八〇年阿肯色州的道奇堡，後來這個地方改名為小岩城。次子的夭折對蘋姬來說是個沉重的打擊，因此她把自己畢生的精力都放在對三兒子的培養上。麥克阿瑟成為她唯一的希望。在道格拉斯出生的十七年前，亞瑟・麥克阿瑟就已經成為國家英雄，如果說父親是麥克阿瑟學習與崇拜的榜樣，那麼母親蘋姬就是他的教育班長——她希望把他培養成一個像老麥克阿瑟一樣的人物。她不斷向麥克阿瑟講述老麥克阿瑟的傳奇，希望有一天兒子能超越父親。日本國會通過《日本土地改革法案》的那一天，作為日本實際統治者的麥克阿瑟靠在椅背上，抬頭凝視著父親的照片。他的父親在生前曾力推一部菲律賓土地改革法案，但最終沒有成功。這時的麥克阿瑟卻從某種意義上完成了老麥克阿瑟生前未竟的事業。他仰望著父親的照片，喃喃問道：「爸爸，我做得怎麼樣？」

蘋姬迫切希望自己的兒子能進入西點軍校。但令她意外的是，儘管麥克阿瑟家在政治圈裡有些人脈，但是想要獲得西點的錄取，仍然不容易。最後，她帶著麥克阿瑟搬到一名國會議員所在的地區，而這名國會議員是麥克阿瑟祖父的朋友。即使如此，要錄取麥克阿瑟還有一個麻煩：由於他駝背，所以體檢不合格。於是，蘋姬又找來一名醫生，幫忙修改了麥克阿瑟的體檢報告。由於申請者紛至沓來，而國會議員們又難以一一仔細審核，再加上這些想進西點軍校的孩子家庭背景都旗鼓相當，議員決定要舉辦一場特別考試。蘋姬立刻找到一位高中校長來為自己的兒子進行考前準備。在考試的前一晚，麥克阿瑟十分緊張，輾轉難眠。蘋姬卻沉著平靜，鼓勵麥克阿瑟說：「孩子，只有克服緊張情緒才能獲得勝利。你必須相信自己，否則沒人會相信你。你一定要相信自己、依靠自己。不管成功與否，只要你盡到最大的努力就行了，而現在正是你努力的時候。」在這次計有十三名年輕人參加的考試中，麥克阿瑟以九十九．三分的成績名列第一，而第二名只有七十七．九分。

麥克阿瑟進入西點軍校後，一如既往地表現優異，始終是班上的第一名，而且在西點軍校有史以來的所有成績中位居第三。成績比他高的兩人當中，羅伯特．李是蘋姬的偶像。一戰爆發後，麥克阿瑟的軍事才能開始讓他嶄露頭角。他在指揮第四十二師（即「彩虹師」）時所表現的傑出組織能力和領導能力，使他得到了上級的肯定與推崇。作為一戰中最年輕的師長，他表現優異，榮獲七枚銀星勳章，還差點贏得國會榮譽勳章。但是蘋姬仍認為自己的兒子可以做得更好，她總是提醒兒子還有更重要的事等著他去做。如果有人對兒子的能力不甚清楚，她會親自向他們舉薦麥克阿瑟。她經常寫信給麥克阿瑟的上司，信中除了滿紙的褒揚，還隱約暗示收信人不要忘記麥克阿瑟在法國的戰鬥功績及西點的傲人成績。

一戰時，她覺得麥克阿瑟當上校當得太久了，便寫信給國防部長牛頓．貝克，建議他提拔自己的兒子擔任將軍。她在信中寫道：「麥克阿瑟各方面都已經準備好了，對他委以重任是絕對正確的選擇……他是個忠誠無私、願意為祖國奉獻生命的年輕人。希望您能考慮提拔他，這不但對他是難得的鍛煉，從長遠看，也是對國家有利的行為。」貝克沒有回信，但是她卻沒有放棄。八個月後，她再次致信貝克：「恕我冒昧，再一次以誠摯的心情寫信給您。感謝您抽出寶貴時間閱讀我的信，我這個遠在加州的普通母親想和您聊聊我的兒子。我衷心希望您能給他一次升遷的機會。鑒於他以往對祖國的貢獻與他在槍林彈雨中取得的傑出成就，我希望您能升任他為將軍。這必將得到全體美國軍人的集體支持與擁護。」

在收到蘋姬的第二封信後不久，貝克就把她的意見轉達給潘興將軍。得知此事，蘋姬欣喜萬分。潘興是老麥克阿瑟當年在菲律賓的老朋友，那時他只是個年輕的上尉，而老麥克阿瑟已位居少將。不久，潘興就收到蘋姬的來信，信中寫道：「我以老朋友的身分真誠地向您和您的家人問好，我代亡夫向您表達最誠摯的欽佩之情……我與國防部長及他的家人非常熟悉。國防部長非常喜歡也非常了解麥克阿瑟。」在一九一七年麥克阿瑟終於升任為將軍後，蘋姬還繼續寫信，因為這次成功的經歷讓她意識到對軍方施壓還是有用的。

在麥克阿瑟當了五年的准將（在她看來太久了）之後，蘋姬再次感到兒子的成就早已超出現有的職位，於是又開始新一輪的戰鬥，為麥克阿瑟爭取晉升為少將的機會。麥克阿瑟的第一任妻子路易絲．麥克阿瑟也參與其中。路易絲僱用一位「彩虹師」的前任軍官幫自己遊說軍方，這位軍官退伍後成為華盛頓特區人脈甚廣的律師。路易絲對他說：「花多少錢我都不在乎，只要能把事情辦成就好。該怎麼做就怎麼做，該打點的地方就不要吝惜，只要把帳單寄給我就可以了。還有，不要把這件事告訴麥克阿瑟。」

這位說客召集了許多一戰時曾在法國為麥克阿瑟效力的上校，領著這群人和美國國防部長約翰·威克斯會面。部長卻告訴他們，麥克阿瑟還太年輕，暫時不能升職。威克斯的話很快就傳到麥克阿瑟的耳裡，於是他頗為不快地抱怨道，成吉思汗十三歲時就能統領騎兵東征西討，拿破崙二十六歲時就能運籌帷幄、執掌法軍。為什麼我卻因為年輕而不能成為少將？

麥克阿瑟擔任西點軍校校長時，蘋姬還是他的女主人。麥克阿瑟的第一次婚姻遭到蘋姬的極力反對。事實上，一聽到兒子即將結婚的消息，蘋姬就病倒在床上了。對這個堅強的女人來說，這還是頭一遭。她彷彿是在向麥克阿瑟示威：你最好先照顧好你的媽媽，再去管你的老婆。每當兒子似乎快要掙脫她的桎梏而獨立行事時，蘋姬都會一次又一次地採取行動，重新贏回自己對兒子的掌控權。為此，她執意不參加兒子的婚禮。麥克阿瑟第一段婚姻沒能維持多久，這絲毫不令人意外。當麥克阿瑟已經出任陸軍參謀長時，蘋姬還在背後掌控他的一切，擔任他背後的女人，而麥克阿瑟每天都還是回家吃午飯。麥克阿瑟的第二次婚姻之所以能夠維持，一部分是因為珍·費爾克勞斯是蘋姬親自為他挑選的妻子，同時也因為來自南方的費爾克勞斯對丈夫畢恭畢敬，而且滿懷極端崇拜之情，也非常珍視自己作為將軍夫人的地位。她在公共場合中稱麥克阿瑟為「將軍」，在私底下稱呼麥克阿瑟為「我的主人」。

蘋姬教導麥克阿瑟，成功是最重要的，為此，其他一切犧牲，特別是她做出的犧牲，都是值得的。個人的成功對國家也有利。在寫給麥克阿瑟上級的那些滿紙溢美之詞的信中，她反覆提到，對麥克阿瑟有利和對國家有利是同樣的事。在她的創造之下，麥克阿瑟與他同時代的將軍們，甚至是同樣高傲不羈的巴頓將軍都大相徑庭。其他大部分的軍人，不論是平時還是戰時，都可以找到與自己年齡相仿的朋友並肩作戰，共同忍受長久、艱困或枯燥的軍旅生涯。他們肝膽相照、同甘共苦，彼此可以建立至死不渝的友誼。但是麥克阿瑟沒有這樣天長地久的友誼。他有輝煌的軍旅生涯，卻沒有知己。在軍中，自我的需求總是必須與責任義務、忠誠守紀律以及執行命令保持平衡。忠誠的品質從兩方面影響軍人：不但能讓你的下屬遵從你的命令，而且也教導你服從上級的指示。就像自己的父親一樣，在這場決定性的考驗中，麥克阿瑟也一敗塗地。

09 麥克阿瑟的政治渴望

無論如何，韓戰初期的麥克阿瑟仍是一名傑出的國家英雄。當時，身為優秀軍人的他毫不亞於身為政治人物的他。無論華盛頓對他如何褒貶，麥克阿瑟仍是美國人心目中的偶像，是兩度指揮美軍馳騁世界大戰的人。尤其是麥克阿瑟在二戰太平洋戰場上的傑出表現，更讓人們對他的雄才大略欽佩不已。但一開始麥克阿瑟有點低估新的海軍艦載機的戰力，更小覷了日軍士兵與戰機飛行員的實力。當日本軍機在二戰初期成功襲擊美軍軍機時，他深信敵方飛行員一定是個白人，這反映了國家與他個人的種族歧視。十二月七日之前，他自信滿滿，大放厥詞，說有些事情日本人根本做不到。例如他便曾對《時代》雜誌才華洋溢的特派員約翰．赫賽（John Hersey）說，要是日本參戰，英國、荷蘭、美國駐守在太平洋現有的一半兵力就能夠抵禦，不費吹灰之力就能封鎖日本艦隊。

但麥克阿瑟逐漸了解到，日本不僅文化強盛，在軍事武力上也不遑多讓。一旦他們掌握了方向，一切都會在他們的掌握之中；他們十分難對付，那嚴密的指揮結構也似乎無懈可擊。一切似乎都在計畫之中，每個人都忠實地執行嚴格的命令，不允許任何失誤。然而若是日本喪失主動權，這些優勢便會轉而對他們不利。他們的不知變通，令人驚訝，他們的戰術技能，似乎只有用在對付像日本自己那樣思考的敵手時才能派上用場，因為日本是這麼一個權威、富有階級意識的社會，並不讚賞個人的創意，他們不只是不會強行攻占，而且缺乏戰時需要的批判特質：對未知事物的應變能力。因此，他們很快就疲乏、失去活力了。「絕對別讓日本逮到機會主動攻擊，當日本士兵手上有一套計畫，他們將會順利執行下去。」麥克阿瑟這樣告訴他的軍官，然而他補充道：「但當他被攻擊時——他當時可不知道來者何人——

情況又不同了，不能混為一談。」

麥克阿瑟很快便適應了新的作戰形態。如果不算他不了解現代航空戰略的可行性，進而導致在一九四一年十二月八日克拉克機場的轟炸摧毀了地面的軍機以外，那他可算是個從失敗中學習的快手，急速進行了矯正。這時有位直率而老練的年輕空軍軍官喬治．肯尼（George Kenney）挺身而出，而麥帥惡名昭彰聞名的參謀長理查．薩瑟蘭（Richard Sutherland）教導他空軍在這廣袤的戰區中該如何發揮作用——這戰區是一片寬廣的海洋，許多小島位居其間，有些便是日本的防禦據點。有了肯尼實用的空權知識，加上麥克阿瑟的靈活創意，他們聯手制訂了擒拿日本人的嶄新作戰計畫。起初，麥克阿瑟的困境十分明顯；他自身的陸軍有限制，而日本人則躲在環狀珊瑚島的後方，讓美國人先進武器難以施展。解決此困境的聰明解答是，要避免在日本最占優勢的地方與之正面衝突，麥克阿瑟跟肯尼要集中火力攻擊日本最弱的島嶼，從而開創其他島嶼上的空中戰場，讓美軍能更深入日本佔領的島嶼，慢慢切斷日本人的補給聯繫，讓日軍餓死。與其說美軍專攻日方的漏洞，不如說是忽視及孤立他們。當十萬餘日本兵在索羅門群島的拉包爾渴望一決雌雄時，麥克阿瑟機警地避開了他們。「別讓補給進入拉包爾港和叢林！飢餓是我的盟友！」這真是一招軍事絕技。當時跟麥克阿瑟有很大嫌隙的著名記者約翰．根室（John Gunther），卻形容這場戰役是「麥克阿瑟以較小的傷亡拿下較多領域，乃是自大流士一世以來指揮最棒的一次」。

同時，麥克阿瑟身上頗不吸引人的一面也開始暴露出來，即便在一戰時，他膨脹的自尊就已經有跡可尋。但是他那時年輕又平步青雲，十分精明，懂得在多數場合中按捺住本性；作為指揮官，他無畏大膽，善待下屬，也總是身先士卒。不過，到了二戰時便不同了。當時他聲譽如日中天，變得很政治化，而他的自尊與他在作戰上的需求卻常因此而造成矛盾。現在他的敵人變多了，這些敵人並不是侵略者，反而是華盛頓的文武官員；他對榮譽的追求也比往常更甚，渴望功名簡直到了難以自拔的地步。同時，他所受到的管控和約束卻越來越少。二戰結束時，麥克阿瑟的自我膨脹已經超越了他的軍事才華，最終讓他走上了一條自取滅亡的道路。

麥帥要求手下必須對自己絕對忠誠。他認為部下理應為自己赴湯蹈火。但是如果有人想從麥克阿瑟那裡分得一絲一毫的勝利榮譽，那就無異於自討苦吃。他對艾森豪之流的做法不屑一顧：讓部下和自己平起平坐？讓部將和自己一樣聲名遠播？麥克阿瑟的字典裡向來沒有這些概念。從他的軍事基地派出的部隊都只能以麥克阿瑟的名義執行任務。因此，在來自太平洋戰區的所有頭條新聞中，都只能找到「麥克阿瑟的部隊」這樣的措辭。這彷彿是在暗示，無論是誰真正指揮作戰，無論是誰真正流血犧牲，他們的成就只能歸功於麥克阿瑟一人。他甚至規定，所有太平洋戰區的勝利消息都必須以麥克阿瑟的名義對外發布。威廉·曼徹斯特做過一項統計，發現在二戰開始後的前三個月，西南太平洋戰區總共對外發布過一百四十二條戰報，其中竟然有一百〇九條沒有其他軍官的名字。麥克阿瑟底下的高階將領羅伯特·艾區柏加（Robert Eichelberger）曾經對自己的新聞官說，他寧願有人拿條眼鏡蛇放進自己的口袋裡，也不願在一篇報導中受到褒獎。艾區柏加是一位天資聰穎而積極進取的戰地指揮官，可是當有關艾區柏加的報導分別出現在當時影響甚廣的刊物《星期六晚郵報》和《生活》雜誌上時，麥克阿瑟大為光火。於是，麥克阿瑟立刻召見艾區柏加，毫不留情地對他說：「你知不知道，明天我就可以把你降為上校，讓你捲舖蓋回家？」

他所謂的忠誠是條單行道，所有的人都必須效忠於他，而他卻可以明目張膽地違背總統的旨意，大張旗鼓地和華盛頓的上級分庭抗禮。年復一年，麥克阿瑟已成為美國軍方最政治化的人物，不斷著力於與共和黨的關係。即使是在一九四四年硝煙彌漫的全球戰爭中，出於赤裸裸的野心和對羅斯福的個人仇恨，麥克阿瑟在百忙之中也沒有忘記自己的政治活動，還與羅斯福不共戴天的政敵結為盟友。接著在一九四八年，他又試圖獲得共和黨總統候選人的提名，然而遭到慘敗。一九五〇年麥克阿瑟出征南韓時，白宮官員和某些共和黨總統候選人認為，他這項舉動是在為一九五二年的總統大選鋪路。即使在韓戰最白熱化的時候，麥克阿瑟仍念念不忘遠在美國的總統競選。

麥克阿瑟的政見相當保守，因此保守的共和黨認為他是他們的一員，但這並不是事實。出人意料的是，他掌控的竟是個自由派的日本軍政府。在二十世紀中期的美國政策分級表中，麥克阿瑟是保守多過自由，他的政見與態度隨不同時代而變化。然而熟知他的人認為，在他的政見中意識形態永遠是次要的，他只為自己而活，他的政策就是自我的政策。

沒有什麼比麥克阿瑟在一九三〇年代早期「補助金大軍」中的所作所為更能說明，他對成為一個出人頭地的政治人物的渴望了：為了登上全國的政治舞臺，他不惜對手無寸鐵的「補助金大軍」進行無情鎮壓。當經濟大蕭條席捲全球時，金融危機的衝擊使美國國內迅速暴露出各種深刻的社會問題：經濟衰退，政治動盪，人民生活在貧窮與恐慌中，整個社會亂成一團。時任陸軍參謀長的麥克阿瑟不但對胡佛政府忠心不二，而且竭力維護已經山窮水盡的舊政治經濟秩序。因此，當「補助金進軍事件」爆發時，麥克阿瑟自然是站在政府這一邊。這本來無可厚非，但是對名望和榮譽的強烈渴求，卻讓麥克阿瑟的行為表現大大超出了正常範圍。所謂的「補助金大軍」是一群曾在一戰中為國效力的退伍老兵，在大蕭條時期他們的生活非常窘迫，甚至一貧如洗。因此他們飢腸轆轆地來到華盛頓，希望能拿到一戰時美國政府承諾給他們的津貼。事情發生在一九三二年，也就是大蕭條的巔峰。麥克阿瑟在這種情況下所選擇的政治立場，對他的一生產生了決定性影響。後來無論他在二戰中表現得如何英勇善戰，無論此後他如何名揚四海，所有從那個年代走過來的美國人都不會忘記麥克阿瑟的所作所為。「補助金進軍事件」成為麥克阿瑟一生無法抹去的污點，並永遠烙印在美國人的心中。

成千上萬的美國人失業，於是「補助金大軍」，或者像他們自稱的那樣——「補助金遠征軍」，開始了向政府的請願運動。這些老兵都是退伍軍人中最貧困的人。一九三二年春天，他們千里迢迢趕到華盛頓，希望以此支持德州議員萊特．派特曼（Wright Patman）的提案，建議政府對退伍軍人支付福利補助金。一旦提案生效，老兵們就能立即拿到政府的欠款，平均每人一千美元，這在當時無疑是一筆鉅款。一戰中的官兵，就像一九四五年的官兵一樣，應當得到這筆津貼。

大約三萬名請願者在華盛頓組成臨時村落，大部分村民都是退伍軍人以及他們的妻兒。他們聚集在華盛頓南部安那考斯迪亞河對面的安那考斯迪亞低地。他們用厚紙板做成棚屋，或是住在簡陋的帳篷裡，餐風露宿，衣不蔽體，食不果腹。在請願者當中，只有極少數人是真正的激進份子。雖然在那個年代，越來越多民眾已經對傳統、沒有節制的資本主義制度喪失信心，然而在這場運動中，大部分請願者的目的卻非常簡單。最親近麥帥、並常為他辯護的考特尼．惠特尼將軍寫道，請願者當中有「相當一部分人都是罪犯或曾經有犯罪記錄。他們犯有謀殺、過失殺人、強姦、搶劫、盜竊、勒索和侵犯他人人身安全罪」。對麥克阿瑟而言，這群請願者不過是危險的烏合之眾，他們聚集起來無非是想要找政府的麻煩。但是，從退伍軍人管理局後來的解密檔案來看，百分之九十四的請願者都是名副其實的退伍軍人，其中百分之六十七還曾在海外服役。當時艾森豪少校是麥克阿瑟的得力助理，但這一次他並不認同麥克阿瑟的行動，反倒認為政府曲解了請願者的意圖。想到這些九死一生的一戰老兵和他們卑微的要求，艾森豪就滿腹辛酸：「他們不但衣衫襤褸，食不果腹，而且還遭受精神上的侮辱和虐待。」

隨著國會內部關於派特曼議案的政治鬥爭逐漸升溫，「補助金大軍」的數量也與日俱增。到了一九三二年夏天時，僅憑華盛頓的警力已無法控制局面。胡佛總統疲於應付大蕭條帶來的經濟衝擊，一直沒有找到有效的解決措施，因此他的民意支持率一路猛跌。在這種情況下，「補助金大軍」聲勢浩大的請願活動讓胡佛格外警惕，寢食難安，精神緊張。雖然之前派特曼的提案已獲得眾議院的支援，最終卻因參議院的反對而未能通過。在此同時，聚集在國會外的請願者與當地警方先後發生了幾次小衝突，胡佛總統覺得必須立刻遣散請願隊伍，讓他們迅速離開華盛頓。於是，他把這項任務交給了美國陸軍。

在與政府和軍隊高層的一次會議中，請願軍領袖希望政府承諾，在部隊進入請願者的宿營地時，必須列隊而行，給予這些退伍軍人最後的尊嚴。當時在場的麥克阿瑟立刻回答：「沒問題，我的朋友們，當然可以。」

七月二十八日，在陸軍與請願者發生了幾起暴力衝突後，情況開始複雜起來。胡佛總統責令美軍迅速處理補助金大軍的對抗行為。艾森豪當時清楚意識到，如果放任不管，請願者和美軍之間必定會爆發大規模的衝突事件，後果將不堪設想，所以他不想讓軍隊過度介入此事。為此，艾森豪不得不耍了個小把戲，希望藉此避免麥克阿瑟的直接干預。艾森豪任命一名頗有能力的准將佩里．邁爾斯（Perry Miles）來指揮軍隊，年輕的裝甲兵少校巴頓指揮戰車部隊。戰車的出動清楚表明，請願者試圖抵抗的後果將會是什麼。但是當艾森豪意識到麥克阿瑟打算親自到場指揮鎮壓行動時，他感到驚恐。當天早上，他和麥克阿瑟都穿著便裝來到辦公室。麥克阿瑟讓艾森豪回家換軍服，自己則派勤務兵回官邸去拿他那套掛滿勳章的軍常服。但是艾森豪竭力反對，並和麥克阿瑟發生了激烈的爭執。他堅持認為麥克阿瑟親臨指揮會引發嚴重的後果，會讓整個行動變質，使軍隊和請願者的關係更為緊張，最終失去民主黨人對他們的支持（艾森豪後來說：「我告訴那個蠢貨他沒有必要和這件事扯上關係，我告訴他那根本不是一名陸軍參謀長應該去的地方。」）一貫喜歡用第三人稱指稱自己的麥克阿瑟回答：「麥克阿瑟已經決定要到現場指揮疏散行動。」此外，他還補充：「反動革命已經初露端倪。」艾森豪無可奈何，再度建議麥克阿瑟，如果他非去不可的話，他們兩人應該身穿便服。但是，就連這項建議也同樣遭到麥克阿瑟的拒絕。

最後，麥克阿瑟與艾森豪穿著整齊的軍便服出現在衣不蔽體的請願者面前。陸軍部長對這次任務有極為詳盡的說明：胡佛總統希望出動軍隊能使示威者馴服，但不想因此引發任何暴亂，因此士兵的行動必須有節制。他還下令，所有士兵都不得越過安那考斯迪亞河，也不得靠近對岸示威者的主營區。艾森豪後來回憶，當時他明確提醒麥克阿瑟，胡佛總統也派一名傳令官帶來這次任務的具體指示。但是麥克阿瑟卻說：「我不想聽什麼指示。叫他走。」麥克阿瑟是在掩耳盜鈴，他覺得只要自己沒有接到命令，就沒有必要遵命行事。這麼一來，也就沒有人能對他發號施令、限制行動。於是他命令軍隊跨過安那考斯迪亞河，一舉搗毀鬧事者的營地。

當時的場面慘不忍睹，那些老兵們可憐的棚屋很快就被焚燒殆盡。艾森豪十分清楚，軍隊的暴力行為會引發媒體連篇累牘的報導，人們會更加同情請願者的處境，從而更厭惡胡佛政府。於是，他試圖勸說麥克阿瑟離開現場。艾森豪認為，這不過是一場民間運動，很快就會不了了之，軍隊沒有必要過分干預。可是勸說麥克阿瑟離開引人注目的事發現場就像勸說一隻飛蛾遠離燭火一樣徒勞無功。麥克阿瑟本來就有意成為新聞報導的焦點，為此他特地在當天晚上召開一場記者會（這為胡佛政府帶來一場政治危機，在接下來的總統大選中大大幫助了民主黨候選人小羅斯福）。麥克阿瑟不但沒有就這場記者會請示胡佛，而且還在記者面前大肆讚揚胡佛對請願者的強硬態度，「如果再等一週，恐怕我們的政府就要身陷險境了」。然而，這一次，麥克阿瑟的馬屁拍錯了地方，他的說辭讓人們瞬間認定「胡佛武力鎮壓退伍軍人」的假想。此舉讓胡佛如墜深淵、百口莫辯。人們一致認為，麥克阿瑟的所作所為是胡佛指使的。這無疑對胡佛造成了毀滅性的打擊。沒有人比羅斯福更清楚這是他鎖定總統寶座的良機。

美國軍隊的無情鎮壓，只能使成千上萬生活困頓的普通民眾更加同情那些和他們處境相同的退伍老兵。在這次事件中，麥克阿瑟給美國人民留下了永久的印象：一個只會利用人民賦予他的權力鎮壓人民，無法信任其政治立場的軍國主義者。然而在某種意義上，麥克阿瑟卻由此達到他原本想要達到的目的。之前右派份子一直將「補助金大軍」視為重大威脅，而麥克阿瑟的行動卻幫他們排除了隱患。因此麥克阿瑟和右派勢力的關係空前密切，很快就成為這群惡名昭彰卻又日漸衰頹的政客心目中最受歡迎的美軍將領，這些人痛恨羅斯福「新政」的每一項措施。雖然這時麥克阿瑟對政治事件的參與遠遠超出任何一位將領應有的範圍，使他逐漸遠離那些在仕途上蒸蒸日上的人們，淪落在那些失勢的人群中。

鎮壓請願者讓人清楚認識這兩位在美國未來都扮演重要角色的軍官：艾森豪有著高度的政治敏感性，對政治事件的預測有某種天生的直覺。他深諳政治技巧，對普通勞苦大眾的艱辛感同身受、充滿憐憫。麥克阿瑟卻認為「補助金大軍」蓄意謀反，將嚴重威脅整個國家的經濟秩序。更重要的是，他身穿戎裝、掛滿勳章，是為了站在全國舞臺的中心，接受所有媒體的關注。

麥克阿瑟對國情和國家處境的認知常與事實相去甚遠。由科技創新和生產力發展帶來的強大動力驅使美國以越來越快的速度前進，同時，麥克阿瑟卻愈發年老昏聵、剛愎自用。他對華盛頓當時的諸多政治改革都懷恨在心，而且把政見不合化為個人仇恨。在他看來，「新政」的支持者除了顛覆傳統之外，沒有任何進步。「新政」的支持者就是他的敵人，是想篡奪他的領導地位的陰謀家。事實上，羅斯福的支持者之所以會激怒麥克阿瑟，很大程度上也是因為這些人不像因循守舊的老一輩那樣對麥克阿瑟言聽計從。麥克阿瑟對這些不買帳的後起之秀惱羞成怒。雖然他先後為兩任民主黨政府服務，但內心卻將他們視為毒藥。他對羅斯福的仇視尤其深刻。羅斯福精明老練、深諳世故，輕輕鬆鬆就把麥克阿瑟玩弄於股掌之間。更令麥克阿瑟憤懣的是，他竟然發現羅斯福比自己更擅於使用老派的手段對付他。羅斯福對麥克阿瑟的評價一針見血，頗為辛辣。他認為麥克阿瑟可用而不可信。羅斯福曾對自己的助理雷克斯福德．特格韋爾（Rexford Tugwell）說，休伊．隆是美國國內最危險的兩名人物之一。特格韋爾於是問另一個危險人物是不是考林神父，當時在電臺節目中散布仇恨言論的人。「噢，不，」羅斯福答道：「另一個是道格拉斯．麥克阿瑟。」

在二戰期間，麥克阿瑟和羅斯福之間上演了一場最複雜的拉鋸戰。一方是出類拔萃的政治家，另一方是同樣傑出但滿腹怨恨的大將軍。有一次，羅斯福對麥克阿瑟說：「道格拉斯，我一直認為你是一位一流的軍事家，但是我同樣知道，你也是一個最糟糕的政治家。」後來，麥克阿瑟經常引用羅斯福的這句話，來證明自己沒有政治野心。也許羅斯福所言非虛，麥克阿瑟並不具備真正的政治素養，所以圓滑世故、氣度非凡的羅斯福才能輕鬆地控制麥克阿瑟，讓他動彈不得。羅斯福對麥克阿瑟的了解（以及麥克阿瑟對總統大位的熱烈渴望）遠比麥克阿瑟對羅斯福的了解更深刻。雖然麥克阿瑟一向對總統寶座虎視眈眈，但由於他不懂得如何拉攏普通選民，因此羅斯福從來不把麥克阿瑟視為威脅。但是為了以防萬一，羅斯福保存了一份麥克阿瑟在二戰爆發前呈交給華盛頓的報告。報告中麥克阿瑟極其自信地宣稱，他能守住菲律賓群島和太平洋地區的其他據點。在他看來，「敵人完全沒有能力對我們的島嶼發動空中進攻」。除此之外，羅斯福還保留了另外一些文件。這些檔案足以清楚解釋為什麼麥克阿瑟總部在獲知日軍偷襲珍珠港九小時後，還讓日本人輕易炸毀克拉克機場上的飛機。所有這些都是麥克阿瑟總部指揮不當的結果。

羅斯福和麥克阿瑟之間互不信任。一向自視甚高的麥克阿瑟在羅斯福面前終於感到什麼叫做棋逢敵手，而無法戰勝對手的事實又讓他對羅斯福充滿了嫉恨。一九四五年四月，在歐洲戰場取得勝利的前夕，羅斯福在自己的辦公室裡與世長辭。舉國上下都沉浸在對這位總統的哀思之中，但麥克阿瑟卻毫無傷感。在聽到羅斯福去世的消息後，麥克阿瑟轉身對參謀邦尼．菲勒斯說：「羅斯福終於死了。他是一個能用謊言來粉飾太平而絕不會說真話的人。」所有得知麥克阿瑟這句話的人都感到極為震驚。人們很難想像會有人像麥克阿瑟那樣，在聽到自己的總統溘然長逝時，竟然還能說出這樣的話。

麥克阿瑟對羅斯福的記憶都是消極的，滿腹不平的，沒有任何的喜悅。麥克阿瑟已經忘記，一九四二年初，當他身陷菲律賓，而日本人已經拿下自己的司令部時，是羅斯福出面解圍，下令營救他。同樣的，麥克阿瑟也已經忘記，當他和海軍高層就太平洋地區的作戰方式及奪取日本列島的途徑激烈爭執時，是羅斯福在關鍵時刻和他站在同一邊。可是在麥克阿瑟看來，羅斯福為他做的一切都不重要，重要的是羅斯福沒有為他做什麼。事實上，正是羅斯福總統的命令讓麥克阿瑟撤出菲律賓，使得他和美國政府取得公關事務上的勝利。在抵達澳洲後，他發表的那篇著名「我將回去」的聲明。華盛頓方面曾經想把這次演講的題目改為「我們將回去」，但是他執意不從。他認為這是一句極為個人主義的誓言，除此之外，這項任務也將由他一手完成，因此這篇宣言就成為今天眾所熟知的樣子。在那段危機重重的黯淡時期，美國民眾迫切需要英雄的出現，而麥克阿瑟的撤離在這個背景下被視為一種壯舉。在這個過程中，羅斯福無疑幫了麥克阿瑟的大忙。麥克阿瑟自己在戰爭初期的錯誤判斷和指揮失職就被掩蓋了。換做其他任何一位將領，如果犯了與麥克阿瑟同樣的錯，可能早就被撤職退伍了。可是人們聽說的卻與事實大相徑庭，這個故事裡充滿了一種英雄主義的氣概：「麥克阿瑟活著是為了明日再戰。」也許沒有什麼能比來自華爾街的律師、後來成為戰略情報局（ＯＳＳ）及中央情報局（ＣＩＡ）局長的威廉・多諾萬的話更能表達人們對麥克阿瑟的英雄崇拜了。「麥克阿瑟將軍，」他當時說道：「我國的象徵。在寡不敵眾、彈盡援絕的情況下，在被敵軍占領的海洋和天空之間，為了自由而奮戰。」不過即使這樣的奉承，麥克阿瑟也毫不領情，在二戰和韓戰中，麥克阿瑟不許戰略情報局及中央情報局踏入他的領地一步。

在二戰時期的歐洲戰場，許多年輕有為的軍官，無論是戰地指揮官還是參謀軍官都主動投奔到艾森豪麾下。但是在麥克阿瑟統領的太平洋戰場，情況卻完全相反。從戰爭之初到最終撤離日本，麥克阿瑟的部下中既沒有什麼人功成名就，也幾乎沒有人員異動。根室在一九五〇年十一月寫道：「麥克阿瑟周圍需要補充一些新血，可惜他絕不會允許自己身邊的人晉升得太快，有人甚至這樣說過：『麥克阿瑟的手下沒有人膽敢自居第一。』」

麥克阿瑟的忠實信徒們被稱為「巴丹幫」，這個名字本身就是一個考驗，成為其中一員就意味著承擔壓力。被納入「巴丹幫」的人，都是那些伴隨麥克阿瑟度過低潮的人。當麥克阿瑟在菲律賓遭到日本人的四面夾擊，被迫撤往澳洲時，並沒有多少人願意死心塌地跟隨他，但是愛德華・阿爾蒙德（Edward “Ned” Almond）例外，他是麥克阿瑟在日本時的參謀長，一直是麥克阿瑟最親密的幕僚之一。到韓戰爆發時，麥克阿瑟身邊已經聚集了一批從三〇年代起就追隨他的下屬，而他的高級幕僚也有相當一部分來自這個團體。這是一個極端排外的團體，除了圈內人之外誰都不值得信任。當德高望重的作家兼編劇羅伯特・謝伍德（曾在二戰中堅定地支持羅斯福）抵達麥克阿瑟的總部時，立刻感受到被敵意包圍，似乎總部裡所有的人都對其他軍事單位與戰區感到無比的憤怒，這讓謝伍德深感恐慌。一九四四年，謝伍德是為了替麥克阿瑟帶來一個好消息：盟軍已經越過雷馬根大橋，這是進攻德國過程中的重要時刻。但是當他告訴查爾斯・威洛比這個消息時，後者卻厲聲斥責道：「除了這裡的事，我們他媽的才不在乎歐洲發生什麼事。」謝伍德後來在給總統的信中寫道，麥克阿瑟總部「毫無疑問地處處瀰漫著一種妄想，彷彿他們正遭受來自外界的殘酷迫害。如果你聽過這裡的參謀的談話，你就會覺得美國陸軍部、國務院乃至白宮都處於『共產主義者和英國帝國主義者』的掌控之下」。

羅斯福始終認為，麥克阿瑟是和美國政治徹底絕緣的人，是自我幻夢的囚徒，毫不關注國內日新月異的政治經濟現況。一九三六年總統大選時，麥克阿瑟相信阿爾夫・蘭登能擊敗羅斯福，而他的參謀長艾森豪（和蘭登一樣都來自堪薩斯州）卻認為蘭登沒有勝算。這讓麥克阿瑟大為惱火，艾森豪只好給麥克阿瑟看一封信，這封信是艾森豪在堪薩斯州阿比林城的一位朋友寫來的。信中暗示蘭登可能連在自己的州都難以獲勝。而麥克阿瑟則認為艾森豪和另一位同樣懷疑蘭登獲勝的軍官是「膽小怕事、目光短淺之人。即使有足夠的證據也不敢做出判斷」。後來，蘭登雖然贏得兩個州，卻輸掉了四十六個州，其中就包括堪薩斯州。

到了一九四四年太平洋戰爭中期時，已經有傳聞說麥克阿瑟和羅斯福總統關係惡劣。一些最痛恨羅斯福的共和黨右派份子趁機極力慫恿麥克阿瑟參加總統競選。其中，來自內布拉斯加州的共和黨國會議員米勒將麥克阿瑟的參選視為拯救美國的唯一希望。他寫信給麥克阿瑟說：「我深信，除非有人能立即阻止『新政』改革，否則美國必將走向窮途末路。」米勒在信中大肆抨擊當時的政治和軍方要人，言辭中充滿了各種妄想。米勒這種人本該遭到唾棄，而麥克阿瑟卻經常與他交換意見。他給這位國會議員回信說：「對您的智慧之言和政治立場，我深表讚賞。」他還批評當時的社會「混亂不堪」。他寫這話時，恰逢美國正在全面轉向戰爭，各行各業的美國民眾都心懷善意、堅定不移地為國奉獻犧牲。

這些事實絲毫不能阻止麥克阿瑟和米勒的書信往來。米勒寫道：「這個建立在美國的君主政體會損害普通人民的利益。」麥克阿瑟回信稱：「您對美國現狀的剖析深刻而清醒，一定會激起真正的愛國志士們的深刻反思。」麥克阿瑟對於米勒的阿諛奉承大為歡喜，對他來說，被他人崇拜比其他任何事重要。喜歡巧言令色之徒是麥克阿瑟的致命弱點，並一步步將他引入歧途。然而米勒對能有這麼一位偉大的愛國者與自己英雄所見略同而感到異常興奮，因此他不顧此時如火如荼的太平洋戰事，貿然公開了自己和麥克阿瑟的通信，這實在令麥克阿瑟尷尬不已。於是麥克阿瑟只好解釋說，這些信件純屬私人信件（這倒不假），因此在任何情況下都不能被政界領袖或政治哲學批評（這當然不對）。但是，這些信件對他造成了破壞性影響。在亞瑟·范登堡參議員（麥克阿瑟的朋友和支持者，孤立主義的化身）的敦促下，麥克阿瑟不得不發表聲明，稱自己無意在共和黨大會上被提名為總統候選人。但事實證明，麥克阿瑟口是心非。范登堡認為，如果麥克阿瑟參加提名競爭，無疑將淪為世人的笑柄。最後的提名結果是，湯姆．杜威獲得一千零五十六票，而麥克阿瑟僅獲得一票，只有一位與會代表選擇站在麥克阿瑟這邊。可以肯定的是，一九四四年是麥克阿瑟在政治上最不痛快的一年，而同樣可以肯定的是，麥克阿瑟並未因此放棄對總統職位的覬覦。

＊　＊　＊

一九四六年五月，時任陸軍參謀長的艾森豪在東京拜訪了麥克阿瑟將軍。期間，他們談到了即將來臨的總統選舉。麥克阿瑟極力慫恿艾森豪參選，艾森豪也力勸麥克阿瑟參與角逐。雖然當時麥克阿瑟聲稱自己年事已高，不太適合總統選舉，但艾森豪對麥克阿瑟的野心和虛榮卻甚為了解。他知道麥克阿瑟的答覆不過是口是心非。回到華盛頓以後，艾森豪就對杜魯門提及此事，說麥克阿瑟很有可能參加一九四八年的總統大選。當時的環境對麥克阿瑟也確實十分有利：戰爭剛剛結束，國家萬象更新、百廢待舉，而麥克阿瑟在日本推行的民主改革又卓有成效，這些無疑將為其競選之路積蓄能量。因此，一九四七年麥克阿瑟就放話給自己的支持者，說他並不會追求共和黨總統候選人的提名，但如果被委以此任，他也會樂意效勞。在此同時，他還向支持者保證，參與競選，他責無旁貸。事實上，在一九四八年的大選前，提名麥克阿瑟的呼聲極高，可惜他對國情毫不了解。麥克阿瑟即使一直留在國內，他也可能遠離同胞，更何況到一九四八年為止，他已經離開美國長達十餘年了。

當時，成千上萬的美國人正逐步走向中產階級，這個變化很快就對美國的兩大黨派產生了重大影響。隨著經濟基礎的好轉，曾經支持民主黨的選民開始對自己的選票更加審慎。即使如此，由於「新政」改革行之有效，羅斯福仍得到相當多選民的支持。那些力挺麥克阿瑟競選總統的人卻認為，羅斯福的「新政」不過是其漫長而危險的道路中的第一步，這條道路終將會使美國走向共產主義。麥克阿瑟最忠實的支持者都來自中西部地區，其中又以羅伯特．麥考密克上校管轄的地區最為突出。麥考密克是《芝加哥論壇報》的業主，也是當時最主要的孤立主義者。雖然麥克阿瑟自己並不是孤立主義者，但他很樂意與這些人為伍。因此，麥克阿瑟最強硬的支持者是孤立主義者、本土主義者、種族主義者、反猶主義者和仇視勞工的人。這些人無一不堅定地認為自己是「美利堅主義」最忠實的代表。一九四八年總統競選前夕，麥克阿瑟的好友喬治．凡．霍恩．莫斯利少將寫信向他表態說：「大量的敵人對您聞風喪膽，包括產業工會聯合會、共產黨和猶太人等，甚至連沃爾特．溫切爾（喜歡說長道短、評論時政的專欄作家）和德魯．皮爾遜（之前和麥克阿瑟有摩擦的自由主義專欄作家）這樣的討厭鬼，也無不對您敬畏有加。」

有鑒於此，當時著名的散文作家約翰．麥卡頓在《美國信使》雜誌上寫道：「為麥克阿瑟搖旗吶喊的都是右派集團中最糟糕的一幫人，包括那些露骨得像瘋子一樣的圈外人，這當然未必是麥克阿瑟的錯，但肯定是他的不幸。」面對這些人的支持，麥克阿瑟則這樣回答：「我只能說，我絕不會因為即將面對危險和責任就拒絕美國人民的期望，無論我應當如何謙遜，我都必須勇敢地忠於我的人民。」他說得如此高尚，似乎無人能敵。

那些鼓動麥克阿瑟競選一九四八年總統的人都是政治門外漢，他們滿懷所謂的熱情、正義感和憤怒。無論是同事還是朋友，他們身邊的每個人都無一例外地一拍即合，在他們的世界中很少有異議的聲音。此外，他們對於如何運用政治手段也一無所知。麥克阿瑟競選的試驗點選在威斯康辛，這是麥克阿瑟幼年時曾居住過的地方。像許多軍人世家一樣，麥克阿瑟家族也在當地有著廣泛的人脈。此外，威斯康辛州不但是美國中西部的心臟地帶，而且還是《芝加哥論壇報》的影響區域。麥克阿瑟的老朋友羅伯特．伍德當時是孤立主義組織「美國第一委員會」的領導人，他成為麥克阿瑟最主要的支持者和擁護者。伍德信心滿滿地認為麥克阿瑟至少會贏得威斯康辛州二十七張選舉人票中的二十張。由於麥克阿瑟當時是缺席競選，支持者們就對外宣稱，他們的愛國英雄由於忙於為國服務而無法親自來為他理應當上的職務來競選。他們之所以確信將在威斯康辛州大獲全勝，恰恰就是因為麥克阿瑟無法現身到該州拉票。因此他們將在候選人缺席的情況下，在威斯康辛州大幹一場。但是事情從一開始就沒有他們想得那麼順利，他們甚至無法得到退伍軍人的支持。民意調查顯示，麥克阿瑟並不受普通士兵的愛戴，更別提從退伍軍人那裡得到選票。事實上，那些曾在麥克阿瑟手下任職的軍人更欣賞的，恰好是麥克阿瑟最為厭惡的人——德懷特．艾森豪。

威斯康辛州被視為麥克阿瑟競選的第一站，但很快就結束了。前明尼蘇達州長哈洛德．史塔森巧妙贏得了百分之四十的投票率和十九張選舉人票的支持；後來繼續參與並最終獲得提名的湯瑪斯．杜威則獲得了百分之二十的投票，但未能贏得選舉人票；而麥克阿瑟，在這片理應擁有主場優勢的地區，只贏得百分之三十六的投票和八張選舉人票。第二天，美國駐日大使威廉·賽博德到第一大廈開會。麥克阿瑟的參謀長保羅·繆勒少將攔住了賽博德，並示意他離開。他告訴賽博德：「將軍現在情緒異常低落，脾氣很不好。」賽博德只好決定改日再來。雖然一九四八年麥克阿瑟的總統候選人提名最後面對徹底的失敗，但卻有力地證明一件事：即使是自己的職涯已到了暮年，麥克阿瑟依然期盼總統寶座。

* * *

從一開始，杜魯門總統和麥克阿瑟將軍就注定無法和諧共處。麥克阿瑟對杜魯門毫不尊重，杜魯門同樣打從心裡不喜歡麥克阿瑟，更談不上信任。一九四五年，杜魯門上任後不久就在日記中寫道：「我要怎麼處理與一位妄自尊大的五星上將之間的關係呢？麥克阿瑟比波士頓的卡伯特家族和洛奇家族更難對付。那兩家人至少在採取任何行動前還會互通有無，而麥克阿瑟呢？只有上帝知道他要做什麼。更可悲的是，美國政府的要職上卻有這麼一位自命不凡的頑固份子。我不知道一九四二年羅斯福總統究竟為什麼沒有命令溫賴特從科雷吉多島返回美國，而讓麥克阿瑟做一名烈士……如果當時召回來的是溫賴特，那我們將擁有一名真正的鬥士、一位真正的將軍，而不會像現在這樣，擁有的只是一個演員、一個騙子。很難想像，美國在造就羅伯特·李、潘興、艾森豪和布萊德雷等英雄的同時，還會誕生像卡斯特、巴頓和麥克阿瑟這樣的蠢材。」

在麥克阿瑟眼裡，杜魯門的信任可有可無。杜魯門雖然勤勞刻苦，卻是一個糟糕透頂的政治家、一個差勁的民主黨自由派份子、令人討厭的羅斯福指定接班人。麥克阿瑟怎麼也想不透：一個一戰時的小小國民兵上尉，一個毫無建樹的小人物怎麼能在我的頭上發號施令？杜魯門和麥克阿瑟都把彼此看成異類，水火不容。他們的出身背景與個人經歷完全不同，因此對榮譽和責任的理解也大相徑庭。從一九四五年四月杜魯門成為總統的那一天起，這兩人之間就問題重重。參議院外交委員會主席的德州參議員康納利（Tom Connally）曾警告杜魯門，不要讓麥克阿瑟代表美國去接受日本的投降。杜魯門在日記中寫道：「康納利對我說，如果我把麥克阿瑟的威望樹立起來，他必將在一九四八年的大選中與我競爭。我告訴湯姆，我不會參加一九四八年的大選，那麼我就不必再和麥克阿瑟打交道了。」

杜魯門和他的高級軍事官員都認為，太平洋戰爭一結束，麥克阿瑟就表現得行為失常。他們的意見分歧首先發生在軍隊裁編的問題上。在世界恢復和平後的第一個月裡，杜魯門及幕僚決定延緩戰後的縮編計畫。然而，一九四五年九月十七日，麥克阿瑟卻在東京宣布，由於戰後日本社會穩定、人民生活秩序正常，所以他不需要五十萬美軍駐守日本，二十萬人就已足夠。杜魯門政府認為，麥克阿瑟在這個舉國上下一致要求裁軍的當下拋出這樣的言論，會讓政府的批評者喝采，而且他是故意這麼做的。

在布萊德雷和艾森豪眼中，這是麥克阿瑟行為乖張的一個典型例子。身為軍人，他不該干涉政治，不該表明自己的政治觀點，更不該把自己的政治利益放在國家安全之上。如果是其他軍人做了這樣的事，就會立刻被解除軍職，或至少遭到重懲。但是沒有人敢公然反對麥克阿瑟，而他也總是專斷獨行。即使是在戰爭時期，戰爭部訂立的計畫本應立即執行，但是對麥克阿瑟來說，這些計畫僅供參考。然而，沒有哪個身處後方的官員想惹惱麥克阿瑟。在裁軍這件事上，杜魯門已經做了很多努力。他得知麥克阿瑟的發言後，大為光火，一度想解除麥克阿瑟的職務。總統幕僚助理艾本．艾爾斯（Eben Ayers）在日記中寫道：「總統因麥克阿瑟的言論而大聲咆哮，說他『一定要收拾那個傢伙』。他還說自己已經厭倦被他要得團團轉了。」這件事讓杜魯門與麥克阿瑟之間的衝突愈演愈烈，而後來發生的事更使兩人之間的關係進一步惡化。最後，在杜魯門的指使下，馬歇爾在發給麥克阿瑟的一封電報中輕描淡寫地批評了後者。電報中說，你在日本的言行使國家在平時徵兵和維持海外兵力方面更加困難。最後馬歇爾還寫道，今後如果想再發表類似言論，應當先與戰爭部協商。

一九四五年的九月和十月，杜魯門連續兩次要求麥克阿瑟回國述職，以接受全國人民對他的感激之情。到時候他會讓麥克阿瑟在參、眾議院發表演講，並由國家授予他服役優異十字勳章。雖然表面上這是新任總統的一次盛情邀請，但實際上這是三軍統帥對他下達的命令。然而麥克阿瑟絲毫沒有把它當作命令看待，連續兩次拒絕了杜魯門。儘管他是五星上將，是美國的最高階的將官，但是以他的身分來說也不該有這樣的行為。如果總統召他前來，無論麥克阿瑟正在做什麼事，都應當聽從指揮。因此，從一開始他就對杜魯門很不尊重，彷彿他們兩人之間的地位是平等的（或者他的地位更高一點），因此他根本不需要聽從總統的命令。麥克阿瑟回覆總統說他在東京很忙，如果現在離開的話，東京將會陷入危機，因為那裡存在著「極其危險甚至一觸即發的局面」。杜魯門聽了大為光火，不久前麥克阿瑟還說，他只需要原來一半的兵力就能維持日本的穩定，而現在又說當地的局勢不穩，這簡直是信口雌黃。當然，麥克阿瑟也很清楚自己在做什麼。他對自己的一名助理說：「我打算做美國歷史上第一個拒絕總統召回命令的將軍。我會告訴他們，有成千上萬的事正等著我去做，我沒空回去述職。」事實上，他對助理說的原話更為浮誇。麥克阿瑟堅持認為，如果他現在就離開日本的話，整個日本乃至整個亞洲都將失去控制。他還對其他助理說過，他只會根據自己的時間來安排行程，選擇在最方便的情況下回國。顯然，麥克阿瑟是在鬧情緒。當麥克阿瑟的一位朋友勸他回國時，他勃然大怒：「要我現在回國，門兒都沒有。這一次我必須這麼做。我曾經對他們唯命是從，但反過來，總統也好，國會也好，馬歇爾也好，都跳出來攻擊我。他們最後都可以獲得勝利全身而退，而我呢，蘇聯人追著我，共產黨恫嚇我。不過這反而把我推到了風口浪尖，就連華盛頓也無法打敗我。我真應該感謝蘇聯人讓我反敗為勝，我真想頒給他們一枚勳章……。」

一位是總統，一位是將軍，沒有哪兩個人會比杜魯門和麥克阿瑟的生涯更具反差。早在二戰之前，麥克阿瑟就已經是家喻戶曉的民族英雄，而杜魯門那時還屢戰屢敗，到處碰壁。一九三〇年代初，當麥克阿瑟違背命令，越權鎮壓「補助金大軍」時，杜魯門作為「補助金大軍」的成員之一，身處人生低潮，處處如履薄冰。杜魯門軍事生涯的最高峰是在一戰時以密蘇里州國民兵上尉的身分參加了美國遠征軍出征法國，而麥克阿瑟也參加了這次遠征。不同的是，杜魯門的表現卻未能與麥克阿瑟的傑出表現相提並論。然而，所有這些強烈對比都無法影響自一九四五年起，杜魯門和麥克阿瑟的關係：一個是總統，一個是將軍。

從一開始，杜魯門就對麥克阿瑟這樣一個桀驁不馴、難以駕馭的總司令頭痛不已。解除麥克阿瑟職務的想法頻頻在杜魯門腦海中閃現。然而在發生裁軍事件之後，當有人向杜魯門建議撤銷麥克阿瑟的一切職務時，總統卻回答：「再等等，還要再等等。」麥克阿瑟的這個計策一直讓他慶幸不已，他知道自己所選擇的職位既重要又微妙，因此總統絕不敢輕易撤銷他的職務。

在美軍剛介入韓戰那段烏雲密布的日子裡，杜勒斯趕赴南韓與麥克阿瑟磋商，在開過多次會議之後，他返回華盛頓向杜魯門匯報。他建議杜魯門立刻更換指揮官。他指出，麥克阿瑟老邁，注意力也有衰退的跡象。但是杜魯門覺得自己很難做出這樣的決策。他告訴杜勒斯，自己的雙手被綑住了。由於麥克阿瑟極端熱中政治活動，同時又資歷深厚，很可能會成為共和黨的總統候選人。為了不讓麥克阿瑟達到目的，杜魯門只得讓他遠離美國。杜魯門還補充，只有將麥克阿瑟派往南韓，「才不會讓麥克阿瑟在國內掀起滔天巨浪，因為美國人一直將他視為民族英雄」。這項決定有著非同小可的意義：杜魯門將要依靠一個自己既不喜歡又不信任的將軍來指揮一場遠在千里之外的戰爭。不僅如此，出於政治因素，杜魯門甚至不敢替換他。

麥克阿瑟自視為美國歷史繼往開來的繼承者，只有華盛頓和林肯才能與他相提並論（他曾經說過：「我有兩名最重要的顧問，一位創立了美國，一位保衛了美國。如果你仔細查看他們的生平，你就會找到答案。」）。在擔任太平洋戰區最高司令官時，他所做的第一件事就是把華盛頓的肖像掛在辦公桌後面的牆上。戰爭勝利後，據麥克阿瑟的情報處長席德尼・麥斯伯（Sidney Mashbir）回憶，麥克阿瑟在辦公室向華盛頓的肖像敬禮時說：「長官，雖然他們穿的不是紅色軍服，但我一樣把他們打得落花流水。」[4]而他幾乎對其他總統都深惡痛絕。在麥克阿瑟看來，羅斯福就是羅森菲爾德，而杜魯門則是「住在白宮裡的猶太人」。有一次，他的軍事祕書鮑爾斯（Faubion Bowers）滿腹狐疑地問道：「白宮裡的哪個猶太人？」麥克阿瑟回答：「杜魯門。你可以從他的名字就看得出來，或者看看他的那張臉就知道了。」有一天，為了推翻自己並非不喜歡幾乎所有美國總統的想法，麥克阿瑟說道：「胡佛，他還可以。」

充滿偏見的麥克阿瑟，如同偏執狂一般的火速給自己製造了更多的敵人。到了一九四九年春天，國務院與國防部攜手推動了一個計劃，以大幅度削弱他在日本的權力。艾奇遜可能是這個計劃的幕後推動者。該計劃希望能切割駐日盟軍總司令部的政治與軍事業務，讓麥克阿瑟在掌聲中回家，並且讓沒有特別意識形態的新人來接替兩大業務。

從二戰戰火中闖出來的美國陸軍明日之星泰勒將軍（Maxwell Taylor），將接掌軍事業務的部份。不過麥克阿瑟注意到了這個動向，並與他在華府的盟友聯繫。這個計劃從而為參聯會主席布萊德利注意到，並表示「這是我十分少見，但是卻又不折不扣的毀謗」。

---

4 譯註：意指美國革命戰爭時身穿紅色軍服的英軍，華盛頓的對手。

看了這樣的計劃，布萊德利才「瞭解到麥克阿瑟將軍對國務院整體，尤其是艾奇遜個人又多麼的不信任」。然而瞭解這件事情的布萊德利，接下來卻讓麥克阿瑟感覺到他把自己出賣給了國務院。

杜魯門和麥克阿瑟之間的關係從來沒有好轉的跡象。他們兩人幾乎從未真正有過共同的目標，也從未達成任何共識。他們站在完全不同的角度看待這場戰爭，對於怎樣獲取戰爭的勝利，對於美國需要對這場戰爭投入多大的努力，他們的看法也相去甚遠。可是冤家路窄，從一九五〇年六月二十五日開始，這兩人卻因韓戰而時時糾結在一起，時間之長，關係之密，是美國史上少有的。韓戰期間，杜魯門發現自己的寶座時常因無法控制麥克阿瑟而受到威脅，麥克阿瑟也因對杜魯門的無禮和怠慢而使自己在歷史上的地位受到嚴重損害。

10 初戰失利

美國即將在沒有充分準備的情況下走向戰爭。美國第一支投入戰鬥的部隊裝備陳舊、兵員不足，在大多數情況下指揮欠佳。曾經屹立於兩次世界大戰勝利之巔的那支美軍已不復存在。現在的這支美軍脆弱到很快就在韓國戰場上不堪一擊。這種表現應當歸咎於美國朝野上下：總統為了降低稅率、償還二戰留下的戰爭債務，嚴格控制預算，大幅降低軍費支出；國會甚至嘗試要刪減更多預算；而那位戰區司令官，麥克阿瑟在五年前的二戰時期，甚至鼓吹自己不需要從美國調來所有的軍隊就能大獲全勝，然而時至今日他領導的軍隊依然訓練不足。世界上最繁榮、最富裕國家的軍隊竟然在財政上捉襟見肘，在戰場上被蹂躪踐踏，總統難辭其咎。由於資金短缺，陸軍缺少必要的槍枝彈藥，部隊缺乏糧食，砲兵在平時無法實彈演練；裝甲兵由於缺少汽油只能進行模擬訓練；甚至在著名的軍事基地路易斯堡，士兵們上廁所也只能使用兩張衛生紙。由於缺少料件，士兵只能自掏腰包從外面以低價購買二手軍品來濫竽充數。如果說美軍的武器有所升級的話，那也只是改良了空軍的裝備，從來都沒有為步兵更新過任何設備。

二戰使沉睡的美國變成了超級大國。在自身領土不會受到他國威脅的情況下，美國已經成為世界民主國家的兵工廠。美國有現代化的工廠，有發展中國家羨慕的發達工業，並且能以驚人的速度造出世界上最可怕的武器。二戰初期，人們曾認為美國人在舒適的環境下長大，因此不能成為戰場上驍勇善戰的士兵；美國的民主氛圍也讓人們一度擔心美國人民能否真正打擊那些強大的極權主義國家，例如德國和日本。然而事實證明，美國有一流的士兵。美國的民主精神把這支部隊培養得更加英勇堅韌。依靠著頑強、沉著與技術卓越的士官，這個陸軍背後象徵的是民主程序，是具備為自己思考，並且承擔後果的珍貴資產。在二戰時的歐洲戰場，即使是那些來自美國普通家庭的年輕人，在配備了高科技武器之後，一樣能打贏納粹德國強大的國防軍。頑強的美軍與蘇聯紅軍並肩作戰，最後摧毀了第三帝國。在太平洋戰場，雖然日軍頑強抵抗，但美軍實施了多軍種聯合作戰，再加上裝備精良和麥克阿瑟的孤立而非強攻的精明戰略，最後還有日本人資源的有限性，最終使日軍覆亡。

但是現在幾乎天天可以聽到如下報導：在北韓軍隊的進攻下，美軍節節敗退。難道二戰後美軍開始洋洋自得，從而對敵人不屑一顧了嗎？儘管現在的美國比二戰時更加強大，難道僅憑強大的政治和經濟就能理所當然擁有強大的軍隊嗎？難道美國人民認為其他國家在美國強大之後就不會挑釁美國了嗎？可以肯定的是，在韓戰初期，美軍的高階將領一致認為，雖然我方兵力不足，疏於防範，但是對付北韓軍隊還綽綽有餘。在美國人看來，無論美軍存在著什麼樣的問題，只要北韓軍隊跨越三十八度線，美軍就會迎頭痛擊，輕而易舉大敗敵人，從而取得這場戰爭的最終勝利。不僅是麥克阿瑟本人，就連其他高階將領及政府官員也一致認為，美軍可以以少勝多，不費吹灰之力一舉擊潰北韓。

然而，這些想法其實反映出美國人的種族主義，即認為白種人在戰場上應當優於亞洲人。這種觀念無法解釋日本在二戰前期的連連得手，美國人只好將之解釋為日本人狂熱好戰。這回是北韓人。美國軍人一直在思考這個問題：北韓人怎麼能打敗美國人？比爾．狄恩少將（Bill Dean）的話或許能解答這個疑惑。七月下旬，有報導傳出狄恩少將失蹤，後經證實是在大田防禦戰中被俘了。在他被俘的幾天前，《芝加哥每日新聞》記者凱斯．比奇（Keyes Beech）在一座小型機場訪問他。狄恩對比奇說：「我們必須承認，敵人有我軍所沒有的戰鬥意志，那是一種視死如歸的精神。」作為一名二戰時的陸戰隊老兵，比奇很同意狄恩的觀點，他寫道：第一支派往南韓的美軍「在精神、心理和生理上都沒有做好打硬仗的準備」。這是一支承平時期的軍隊，士兵大多嬌生慣養，連生活都不能自理，經過簡單訓練，就匆匆遠離舒適平靜的東京生活，直接開赴戰場。在出征前，他們甚至誇誇其談地說過不了多久自己就會返回日本。然而一夜之間，噩夢彷彿降臨在他們頭上。美軍被北韓軍打得落花流水，連陣地都守不住。北韓的前鋒部隊鬥志高昂、裝備精良，他們的凌厲攻勢讓美軍不得不節節敗退。到七月底，戰局開始變得對美軍極為不利。直到此時，美國國內才開始積極應戰，加速向戰場運送飛機、戰車，以及可以攔下T－34戰車的巴祖卡火箭彈。

南韓沒想到北韓軍竟然如此驍勇，與南韓軍的表現形成鮮明對比，幾乎在所有的防線上南方軍隊都一敗塗地。讓美國人吃驚的是，美國第一支開赴南韓本土的部隊同樣表現得極為糟糕。此時此刻，美國人的心情與其說是詫異，倒不如說是震驚。麥克阿瑟的參謀長阿爾蒙德少將擬定，用於首次投入戰場美軍的計畫——「藍心行動」（Operation Bluehearts），也反映出美軍對自己實力的過度樂觀。麥克阿瑟對這次行動的預估是，美軍即刻在戰場另一個方向的浦項執行兩棲登陸行動，按照想定，即使北韓反制，也是部隊數量有限，美軍可以輕鬆打垮他們。浦項登陸的時間定於七月十六日，即第一支美軍部隊抵達南韓兩個星期之後。儘管赴韓美軍裝備極差，他們在戰場上的表現差強人意，但是自信過度的東京司令部仍認為美軍可以完勝北韓軍。

然而美軍的「藍心行動」沒有多久就擱置了。美軍當前更為迫切的任務是自保，以免被趕出朝鮮半島。現在的戰局既表示美軍指揮官忽略了南、北韓雙方軍事力量的懸殊程度，也表示東京司令部制訂計畫的失敗之處。這些計畫無不反映出當時美國人對亞洲的種族歧視。任何有經驗的指揮官都應當清楚地意識到，要想獲得最終勝利，美軍的第一支地面部隊必須拿出最佳狀態痛擊北韓部隊，才能讓美軍在之後的作戰中保持良好的心理狀態。然而，戰況的實際發展卻與他們的希望背道而馳，美軍的作戰計畫不僅是他們草率行事的表現，而且是徹頭徹尾的無能。司令部首先命令駐日美軍四個師中實力最弱而戰前沒有絲毫準備的第二十四師開進南韓。而下達這個命令僅僅是因為這個師駐地在日本九州，離朝鮮半島最近。由於九州是日本最南端的島嶼，離東京最遠，因此是當地最後輪到軍官、士兵補充和裝備補給的地方。那裡大部分的團長、營長的能力都是二三流的，因此讓這些人開赴南韓，成為美軍在戰爭前幾個月接連失利的主因。一位排長說：「這裡是日本補給線的最下游。」第三十四步兵團的作戰官形容：「這裡的武器裝備簡直就是國家的恥辱。」大量的迫擊砲彈都無法使用，三〇機槍破舊不堪，根本瞄不準。這裡還有早已被淘汰的老式巴祖卡火箭彈。後來該團一名軍官寫道：「讓這支實力不足、裝備陳舊、訓練差勁的部隊去打仗，簡直令人傷心，甚至是犯罪行為。」

在韓戰中擔任連長的T．R．費倫巴赫（T. R. Fehrenbach）寫道：經歷過二戰的老兵都已經走了，取而代之的新兵卻對戰場狀況不甚清楚。他們不願了解的南方盟友，更不願了解敵人，他們一點也不願意踏上這個戰場。用費倫巴赫的話來說，「這些志願入伍的新兵參軍目的五花八門，唯獨不是為了打仗而來」。麥克阿瑟的參謀長阿爾蒙德認為，最早派往南韓的部隊有百分之四十是精銳部隊，不過克萊．布萊爾認為這個估計過於樂觀了。就像其他駐日美軍一樣，第二十四師的每個團都不是三個營的編制，而僅有兩個營的兵力。更糟糕的是，第二十四師的師長只派兩個團的兵力不足前往戰場，留下一個團在日本待命。即使如此，他們還是沒有集中兵力和火力，而是兵分三路迎敵。最後美軍抵擋不了北韓軍的大規模進攻，因寡不敵眾而潰散。儘管面對敵人猛烈的攻勢，美軍也曾英勇反擊，但由於實力懸殊，最後還是敗下陣來，甚至落荒而逃。這無異於滅了自己的銳氣而長了敵軍的威風。

戰事的結果不是偶然的，而是美國人被五年前的二戰勝利沖昏了頭而大幅裁軍的結果。當艾區柏加把第八軍團交到華克手裡時，他很清楚這支軍隊的弱小程度，用他的話來形容就是，這支軍隊「空有組織而無作戰的士兵，它只是個骨架」。在二戰中與日軍戰鬥獲得的那些得來不易的亞洲作戰經驗，現在一點也沒有傳承下來。在東京服役的士兵過的簡直是一種優裕的生活，那裡的士兵沒有任何軍事任務，他們以勝利者自居於一個極為貧窮的亞洲國家。從美國來的新兵一到日本就受到良好待遇，很快就發現日本是一方樂土。只要在軍中照章行事，其餘時間可以出去尋歡作樂，甚至還可以有「同居女友」。每個士兵在日本的生活都超過他們在國內的水準。在這個一貧如洗、歷經戰火的日本，每個美國人（即使是最低階的士兵）都能找到僮僕為自己穿衣擦鞋。與那些淪為乞丐的日本人相比，美國士兵或下士可以說十分富有——至少比他在國內的俄亥俄州或田納西州還要富有，因此他們認為白種人在各方面都更加優秀，從而進一步加劇了美國人的種族歧視。白人贏得了戰爭，於是非白人的男子成為替白人擦皮鞋的人，而女子則成為白人的女人。在這種頗為輕鬆的生活方式之下，士兵們甚至不必參加週一的早點名，而是由連裡的文書向上級報告本連隊仍然有戰鬥力。

實際上，這支軍隊沒有戰鬥力早已不是什麼祕密。在一九四五年的阿登反擊戰中，曾經坐鎮巴斯通的麥考利夫少將就在一九四八年帶領過這支駐在日本南方的部隊。當比奇問他是否喜歡這裡的生活時，他嘲諷地回答：「我很喜歡，但是這裡的官兵卻不喜歡我。事實上，對他們來說，我就是一個不折不扣的大渾蛋。不管是在和平時期還是戰爭時期，軍隊的職責都應該是備戰，這支部隊簡直是太他媽的不夠好……我把這裡鬧得天翻地覆，命令他們出去訓練，我要他們在野外過夜，並且要把雙腳都浸濕。」然而，麥考利夫待在這裡的時間很短，因此也無法改變這支軍隊的懈怠狀況。

這就是第一支派往南韓的部隊，可想而知，他們當然會被北韓軍打得落花流水。率領第一個團前往南韓的約翰·麥克利斯上校（John "Mike" Michaelis）在最初幾個月裡發現本團的表現實在差勁。十月上旬，他對《星期六晚郵報》的記者羅伯特·馬丁說：「我的部隊開赴戰場時，他們不知道怎麼使用自己的武器。大多數士兵只是在教室裡上上政治課，了解美國跟共產主義的差異，從來都沒有受過實戰訓練。他們嬌生慣養，有人告訴他們要寫信回家，不要開快車，購買國防債券，捐款給紅十字會，不要得性病等，唯獨沒有人告訴他們，當槍枝堵塞時該怎麼清理彈膛。而且他們過度依賴汽車，甚至都不會用腿走路了。叫他們出去巡邏、偵察，他們也只會開車拉著成噸的行李在大街上招搖過市。」

如果以上這些充分反映美軍的形象，那麼北韓軍則截然不同。北韓全盤接受了蘇聯模式，在一夜之間從一個被壓迫的殖民地國家轉變成一個現代化國家。他們擁有堅韌不拔、驍勇善戰的軍隊。他們的士兵能輕裝上陣，有比美國更優良的體態，更適應野外生活。據軍事史學家羅伊・艾普（Roy Appleman）曼估計，北韓將近三分之一的官兵曾在艱苦的戰鬥中與中國共產黨並肩抵抗國民黨。在他們心目中，這次戰爭只是過去戰爭的延續。他們已被灌輸堅定的共產主義思想，與中國共產黨員相比，他們對共產主義的信仰有過之而無不及。

北韓軍官兵大多是農民出身，憎恨日本對朝鮮的殖民統治，認為漢城政府不過是美國的傀儡，不能帶給人民美好的未來。在他們看來，現在的美國是日本的盟友，代表了舊朝鮮的統治階級，因此他們必須把美國人從他們的領土上驅逐出去。南韓軍的領導階層讓人們想起那些曾經與日本人並肩作戰的朝鮮人，而往往在南韓軍的高階將領當中，確實有這樣的狀況。北韓軍隊軍紀嚴明、訓練有素。他們不僅善於偽裝，而且能在荊棘地中赤腳行軍，這些都是美軍難以企及的。從他們的老師和盟友——中國共產黨——那裡，他們學會了游擊戰：先是騷擾，然後偷襲，最後分割殲滅。他們甚至派出先鋒部隊佯裝成普通百姓，偵察美軍的位置，以便準確地集中火力進攻。

與美軍相比，他們一開始就清楚自己的敵人是誰，了解自己的作戰目的。他們確知自己的敵人就是來自帝國主義、資本主義的白人入侵者，以及任美國在南方傀儡政府擺布下的同胞。而美軍儘管了解社會主義國家的意識形態與美國完全不同，但是他們不明白自己為什麼必須要向北韓開戰。他們只是駐紮在日本的美軍，沒想到有一天會與南韓軍並肩作戰。第三十四團有一位名叫賴瑞・巴奈特的排長說：「星期天，當我們得知出征的消息時，大家的第一反應就是：『南韓在什麼地方？就讓那些黃種人自相殘殺吧。』」第二十四師的三十四團和二十一團是第一批派往南韓的部隊。他們接到即刻前往戰場的命令，從西向北行軍，直到遇上了猛衝的北韓軍。此事發生在漢城以南水原市的一個村莊裡，第二十四師師長狄恩少將犯了一個致命的錯誤。他沒有在重要目標上集中有限兵力，而是極不明智地將隊伍分成幾股小隊，這個部署反映出美軍嚴重的輕敵傾向。第一支離開日本前往南韓的先鋒部隊是由布萊德．史密斯中校率領的「史密斯特遣隊」。運輸機把他們送到了南韓東南端的釜山市。由於天氣惡劣、運輸機數量有限，美軍花了整整兩天的時間才把部隊運送完畢。當所有特遣隊官兵抵達當地時已經是七月二日了。當晚，他們立刻搭乘火車趕往前線大田市。七月三日早上，當他們抵達大田時，史密斯中校遇到了約翰．丘奇准將（John Church）。丘奇是麥克阿瑟派來南韓，調查需要哪些物資，以及什麼部隊需要。

然而丘奇的調查工作還沒展開，北韓就發動了猛烈進攻，南韓軍立刻潰不成軍。丘奇只好把自己的指揮部從水原市後撤到九十公里外的大田。北韓軍的凌厲攻勢同時也摧毀了美軍自視甚高的心理。他對史密斯說，現在美軍什麼都不缺，唯一缺的就是能夠打硬仗的士兵。他指著地圖對史密斯說，只要他們拿下位於水原市南方的烏山，就能以那裡為據點阻擋北韓軍的進攻。於是，史密斯率部眾搭乘火車前往安城。在安城火車站，南方民眾的歡呼聲令他們異常自豪，彷彿自己成了救苦救難的人民英雄。但是威廉．威利克中尉不久就發現，成千上萬逃往南方的民眾不是因為美軍的出現而歡呼雀躍，而是因為他們看到了火車而如釋重負，這樣他們就可以搭乘火車逃往更安全的釜山。

在此同時，狄恩少將也趕到大田，並替換丘奇接管了在韓國美軍指揮權。他指派三十四團開赴位於烏山西南方、漢城——釜山公路上的平澤。由於三十四團沒有足夠的物資，他們因此與十英里外的二十一團分道揚鑣。其他人都認為美軍應當集中兵力，以四十英里之外的錦江作為天然屏障構築防線，但是狄恩認為自己能夠「快速而輕易」地完成任務。他錯誤地兵分三路，從而鑄成大錯。

從日本出發之前，三十四團官兵要帶上夏季軍常服，因為不久後就可以在漢城舉行勝利遊行。營長哈洛德．艾爾斯中校更對自己的官兵說：「北韓軍只是一支不堪一擊的隊伍，他們沒有現代化的槍砲武器，因此我們可以毫髮無損地一舉擊敗他們。」同樣的，基層士兵也都表現得狂妄自大，他們認為自己能輕而易舉地打敗這些亞洲人，然後就可以返回東京繼續自己的美好生活了。然而，在阿爾蒙德少將的副官佛瑞德．拉德上尉看來，深切而普遍的種族歧視瀰漫在美軍上下（十三年後的越戰中，他也同樣體會到美軍對敵人的輕視）。當三十四步兵團抵達平澤時，南韓工兵準備要炸毀北韓軍必經的一座橋樑，但是美軍卻把爆炸裝置扔了，並嘲笑他們膽小如鼠。

當雙方首度交火後，美軍才清醒過來。這就是輕敵所要付出的慘痛代價。七月四日，史密斯扔下遠在釜山的主力，隻身帶著五百四十人、編制減少的營級部隊——相當於兩個加強連——趕赴烏山。大部分的支援砲兵都還在釜山。七月五日凌晨三點，他們抵達了指定作戰位置。當時下著雨，他們又冷又累。好不容易熬到天亮，排附勞倫．錢伯斯中士發現有八輛T-34戰車從水原朝這邊開過來。排長菲力浦．戴中尉問他這些是敵還是友，他回答：「報告排長，這些戰車看起來不像是友軍。」

緊跟在戰車後面的是一長列的步兵，隊伍後面的二十五輛戰車更是讓人不寒而慄。當北韓軍距離美軍還有一公里的時候，美軍率先用迫擊砲發動攻擊。儘管有幾輛被擊中，但是北韓的裝甲部隊繼

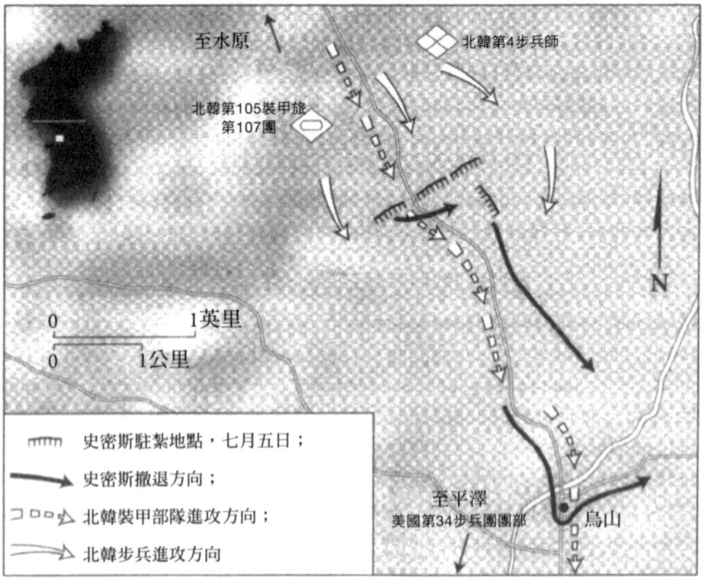

圖五　史密斯特遣隊，一九五〇年七月五日

續朝美軍衝來。當距離近到只有七百碼時，美軍用無後座力砲射擊，命中了幾發，可是完全沒有作用。之後巴祖卡也是無用。於是，錢伯斯中士打電話請求上級用六十公厘迫擊砲支援。但上級的回覆是，迫擊砲打不了那麼遠。「那八十一公厘迫擊砲呢？」他繼續問道。然而得到的回答卻是：「我們沒有攜帶八十一公厘的迫擊砲。」「那四．二吋的呢？」「四．二吋的迫擊砲根本不能用。」「大砲能不能用？」「我們聯繫不上砲兵。」「那空軍呢？」「空軍找不到你們的具體位置。」錢伯斯最後失望地說：「哪怕給我們一台照相機也好，我們可以拍下這裡的情況，帶回去給他們看看。」但是，他們轉眼間就要被北韓軍包圍了，很多人開始倉皇逃命。他們甚至扔掉了武器，脫掉了鞋子，好讓自己在稻田裡跑得更快。

第三十四團團部就駐在史密斯特遣隊附近，這時北韓軍已逐漸逼近他們。《倫敦電訊報》和《墨爾本先驅報》的澳洲記者丹尼斯．華納被派到平澤附近的第三十四團一營作隨軍採訪。七月五日上午，當師砲兵指揮官喬治．巴爾特准將到訪時，華納正與營長瑞德．艾爾斯在一起。由於前線沒有大砲，狄恩只派他來管理其他事務。巴爾特走出吉普車對記者們說：「戰爭就要開始了。我將代表麥克阿瑟將軍向你們簡報戰況。」他說自己已經下令，如果北韓軍近至一千五百碼時，我軍就會開火。華納還記得，所有的美軍軍官似乎都對局勢十分樂觀。他聽到艾爾斯說：「當那些北韓勞動黨的渾蛋看到我們這麼強大的部隊，他們一定會嚇得屁滾尿流。這個週末我軍一定會拿下漢城。」然而讓華納感到為難的是，他到底該相信這番話，留下來完成採訪，還是為了保命，搪塞一篇報導然後趕快逃跑。

最終，他選擇留下來繼續採訪，但是奇怪的一幕發生了：在崎嶇不平的大路上，大批農民朝著這邊跑過來。凡是稍微有警覺的人都會想到前方一定是發生了什麼狀況。讓華納尤其恐慌的是，在逃跑的這些人當中，南韓軍人的數量遠多於農民的數量，於是他決定和幾個戰地記者一起上前查看。沒多久他們就遇到了一名南韓騎兵，華納覺得這名騎兵的坐騎不是高頭大馬，而更像是謝德蘭矮種馬。這名騎兵邊跑邊用韓語大喊：「戰車！戰車！」這時，華納也已經看到北韓軍戰車正從容、雄偉地駛來。於是，他立刻轉身往艾爾斯的營部跑去。但是艾爾斯卻不相信華納親眼看到的事實：「我們沒有戰車，一定是你們看錯了。」

「沒有看錯，那些戰車不是我們的，是他們的。」華納回答。

「就算有戰車，也不可能通過那座橋。」艾爾斯堅持這樣認為，但他還是派了一支反裝甲小組隨華納回去看個究竟。沒多久，兩輛北韓戰車出現在他們面前，儘管美軍的巴祖卡小組已經去到最能夠接近的近距離，卻只能眼睜睜看著巴祖卡火箭從戰車上給彈開。

這時，艾爾斯還沒有收到史密斯特遣隊全軍覆沒的消息。最後，幾個倖存者突出重圍向他報告了此事。華納寫道：「聽到消息後，艾爾斯開始拚命逃跑。就在當晚，巴爾特的指揮部被北韓裝甲給夷為平地。七月六日凌晨，北韓T-34開過了平澤，在早餐時間拿下了水原，並在當天結束前，他們以三十六小時的時間行進了三十六英里，並向天安市前進。」第二天晚上，美軍繼續撤退，於是狄恩將軍解除了巴爾特，甚至還解除了一名團長的職務。

＊　＊　＊

這是一個非常糟的開始。毫無還手之力的美軍連拖延北韓軍向南行進的能力都沒有。第一周，美國損失了兩個團，三千多名官兵傷亡或在作戰中失蹤。大批武器被丟棄在戰場上，足以武裝北韓一或兩個團的兵力。

那真是一段不堪回首的日子。在華盛頓和東京的人們情緒一落千丈。人們開始擔心美軍面對壓力下也許會動用原子彈。七月十六日，《紐約時報》的一篇社論寫道：「看著韓國戰場上那些數量不足又缺乏武器的士兵，我們很難不在情感上同情、可憐但是又敬佩他們。這些犧牲是我們要求他們付出的，只因為大家都希望把這場戰爭維持在最小的範圍內。想到犧牲少數人可以防止數百萬人遭到屠殺，一切也就值得了。這是一個可怕的決定，我們不可能為此歡呼，也無法睡得安穩，但是也沒有必要歇斯底里。我們不用接受另外一場世界大戰，或者是人類文明的毀滅。」

韓戰最初幾週陣亡的將士讓美國人民如夢初醒：美國需要的不僅僅是終極武器原子彈。事實上，靠原子彈來維護國家安全的思維源自第二次世界大戰。人們以為，既然美國擁有像原子彈這樣令人驚駭的武器，那麼就不必擔心其他國家的挑釁或入侵了。此外，依賴原子彈還可以削減國防預算，削減兵力規模。就在一年之前，布萊德雷還在國會聽證會上說，如今陸、海軍的時代已經結束。他說：「坦白講，只要原子彈用得好，我們將不再需要海軍和陸軍來打擊敵人。」然而，美軍在韓戰初期失利的教訓表明，用原子彈來保衛國家只不過是人們的幻想。原子彈的作用十分有限，只能用來嚇阻，譬如在冷戰時期恐嚇敵人，但是在戰時絲毫派不上用場。此外，由於原子彈的威力過於恐怖，如果不是特殊情況，在道德上是不允許使用的，因此原子彈一度成為戰場上禁用的武器，人們不會動輒以動用核武來威脅。美國早期對核武的壟斷，使二戰嘎然而止。於是美國人產生了一種錯覺，認為自己可以建設一支不需要一兵一卒的部隊，而且這樣既保衛了國家，又節省了預算。如果說投放在廣島和長崎的原子彈標誌著人類戰爭歷史的新頁，那麼人類就可以廢棄所有的武器，創造一個軍事力量僅由那些最富有、科技最發達的國家掌握的世界。然而，一九五〇年七月，美國人的這種信仰在韓戰中完全破滅。一九四五年八月二戰結束之後，世界軍事格局發生了變化，雖然這個變化不大，但是身為美國人必須時時保持清醒，如果想讓自己的國家立於不敗之地，那麼就必須有一支強大的地面部隊才行。當人們對原子彈的幻想破滅之後，人們對韓戰和杜魯門的支持率直線下滑。他們不接受韓戰的結果，也不再信任華府，而現在美國所處的國內與國際局勢甚至是他們自己也不想看到的。

＊　＊　＊

一九五〇年七月是美軍歷史上表現最差的一個月。整整一個月，面對北韓一次次的大軍壓境，美軍只能節節敗退。儘管美軍在兵力和武器裝備上都不及敵軍，但是偶爾的反擊卻足以表現出美軍的英勇。美軍始終堅守著幾個關鍵的據點，戰場上他們竭盡全力爭取時間，力圖壓制北韓的猛烈攻勢，從而為美軍贏得在本土集結及開赴戰場的時間。時間就是生命。在美國本土，舉國上下因為這場戰爭動員起來。在戰爭爆發的那一刻，駐日美軍兵力十分短缺。甚至是那些在日本犯有重罪的士兵或即將遣返回美國監獄的犯人，都得到了一個機會。只要他們參與韓戰，他們的犯罪紀錄就會被一筆勾銷。第一騎兵師師長蓋伊少將的副官、威廉．魏斯特中尉說，在韓戰爆發前，你會發現自己大多數的時間都花在處理部下上軍事法庭的事情上。

七月上旬，麥克阿瑟告訴參聯會，他需要十一個營的兵力才能守住美軍在南韓的防線。於是美國在全國徵兵，徵兵海報上寫著：山姆大叔需要你為國效力，參加韓戰。那些已經退伍成為平民的二戰海軍陸戰隊士兵懊惱地發現：基於他們退役後沒有轉為後備役，依照之前和政府簽訂的協議，他們不得不再次入伍返回陸戰隊。這是他們十年之內第二次踏上為國家出生入死的征途。在一九四一年十二月的珍珠港事件後，大部分人都被徵召進入陸軍，鮮少有年輕人加入陸戰隊，陸戰隊一直人手短缺。在營官兵馬上就被編入戰鬥部隊，在沒有經過充分訓練的情況下直接送上南韓戰場。曾在韓戰初期擔任連長的法蘭克．門諾茲上尉說：「我們就像是吸塵器一樣吸走了所有的年輕人，包括公務員、醫生、司機。我們很快就把他們編入部隊。」起初，在新兵被送到戰場之前，會有六個星期的戰鬥訓練，但結果是他們根本沒有那麼多的時間準備；後來，他們又被告知在抵達南韓後還會有十天的訓練，但是這個訓練過程也被省略了；最後他們還聽說一到釜山就會進行為期三天的特別訓練，但是由於北韓軍一次又一次逼近，他們最後還是沒有受過任何軍事訓練。這些新兵往往是從美國直接送到南韓，而且被直接送到作戰地點。在此之前，他們的步槍既沒有歸零，也沒有測試過部隊的迫擊砲，更沒有用潤滑油為自己的五〇機關槍上過油。

在五角大廈，人們對將官的領導能力表示懷疑，特別是對第八軍團司令，也就是韓國作戰美軍司令（不久後成為聯合國軍司令）華克少將表示懷疑。因此，五角大廈在八月上旬派遣李奇威中將作為三人特別專案組成員之一，聽取麥克阿瑟的困難與意見。同時白宮也表達了他們對麥克阿瑟與蔣介石關係的擔憂。

三人小組組長哈里曼的主要任務是調查麥克阿瑟，並幫他修復與政府在蔣介石和中國問題上的裂痕。而李奇威的主要任務是視察華克和他的司令部。李奇威曾在二戰末期指揮過世界級的精英部隊——美國傘兵，但是當他抵達南韓戰場時，卻被這裡的情況嚇到了。他認為，許多華克手下的主要軍官在戰場上都表現欠佳。他們來南韓不是為了作戰，而是想渾水摸魚撈個軍功，以便退伍回家後能找到好工作或高薪職位。在李奇威看來，華盛頓和東京司令部扯了華克的後腿，他們沒有派遣最好的青年軍官來當華克的助手。華克常常為此感到十分惱火。那些素質較高的軍官一到亞洲，就被東京司令部挑走了，沒有前往戰場的機會。李奇威認為華克是一名好軍官，如果給他一支戰車部隊，讓他執行指定任務時，沒人比他做得好。不過，他認為華克不適合擔任這項職務，他手下的那些參謀顯然很弱，組織能力很差。華克手下的一些團長都是缺乏作戰經驗的老人，甚至連他的參謀長也是一個非常消極、不求進取的人。李奇威在給華盛頓的報告中寫道，這些人距離他們二戰時期前輩的水準差得太遠。

他的報告對這支部隊各方面的評價幾乎都是負面的。這支隊伍缺乏步兵作戰素養，缺乏鬥志。由於南韓的公路狀況很差，他們幾乎離不開交通工具。他們不知道怎樣反擊，不懂得怎樣挖散兵坑，不知道怎樣在戰場上偽裝自己，不知道怎樣布置火力點，甚至不知道怎樣和其他連隊進行通訊。李奇威相當震驚，美國把自己的士兵投入了戰場，卻根本不管他們的死活，讓他們處在如此惡劣、如此危險的環境當中。對他來說，這嚴重違背了身為一名陸軍指揮官的信念。李奇威強烈認為應免除華克的職務，因為他不僅缺少指揮作戰的技巧，而且缺乏改變局勢的才能。然而，李奇威並不急著向華盛頓提出自己的意見，因為他明白，撤換一個受困部隊的指揮官，會讓軍心更渙散，對戰局更不利。李奇威不斷反問自己，這樣的人事調動會不會損害這支鬥志已經十分脆弱的部隊？同時，他還擔心有人狹隘地認為他這麼做是為了搶奪軍隊的大權。他很擔心如果自己向麥克阿瑟建議免除華克的職務，麥克阿瑟會有何反應（他不知道，麥克阿瑟實際上和華克之間有著極深的隔閡）。李奇威心想，既然麥克阿瑟總是和華盛頓過不去，那麼一旦撤除他的手下，他會不會藉機向杜魯門總統發難？於是他決定和哈里曼商討此事。

早在一九三〇年代，哈里曼就已經開始處理這些困難的敏感任務了。最後，三人小組的成員——李奇威、哈里曼及空軍將官軍勞里斯．諾斯塔德（Lauris Norstad）——一致認為應當解除華克的職務。同時他們也認為，除非麥克阿瑟自己要求解除華克的職務，否則他們將按兵不動，謹慎行事。他們不想讓麥克阿瑟覺得，自己從華盛頓來到前線的目的是為了挑戰他的指揮能力。但是哈里曼建議李奇威和包括總統在內的華府高級官員討論有關華克的事，透過正當的途徑解除他的職務。但是克萊．布萊爾後來指出，麥克阿瑟早就對華克失去了信心，並且早就想解除華克的職務，讓李奇威取而代之，這不能不說是一種莫大的諷刺。布萊爾曾經寫道：「如果當時由李奇威取代華克，那麼韓戰將很可能以有利於美軍的態勢發展下去。」與華克不同的是，李奇威可以與麥克阿瑟平起平坐。也就是說如果換成了李奇威，那麼戰場指揮官就更能與華盛頓的遙相呼應。此外，這次換將也會使美軍更小心謹慎地考慮自己是否真的要跨越三十八度線。

在返回華盛頓的路上，諾斯塔德勸說李奇威接任第八軍團指揮官，「我認為你應該接手。」但是，對於利用自己的地位及在五角大廈的影響力去爭奪另一個人的指揮權，李奇威卻很反感。「別再提這件事了。好像我去前線調查就是為了這個職位一樣。我不想這麼做。」有另一件事引起李奇威的注意，但是他沒有說出來，那就是他擔心麥克阿瑟準備在敵人的腹地仁川登陸。作為一名傘兵軍官，他更喜歡在遠離敵人主力的地方進行突襲。不過他認為，要反對麥克阿瑟的這個計畫一定是非常困難的。

事實上，當時的指揮權幾乎要交到李奇威手上。哈里曼極力向杜魯門總統、國防部長江森、參聯會主席布萊德雷以及陸軍參謀長柯林斯推薦李奇威。這是一個理想的調動，所有的人都同意，因為這樣就可以讓軍中最精明幹練、最年輕的指揮官參與戰事，同時還可以防止麥克阿瑟獨斷專行。李奇威是一位在軍中威望頗高的將官，就連向來剛愎自用的麥克阿瑟都不能不敬他三分。一九五一年，柯林斯曾建議將李奇威擢升為陸軍副參謀長，他不無擔心地說道：「你已經捲入了韓戰，我再也不能把你拉出來了。」在韓戰中，美軍的指揮令人難以理解。他們在戰爭初期的表現反映出華盛頓某種根深柢固的觀念，他們仍認為真正的敵人只可能來自歐洲。對於這一點，就連李奇威也深信不疑。

11 兩將鬥法

在戰時的華盛頓和東京，儘管在制訂重大軍事戰略時，麥克阿瑟及其親信們都經常把華克排除在外，並在私底下嘲笑他，但這些伎倆都掩蓋不了華克在戰爭中不可取代的作用。華克沒有放棄戰鬥，他的專機飛行員，同時他的親信，邁克・林區曾經形容：華克不時受到「兩面夾擊」，一方面他需要與當地的北韓軍隊鬥智鬥勇，另一方面他還需要與美軍的東京最高司令部斡旋。華克心裡明白，自己的作風很難得到上級的青睞，他總覺得身邊危機四伏，時時有被解除職務的隱憂。因此，即使在李奇威看來華克辦不到的事，華克也會以自己的堅韌意志完成。在戰局不利的情況下，將軍們思考的問題是，或者死守釜山環形防禦圈，或者撤離朝鮮半島。為了穩妥，李奇威下令華克的部隊全部撤退到洛東江。在軍事會議上，李奇威問華克，他的部隊撤退後，他將怎麼調兵布陣，但是華克卻回答，他的部隊不會撤退。「你可以那樣命令你的部隊？」李奇威說：「但我想知道的是如果你的軍隊撤退到洛東江一線，你將怎樣部署他們？」華克堅定地答道：「將軍，我的部隊不會撤退到洛東江沿線。」

唯一對華克有利的是，他沒有時間去擔心華盛頓或東京的高層怎麼看他。他每天都馬不停蹄地調度部隊以逃脫北韓的進攻。戰場上的危機接二連三，使他完全沒時間顧影自憐。由於傷亡慘重，各個師、團、連都缺少兵將。在七月的每個晚上，北韓軍似乎都能在四、五個地點突破美軍防線。華克每天的工作就是在防線上查補缺漏，看哪個據點需要部隊增援。在戰場上，很少有美軍將領處理過這麼棘手的問題。華克的軍隊疏於防範的原因也在於此，在戰爭爆發的六月二十五日之前，作為其中一名駐在東京的將官，他沒有做到防患於未然。在戰爭爆發初期，他的部隊被人多勢眾而且熟悉地形的敵軍壓制得無法動彈。華克部隊的補給線過長，甚至一直延伸到大後方的美國加州。因此他的軍隊幾乎什麼都缺：不僅缺少兵將，最致命的是連彈藥都供給不足。在兩軍交鋒時，他的部隊不熟悉這個多山國家的地形，因此敵方的勝算要大得多。更糟糕的是，在司令部裡他更像是局外人。對麥克阿瑟和他的參謀長阿爾蒙德來說，即使他們不會對華克嗤之以鼻，但也不會重用他。有時候，華克似乎是遠東地區最後一個得知軍事指令的人。麥克阿瑟和阿爾蒙德派來的指揮官也像這兩位長官一樣藐視華克。

戰時，華克一直沒有得到他急需的一線指揮官。在華盛頓的人以及出巡的李奇威都抱怨華克沒有好的參謀。但他們不知道的是，那些紀錄良好的軍官都會在運兵船停靠在日本橫濱前就被遠東司令部挑了出來。好的軍官會被麥克阿瑟的司令部挑走，而其他軍官才能派往華克的第八軍團。司令部把精銳份子放在錯誤的地方，這完全是一種失敗的做法。華克不是一個喜歡抱怨的人，他總是服從上級那些不切實際的軍事決策。他只能向好友抱怨，司令部怎樣藐視他的幕僚及軍事決定，怎樣拒絕向他增派急需的軍官人才。他一直想把詹姆斯．蓋文（James Gavin）延攬到自己的麾下，因為蓋文是二戰時期著名的八十二空降師師長，是一個出類拔萃的年輕人。可是這麼優秀的人才他卻得不到，這使華克大為惱火。

二戰時期，馬歇爾總是喜歡把有活力的年輕人升為團長，因為他不希望自己的團長年齡超過四十五歲。但是在韓戰爆發的前一刻，九名團長中僅有麥克利斯符合馬歇爾的標準，其餘團長中，一人五十五歲，一人五十歲，四人四十九歲，還有兩人四十七歲。在韓戰初期，麥克利斯表現良好，他的第二十七「獵犬」步兵團（隸屬第二十五步兵師）就像消防隊一樣，在各個危急時刻都派上了用場。當美軍被北韓軍包圍時，麥克利斯總能率眾突出重圍。作為一名傘兵出身的軍官，麥克利斯早就受過專業的訓練，即使被包圍了仍能臨危不亂。從某種意義上來說，無所畏懼已經流進了每個傘兵的血液裡。換作是其他兵種出身的指揮官，他們一定會驚慌失措，迅速命令自己的部隊撤退，這麼一來反而會受到那些訓練有素的北韓軍伏擊。麥克利斯的部隊總是把戰爭全域利益放在首位。即使被包圍，麥克利斯的官兵也會奮

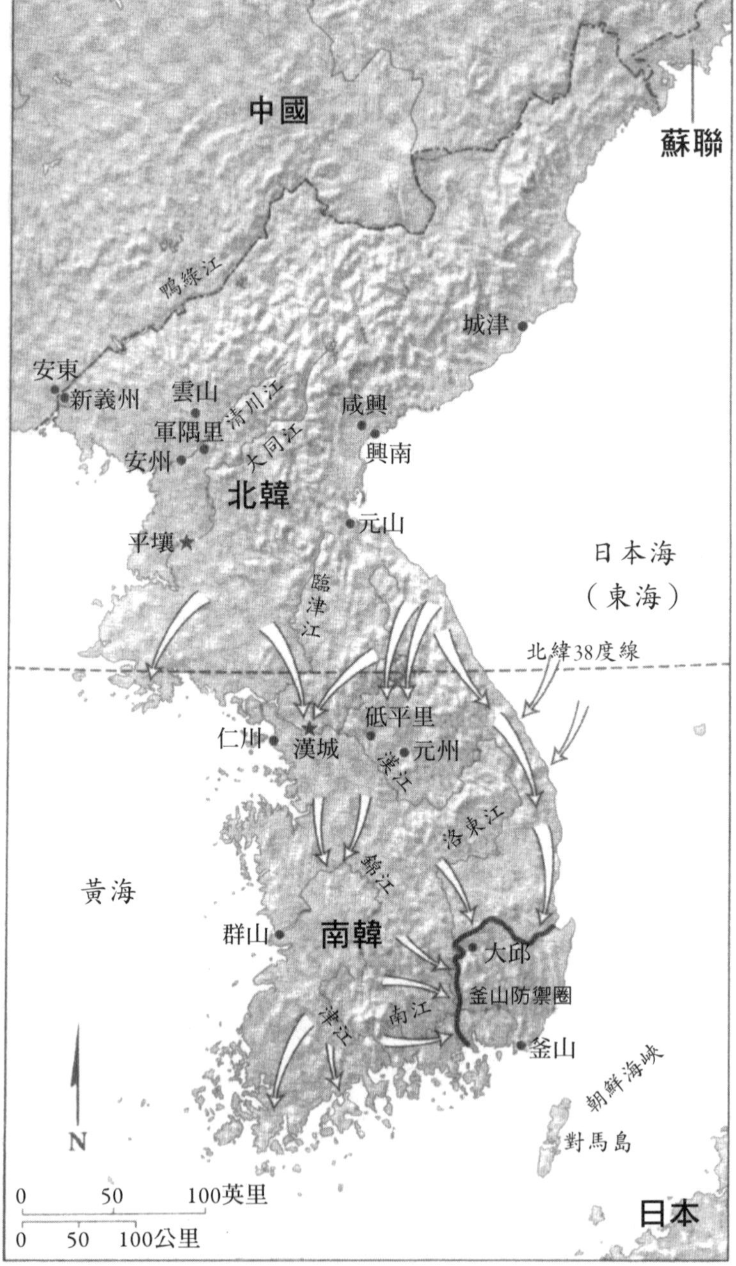

圖六　北韓軍高歌猛進，一九五〇年八月底

不顧身，用火力掩護其他士兵。

對華克來說，戰爭是他軍旅生涯的轉機。華克出生於德州東北部的貝爾頓。先後畢業於維吉尼亞軍校和西點軍校。在一戰中，作為一名年輕的上尉軍官，華克帶領機槍連英勇地與德國人作戰，並在默茲——阿拉貢戰役後獲得了兩枚銀星勳章。他和他那一輩的人都關係良好，其中包括萊昂納德・傑羅和那個時代的閃耀之星艾森豪。一九二五年，華克被選入位於堪薩斯州利文沃斯堡的指揮參謀學校。這所學校建於一戰後，目的在選拔人才，作為未來將軍的儲備人選。在那個和平時期，誰想在軍中升職，利文沃斯堡的指揮參謀學校不失為一條快速升遷的通道。傑羅和艾森豪是兩百四十五名學員中的佼佼者，總是鶴立雞群。而處在這些人當中第一百一十七名的華克卻分配到一個很好的機會。一九三五年，儘管大幅裁減了軍官，華克還是進入陸軍學院學習。一九三六年畢業之後，他被分配到位於華盛頓州溫哥華兵營的第五步兵旅當參謀。事實上，他的運氣很好，因為旅長正是年輕的馬歇爾。作為一位卓越、精於作戰的軍官，嚴謹樸實的馬歇爾很喜歡這個激進大膽的華克。一九三九年，馬歇爾在華盛頓擔任作戰計畫處處長時，和華克一家人共同生活了一段時間，因此馬歇爾和華克建立了深厚的友誼。但是，這件事對華克有利也有弊：作為馬歇爾派系的重要人物，這個友誼增進了華克升遷的機會；但是後來在日本與南韓前線，由於派系的問題，華克卻沒有受到麥克阿瑟的重用。

讓華克默默無名的原因在於他討厭報刊，即使對那些喜歡他、理解他的記者，他也總是抱持懷疑與謹慎的態度。有一次，面對他信任的《時代》雜誌的記者法蘭克・吉布尼時，華克向他提到自己所處的惡劣環境及有待提高的部隊素質。在其他時候，他總是對自己的憤怒與挫折守口如瓶。華克兢兢業業地執行公務、服從指揮、處理問題，並憑藉自己的實力，從巴頓將軍指揮的第三軍團之下的一個師長升任至軍長。事實上，艾森豪一直想要巴頓手下的這個職位，但天才如他，後來被調到了馬歇爾的司令部，這才讓華克得到了這個裝甲指揮官的職位。巴頓很喜歡華克的激進與勇敢。向來不輕易褒獎別人的巴頓曾在給華克的信中這樣寫道：「在我指揮的所有軍團中，你的部隊是最能打硬仗的。」華克能夠把戰略制訂得像巴頓一樣好，但是他從來不炫耀自己，更不會搞個人崇拜。他明白，世界上只能有一位巨星，那就是巴頓。當有媒體把華克比做巴頓時，他總是出言制止。即使如此，艾森豪還是經常拿他和同一戰場上的李奇威和柯林斯相提並論。但是華克從來都不自以為是，他是一個兢兢業業的好軍官，而他所建立的功勳完全能與自己的上級媲美。

一九四八年九月，華克曾以第八軍團司令的身分來到東京。在韓戰爆發前，他經允許暫留東京，但是由於他沒有和「巴丹俱樂部」的麥克阿瑟及其下屬混熟，所以儘管他在東京待了很長時間，仍然沒有獲得重用。而他得不到重用的原因在於他不是麥克阿瑟的人馬，他的提拔者是馬歇爾，他的夥伴是傑羅和艾森豪，因此他的朋友與麥克阿瑟之流沒有過深的交往。相反的，他與艾森豪的關係極為密切，這點可從他能出現在只有少數軍方人員參加的艾森豪兒子的婚禮上看出來。

在東京，華克很難融入上層軍官或被他們接受。高層核心集團的資深軍官都不怎麼重視他，特別是麥克阿瑟的新任參謀長阿爾蒙德少將。阿爾蒙德是韓戰中的重要人物，在整個戰爭時期他都與華克敵對。在他的軍旅生涯前期，他不屬於麥克阿瑟派系，反倒是出身於馬歇爾派系；但在他後來的軍旅生涯中，他極力想證明自己對麥克阿瑟的忠誠，對太平洋遠東司令部的忠誠，宛如天主教徒比教宗還要虔誠。阿爾蒙德的性格很像華克，但他更有心機。他試圖抓住每一個往上爬的機會。二戰期間，他指揮了非常特別的第九十二師。這個師的不同之處在於，士兵都是由黑人組成，軍官則是南方白人擔任。他們認為只有南方白人當軍官才能管好手下的黑人。這個師表面上主張民主、平等，實際上卻充斥著陳舊的種族歧視思想。後來，當第一夫人開始對該師的福利和表現表示關注之後，這個師的士兵就被其他軍的士兵戲稱為「羅斯福夫人的步槍兵」。在諸多軍官的歧視下，這些士兵的表現也常被貼上不如白人的標籤。

一八九二年十二月，阿爾蒙德出生於美國南部。他生長的環境使他從小就歧視黑人，而在二戰以後，他的種族歧視觀點變得更為嚴重。在南韓，他的命令無緣無故就會被人們打上種族歧視的烙印，彷彿他在軍中是個異類。令人發噱的是，二戰爆發前，他曾是馬歇爾的手下。他領導的九十二師極力效忠馬歇爾，即使再艱難的任務，阿爾蒙德都能馬到成功。在戰爭開始時，他與同時代的布萊德雷、柯林斯、巴頓和李奇威等人並肩作戰，但是直到戰爭結束，他才發現自己總是苦於時運不濟，沒機會晉升。

戰後的阿爾蒙德晉升少將，與他同輩的許多人卻升上了中將或上將。一九四五年，戰爭結束了，軍隊開始復員，就連軍官也開始大幅削減。如果再有敵人威脅美國的話，美國將用原子彈來對付他們。對於一個錯過最好機會的二星將軍，歷史還會需要他嗎？儘管他有機會前往歐洲，但是一九四六年他還是申請加入麥克阿瑟的司令部。他還有另一個選擇，那就是到墨西哥當武官，但是這個職位對他毫無吸引力。

在東京的這個職位是個人事主任，不能算是通往權力的跳板。但就在這裡，他證明了自己擁有傑出的能力。麥克阿瑟很快就發現，不管是不是在歐洲，不管他是不是馬歇爾的人馬，阿爾蒙德的辦事效率都要比其他人高。阿爾蒙德是個渴望成功的人，這正是麥克阿瑟想要的。麥克阿瑟意識到即使自己有「巴丹幫」，也仍然需要阿爾蒙德這樣的人。一九四九年初，麥克阿瑟的參謀長調任回國時，阿爾蒙德立即占了這個位置。雖然這不是作戰指揮職，但總有一天可以實現他的夢想。在軍隊中，參謀長的工作著實令人厭惡。要想當好這個參謀長，就必須在人們尋求幫助的時候，公正地處理各種大小事務。凡是麥克阿瑟不想要或不想處理的事，這位新任參謀長總是一口拒絕，搞得底下的人都想越過阿爾蒙德，直接與更和善的麥克阿瑟打交道。

＊　＊　＊

在接下來的幾個月裡，阿爾蒙德扮演著舉足輕重的角色。隨著前方連連告捷和戰略部署的逐步展開，戰爭策略變得越來越重要。這時，不僅是東京和華盛頓之間問題重重，在東京司令部內部，政治鬥爭也日漸殘酷，而爭論的焦點集中在是否動用援軍上。此外，阿爾蒙德在麥克阿瑟司令部的政治影響力遠高於華克，而阿爾蒙德和華克之間曠日持久的摩擦，其實是另一場更為廣義的對峙的縮影，即美國陸軍和麥克阿瑟軍之間的對峙。阿爾蒙德有很多綽號，包括「大人物」、「恐怖之王」等，但在東京的高階官員中人們用得最多的還是「救世主」。這是因為他是一個唯原則是從的人，是麥克阿瑟將軍不折不扣的爪牙。任何人都不能挑戰他的命令，就像他從來不挑戰自己的上級一樣。他總是以麥克阿瑟將軍的身分發號施令，或經常為自己辯解，人們甚至很難不聽到他為自己辯解的時候。阿爾蒙德變得甚至比麥克阿瑟還要麥克阿瑟。他固執地認為自己擁有像麥克阿瑟一樣的洞察力，不管制訂的戰略是否符合南韓國情，只要他認定的命令都必須堅決執行。

阿爾蒙德比華克更有心機，更有政治頭腦。華克代表參聯會主席布萊德雷指揮美國軍隊；阿爾蒙德則成了東京司令部的第二號人物，指揮麥克阿瑟的部隊。阿爾蒙德從一開始就明白，儘管麥克阿瑟有很多優秀的高階將領，但他最需要的還是一名效忠者。在阿爾蒙德的影響下，司令部變成了任人唯親和逢迎奉承的溫室。一些高級官員甚至用「接近王位的人」來形容司令部最高行政長官。在阿爾蒙德抵達東京若干年後，他最後成為了這樣的人。

阿爾蒙德很聰明，從未加入任何派系，也不會使自己陷入任何派系之爭。最重要的是，他認為只有自己保持對麥克阿瑟的虔誠、忠誠和服從，才能得到麥克阿瑟的信任和重用。麥克阿瑟的敵人就是他的敵人，沒有什麼東西可以改變他對麥克阿瑟的忠誠。他也從來不懷疑麥克阿瑟將軍的偉大軍事決定，凡是將軍的命令他都認為是正確無誤的。毫無疑問，他已經變得唯麥克阿瑟是從。他手下的軍官科爾曼，同時也是名歷史學家曾寫道：「逢迎討好是阿爾蒙德的天性。」除了能說上級想聽的奉承之詞，阿爾蒙德還能預料將軍想要的，並提前為將軍做好準備。

比爾．麥卡弗雷（Bill McCaffrey）最佩服阿爾蒙德的一點就是他曾經桀驁不馴，但是在麥克阿瑟面前，卻完全沒有昔日的稜角。很久以前，阿爾蒙德曾經敢直言不諱地和軍長克里滕伯格討價還價。由於擔心阿爾蒙德的無禮之詞觸犯軍長，麥卡弗雷甚至從他手中搶下了電話，在他破口大罵之前阻止了他。他的坦率一直影響著麥卡弗雷，但是麥卡弗雷發現如今的阿爾蒙德已經完全變了，變得對上級唯唯諾諾。最讓他難以理解的是阿爾蒙德的三重處事標準，完全是為了迎合麥克阿瑟，而與其他同級軍官勾心鬥角，並對自己的手下極為嚴苛。他最好的幕僚傑克．吉利斯，從作戰官升任為團長的年輕人，也說阿爾蒙德「就像是一個在荒島上孤立無援的人」，可見他不易相處、脾氣暴躁，大多數下屬都不喜歡他。先前曾報導韓戰而獲得普立茲獎的記者比奇說過這樣的話：「阿爾蒙德是我所見過最自私自利、最有仇必報、最庸庸碌碌的渾蛋。」

除了設法迎合麥克阿瑟，阿爾蒙德還設法接近麥克阿瑟的整個團隊，否則他的阿諛奉承就會功虧一簣。有一次，他發現如果自己想要討好「巴丹俱樂部」的成員，就必須放棄自己原來的一些處事原則。在二戰爆發的前一年，他還經常對麥卡弗雷說他看不起一位叫查爾斯．威洛比的駐厄瓜多武官。和其他軍官一樣，阿爾蒙德常說威洛比是一個妄自尊大的蠢蛋，連他上呈的工作報告都經常錯誤連篇。一夜之間，阿爾蒙德卻一改常態，居然為威洛比辯護起來。對阿爾蒙德突如其來的變化，麥卡弗雷很不以為然。

阿爾蒙德熟知華克的缺點，因此他經常耍手段戲弄華克。雖然華克是個三星將軍，而阿爾蒙德只是個兩星將軍，但阿爾蒙德代表的是五星上將麥克阿瑟。當華克接通司令部的電話時，阿爾蒙德總是狐假虎威。華克總是壓抑自己，不過有時他也會沉不住氣，反問：「現在是阿爾蒙德命令我，還是阿爾蒙德以麥克阿瑟將軍的身分命令我？」華克從來沒有親近麥克阿瑟，但是他清楚阿爾蒙德是在麥克阿瑟將軍委任之下行事，因此儘管他對阿爾蒙德的做法十分惱火，也只能忍氣吞聲地表示服從。華克從不反抗阿

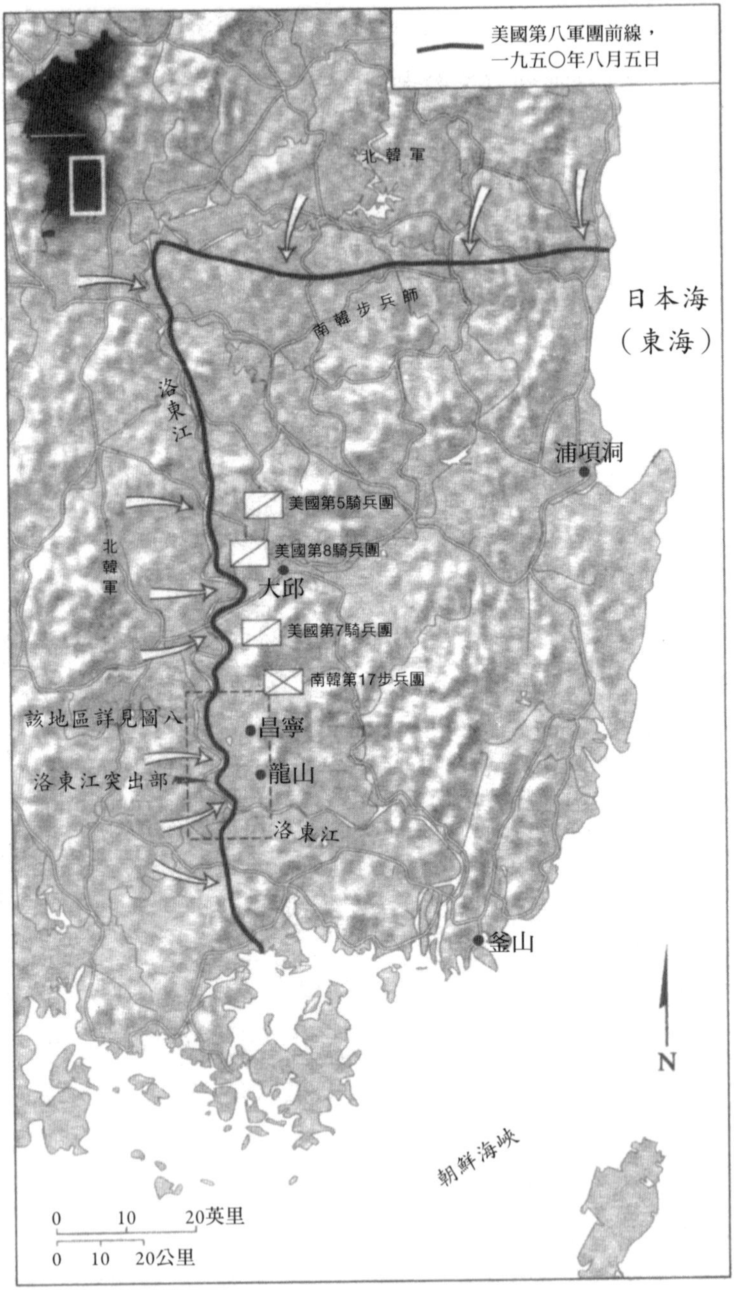

圖七　釜山包圍圈，一九五〇年八月四日

爾蒙德，也從不向自己在華盛頓的朋友抱怨自己被小人愚弄的處境。

華克的侍從官喬．泰納（Joe Tyner）認為，阿爾蒙德採取各種手段把華克的生活弄得一團糟。在多數情況下，華克都默默忍受，但他偶爾也有發火的時候。泰納還記得，在韓戰爆發的前一年，阿爾蒙德在自己的家裡邀請各級軍官聚餐。華克到達時，他發現按照軍中禮儀，原本屬於自己的上座，被阿爾蒙德讓給了麥克阿瑟對其感到好感的友人——英國駐日大使蓋司康爵士（Lord Alvary Gascoigne）。華克拉著泰納說：「給我叫車，我們回去吧。」泰納意識到將軍十分生氣，但是一旦讓他離開，事態將會變得更嚴重，於是他回答：「將軍，剛才我已經把司機派回去了。」然後他趕緊與阿爾蒙德的助手商討有關座位的事，最後讓華克重新得到了那個座位，挽回了自己的面子。

美國國內加緊集結軍隊的同時，華克也指揮著自己那支兵力不足的隊伍，以壓住敵軍強大的攻勢。從七月到八月，戰局開始朝向有利於華克的情勢發展。北韓軍把美軍和南韓軍趕到朝鮮半島的一個偏遠角落，在那裡美韓聯軍有地形優勢，交通與補給都終於可以穩定下來。由於北韓的交通和補給線拉得太長，使他們極易受到美國空軍的攻擊。據被俘的北韓士兵說，他們現在已開始出現糧食、彈藥、藥品等短缺問題，甚至缺少有經驗的老兵。日復一日，雖然北韓仍在進攻，但這時他們的進攻已經很難有什麼優勢了。

越來越多美國精銳部隊與聯合國軍被增派到釜山防線。這是韓戰爆發以來美軍第一次主動出擊，他們進行了一次突襲，意欲包圍北韓軍。在那段布滿愁雲慘霧的日子裡，華克曾對自己手下的士兵和指揮官說，這場戰爭的真正目的是為了爭取時間。他們希望能以此牽制北韓軍的進攻，好讓美軍有時間等候援兵到來。問題是，華克的這支弱旅能在戰場上撐到美軍精銳部隊到來嗎？他的部隊能撐到麥克阿瑟計畫在九月十五日實施的仁川登陸嗎？到了七月下旬，當他的部隊全數跨過洛東江後，華克命令手下士兵在此地加築防禦工事，他對自己的部下說：「我們不會再次撤退或調整戰線，我們要背水一戰，誓死戰鬥到底。如果我們當中有人犧牲了，其他人仍要踏著同伴的屍體繼續作戰。」

華克反對以仁川作為美軍的登陸地點，在他看來這項軍事決策太冒險了，稍有不慎便會全軍覆沒。可是他的反對非但無法改變自己的命運，甚至還被認為是對麥克阿瑟不忠。最讓華克不安的是，在未來的六週內，這項任務可能會使這支曾經是美國的精銳、如今早已耗盡精力的陸軍部隊，以及那些增援的空軍、海軍力量崩解。華克認為登陸地點不該在那麼北邊的位置，但是他的意見立刻遭到阿爾蒙德的否決。九月的仁川登陸行動已經迫在眉睫，沒有任何轉圜餘地。這時的阿爾蒙德已經掌握了司令部的主導權，即使海軍高階將領對登陸地點提出異議，他也毫不在意。

在登陸地點方面，阿爾蒙德完全支持麥克阿瑟將軍的意見。隨著司令部裡政治鬥爭的深入，阿爾蒙德逐漸得到麥克阿瑟將軍的完全信任。事實上，重權在握的阿爾蒙德已經有了兩個頭銜：仁川登陸部隊第十軍軍長以及遠東司令部參謀長。但是華克的權力卻遭到踐踏，他明白自己已經喪失發號施令的權力。於是，他半開玩笑地說：「我只是個被打敗的盟軍將領。」

仁川登陸計畫在東京按部就班展開的同時，釜山防禦戰成了美軍最殘酷的戰役之一。它的慘烈程度遠遠超過南北戰爭和美軍在太平洋地區的島嶼作戰。韓戰雙方都信心十足，都覺得自己勝利在望。金日成曾向史達林保證，北韓將在三週之內拿下釜山。因為他們意識到，必須在美軍的防禦工事建好之前將之徹底摧毀。金日成雖然沒有料到美軍會介入韓戰，但即使美軍參戰，他也沒有因為對方的先進武器裝備而有絲毫顧慮，依然保持對自己的部隊充滿必勝的信心。戰爭到了白熱化階段時，金日成對其前線司令部下令「必須在八月底前結束戰爭」。於是，北韓軍的口號改為「八月必勝」，金日成希望這場戰爭能速戰速決，因為他越來越擔心這場戰爭會進入某種僵持狀態。即使如此，對於戰爭情勢，金日成仍保持著樂觀的心態。對此，作為北韓戰略盟友的中國卻憂心忡忡。在中國看來，北韓軍的南侵注定會慘遭失敗，戰局必將對北韓極為不利。雖然金日成天天叫囂著「勝利在望」，但是中國人卻已經感到他必將失敗。因為他們已經清楚看到：一方面，北韓軍高歌猛進的日子已經結束，下一步的攻勢十分困難；另一方面，美軍的作戰能力今非昔比。因此早在金日成開口之前，中國人已厲兵秣馬，蓄勢待發。為了挽救自己的盟友，他們做好了隨時參戰的準備。

第4章

洲際政治：複雜的多邊關係
The Politics Of Two Continents

韓戰並非單一事件，它關係著戰後美國一個最根本的選擇：
是繼續以往的孤立主義，還是變得更國際化，以及願意為自己的國際化付出多少代價……
共和黨與民主黨藉此展開了激烈的政治辯論和角力。
在毛澤東成立新中國後，角力達到了高潮：「是誰弄丟了中國？」
其中，臺灣正是中國問題辯論的焦點。
韓戰爆發五週後，即七月二十九日，麥克阿瑟不顧反對抵達臺灣。
潰敗此島的蔣介石就像迎接美國總統一樣歡迎他的大駕親臨。
這加劇了中共出兵北韓，中美兵戎相見正變得不可避免。

12 兩黨政治

早在韓戰爆發前，杜魯門政府就已對兩大問題頭痛不已。第一個問題是，相當一部分政府高層官員認為，與美國與日俱增的全球責任相比，政府的國防預算遠遠不夠。他們感到國家對他們委以重任的同時，似乎不願給予相應的資金支持。而在他們看來，實際所需的國防預算至少要在原基礎上增加一倍才行，如果可能的話，再增加兩倍才足夠。雖然與第二個問題相比，這個問題對杜魯門政府的影響要小得多，但是對於一向在財政方面謹慎保守的杜魯門來說，這幾乎是獅子大開口。他對此堅決反對。而另一個更加敏感而又重大的問題是迅速惡化的兩黨戰時聯盟。由於蔣介石政府的垮臺，美國喪失了對中國的領導，因此有人懷疑杜魯門政府是不是有意拋棄了中國。「丟了中國」是當時人們的一種說法——如果一個國家可以被「丟」的話。而實際上，與中國有關的這個問題，即民主黨是否故意「丟了」中國，不僅在杜魯門的任期內備受爭議，而且影響了接下來的兩代民主黨人。

在一九五〇、六〇年代，美國的兩黨鬥爭一直都沒有跨越「政治止於水邊」的界線，也就是說兩黨在對外政策上一致對外。這一直是美國政治歷史上的未解之謎，彷彿對外政策是一塊不可侵犯的神聖領地，分離和凌駕於國內政治的卑鄙行為、利益衝突以及由此產生的愛恨情感之上。然而事實與此大相徑庭。民主黨和共和黨的確在戰時的幾年內有過相當深入的合作，雖然有時是勉強為之的。但是從某種意義上說，這種合作是在德國和日本威脅之下的自發行為，是一種純粹本能的行為，而非兩黨之間的有意結盟。戰爭一結束，隨著威脅和壓力消失，這種一致對外的關係就立刻分崩離析了。

如果非要說兩黨間曾有過密切合作，那也是因為共和黨作為在野黨，迫於戰時一致對外的民意壓力，自知既沒有力量製造自己的政治勢力，也難以得到人民的擁護，只好對民主黨聽之任之而無所作為。戰爭結束後，共和黨人終於迎來了他們等候多時的反撲機會。在共和黨看來，民主黨已經統治國家太久了。這場反攻雖然姍姍來遲，卻是醞釀已久、勢不可擋，不但重啟美國兩黨政治暴風驟雨的時代，同時也形成韓戰最為關鍵的政治背景：共和黨右派份子以偏概全地指責羅斯福與美國的敵對勢力暗中勾結、狼狽為奸。但是他們卻忘了羅斯福不但領導美國取得了二戰的勝利，而且也是戰後美國外交政策的重要發展基石。羅斯福不但在四屆總統任期內徹底改善了美國的政治面貌，由他領導的社會和經濟改革也改變了這個國家。但反對者們對此毫不感念，他們唯一在乎的是，羅斯福在成功實施「新政」的同時，至少是暫時削弱了共和黨的影響力，使之邊緣化。

民主黨之所以能讓共和黨處於某種邊緣化的位置，與羅斯福超凡的個人魅力有密切相關。他善於運用當時最先進的通訊設備——收音機與人民溝通，而當時其他的重量級政治人物中無人能及。事實證明，羅斯福對收音機的運用為他贏得了一筆極為驚人的政治財富。通過這種先進的通訊工具，羅斯福能以最親密的方式和選民交流，顛覆了以往陳舊的競選觀念，建立了政府高層與大眾之間直接而前所未有的情感聯繫。

在民眾的印象中，過去的總統通常是一個高高在上、一本正經、冷漠遙遠而令人無法接近的形象，偶爾會以僵硬而矜持的姿態出現在報紙上。可是現在，羅斯福透過新的通訊設備和大眾建立了一種單向的親密聯繫。在人們心目中，他是一般民眾的朋友，一位熱心而體貼的政治人物，關注人民的需求，會寬慰人民的憂慮。就像優秀的家庭醫生會親自出診，羅斯福也會透過廣播電波拜訪家家戶戶。羅斯福似乎從不需要做什麼正式的演講，事實上，他甚至自創了「爐邊談話」的方式來影響大眾。他的演說幾乎都以「我的朋友們」開始，藉此，他與成千上萬的美國選民建立了全新的關係。事實上，羅斯福堪稱第一位大眾總統，同時是後來所謂「媒體政治」的開山鼻祖，為大約三十年後的總統電視辯論奠定了基礎。

他的聲音，他無與倫比的政治技巧，一場讓無數美國人陷入水深火熱之中並將羅斯福推向總統寶座的經濟大蕭條，深具經濟和政治革命意義的「新政」，以及二戰的推波助瀾，所有這些因素綜合起來，讓羅斯福輕而易舉地深得民心，共和黨因此顯得毫無立錐之地。與羅斯福的親民形象相反，共和黨人在一場全國性的經濟危機中選擇與富豪站在一起。之前沒有一位總統的任期能超過兩屆，但是富蘭克林・羅斯福基於種種特殊的原因，在四次參選中而能四次獲勝。他的「新政」立法賦予美國社會的弱勢團體更多的權利，同時也讓勞工更加團結。當時，藍領工人仍是美國從事社會生產的主力，因此，「新政」的實施讓人們感到民主黨是一個同情勞工疾苦、關注普羅大眾所需並為老百姓爭取權利的黨派，而羅斯福則是這個黨派的領導者。

一九四〇年大選時，即將來臨的全球戰爭使美國產生了一致對外的政治情緒，羅斯福因此再度鞏固了自己在政壇的領導地位，第三次贏得總統大選。一九四四年，雖然戰時總統羅斯福的身體狀況日益惡化，但是經過巧妙的掩飾，他再度連任。在正常的社會環境下，羅斯福的政治命運勢必會衰減，然而經濟危機和世界大戰這兩個重大因素的結合，卻使他比安定時期更能延長在政治舞臺上的傑出表現。一九四四年，共和黨人認為，羅斯福當總統太久了，似乎會永遠當下去。在羅斯福第三次總統任期期間，一場全球戰爭不僅嚴重打擊了共和黨，而且幾乎讓它分崩離析。身為一名國際主義者，羅斯福卻逐漸帶領美國走進一場令人畏懼的全球矛盾之中，毫不猶豫地站在美國最友好的盟國、當時身陷重圍的英國身邊。

然而在這些問題上，共和黨內部卻分裂成兩派，雙方都頑固地各持己見，爭執不休。一派是傳統的國際主義菁英，主要聚集在東岸沿岸城市，代表華爾街和道富銀行金融家的意見。他們認為，不管喜歡與否，美國對這場戰爭都不能坐視不管。美國不僅要參戰，還得站在西方民主國家的陣營裡去。他們的觀點讓共和黨人處在贊成羅斯福國際主義理念的位置上，或是像在支持一個比羅斯福稍微保守的人物，但這個人在所有重大問題上都與總統的意見極為相似。另一派的意見卻完全不同。它更接近一般草根基層民眾的想法，代表長期居住在老舊小鎮居民的意見。他們害怕美國捲入無止境的爭鬥裡，不願意為日益衰敗的歐洲衝鋒陷陣，更不願意為英國流血賣命。持有這些觀點的人們主要集中在小鎮和小城市為主的中西部各州。他們的政治圈裡彌漫著對羅斯福的仇恨情緒，對羅斯福所有的國內政策都深惡痛絕，這些瘋狂的反對者最喜歡用「社會主義的」這個詞來形容「新政」。

共和黨內孤立主義者的數量遠超過國際主義者，對一般民眾無疑更具影響力。但在一九四〇年的共和黨大會上，由於希特勒在歐洲的崛起，孤立主義者輸給了東部的國際主義菁英。被稱作「華爾街的赤腳律師」的溫德爾．威爾基獲得了總統候選人的提名，這是國際主義者的一大勝利。在一九四四年的全國代表大會上，那些來自中西部小城鎮的黨員，自視為真正的共和黨人和黨的領導者，自認為他們的價值觀比國際主義者更正確，因為他們才是美國人民的真正代表，再次敗給了國際主義者的代表、時任紐約州州長的湯瑪斯．杜威。此後，在一九四八年的全國代表大會上，他們又敗給這個人。對共和黨中西部的核心領袖而言，他們的總統候選人在所有競選中的言論聽起來都與民主黨人相差無幾，他的政見不過是羅斯福和杜魯門微弱的回聲而已。有一次，杜威在談及《芝加哥論壇報》——這是一份孤立主義者的喉舌和輿論工具——對他的報導時說：「如果你讀過《芝加哥論壇報》，你就會覺得我簡直就是羅斯福的直系後代。」

眼看羅斯福的總統競選聲勢越來越浩大，共和黨右派雖然眼紅嫉恨，卻束手無策。他們失去得越多就越憤怒。每逢全國代表大會，這幫人都會帶著必勝的信心去捍衛自己的真理，但最終只能眼看著來自工業大州的某位菁英份子將總統候選人的提名搶走。在一些有力的國際主義出版商（其中最重要的就是《時代》和《生活》雜誌的創辦人亨利．魯斯，當時正處在他的媒體事業的鼎盛期）的支持下，杜威每次都能輕鬆獲勝。一九四〇年和一九四四年的全國代表大會讓共和黨右派痛苦不已，他們幾乎很難確定自己是更恨羅斯福和民主黨人，還是更恨本黨中的國際主義派。在他們看來，那些國際主義者根本就是偽共和黨人，一群東部的勢利小人。他們有足夠的能耐從共和黨人手中竊走總統候選人提名，卻永遠沒有能力贏得總統選舉。

隨著二戰的結束和羅斯福的去世，右派份子認為自己在黨內和國內東山再起的時機到了。在一九四六年的非總統大選年選舉中，右派份子終於首度有機會還擊。在他們看來，自己作為傳統價值的捍衛者，目標非常簡單，無非是要宣揚他們的美國主義，以免美國人丟棄傳統價值觀。而美國人如果不用自己的傳統價值觀來對抗敵人，他們將會變成右派份子口中的社會主義者和共產主義者，或是政府給予過多津貼的人。共和黨主席、來自田納西州的國會議員B・卡羅爾・黎斯（B. Carroll Reece）在選前說：「今年美國人要在共產主義和共和主義之間做出選擇。」內布拉斯加州參議員肯尼斯・惠利補充：「即將來臨的選舉不只是一場選舉，還是共和黨的聖戰。」從某種角度來看，在某些地區，事實的確如他所言。

意外當上總統的杜魯門（本來不太可能是全能羅斯福總統的繼任者），真的非常幸運，因為一九四六年不是總統大選年；然而因為他的上任，國內瀰漫著一股不快，而焦慮也潛藏在平靜的表象之下。與那些飽受戰爭蹂躪的盟國（以及敵國）不同的是，美國在二戰中異軍突起，成為全球唯一在戰爭時期仍然保持快速發展的經濟強國。但大多數美國人都對政府的外交政策不以為然，他們並不希望長期成為歐洲國家之間無休無止的政治軍事鬥爭的一部分。實際上，大多數美國人希望和歐洲國家的瓜葛盡量減至最少。在這樣的前提下，共和黨人在一九四六年的國會選舉中大獲全勝。

民主黨人曾在戰時提出一句非常成功的口號：「不要在中途換馬」。隨著戰爭壓力的解除，對現任總統的支持也就隨之而去。相反的，共和黨人試圖推動全面減稅百分之二十的計畫，讓他們贏得了參議院十一個席位與眾議院五十四個席位。北方勞工聯盟、大城市政治家以及南方保守的政治寡頭對羅斯福的合力支持開始逐漸瓦解，代之而起的是共和黨人希望的那種「老式美國政治常態」。新罕布夏州參議員布利吉斯說：「美國已經成為共和黨人的國家。」布利吉斯在後來的「中國遊說團」中扮演了重要的角色。一些新上任的共和黨議員在競選中沒有強烈地反對民主黨，而是反對共產主義和政治顛覆。選舉為共和黨人在參議院增加了席位，其中包括威斯康辛州的約瑟夫・麥卡錫、印第安那州的比爾・詹納、俄亥俄州的約翰・布里克、華盛頓州的哈利・凱恩以及密蘇里州的詹姆斯・克姆。其中有些人後來與類似肯尼斯・惠利這樣的參議院保守派一起，沉迷於共產黨人和政府內的政治顛覆這個話題。他們在美國經濟事務上缺乏見解，只好提出這些非比尋常的新問題來抵銷弱點。大選結束後，T. R. B.（受僱為《新共和》寫社論者的共同筆名）在當時的老牌自由主義雜誌《新共和》上寫道：「俯首稱臣吧，美國民眾們，保守主義已經席捲美國。當全世界其他國家都在走向左派時，美國卻走向右派。」

美國人最關注的問題莫過於美國在戰後世界所扮演的角色。美國是否應接過英國的權杖，成為歐洲民主國家的領導者？而一旦美國擔任這個角色，需要付出多大的代價——在稅金方面？兩黨領導人對此都難有定論。兩黨也都不敢急於為領導西方國家而付出經濟代價。極端仇共的共和黨人希望盡快裁軍，最後單純依靠核子壟斷來維護國家安全。他們對重建歐洲秩序更為擔憂，因為歐洲各國飽受蹂躪，難以重建，對共產主義勢力也缺乏抵抗力，許多歐洲國家還爆發了共產主義者的顛覆運動。事實上，在韓戰爆發前夕，美國的國防態勢非常混亂：國防預算被削減，軍隊規模很小，而五年前還處於世界領先地位的武器裝備也日益落伍。對於美國究竟應該為國家安全付出多大代價，政府高官們各持己見。在北韓跨越三十八度線時，當時被共和黨右派惡意攻擊為對共產主義過於軟弱的國務卿艾奇遜，正設法從各個部門擠出一筆大額經費以供應國防開支，使國防經費增加兩倍。雖然艾奇遜當時已成為總統國家安全核心團隊中最具影響力的人物，他仍然不能保證能穩操勝券。

國防預算難以增加的部分原因在於杜魯門。如果說杜魯門在大多數冷戰問題上都很強硬，那麼他也強硬地反對增加財政預算，他厭惡財政赤字。「他是我所見過對金錢最為審慎的人，」華爾街保守派人士詹姆斯．福萊斯特這樣評價杜魯門，「他和我一樣，認為我們不能在應對『冷戰』的過程中不利於自身的經濟發展。」來自中西部的杜魯門天生就是一個敏感多疑、小心翼翼的民粹主義者，打從心裡提防那些位高權重、裝腔作勢之人。在他看來，太多高階將領有這樣的傾向。他始終認為，軍隊一直在浪費納稅人的錢。

他在一戰期間擔任過砲兵上尉，這段經歷讓他對高階將領，尤其是西點軍校出身的軍官更為警惕。他認為這些人無一例外地自視甚高、頤指氣使。而杜魯門自己出身低微，少年時代生活艱辛，青年時代正好碰上經濟大蕭條，這都讓他對財政計畫小心謹慎、格外保守。他對財政支出的原則是「以收定支，不得透支」。作為參議員，他在二戰初期領導過「杜魯門委員會」，對軍中的管理混亂和行政浪費行徑進行過徹底細緻的調查，這更讓他堅定自己的財政理念。他曾經說過：「所有的軍人都對財務一竅不通，他們唯一知道的就是怎麼花錢，卻從不考慮這些錢花得值不值。」雖然杜魯門一度與某些高階將領走得很近，比如布萊德雷，但他對軍隊的整體態度從未改變。正如他對作家默爾．米勒所說的那樣，「他們當中的大多數人就像戴上眼罩的野馬，除了自己的鼻子，什麼都看不到。」

杜魯門對債務深惡痛絕。他還在獨立城時，家裡負債太多，不得不抵押自家的農場。戰爭結束時，杜魯門日思夜想的就是如何償付美國在過去四年所欠下的兩千五百億美元的巨額債務。這一度讓杜魯門憂心忡忡，因為至少在當時看來，兩千五百億美元是一個難以償還的天文數字。戰爭剛結束，杜魯門就迫不及待地將原本每年九百一十億美元的國防預算刪減到一百至一百一十億美元之間，而且希望不久後能進一步縮減到每年六十至七十億美元。換句話說，如果國家安全部門的官員想讓軍費預算上調至自己所設想的水準，他們就得盡全力說服杜魯門。

顯然，馬歇爾和艾奇遜想得到更多的國防預算。一般說來，國防部長在這類問題上應該和艾奇遜站在一起，但當時的國防部長江森並非如此。江森是代替因健康問題而離職的福萊斯特（頭號冷戰強硬份子）出任國防部長的，因此江森便成為艾奇遜的頭號敵人。不論是出自政治因素還是個人因素，江森對艾奇遜的權力及其對杜魯門的影響力都嫉妒萬分，因此即使是以損失本部門的財政預算為代價，他也不惜藉此毀滅艾奇遜的政治前途。對江森而言，自己的政治抱負比國防預算更重要。他一直夢想自己能成為一九五二年民主黨的總統候選人，因此他始終努力將自己塑造成一個嚴格控制軍費開支的國防部長。如此一來，到一九五〇年冬季結束時，艾奇遜已經變成要求增加國防預算的頭號代表人物。共和黨內艾奇遜的反對者也不贊成增加預算。他們一貫熱衷於批評杜魯門政府的外交政策，尤其是對華政策。因此當時的形勢是，儘管美國即將痛擊自己的敵人，卻沒有人認真考慮由此衍生的經費問題。

這讓艾奇遜陷入一片指責聲浪中，批評者紛紛攻擊他對共產主義者顯得過於怯懦。因為在艾奇遜看來，軍費開支中有很大一部分將用於避免美國受到歐洲和其他地區共產勢力的威脅。但是，提高軍費開支這個話題無疑是政治地雷區。軍費的提高必定導致賦稅的增加，因此艾奇遜只能採取巧妙謹慎的方法達到目的。他最得力的助手是剛剛在國家安全單位初露鋒芒的年輕人保羅・尼采，當時他正設法取代喬治・肯楠成為國務院政策計畫處處長。在艾奇遜看來，尼采比肯楠更強硬，與自己的政治觀念更協調（一九五〇年一月，尼采最終正式取代肯楠當上了處長。其實之前的幾個月裡，他就已經掌管了這個部門）。艾奇遜和尼采小心翼翼地透過政府各級部門對國防政策進行徹底審查，最後頒布了後來人盡皆知的《國家安全委員會第六十八號文件》，即「NSC68」。

這份在美國歷史上前所未有的文件，重新改寫了美國當時的國防任務。為了不引起江森及其盟友的注意，艾奇遜和尼采盡量避免讓別人探知自己的計畫，尤其是不能讓人知道他們對國防預算的期望值。艾奇遜希望政府高層原則上認同提高軍費開支，然後再談具體數字。在做好一切準備工作之前，他也不和江森正面交鋒。這麼一來，他就可以從江森的背後出擊。因此，在提高預算方面，雖然艾奇遜遭到江森的強烈反對，但最終得到參聯會成員的一致支持，因為美軍五年來一直因捉襟見肘的軍費而坐立難安，這不能不說是一種莫大的諷刺。美國軍費如此微薄的核心原因在於美國的核子壟斷允許它削減國防預算中其他專案的開支。當一九四九年秋天蘇聯打破美國的核子壟斷時，這些長期被擱置的問題才又重新浮出檯面。

從一九四五年開始，軍人和政客在預算問題上的對抗持續延燒。二戰甫結束，在兩黨的極力煽動下，整個美國都迫不及待要裁軍。所有政治人物，不論左右，都無一例外地表示支持裁軍，並希望立即實施，毫不拖延。戰時的美國是一個樣，彷彿一夜之間就建造出人類歷史上最萬能的軍工廠。而戰後的美國是另一個樣，人們紛紛要求解編復員，削減軍費。其中的矛盾就在於，戰後人們的要求變了，而美國還是那個美國。肯楠曾經提到，像美國這樣一個民主大國所面臨的問題就是，它似乎像一個沉睡的巨人一樣對自己周圍的變故毫不關心。直到有一天，它突然從夢中醒來，就會對自己的所見所聞感到異常憤怒，並開始瘋狂攻擊。

一九四六年，陸軍參謀長艾森豪應邀去國會山莊會見眾議院軍事委員會主席約翰・帕內爾・湯瑪斯（J. Parnell Thomas）。來自紐澤西州的共和黨人湯瑪斯是那個瘋狂年代最真實的反映，一位充滿敵意的反共產主義者。他經常談論羅斯福和「新政」破壞了美國的資本主義制度。身為眾議院「反美國活動調查委員會」（House Un-American Activities Committee）的頭頭，他因逮捕好萊塢的共產黨人而一度名聲大噪。但不久後，他就因為在辦公室薪水帳冊上動手腳、盜領員工薪資而鋃鐺入獄，被關進康乃狄克州丹伯里的一座監獄，而在那裡，湯瑪斯的兩名獄友恰恰是之前因為拒絕在反美國活動調查委員會作證而被捕入獄的好萊塢作家。當時，艾森豪已經做好和這位國會要員打交道的準備，因為湯瑪斯可能要和他就如何在對國家影響最小的情況下減少美國的軍事力量進行一場嚴肅的討論。可是艾森豪沒想到自己正走進湯瑪斯處心積慮設下的圈套中。在國會山莊，艾森豪不僅看到湯瑪斯，還看到他身邊一群嫵媚動人的年輕女性，一群正急切期盼丈夫歸來的軍人妻子，而在一張會議桌上則擺放著各式各樣讓人眼花繚亂的嬰兒鞋。一名攝影師突然闖入，對著那些望眼欲穿的年輕妻子、那些寓意溫馨的嬰兒鞋，對著面帶微笑的湯瑪斯及一臉暴怒的艾森豪，拍下一張照片。隨後，這張照片很快就見諸各大媒體並迅速傳播開來。

戰爭末期，美國軍隊的規模高達一千兩百萬人，而復員的比例也達到了驚人的百分比。每天都有一萬五千名軍人辦理退伍手續，成千上萬的退伍軍人從海外返回故鄉，交通運輸一時供不應求。大眾對此強烈抗議，並打出「沒有回國船隻，就沒有選票」的口號。一九四七年，部隊總人數已經降到一百五十萬人，而軍費開支也由戰時高峰期的九百〇九億美元銳減到一百〇三億美元。此外，二戰時美軍先進的武器裝備在戰後也沒有得到任何補充和更新，結果不到幾年，部隊的裝備就大大落伍，很多武器甚至淪為廢鐵。

後來公布的美軍調查報告顯示，在韓戰爆發時，有百分之四十三編制在遠東司令部的充員兵在「陸軍一般分類測驗」（AGCT）中，作戰能力和智力水準分別為四等和五等，即測驗結果中最低的兩個等級。在高階將領們看來，美國作為一個新崛起的強國，卻突然拋棄了自己的所有責任。親眼目睹這個急速裁軍過程的魏德邁將軍（Albert Wedemeyer）說：「美國在二戰後的表現就像是打完了一場美式足球比賽，大獲全勝後，他們就離開球場去慶祝了。」馬歇爾也評論：「這根本就不是復員，而是一場潰敗。」參聯會主席布萊德雷將軍也說，美軍當中「只有八十二空降師尚有差強人意的作戰能力」。在多年的人員裁減和軍費緊縮之後，美軍在韓戰初期，用布萊德雷的話說，完全就是一支「手無縛雞之力」的隊伍。

《紐約時報》的菲利浦（Cabell Philips）的觀察指出，軍事預算幻化為一張張殘酷的文件，遭砍的部份不是肥肉，而是刀刀見血見骨。一九四八年底，三個軍種為申報一九五〇年度預算提交了預算草案，總金額為三百億美元。首任國防部長福萊斯特，花了數個小時的時間才將金額刪減到一七〇億美元。不過相較於國防軍事的建設，杜魯門顯然更在乎國內經濟的成長（他比任何人都明白，加稅將會帶來什麼樣的政治惡果）。

所以他希望國防預算不能超過一五〇億，最終這個數字被降低到了一四二億才過關。由於預算實在太過於有限，不同軍種爭奪起來也超乎想像的野蠻。陸戰隊的規模遭到大幅縮減，因為包括布萊德雷在內的軍事將領都宣稱，未來的戰爭不再需要兩棲作戰任務了，而這同時也意味海軍的角色將大幅下降。

假若任何軍種在此刻得到特別青睞，那恐怕只有軍火庫裡有原子彈的空軍了。這種以安全感為基礎的心理狀態，似乎普遍流行於這個得到兩大洋屏障的民主國家。

等到韓戰爆發時，就連帶領著美國趕上第二次世界大戰腳步的馬歇爾將軍，都覺得這個國家完全沒有從過去的經驗中學到教訓。一九五〇年十月中旬，杜魯門總統到威克島與麥克阿瑟會談，馬歇爾並沒有同行，但是卻被其他同行官員們過於愉悅的態度給嚇到了。

陸軍部長培斯將麥克阿瑟樂觀的談話轉告給他，表示美軍正在贏取戰爭的勝利，很快就可以回家來了。培斯說：「馬歇爾將軍，麥克阿瑟將軍表示戰爭將會在感恩節結束，弟兄們耶誕節就可以回家來了。」

讓培斯大感意外的，是馬歇爾沒有與他一起同樂，他回應道：「培斯，這下子可麻煩了。」

培斯以為馬歇爾沒聽懂他的意思，所以他又重複了一次關於戰爭結束的好消息。結果馬歇爾卻說：「我聽到了，但是急躁的結束這場戰爭可能讓我們無法全面瞭解我們接下來將碰到的問題。」

仍然一頭霧水的培斯詢問馬歇爾，美國人民是否需要對冷戰有更全面的瞭解。馬歇爾表示，這正是他的意思。培斯：「馬歇爾將軍，從美國人民的觀點來看，這是一場艱難又激烈的戰爭。」

不過馬歇爾沒有把他的一句話給聽進去，因為打從第二次世界大戰前他就開始思考這個問題。當戰爭結束的時候，戰車逐漸在太平洋生鏽，男孩們回家後投入民間工作，他一手建立起來的強大軍事力量可以被允許「退出舞台」。

不過過去是過去，現在是現在，培斯辯解道：「現在一切已經水到渠成，您是覺得我太過天真，還是美國人民沒有學到教訓？」

結果馬歇爾居然回答：「不，培斯，我不會說你天真，但我會說你超越想像的天真。」

＊＊＊

在高層官僚中，最積極順應冷戰變化並做出改變的是福萊斯特，即便他遭遇到預算刪減的問題，還有對蘇聯動機的憂慮。不過與此同時，他還必須要面對心理障礙，還有身體狀況逐漸衰弱的問題。他每天工作的時間，依照艾森豪將軍的說法是可以「殺掉一匹馬」的。

福萊斯特一直以來都以對蘇聯強硬而聞名，他甚至在一九四五年七月關於如何徹底擊敗日本的會議上，公開提出一個很難受到與會者歡迎的問題。他憂慮如果勝利的太徹底，舊有的日本被保留的成份太少，東北亞將可能出現一個不只有蘇聯，還有崛起中的中國共產黨填補的真空。他當時已經預料到，共產黨會在即將來臨的國共內戰中贏得勝利。

所以他反覆思考，美國是否真的應該如同美國許多戰略決策者想的那樣，徹底摧毀日本的工業基礎？

福萊斯特因為覺得美國國防預算無法充分反映對蘇聯的威脅，而顯得越來越焦慮。似乎在他看來，美國的措辭用語和音量，永遠比美國真正具有的軍事實力還要強。他的政治憂鬱症，與他逐漸走下坡的健康攪合在一起，從一九四八年開始逐漸引起其周邊的親朋好友擔心。

除了越來越歇斯底里外，他看起來也越加憔悴與無精打采。身上穿的衣服領子，也很明顯比他的身材大出了許多。他再也沒有辦法入睡，見人的時候永遠表情鐵青。在任的最後幾個星期，他死命拉著杜魯門談論同樣一個問題。顯然他已經進入精神崩潰狀態，就連福萊斯特也感覺自己要倒下來了。到了一九四九年二月，他向杜魯門提出了在六月一日辭職的請求，可是杜魯門知道他撐不了那麼久的時間。

一九四九年三月一日，他打電話給福萊斯特詢問他的辭呈。曾經在一九四八年為杜魯門募款的江森，在四個星期後取代了住院的福萊斯特成為新任國防部長。

冷戰初期，福萊斯特是美國政府高官中最努力的一員。他積極調整，努力適應杜魯門的要求。銳減的國防預算給他帶來巨大壓力，加上對蘇聯意圖的擔憂，尤其是他個人心理狀況的失調讓他的精神狀態不斷惡化。一九四八年五月末，他從貝蒂斯海軍醫院十六樓的窗戶跳下，結束了自己的生命。在冷戰初期的緊張壓力下，福萊斯特不過是眾多犧牲者中的一員。安排江森接任國防部長被視為杜魯門最糟糕也是最政治化的人事任命之一。江森為人霸道，比福萊斯特還情緒失常，只是兩人的表現方式不同而已。由於力主大幅削減軍費，再加上他對軍人的侮蔑和怠慢，江森遭到了美軍高層的長期厭惡。

回顧戰後這幾年，人們會清楚發現，杜魯門政府正好處在美國歷史的關鍵時期。有關未來發展持續不斷的討論，杜魯門的幕僚對ＮＳＣ６８的爭執不休，他不但要在全新的國際化環境中調整政府，而且要在美國逐步接受自己的全球責任的過程中，應對由此產生的政治變動，甚至是政治矛盾。杜魯門政府即將面對的一個最根本的選擇，是讓美國擔當起國際責任，變得更國際化，還是繼續以往的孤立主義。同樣重要的是，他們還必須認真考慮，美國究竟願意為自己的國際化付出多大代價。我們需要從杜魯門堅信要與一個強大而民主的歐洲結盟、美國丟失了中國、毛澤東的崛起、韓戰的爆發和民主、共和黨兩黨競爭的重新開始，來看待這一抉擇。

在ＮＳＣ６８所引發的辯論中，艾奇遜始終是最重要的角色，是核心人物。從廣義上說，這不像一場辯論，而更像杜魯門政府中各派勢力的對決。戰後美國應扮演什麼樣的角色？美國究竟要成為多強的國家？美國應該在多大程度上接過英國的權杖，成為西方諸國的領導者？艾奇遜擔任國務卿的時期，正是冷戰期間至關重要的幾年。在這幾年裡，美國主要戰後同盟在巨大的「集體安全」需求驅使下形成了，因此把這段時期稱為「艾奇遜時代」是毫不為過的。在大英帝國的旗幟逐漸落下時，美國的政策何去何從？沒人比艾奇遜更清楚問題的答案了。艾奇遜始終大力推行美國與歐洲結盟。然而許多人基於各種原因對歐美結盟深惡痛絕，當時美國大多數人仍滿足於因循守舊的傳統狀態，因此在艾奇遜眼中清晰、偉大的政治願景，卻難以被普通民眾接受。這使艾奇遜與許多人在美國如何對待世界這個問題上矛盾重重。

從一開始，艾奇遜就在政治鬥爭之中。一九四九年一月二十一日，即杜魯門出任總統後的第二天，艾奇遜被任命為國務卿。之前，共和黨人對他恨之入骨。艾奇遜後來說，反對者之所以恨他，最根本的原因是杜魯門與麥克阿瑟之間的惡劣關係。時隔二十四年後，艾奇遜寫道：「如果當時能預見未來，我們就會看到這些摩擦和矛盾不過是麥克阿瑟和杜魯門長期明爭暗鬥的開始，而這場鬥爭最後導致麥克阿瑟在一九五一年四月十一日被解職。」

在戰後全新的、政黨壁壘分明的年代裡，艾奇遜成為保守派最頻繁的攻擊目標。他被批評者視為左派份子，這是一件頗具諷刺意味的事，同時也反映了當時特定的時代背景。史東站在左派的立場寫道：「只有在冷戰時期的美國，在狂熱而又扭曲的視角下，艾奇遜才會被人如此誤解。事實上，他只不過是一個措辭粗暴而盛氣凌人的『開明保守派人士』。」「在當今麥卡錫主義盛行的年代，有誰記得艾奇遜起初在財政部任職時，曾一度被支持新政的改革者們公開指責為華爾街的特洛伊木馬，一個潛伏在政府當中、表面替人民服務、實際上卻維護銀行家利益的內奸。」

艾奇遜深知自己天生才智過人，而能夠與他的才華相提並論的，是他同樣非比尋常的正義感，但是這種正義感偶爾也會讓他陷入麻煩。無論是教育背景、衣著品味還是舉止修養，艾奇遜都顯得異常出眾。同時，他也毫不掩飾自己在知識水準和社交能力方面的自信。艾奇遜和許多國會議員都交惡，他覺得這些人已經被政治弄得臭氣薰天。艾奇遜習慣用高高在上的姿態和他們說話，彷彿搖身一變成了小學老師，在為一群令他不勝其煩的六年級學生上課。明尼蘇達州共和黨人周以德（Walter Judd）就是這群國會議員之一。他曾經在中國傳教，後來成為「中國遊說團」中的主要人物之一。他在評論艾奇遜時說，艾奇遜對待他們「總是帶著一種屈尊俯就的架勢，彷彿他無時無刻不對我們這些鄉巴佬感到遺憾，彷彿他所說的一切都是在對牛彈琴」。

艾奇遜是一個不折不扣的國際主義者，二戰時就已經滿懷激情地憧憬美國的國際主義路線。他也是羅斯福的忠實擁護者。一九四〇年，當羅斯福的許多同儕都認為連任三屆總統有違民主原則時，艾奇遜堅定支持羅斯福連任。華盛頓高層中，不會有人比艾奇遜更自然地接受了從羅斯福到杜魯門的轉變。他不但在一九四五年被任命為副國務卿，而且迅速成為深受新總統重用的左右手。與其他人不同，艾奇遜從杜魯門上任之初就敏感地了解到杜魯門擁有的力量、個性、決心，以及在緊要關頭的英勇無畏。在對待歐洲的態度上，杜魯門的政見和艾奇遜不謀而合。他們都想在二戰後重建一個和平穩定的歐洲，這是一戰後的戰勝國所沒有做到的。由於胸懷共同目標，缺乏外交經驗的杜魯門比羅斯福更需要艾奇遜的輔佐和支持。反過來說，艾奇遜也對杜魯門的直率大為欣賞。和羅斯福這樣一個城府深沉、不露聲色的人共事多年後，杜魯門直率坦誠的個性讓艾奇遜如釋重負。

如果說這個時代是「艾奇遜的時代」，那麼它既能體現艾奇遜的才華和力量，也會暴露他的弱點。艾奇遜對歐洲的形勢瞭若指掌，深知必須在戰後讓歐洲民主國家和平過渡，並在彼此之間建立強大的經濟聯盟，以阻止蘇聯可能採取的擴張和滲透。在這一點上，美國無疑大大成功了。但在艾奇遜不夠關注也並不了解的國家和地區，美國的對外政策就遜色不少。事實證明，艾奇遜還沒適應反殖民時代的到來。

事實上，他是一個真正的保守派，這種保守就是過時落伍的代名詞。同樣的，他對發展中國家也缺乏關注。當這些國家內部正發生摒棄舊制度的革命時，艾奇遜絲毫未察這股革命力量會以怎樣的形式和強度出現。而正是這股力量，讓他的後人在往後三十年裡深感苦惱。

在處理與發展中國家的關係上，艾奇遜面臨的一個問題就是，這些國家的人並不按艾奇遜所知的規則出牌，因此無法因應。艾奇遜之前所接觸的英國人、法國人，甚至是二戰時的德國人，都和艾奇遜有同樣的觀念，遵守同樣的規則。可是當他面對這些貧困落後的國家時，他無法從這些人身上看到英國人安東尼・艾登、法國人讓・莫內或是德國人康拉德・阿登納的影子。艾奇遜當然不會將胡志明與前面三人相提並論。例如在一九五二年時，面對越南獨立同盟的軍事反擊和政治對抗，法國軍隊瀕臨失敗，但艾奇遜卻渾然不覺。法國人當時到了無計可施的地步，之前他們試圖在當地人裡選出一名合法的領導人加以扶植。但讓他們後悔不已的是，這個名叫保大的末代皇帝不過是個輕佻無能的花花公子，出身貴族但對政治毫無興趣。在法國人進入越南之前，他只能在本國的稻田裡尋歡；被法國人扶植後，他卻藉機到法國南部遊山玩水，原本就無心於國事的他更加樂不思蜀、流連忘返。然而越南人民卻深陷一場前所未有的革命鬥爭之中，迫不及待想顛覆腐朽王朝的統治，因此難以接受保大的領導。

艾奇遜的傳記作家之一大衛・麥克萊倫寫道，在這種情況下，國務卿卻固執地認為這個結局完全是越南人咎由自取。他評論：「他們似乎天生就有東方人聽天由命的態度，反而對領導國家毫無興趣。」「根據我們目前的觀察，法國人已給予他們足夠的自治，但是他們卻沒有能力駕馭自治。」事實上，越南人民反抗的真正原因卻與艾奇遜的觀點截然相反。他們想擺脫殖民統治，讓自己的國家掙脫法國人的掌控。同時，法國駐越部隊的指揮官也不認為越南人聽天由命，相反的，他們倒覺得越南人過於狂熱。

艾奇遜自視為「實力政治」的忠實擁護者。對他來說，從現實主義的角度來看，蔣介石政府已經山窮水盡，國民黨失去對中國的領導權已成定局。當毛澤東及其領導的共產黨人即將接管中國時，艾奇遜並沒有將新中國視為蘇聯的傀儡，也不認為美國有朝一日會與中國交鋒。一九四九年二月，艾奇遜感到中國內戰即將結束，因此他認為此時任何對蔣介石的額外援助都會「愈加激發中國人民對中國共產黨的支援，並鞏固他們與蘇聯站在一起的決心」。

他的觀點得到了大多數「中國通」的支持，其中包括肯楠。可惜時局和政策卻瞬息萬變。就在此時，范登堡參議員拜訪了白宮高層，指出美國不能停止對華援助。幾天之後，五十一名國會議員聯名要求美國政府重新審視對華政策。到了二月末，艾奇遜就中國問題會見了國會領袖，希望能為自己的外交政策爭取時間，同時緩和緊張氣氛。在這場會議上，艾奇遜提到了繼續支持蔣介石政府的危險，並發表「讓塵埃落定」的觀點。第二天，「中國遊說團」的領導人之一、內華達州民主黨人派特．麥卡倫聽說了這件事。他清楚意識到艾奇遜身處困境，於是乘虛而入，順勢提出了十五億美元的對華援助計畫。

艾奇遜身處一個狂熱和騷動的年代，這種狂熱和騷動可能是任何國務卿都無法忍受的。不僅如此，他擔任國務卿的四年，可能是美國歷史上對外政策最難決斷的時期。正是在他的任期內，蔣介石政府在中國大陸一敗塗地，這位大元帥最後逃到臺灣。艾奇遜宣誓就職的那一天，正好是蔣介石離開中國大陸逃亡到臺灣的那一天。（後來，艾奇遜尖酸地說：「美國政府終於批准了我們的對華政策，我也終於宣誓就職，但是蔣介石卻逃跑了。」）同年秋天，局勢愈來愈惡化。蘇聯成功試爆了第一顆原子彈。短短幾週後，中國共產黨就在北京建立政權，引發了眾多美國民眾的反感。這些事件暗示舊的世界均勢遭到破壞，美國政界一時陷入極大的恐慌之中。蘇聯原子彈的研發成功打破了美國的核子壟斷，美國再也不是世界上唯一擁有核子武器的國家了。而幾乎同時，中國這個曾經由於接受美國的傳教計畫而備受千萬美國人鍾愛的國家卻落入了共產黨手裡。美國曾將中國設想為自己在亞洲最重要的盟友，可是現在卻不得不對它處處提防。

沒有什麼比蘇聯核子試驗的成功更令美國人震驚了，它幾乎一夜之間改變了美國人對國防的態度。

一九四九年九月三日，美軍一架用於測試同溫層核輻射濃度的 WB-29 偵察機在完成了對蘇聯的遠程例行性偵察，調查報告顯示遠高於以往的輻射活性。根據飛機上某台掃描器顯示的資料，同溫層中的放射頻率每分鐘高達八十五次，而在正常環境中，這項資料應維持在五十次左右。同時，另一台掃描器的頻率則為每分鐘一百五十三次。兩天後，另一架從關島飛往日本的飛機檢測出每分鐘一千次的放射頻率。美國的核子專家立刻得出結論：大約在八月二十六至二十九日之間，蘇聯人的祕密核子試驗獲得成功，試驗地點可能是在蘇聯的亞洲區域。蘇聯引爆的這顆原子彈很快就被命名為「約瑟夫一號」，用來紀念蘇聯領導人史達林。

在盟友英國日漸衰弱的情況下，杜魯門擔心這兩個消息會引發國際金融市場的崩盤，因此直到九月二十三日，美國政府才對外發布了蘇聯核子試驗成功的消息。為了避免恐慌，杜魯門特地在措辭方面使用「原子爆炸」而非「原子彈」。儘管如此，人們還是立刻對這項消息反應出惶恐不安，政界上下更是驚慌失措。很快的，美國的原子彈之父歐本海默對國會作證。范登堡參議員惴慄不安地問：「博士，我們現在該怎麼辦？」歐本海默回答：「和我們的朋友站在一起，堅強地面對。」歐本海默幫助美國發明了核子武器，而自己卻成為政府的懷疑對象。早在「曼哈頓計畫」實施的過程中，身為專案技術指導的歐本海默曾親身經歷一系列的安全檢查。他沒想到的是，自己對原子彈的發明始終抱著矛盾情緒，他對投放在廣島和長崎的兩枚原子彈所造成的恐怖惡果深懷愧疚，他對氫彈計畫猶豫推託，這些最後讓他成為安全調查的對象。

如果說「約瑟夫一號」的爆炸和蔣介石離開中國大陸這兩個消息還不足以讓艾奇遜墜入深淵的話，那麼最終將他再度推入絕望困境的正是艾奇遜自己。一九五〇年一月底，曾在國務院任職的阿爾傑·希斯參加了自己的第二次聽證會。這次聽證會表面上是關於希斯的偽證案，實際上卻蘊含更嚴重的問題：希斯可能在二戰時擔任蘇聯的間諜。而這時，艾奇遜卻向希斯伸出援手，以表示自己對友誼的忠誠。當時的艾奇遜已經被驕傲衝昏了頭，他無緣無故地發表聲明來支持一個背負叛國罪名的嫌疑人。艾奇遜的這個舉動不但對自己的政治前途造成了毀滅性的影響，同時也令他所效忠的杜魯門政府陷入困境。在長達兩年的時間裡，希斯案一直吸引著美國民眾的注意力。

後來有人說過，希斯案其實反映了當時美國國民整體的精神狀態。由於經濟大蕭條帶來的貧困與法西斯主義的崛起，左派自由主義者開始對資本主義制度喪失信心，他們大多不是變成了共產黨，就是變成了親共派。然而，這個說法極為荒謬：即使美國的民主制度當時真的失敗了，大多數左派自由主義者仍對美國政府忠心耿耿。沒有人加入共產黨，或成為共產黨的間諜。在希斯案的調查初期，相較之下，美國民眾似乎更同情希斯，而不是案件的原告惠特克．錢伯斯。這是因為希斯看起來更有魅力，而《時代》雜誌的資深作者錢伯斯之前曾加入共產黨。此外，在冷戰初期，人們對政治迫害並不怎麼熱衷，已經有好幾個地區率先打出了反對政治迫害的口號。經常以旁觀者的客觀態度報導美國時事的英國記者阿里斯泰爾．庫克曾說過，希斯「簡直就像亨利．詹姆斯筆下的主角，他比尖酸、困頓、自負而世故的典型英國人更為睿智優雅。他神態鎮定、舉止得體、待人友善，正如新大陸所培養出來的人物」。

最初，大眾輿論似乎更有利於希斯。略有些固執卻質樸的他風度翩翩、舉止合宜，是有望進入「東岸權貴集團」的典型人物。他從一開始走的就是東岸權貴集團的路線：哈佛法學院畢業，經菲利克斯．法蘭克福引薦加入奧利佛．溫德爾．霍姆斯律師事務所，新政期間作為政府要員身負重任。還有就像後來有證據顯示的那樣，從一九三〇年代到二戰結束，他擔任共產黨的間諜。相較於外表高雅的希斯，錢伯斯心機深沉、內心陰暗、不修邊幅而偏執激進。錢伯斯從童年起，命運就極為微賤艱苦。孩提之時，他的酒鬼父親就為了一個同性戀人而拋棄了他。錢伯斯好走極端，一度是一名篤誠的共產黨員。後來他幻想破滅，退出了共產黨，更加相信別的信念。青年時期的錢伯斯相信世間所有的真理都來自共產主義信仰。而年長之後，當幻想破滅，他轉而相信世間所有的謊言都來自於共產黨。

作為《時代》雜誌的資深作者，錢伯斯被同事視為最有才華卻最難相處的人。戰時，他因為曾經是一名共產黨員，就認為同事們理應和他一起站在共產主義的立場上。後來，他退出共產黨，便認為同事們理應和他一起仇視共產黨。在美蘇兩大陣營的較量上，他認為《時代》雜誌的所有記者都應該和他有相同的觀點，否則他們就是親共份子。從某種意義上來說，《時代》雜誌的確是一份有點沉悶悲觀的刊物，總是喜歡危言聳聽地宣揚西方的衰落。因時事報導而聞名於世的評論家莫瑞・開普頓也報導過希斯案。他說：「沒有人能像錢伯斯那樣長期不懈地警告世人，以免西方文明走向末路。」

錢伯斯聲稱他退黨前就與希斯熟識，但希斯否認。然而希斯的供詞很快就漏洞百出，反而證明錢伯斯所言不虛。加州國會議員理查・尼克森注意到希斯的供詞前後矛盾，而聯邦調查局局長胡佛支持尼克森的觀點。正如當時《紐約先鋒論壇報》記者霍默・比加特所報導的那樣，希斯的供詞有太多的錯誤，太多的事件前後不符。希斯的第一場審判旨在裁定他是否做了偽證，陪審團十二名成員中有八名認為他有罪。隨後在一九五〇年二月二十二日的二審，陪審團一致認定希斯的偽證罪名成立。那時正是艾奇遜擔任國務卿的第二年，早在之前，艾奇遜就和希斯保持著良好的關係，尤其是和他的弟弟唐納德・希斯相交甚歡。負責國務院安全工作的阿道夫・伯利在希斯案發生前十幾年就警告艾奇遜要提防希斯兄弟。一九三九年，錢伯斯告訴伯利，希斯兄弟二人皆為共產黨員。希斯在二戰期間一直擔任國務院特別政治事務辦公室主任，主要負責處理聯合國事務。而他的弟弟唐納德那時擔任艾奇遜的助理，後來成為他的法律事務所合夥人。伯利後來指出，當希斯兄弟的問題被人提出時，艾奇遜回答：「我從孩提時代起就和希斯兄弟及其一家頗為熟識。我完全可以為他們擔保。」當希斯和錢伯斯面臨第一場交鋒時，艾奇遜暗中幫希斯起草了一份公開聲明，用來應對眾議院反美國活動調查委員會的調查。在被提名為國務卿後，艾奇遜和參議院外交委員會過從甚密。參議院外交委員會對艾奇遜其實頗為友善，但他們對他與希斯的關係感到有些苦惱，於是委員會的一些成員建議並幫助艾奇遜起草過一份聲明，其中反映出艾奇遜的反共思想。如果早知道艾奇遜對希斯的扶持和協助，委員會中的共和黨人可能就不會表現得如此友善了。

一月二十五日，星期二，也就是在希斯案二審結束的三天之後，艾奇遜計劃召開記者會。艾奇遜對新聞記者可能發起的攻擊早已做好準備，因此這場記者會沒有對艾奇遜造成任何負面影響。當天早上，他對妻子愛麗絲說，他敢肯定，一定會有記者問起希斯的問題，而他絕不會拋棄希斯。「除此之外，你還能怎樣說？」愛麗絲問道。「不要小看這件事，」艾奇遜回答：「這可能會引起軒然大波，讓我惹禍上身。」於是，愛麗絲問，他是否肯定自己做出了正確的選擇。「我不得不這麼做。」艾奇遜回答。艾奇遜的手下已開始感到局勢日益緊張。他的私人助理魯修斯．巴特爾，以及他在國務院最為親近的同僚保羅．尼采都極力勸阻艾奇遜，懇求他避開有關希斯的提問。尤為焦慮的巴特爾擔心右派份子不斷招惹是非、激怒艾奇遜，而一貫執拗的艾奇遜會在衝動之下出錯。艾奇遜告訴巴特爾和尼采，他會讀一讀《聖經》的〈馬太福音〉其中的「登山寶訓」。這不是一個好兆頭。巴特爾後來提到，當時他感覺艾奇遜彷彿渴望挑起一場戰爭。在當天早上的工作會議上，副國務卿詹姆斯．韋伯問他會說什麼，並提醒他小心行事。這時，艾奇遜再度提到他將根據〈馬太福音〉第二十五章第三十四節的教義行事。於是，另一名國務院高級官員卡萊斯．赫繆爾辛斯勸道，不同的人對於相同的教義，會有完全不同的理解。

《國際先驅論壇報》記者霍默．比加特提到了這個最敏感的話題：「國務卿先生，您如何評價阿爾傑．希斯？」艾奇遜首先回答，這個案件還在審理，因此不便給予過多評論。同事們聽到這裡，不禁如釋重負：艾奇遜終於挺過了這一關。可是艾奇遜卻繼續說：「我猜你是醉翁之意不在酒，那麼我不妨清楚地回答你，無論希斯先生和他的律師在這場官司中結果如何，我都不會因此拒絕幫助希斯。」這下可好了，阿爾傑．希斯，這個當時被大多數美國人所唾棄的人，一個做偽證、還被懷疑是蘇聯間諜的嫌疑人，得到了國務卿堅定不移的支持。如果一名普通政治家因為一個他並不在意的人而受到媒體的關注和懷疑，他一定會表現得避之唯恐不及，可是艾奇遜卻在一名通共間諜嫌疑人面前，毫不避諱，無所畏懼，這是怎樣的一種傲慢與自大。他繼續告訴記者，回家把聖經找出來，讀一讀〈馬太福音〉第二十五章第三十四節的教義。內容是，耶穌召集他的追隨者們，向門徒們訓誡道，任何拋棄處於危難之中的同胞的人，就是在拋棄上帝。

在艾奇遜說出這番回答時，參議院也正在開會。這時，麥卡錫衝進議會大廳，打斷了蒙特的話。麥卡錫說：「我懷疑參議員先生是否知道幾分鐘前，我們的國務卿發表了一場多麼精采的演講。」《紐約時報》的專欄作家詹姆斯．賴斯頓（艾奇遜的密友）對艾奇遜的愚行十分震驚。賴斯頓相信，他完全可以回答他不想落井下石，這樣就能獲得一般民眾的理解。可是正如歷史學家艾瑞克．古德曼所寫的那樣，艾奇遜的行為「對於那些堅持認為杜魯門的外交政策是由親共人士制訂的反對者們，無疑是豐厚的意外之喜」。

艾奇遜的回答堪稱勇氣可嘉，但是也透露出他極度狂妄自大。這對杜魯門政府無異於一次災難性的打擊。就連杜魯門自己都對希斯的罪名深信不疑。在二審開庭審理之前，杜魯門對自己最信任的特勤局人員哈利．尼可森說：「艾奇遜跟我說希斯是無辜的，可是在看完他的證詞後，我敢說這個狗娘養的東西肯定有罪，我希望他們快點絞死他。」國家安全問題一時之間成為政治家爭論的焦點，黨派間的爭執也越加激烈。共和黨右派比以往任何時候都理直氣壯，他們毫不留情地指責民主黨是一個通共叛國的政黨。艾奇遜不但將這樁備受矚目的間諜案提升到了全國層級，而且還把自己和美國政府的核心與這件間諜案連結起來。很難想像還有什麼比這更能讓共和黨人幸災樂禍的了，尼克森趁機發表演講：「我們政府內部的高層官員中出現了叛國者，這進一步證明，我們的外交政策始終有利於蘇聯。」

在這場兩黨鬥爭的初期，一名記者曾經問杜魯門，他是否覺得對希斯案的大肆宣傳僅僅是為了轉移人們的注意力。杜魯門做出了肯定的回答。而現在，羅伯特．多諾萬寫道：「即使那些言論不是杜魯門自己發表的，毫無疑問，他也會因此深陷困境。」正是由於艾奇遜的草率回答，讓「杜魯門眾口鑠金，積毀銷骨」。

這樣的環境孕育出一個全新而強大的政治病毒，那就是後來被稱為「麥卡錫主義」的思想。一九五〇年二月九日，在艾奇遜召開記者會的十五天之後，也就是距離北韓侵略大約五個月之前，剛成為參議員不久的威斯康辛州人麥卡錫在西維吉尼亞的威靈市發表了一次演講。之前，麥卡錫一直在期待重大事件的爆發，好讓他有機會嶄露頭角。有人曾向他獻計，杜魯門政府中的共產主義者可能會成為衝突的導火線。在威靈市的演講中，他宣稱自己手上有一份名單，記錄了兩百零五名至今仍在國務院工作的共產黨人。麥卡錫還說，雖然有人警告過國務院，但是國務院對此卻毫不理會。他還言之鑿鑿地指出，在過去六年，由於中國落入共產黨之手，因此共產黨的人數持續激增。接著，他又提到希斯與艾奇遜的關係，「正如你們所知道的，我們的國務卿剛剛對外公布了他對一名共黨份子忠貞的友誼，這個人一邊享受人民賦予的信任，揮霍人民賦予的權利，一邊卻犯下了讓人民最不能原諒的滔天大罪——叛國罪。」

麥卡錫對杜魯門政府的指控給了右派勢力一個絕佳的反撲機會，因為他們終於有機會把手中掌握的所有把柄都串聯起來，以此論證中國的淪陷並不是出於不可抗拒的歷史因素，而是由於華盛頓的高層官員中出現了叛徒。他們宣稱，國務院那些「中國通」很多都對美國不忠（或說無可救藥的天真），而且這些人經常與希斯來往。

13 肯楠與尼采

再也沒有什麼比艾奇遜為了爭取國防預算所做的艱苦努力更能反映美國當時的國內矛盾了。美國當時正極不情願地從孤立主義強國轉變為一個國際主義強權。為了能讓原有的國防預算提高到一個看似不可能達到的水準，艾奇遜不惜讓自己淪為右派份子的主要攻擊對象。右派勢力批評艾奇遜對共產黨過於軟弱，他們日益加深的憤怒和排斥，都讓艾奇遜舉步維艱。一九五〇年初，為了提高軍費，艾奇遜指派保羅・尼采撰寫一份關鍵文件，並設法獲得行政當局的批准，這就是後來的《國家安全委員會第六十八號文件》。

艾奇遜的選擇並不令人驚訝。作為一顆剛剛升起的政壇新星，尼采的思想和艾奇遜的理念如出一轍，簡直就是艾奇遜靈魂的延續。尼采最初在福萊斯特手下任職；基於對尼采才華的欣賞，肯楠成為尼采早期最重要的支持者。他提議讓尼采擔任國務院政策計畫處副處長，尼采也欣然允諾（國務院政策計畫處是國務院的智囊機構，對美國政府有巨大的影響力，是國務院內最能運籌帷幄的部門。在政策計畫處，各路菁英商談某些政治事件可能引起的各種後果，從長遠角度考慮政府面對的某些棘手問題）。但是艾奇遜否決了這項提議，他認為尼采曾經為當時華爾街最著名的投資家之一迪隆・里德工作，因此尼采更適合擔任華爾街經理人。但是艾奇遜最終還是改變了主意，一九四九年夏天，當肯楠再度向艾奇遜建議起用尼采時，艾奇遜批准了。此後，隨著肯楠被疏遠，艾奇遜和尼采卻在專業領域和私人友誼上成為密不可分的盟友。

僅在四年前，肯楠還被視為一顆冉冉升起的政壇新星。由於肯楠對蘇聯動向的精準把握與睿智分析，他深受美國國務院的器重。但隨著冷戰的深入，美國對外的政治立場日益強硬。他以穩定美蘇關係為重點的政策逐漸失寵，最後被排擠到國務院的邊緣。肯楠不再是國務院的主角意味著美國政治局勢的轉變。對於肯楠長篇累牘的一己之見，哪怕這些意見高瞻遠矚、非常中肯，艾奇遜也逐漸失去了興趣。迫於一系列事件的壓力，美國政府正一步步跨越與社會主義國家之間的安全警戒線，然而美國人對此卻渾然不覺。隨著右派勢力迅速成長壯大，杜魯門政府備受指責、四面受敵，肯楠的價值也被迅速貶低。據說到了一九四九年秋天，那個從前可以直接向艾奇遜匯報工作的肯楠變成一個只能向助理國務卿匯報的小吏。這就意味著肯楠已經失去了和國務卿直接對話的權利，所有人都很清楚，肯楠喪失了影響力和實權。幾個星期後，肯楠向艾奇遜請辭，尼采正式接替肯楠的職務。

尼采和肯楠只在一個重大問題上難得有共識——他們都極力反對麥克阿瑟在一九五〇年十月向北推進、跨越三十八度線的決定。在他們看來，麥克阿瑟的行為得不償失，對美國毫無幫助。然而這只是唯一的例外。在其他方面，尼采更像是艾奇遜欣賞的那一種人。因此接下來的十年裡，尼采順理成章地成為艾奇遜最為信賴的門徒。在NSC68號文件這個基本問題上，國務卿想把國防預算提高到原來的三倍。肯楠堅決反對，他認為NSC68完全誤判了蘇聯的意圖，將導致美國的外交政策走向軍國主義，從而引發美蘇兩大陣營之間曠日持久的軍備競賽。在這個原則性問題上，尼采站在國務卿這一邊。

在所有人都蓄勢待發的時候，肯楠卻對美國的前途感到悲觀失望，這種反差更讓肯楠孤立無援、處境淒涼。他開始迫不及待地想要離開華盛頓，前往普林斯頓。只有在那裡，他的才華才能獲得人們的承認，除此之外，他還能安心寫作。即使普林斯頓能安慰肯楠，他還是為人們無法認識自己的價值感到沮喪不已，在肯楠看來，那些高高在上的美國政客選擇的政治道路荒謬至極，他們對待共產黨人的態度過於粗暴簡單。他們將所有的共產主義國家全都劃歸為莫斯科的爪牙，卻沒有看到這些社會主義國家各自的複雜背景和彼此的差異分歧。肯楠認為，隨著民族主義的發展，這些社會主義國家之間的分歧早晚會激化。他是那個時代反對將共產主義社會視為統一整體的代表人物，可是在他看來，沒有人願意聆聽他的聲音。肯楠後來曾經反思，但到了一九四九年夏天，他已經變成「一個政治小丑，時時希望引發眾人的爭論，好藉此發布一些令人震驚的觀點。自己冒著遭人厭惡的風險，仍試圖在平庸的同僚中引起關注。可惜到了最後制訂決策時，卻沒有人會認真考慮這個小人物的意見」。

所有曾和肯楠共事的政府人士都覺得，在工作上他是個很難相處的人。他的個性複雜而難以捉摸，一方面，他希望擁有足夠的影響力，可是另一方面，一旦得到這種影響力，他又對由此帶來的種種壓力感到不安。他為人靦腆內向，或者確切地說，他更適合當歷史學家，而不是外交使節。在國務院這樣的工作環境裡，政治決策往往需要在不同程度的緊急狀況中立即執行，而肯楠的行事就顯得過於拘泥，過於苛求細節。肯楠希望找出每個問題的最好對策，然而在衝突不斷、矛盾迭出的世界裡，政府卻常常迫於壓力而做出某種決策，這自然會與肯楠的想法有落差。

身為美國早期著名的公共知識份子之一，肯楠似乎總是陷入一系列複雜的爭論，與國家安全部門的同事和上司爭論，與強硬派及反對者爭論，甚至和自己爭論。他偶爾會對政治中的不確定性和微妙性感到手足無措，因此認為自己提出的異議必須一一獲得解答。如果說在人們尊重和接受他的意見時，肯楠都感到失望不滿，那麼在行政當局對他失去興趣、無人聽取他的意見時，他就更是頹唐失落。與包括艾奇遜在內的同時代其他人相比，肯楠對於美國政治的現況更加沮喪。在他看來，美國不僅政治環境殘酷，就連文化氛圍也充斥著粗糙和愚昧，再加上一群思想落伍的國家領袖，想要為一個如此龐大而不懂規矩的民主國家制訂出高瞻遠矚的外交政策，實在是毫無希望。

越戰爆發時，肯楠成為反對越戰的主要人物之一，而距此大約十五年前，他又對美軍越過三十八度線向北挺進擔憂不已。這些表現，即使在肯楠的崇拜者看來，也難免有這種感覺：肯楠不僅是鴿派人物的代表，而且僅就外交政策而言，他也是非常懦弱的人。但實際上，肯楠是「實力政治」的真正推崇者。

他之所以不贊成美軍進入越南，並非出於對越南反殖民力量的同情，而是因為他認為這些地區的人（或他們的國家）根本就不值得美軍勞民傷財。美國人有比打越戰更宏偉的計畫要執行。更何況，這場戰爭從一開始就注定會失敗。

肯楠相信，如果美國人非得將自己的意志強加於一個並不適合這個意志的地區，那麼後果往往不堪設想。對於越南和中國這樣的地區，美國既沒有地理上的優勢，又不甚了解這些國家。同時，美國還有很多無論是從地理位置還是意識形態來考量都更寶貴的盟友，而這些盟友正是蘇聯無法接觸和控制的。這樣一比，孰重孰輕，不難見分曉。在肯楠看來，排除表面上的所謂兩大陣營的對壘，當時世界上其實已經出現一種相對平衡的關係；從長遠看來，這種平衡可以對美國的發展形成正向的影響。對肯楠來說（諷刺的是，對史達林來說亦然），一個國家真正應該積蓄的力量是工業生產力，在必要的時候，這種力量可以在瞬間轉化為軍事力量。因此，唯一值得美國人關注的應該是那些生產力水準發達的工業強國，這些國家主要是北半球的白人國家。而日本可能算是美國唯一應該關注的亞洲國家。

肯楠之所以會在韓戰爆發初期對戰事做出積極回應，是為了一個比韓戰更宏大的計畫。肯楠覺得，美國根本沒必要招惹統一的共產朝鮮國。真正讓肯楠擔心的是日本，因為他唯恐這個共產主義的朝鮮半島會使日本失常。在北韓向南進攻後的第三天，肯楠對英國駐美大使說，雖然南韓對美國而言缺乏重要的戰略意義，「但是它的象徵意義卻會產生深遠的影響，尤其對日本影響重大」。事實上，肯楠並非如批評者所言是個怯懦之徒，相反的，他極為理智冷靜，理智冷靜到可以不帶任何感情地看待世界。

肯楠是深思熟慮的人，對政治事件大多抱持悲觀的態度。相較於他的聰明睿智，肯楠出乎意料地對身邊之人的情緒和感覺遲鈍不已。當肯楠決心娶一名年輕的挪威女子為妻時，他寫信給自己的父親，描述了自己對未婚妻的浪漫感情，這原本應該是最溫柔甜蜜的一封信，可是肯楠卻這樣寫道：「她有著真正的斯堪地納維亞人才有的簡單個性，不會嘮叨囉唆。她有著世人少有的能力，總能保持優雅的沉默。

我從未見過她有任何煩躁不安的情緒，就算是我，也不會讓她緊張。」華府的其他高層決策者大都出身顯赫的上流社會家庭，但是肯楠不同。他來自中部一個普通的中產階級家庭，是密爾瓦基市一名稅務律師的兒子。即使如此，肯楠卻相當虛榮勢利，明顯蔑視那些在他看來屬於社會下層的人，認為這些人只會妨害社會菁英在這個民主國家發號施令的權利。

蘇聯問題專家奇普．波倫和肯楠相交多年，時常體諒肯楠的情緒，但即使是他也認為肯楠不是個容易相處的人。肯楠最後決定離開國務院時，才驚訝地發現自己幾乎沒有任何可以道別的人。在國務院工作的二十七年中，肯楠幾乎沒有朋友，很少和別人分享自己的內心想法，也從未對自己身邊的同事表現出特別的興趣。然而，肯楠作為一名外交政策分析家的天賦和創造力是毋庸置疑的。基於對歷史強烈的熱愛，肯楠傾向用歷史發展的眼光看待世界。歷史的發展孕育著強大的力量，這種力量又塑造了各個國家不同的國民性。而歷史的發展卻不會因執政者的意志而轉移，事實上，統治者往往意識不到自己只是歷史發展中的一部分。只有歷史，才能決定一個國家的基因。在肯楠看來，蘇聯基本上不過是俄國人及其統治者的組合。由於對俄國的恐懼，由於保全自己的考慮，加上平等主義思想的蠱惑，為了避免孤立，那些曾經與俄國長期糾葛的鄰邦才與俄羅斯人共同成立了蘇維埃聯盟。

一九四三年，當華盛頓的官僚仍沉浸在樂觀中，妄想美國在戰後可以與蘇聯和睦共處時，肯楠卻出人意料地提出了異議。他竭力向自己的上級表明美國即將面臨的艱難道路：基於種種歷史原因，蘇聯將在二戰之後成為美國難以招架的競爭對手。然而在二戰中期，除了哈里曼之外，幾乎沒有人聽取肯楠的意見。哈里曼來自顯赫的鐵道大亨世家，曾擔任羅斯福與邱吉爾、史達林的密使。在一九四〇年代的國際政治中，哈里曼扮演著舉足輕重的角色。哈里曼雖然才華有限，卻是極有耐心的傾聽者，善於吸收利用他人的觀點。哈里曼的政治生涯長達四十年，可能是同時期人物中最能幹的二、三位之一。雖然肯楠當時只是美國駐蘇聯大使館中的小角色，哈里曼卻對他的才華極為欣賞。一九四六年，遠在蘇聯的肯楠向華盛頓發出了他最著名的長篇電報。為了向當局說明美國即將面臨的嚴峻情勢，肯楠用洋洋灑灑八千字，旁徵博引，詳細闡釋了蘇聯的社會文化和歷史發展，反覆強調蘇聯將是美國難以對付的勁敵。

這封電報非常及時，當時華府也正在思考同樣的問題。肯楠的這封電報簡直就像是為華盛頓大多數不明究裡的官員量身訂做的，向他們解釋了莫斯科之所以難以對付的原因。這封電報與邱吉爾在密蘇里州富爾頓的演講不謀而合，在這次演講中邱吉爾也宣稱，鐵幕已經覆蓋了半個歐洲。正是肯楠提出了後來被稱為「圍堵政策」的對蘇戰略。這封電報之後刊登在著名的《外交》雜誌上，文章署名為「X先生」。文章發表後，首先在華盛頓引起轟動，繼而震撼全國。肯楠一夜之間成為外交圈明星，他後來寫道：「因為我個人聲名鵲起，因此我的觀點也被廣泛採納。」在很長一段時間裡，他的遏制理論都被視為華盛頓對莫斯科政策的依據。當理想主義蔓延、人們還沉浸在對戰後聯盟的憧憬時，肯楠卻打破了這片歌舞昇平。這封電報標誌著一個時代的結束，預示著另一個時代的到來。

但是肯楠備受推崇的日子並沒有持續太久。他在思想上過於孤立，同時又對風雲變幻的政治浪潮缺乏關注。一九四八年，肯楠將美蘇的緊張關係歸因於兩國之間的歷史淵源。因此他認為美國政府對蘇聯的反應過於激烈，在他看來，雖然蘇聯紅軍勢力強大，但不會主動侵略任何國家。一九三九年，史達林曾妄圖併吞芬蘭，不料吃了大虧，後悔不已。肯楠甚至預見到，由於完全迥異的歷史背景，中國和蘇聯將不可避免地出現緊張關係。他斷定，即將建立的新中國，無論是不是由共產黨領導，在剛贏得革命勝利後，正處於自信滿滿、百廢待興的狀態，它絕不會甘心長期當蘇聯的衛星國，任憑蘇聯擺布。國務院的其他專家，例如約翰·戴維斯（John Davies）也支持肯楠的觀點。正如他在一九四七年所寫的那樣：「克里姆林宮一直以為自己牢牢掌握中國的革命。可是他們會赫然發現，這個易變而難以捉摸的亞洲運動，早已悄悄從他們的指縫間流失殆盡。除了中國人禮貌性的鞠躬和微笑，俄國人什麼也沒得到。」

在政府裡，如果你總是比別人先發現真理，尤其是當你被視為一名鴿派人士時，那麼你一定得不到好報。從六〇年代初期開始，蘇聯和中國的關係日益緊張，同時，在兩國的邊界也不斷爆發小規模的衝突。肯楠雖然能未卜先知，並且在之後很短的時間內證明了自己預言的正確性。但是在一九四九到一九五〇年間，艾奇遜卻沒有心情考慮肯楠的意見。當時政府被包圍在一片罵聲之中，不但要因應蘇聯引爆核彈的驚人消息，還要面對蔣介石失守中國大陸的殘酷現實。在這種情況下，肯楠關於蘇聯和中國關係即將惡化的觀點，並不是艾奇遜真正想聽的。

到了一九四九年，另一位在國務院剛剛嶄露頭角的新人大衛・布魯斯注意到，艾奇遜已經對肯楠的電報忍無可忍。在艾奇遜看來，這些報告全都長篇累牘、咬文嚼字，處處賣關子。此外，肯楠發送這些電報的時機，也遠不如他撰寫長篇電報那麼好。沒有人知道冷戰會以迅雷不及掩耳之勢驟然升級，也沒有人知道美國國內的政治矛盾會變得如此激烈，更沒有人知道肯楠會在短短三年裡，從一顆巨星隕落成一個局外人。艾奇遜認為肯楠喜歡掉書袋、好辯，不過除此之外，肯楠的政治觀點都是對的。如果是在其他的政治環境裡，艾奇遜可能會欣然採納肯楠的主張。可是現在他不能這麼做，因為這個時代的政治環境早已今非昔比，艾奇遜不得不受迫於各種壓力而做出其他的選擇。對於這一點，無論是在當時，還是在後來的回憶錄裡，艾奇遜都基於自尊而不願承認。但是，肯楠對自己觀點的堅持及他不願屈服於政治勢力來改變自己的主張，卻間接表達他對國務卿的指責與不滿。而艾奇遜既不是一個喜歡接受批評的人，也不是一個會承認自己屈服於現實的人。

不僅在蘇聯和中國的問題上是如此，在別的問題上，例如是否要繼續研發氫彈，艾奇遜和肯楠也持截然相反的立場。研發氫彈的計畫主要由愛德華・泰勒主持推進。泰勒曾是「曼哈頓計畫」的參與者，對歐本海默甚為不滿。當杜魯門籌組特別委員會來研究氫彈時，他選擇了泰勒的支持者保羅・尼采來領導這個委員會。這意味著從一開始，這個特別委員會其實就已經決定了氫彈計畫勢在必行。對於尼采而言，氫彈研發計畫不過是可不可行的問題：氫彈能不能產生強大的作用？他從泰勒那裡獲得了肯定的答案。但是對於與歐本海默過從甚密的肯楠來說，這項計畫並不只是可不可行的問題，也不僅是科學研究的問題，更是一個道德問題。歐本海默已經為自己研發的武器感到極度矛盾，對於投放在廣島和長崎的兩枚原子彈更是愧疚不已。肯楠也對氫彈研發計畫表達了同樣的憂慮，他覺得這將是一場潛在的道德災難。歐本海默和肯楠一致認為，一旦美國將研發氫彈的計畫付諸實施，美蘇之間一定會啟動一場永無止境而毫無勝算的軍備競賽，將為世界的安全帶來極大的威脅。

正如艾奇遜所期望的，尼采的特別委員會在報告中指出，美國應該推行氫彈研發計畫。這意味著美國的國家安全有了新的藍圖。艾奇遜早就迫不及待要開始這項計畫，這項研究是他日思夜想的國家安全政策的開端，而尼采將全權負責整個專案。一九五〇年一月三十一日，在艾奇遜發表了關於希斯談話後的第七天，杜魯門批准了氫彈研發計畫。

在肯楠看來，史達林領導的蘇聯雖然具有根深柢固的偏執和妄想，但其對外政策並不具侵略性。尼采卻不這麼認為。「總體來說，」他當時說道：「最近蘇聯的舉動不僅表明他們有意囤積兵力，還暗示他們變得前所未有的狂妄。」事實上，他是指美國身為超級大國，在制訂對蘇政策時不能視對方為沙皇時期的俄國。換句話說，無論肯楠多麼才華洋溢，他的理論並不適合作為對蘇政策的基礎。尼采對肯楠深感懷疑：萬一肯楠的理論並不正確怎麼辦？他只不過是外交官和歷史學家而已，並不是什麼先知聖賢。一旦他的對蘇理論是錯誤的，那麼美國就會將自己的整套國防政策建立在一連串錯誤的歷史理論上，因此變得極度脆弱。

在艾奇遜及其盟友看來，尼采起草的ＮＳＣ６８報告最終讓美國的軍事力量走上了符合其戰後國際形象的路——美國從此不會誇誇其談，而會真正掌握王牌，這張王牌，就是永遠都不可能真被使用的核子武器。在這個前提下，美國將獲得更多的軍事主動權。然而在肯楠看來，ＮＳＣ６８報告將美國的對外政策推上了軍國主義之路。事實上，在肯楠看來，這項勞民傷財的國家安全計畫最終只會創造出一個與美國的國防力量勢均力敵的蘇聯。他曾經這樣寫道，蘇聯的原子彈並沒有真正破壞美蘇的平衡關係，「我們目前所看到的所謂嚴峻情勢，其中大部分只是我們的假想而已」。

這時，華盛頓內部圍繞美蘇關係展開的討論對後來的世界局勢產生了重大而深遠的影響。艾奇遜和尼采正盡可能暗中推進NSC68報告的核可。過程中，他們最需要防備的人就是國防部長江森。參聯會暗中對尼采說，艾奇遜應繞過江森，避免和他直接交鋒。多年後，布萊德雷寫道，艾奇遜與江森之間的矛盾製造了一個「罕見、糟糕而極諷刺的局勢。在這場矛盾中，參聯會選擇站在國務卿而不是他們的國防部長身邊」。參聯會覺得艾奇遜和尼采比江森更同情他們的困苦。尼采認為，想要將美國的國防系統建設成他們希望的那樣，每年至少需要四百億到五百億美元的預算。否則，美國就無法實施他們的國防政策，蘇聯就可能稱霸全球。

艾奇遜得知尼采估計的國防預算金額後，說：「保羅，別把這個數字寫進報告。你只要告訴我就夠了，我會轉告總統。切記，不要在報告中出現任何相關資料。」最後，在一九五〇年三月二十二日，他們和江森及各軍參謀長在尼采的辦公室召開了一次會議，共同討論NSC68報告。會議開始時的氣氛非常平靜，江森詢問艾奇遜是否讀過了檔案，艾奇遜當然已經讀過；然而，江森卻沒有讀過。事實上，直到那天早上，他都只是對這份文件略有所聞。他突然發現自己已經被踢出這場遊戲，深陷埋伏。很明顯的，布下這場天羅地網的就是艾奇遜及其心腹尼采。他們為了收買人心，籠絡參聯會主席的支持，不但承諾將他們被江森刪減的預算還給他們，甚至超過江森可能給予他們的預算上限。江森恍然大悟，忽然意識到自己已經被他們完全孤立了。正如艾奇遜後來寫的那樣，江森突然「暴跳如雷，用力把椅子摔到地上，揮舞著拳頭，把我嚇了一跳」。

江森開始痛斥艾奇遜和尼采試圖把他蒙在鼓裡，這讓他無法忍受，他無法向這種侮辱屈服。他說：「這是一場背著我進行的陰謀，目的就是顛覆我的政策。我現在就和參謀長們一起離開。」過了不久，江森再度來到艾奇遜的辦公室和他爭論，大聲說他受到了侮辱。艾奇遜把他趕出去，然後派人向杜魯門報告所發生的一切。一小時後，杜魯門回覆艾奇遜繼續執行這份報告。當時杜魯門還沒批准NSC68，韓戰使他分心，但是艾奇遜和尼采已經開始執行了。六個月後，杜魯門開除江森，由馬歇爾接任，因為艾奇遜認為江森當時的精神狀態不夠穩定。

NSC68是一份前所未有的文件，奠定了美國在冷戰中對蘇聯的整體戰略。美國對蘇聯的不信任正如蘇聯對美國的不信任一樣根深柢固，這種不信任導致進一步的惡性循環，因此為雙方製造出更多的不信任和龐大的軍費開銷。它反映出美蘇之間純粹意識形態上的矛盾，尤其是在只有美國高層才有權閱讀這份密報的情況下。「蘇聯不同於以往任何一個野心勃勃的政權，他們受到狂熱信仰的蠱惑，而他們的觀念與我們所秉持的信仰背道而馳。他們企圖擁有世界其他地區的絕對統治權。」

起初，杜魯門對這份文件的態度並不明朗，對於由其引發的巨額經費更是大皺眉頭。但是隨後韓戰爆發了，美蘇冷戰已上升到白熱化的程度，這讓杜魯門感到國防預算的增加勢在必行。人們圍繞這份檔案展開的爭論變成學術式的爭論，對政治事件的關注取代了對國防開銷的關注。NSC68報告的目的就是將國防預算增加到原來的三倍，而隨著韓戰爆發，國防開銷也到了不得不提升的時候。杜魯門幾乎不需要通過NSC68，戰爭本身就推動這份報告的實施。到了一九五一年深秋，華盛頓已經準備好一九五二財政年度的國防預算，這筆開銷從韓戰爆發前的一百三十億美元劇增到五百五十億美元，是原來的四倍多。多年後，艾奇遜在普林斯頓大學的一場研討會上這麼說：「韓國拯救了我們。」

14 杜魯門的總統之路

無論如何，哈利．杜魯門是有決斷力的人。即使羅斯福的某些部屬在杜魯門初入白宮時都非常瞧不起他，認為這個平庸的人完全無法和他們深深愛戴的偉大領袖相提並論，然而現在他們理解這一點了。另外一些羅斯福的效忠者在杜魯門上臺伊始就離開了他，他們知道自己不會聽命於新任總統，而其他人則抱著效忠美國人民而不是杜魯門本人的心態留了下來。然而，這些人漸漸對他肅然起敬，因為他們感覺到：杜魯門不是一個平凡人。

儘管杜魯門是美國史上最後一位沒有上過大學的總統，但他從小就是個十分熱愛學習的孩子。他愛好閱讀、涉獵廣泛，是一名自學成材的歷史學家。最重要的是，他一進入橢圓形辦公室就任後，就變得非常有自信。他從未想過自己會成為美國總統，更沒有想到自己會以繼承人的方式成為總統，但是他時時準備為美國人民服務。

出乎全國人民意料的是，在一九四八年憑著自己的力量奪得總統寶座之前，杜魯門並沒有窩囊地以副總統的身分藏身於辦公室，反而認為自己應當在關鍵時刻肩負起總統的重任。他明白如果自己只是偉大領袖的替身，很容易就會被自己的敵人──那些政見相左並覬覦總統寶座的人──吞噬。但是他不想被這些人消滅，因為歷史總是對那些政治鬥爭的失敗者毫不留情。無論處於順境還是逆境，杜魯門的一生都與形形色色的普通人站在一起。這種人生經歷使得他到達了知人善任的境界。最重要的是，杜魯門的豐富閱歷教導他：做決定時要盡可能召集最好的人才、獲得最新的消息、深思熟慮自己的問題、預估最壞的結果，然後繼續埋頭做下一件事。當北韓越過三十八度線的那天早上，杜魯門飛回華盛頓後，他清楚意識到自己的一舉一動隨時會對戰爭與和平造成深遠的影響。他知道，南北韓問題將成為自己總統生涯中最大的挑戰。

一九五〇年六月，他擔任美國總統已經第五年了，人生的兩次勝利使他更有自信。儘管這兩次勝利都讓他記憶猶新，然而第一次勝利——一九四八年選舉逆轉擊敗杜威——是更難忘的。這次勝選幫他廓清了通往成功的障礙。他最終憑自己的實力登上總統寶座，走出了羅斯福的陰影，得到其他政要、媒體及歷史學者的尊重。他擺脫了「羅斯福替身」的稱號，卸下了「由於羅斯福逝世才當上總統」的包袱。

就任總統之初，杜魯門總是政治性玩笑的明顯標的，這也讓他受到一些殘酷的批評。「杜魯門老是出錯，」共和黨參議員羅伯特．塔弗特（Robert Taft）的妻子瑪莎毒舌批評道，「不過，我對他已經夠體諒了。」瑪莎接著說。專欄作家桃樂絲．弗里森寫道：「我想知道，假設杜魯門還活著的話，他可以為我們做什麼。」理查．史特勞特（Richard Strout）在《新共和》雜誌寫道：「可憐的杜魯門，可憐的美國人民。」

杜魯門大器晚成，六十歲才成為總統。他在農場長大，因此他的支持者大多為農民。一九四八年大選時，他曾對中西部的農民選民說，他可以一口氣播種一百六十英畝的小麥農地。他的話感動了這些農民，因此獲得他們的廣泛支持，成為他獲勝的祕密武器。一九三四年，杜魯門進入參議院時已經五十歲了。後來，加入潘德格斯特派系門下後，似乎開啟了他的政治之門。雖然湯姆．潘德格斯特的手下大多是腐敗墮落的政治工具，但是杜魯門卻獨樹一幟，以誠實謙遜而著稱於世。雖然相對於大部分總統來說，杜魯門的一生充滿了失望與失敗，但正是這種經歷鑄造了他獨特的性格。

在參議院裡，杜魯門對自己的不足之處頗有自知之明。他明白很多同僚比自己受過更好的教育，他們的生活更為富足成功，他們甚至還通曉一些專屬政界人士的深奧辭彙，而他只能猜測這些辭彙究竟是什麼意思。他高中時代的朋友、後來成為《聖路易郵訊報》（St. Louis Post-Dispatch）的一流記者和白宮發言人查理·羅斯（Charlie Ross）說：「我知道杜魯門在擔任參議員時很自卑，不過他其實很棒，只是自己不知道。」

沒有人真正了解杜魯門，即使是一九四四年支持他參選的民主黨人都不清楚他的偉大之處。他們推舉杜魯門為副總統候選人，只是因為沒有其他更理想的人選。他們尤其不喜歡現任副總統亨利·華萊士（Henry Wallace）。正如《南方》雜誌編輯強納森·丹尼斯（Jonathan Daniels）所寫的那樣：「民主黨想找一個好的競選人，然而他們不知道自己的候選人是不是最好的」。杜魯門既是普通人的縮影，也是這個國家製造的現代美國總統的縮影。共和黨的主要政治掮客、同時也是《堪薩斯星辰報》（Kansas City Star）主編羅伊·羅伯茲（Roy Roberts）在杜魯門最初當選的日子裡寫道：「如果杜魯門能順利執政，那將是對民主的極大促進；反之，那將是對民主的極大考驗。」杜魯門是一位表現傑出的政治家，總是考慮到一般人民的利益。由於他出身平凡，也曾過著普通人的生活，因此他能真能體會人民的需求和恐懼。

在杜魯門的第一個任期裡，經常向朋友抱怨自己不喜歡「白宮監獄式的生活」。他表示，如果艾森豪願意加入民主黨，那麼他將在一九四八年的選舉中支持艾森豪，後來他才逐漸改變這種想法。總統生涯不僅改變了他的生活方式，還使他不得不和家人分居兩地。妻子貝絲和女兒瑪格麗特常年住在老家獨立城，因此他很想和母女兩人團聚。然而杜魯門不是一個知難而退的人——別人越想取而代之，他越有自信，相信自己更能在總統的職位上為國家效勞。如果民主黨需要他、人民需要他，他將責無旁貸地挺身而出參加一九四八年的總統大選，鞠躬盡瘁、死而後已。杜魯門從來都不會被困難擊倒，他就像公雞那樣顧盼自傲。這不僅讓美國人民看到了他的偉大，也讓他們用自己的選票回報了他的努力。

杜魯門參加一九四八年的總統大選時，他認為民主黨還保有很好的政治基礎。他是一個財政保守主義者，在執政的前三年，他謹慎地把稅率控制在很低的水準。另外，他憑自己的直覺發掘共和黨內部的裂痕，並在全國代表大會上揭穿共和黨政策方針上的自相矛盾，改變國會大老的保守想法。他在國會批評共和黨僅在少數幾個大州的郊區增加了影響，而與大多數城鎮的一般民眾失去了連結。同時，他還批評共和黨否決了他在住房、教育、醫療方面的改革項目，並呼籲共和黨要改變觀念、多為人民實在做事。因此當他被提名為一九四八年的總統候選人時，他立刻宣布要號召國會回來開臨時會來通過共和黨人支持的議案。這真是一個巧妙果敢的行為。儘管共和黨不喜歡這種稱呼，但是參議員史特萊斯．布利吉斯還是把杜魯門稱作「脾氣火爆的奧札克的艾阿斯（Ajax of the Ozarks）」[5]

一九四八年的總統大選對杜魯門來說簡直是毫無希望，幾乎所有大城市的大老都反對他連任。聽到艾森豪沒興趣參加民主黨的候選人提名時，民主黨黨魁法蘭克．黑格難過地說：「我的天哪，候選人竟然是杜魯門，哈利．杜魯門！」所有的事似乎對他極為不利：許多政客和一般人認為他與前任總統羅斯福相去甚遠，而且民眾也認為民主黨已經執政太久，早該換成其他政黨了。由於潘德格斯特家族的黑道背景，杜魯門最信任和最親密的朋友不免被媒體狂轟猛炸。同時，雖然人們不是針對杜魯門本人的人品，但對他的潘德格斯特背景卻還是引起一片非議。儘管艾森豪已經明確表示自己不會參選，儘管支持艾森豪的人不清楚他的政見是什麼，但是民主黨自由派人士吉米．羅斯福（已故總統羅斯福的兒子）還是不遺餘力地邀請艾森豪出馬競選。似乎沒有人願意支持杜魯門，就連阿肯色州州長班．蘭尼（Ben Laney）都說：「我們可不想和一頭密蘇里死驢一起競選。」

一九四八年的大選結果對共和黨人來說是殘酷的。當時沒人能理解，也沒人能接受，共和黨創造了黨史上災難性的五連敗，這是何其不幸啊！出版人亨利．魯斯的妻子克萊兒在共和黨全國代表大會上說，杜魯門已經是「死鵝」。那時夏天還沒過完，共和黨人就已經開始慶祝即將來臨的勝利。所有見多識廣的政客都承認受人民愛戴尊敬的杜威將獲得壓倒性的勝利。

在競選初期，共和黨高層甚至認為勝負已定，沒有必要繼續浪費金錢四處拉票。著名的民調專家艾莫・羅波（Elmo Roper）早在九月上旬就宣布他將停止做民調，因為大選結果幾成定局：「杜威一定能當選……對此我確信無疑，因為沒有比這更清晰明瞭的事了。如果連這都看不清楚，那麼我們就像運動播報員假裝沒有看到比賽勝負已定那般愚蠢。」所有這些反過來也影響了杜威。當另一位共和黨人去他位於紐約州波靈的農場拜訪他時，杜威引用了羅波的話自豪地宣稱：「我現在的工作就是阻止破壞現狀。」顯然，在他看來，這次競選的主要目標與其說是爭取本世紀中葉的共和黨勝利，還不如說是避免再犯錯誤。然而共和黨人還是犯錯了，而且犯下了輕敵的致命錯誤，雖然民主黨看似分裂得很厲害。

然而最讓杜魯門頭痛的是，雖然民主黨執政了十六年，但是接近秋季競選期時，民主黨竟然身無分文，而且沒有任何人願意出任競選團隊的財務委員長。這無疑是進一步提醒人們，民主黨獲勝的機會有多麼渺茫。一九四八年九月一日，在競選期開始兩週後，杜魯門召集了八十個民主黨有權有勢的傑出人士到白宮討論競選資金問題，然而只有五十人出席。會中，總統呼籲出席者自願擔起管理財務的大任，但是沒有人願意。第二天，杜魯門打電話給江森，懇求他擔任此職。江森答應了。江森是那種華盛頓型、懂得運用手腕，對自己的政治能力和潛力信心十足的人。他勇於挑戰自己的極限，並且敢衝入各個權力真空，他原先甚至打算在杜魯門任期結束時參選總統。然而在杜魯門的大力請求下，他甘願充當綠葉。江森的政治基礎來自他和退伍軍人協會的密切關係，他曾擔任該會的高級官員，並與該會在外交政策上的觀點一致。那年夏天曾經在民主黨全國委員會工作的金恩・基爾尼（Jean Kearney）說他是個「賭徒」。基爾尼還說，江森開始為杜魯門募款時，是「以冷酷而精明的方式賭杜魯門獲勝。一旦杜魯門成功，他就可以成為華盛頓的名律師和全國名人」。

5 譯註：奧札克是印第安人的一支，也是密蘇里州的別稱。艾阿斯是洛克瑞斯的依勒斯之子，他是個矮小而傲慢的勇士，曾參加特洛伊戰爭。

當時，杜魯門的聲望已跌破歷史紀錄，而且民主黨也負債累累，拿不出一分錢。然而自從江森上任後，僅憑一張個人支票就送給民主黨十萬美元，一下子還清了民主黨的所有債務，並提供杜魯門火車巡迴競選的資金。杜魯門預定在九月十七日從華盛頓特區的聯合車站出發，準備跑遍鐵路沿線的各個小鎮進行競選活動。作為財務委員長，江森出色地完成自己的工作——僅在兩個月裡就為民主黨籌措了兩百萬美元。大選結束後，杜魯門已負債累累，這也是為什麼在福萊斯特離職後，江森能當上國防部長的原因。

一九四八年大選前夕，民主黨內的分裂程度遠沒有負債問題那麼嚴重。「左傾」的華萊士陣營實際上保護了杜魯門，使他免於遭受別人對他「左傾」的質疑，沒有人能比共產黨及其追隨者對他的指責更猛烈的了。南方民主黨人只在四個南方州的三十九個選區占優勢。

那一年，杜魯門最大的優點就在於，他從未失去對自己和對美國人民的信心。他精力充沛地參加巡迴，競選口號也簡潔有力，然而經濟問題仍是選舉至關重要的核心問題。競選開始前，副總統巴克利（Alben Barkley）就經常鼓勵他：「你要挺身而出，一舉打垮那些共和黨人。」「是的，我一定會打垮他們，」杜魯門說，「我會把他們統統都送進地獄。」這一番豪言壯語贏得了全國民眾的熱烈支持。如果說羅斯福的高度是杜魯門無法企及的，他天生就不可能成為羅斯福那樣的人，那麼杜魯門也算是找到了自己的最佳角色：一個狂妄不羈的被壓迫者和一個奮起還擊大人物的抗爭者。這個形象很符合他本人的個性及他所處的時代。

除了杜魯門自己，其他人都認為他敗局已定。在別人眼裡，杜魯門之前執政的三年半裡沒做過什麼大事，一九四八年是最後一次以火車來做選舉宣傳的總統大選。這些通常在小鎮與美國接觸的短暫停留，那些圍繞在火車尾端聽講的民眾，感受到杜魯門的親和力。白宮發言人山姆．雷伯恩曾這麼說：「杜魯門十分擅長在火車車廂裡與百姓聊天。平民出身的杜魯門對他們不會譏笑而會微笑，不會嘲笑而會在一起開懷大笑。」這種親近群眾的競選方式不僅能讓杜魯門與選民進行零距離的接觸，而且就發生在那些喜歡惹是生非的媒體與共和黨（甚至民主黨）高層的眼皮底下。共和黨人過於自負——以杜魯門在一九四六年期中選舉時的表現，他們認為杜魯門不可能再創奇蹟。

十月中旬，《新聞週刊》向全國各地的五十多名政治評論家展開調查。調查的結果是，每位評論家都預測杜威會贏得大選。杜魯門的幕僚聽說這個名為「五十政客預測杜威當選」的報導後，都十分沮喪。然而大選的結果卻出人意料，杜魯門輕而易舉地大獲全勝：他以兩千四百一十萬票對杜威的兩千一百九十萬票勝出。他獲得了二十八州三百零三張選舉人票，而杜威僅得到十六州一百八十九張選舉人票。為了慶祝自己的勝利，甫上任的杜魯門做了個頗為幽默的舉動，只見他手持《芝加哥論壇報》，對著鏡頭拍下一張歷史性的照片，而這份報紙的頭版頭條上赫然寫著：「杜威打敗杜魯門」。對此，格勞喬・馬克思（Groucho Marx）曾這麼評論：「共和黨人現在唯一能進入白宮的方法，就是和瑪格麗特・杜魯門結婚。」

對共和黨人來說，杜魯門上任無異於一場大災變。雖然羅斯福走了，但民主黨卻在一個被他們所輕蔑的男裝經銷商的帶領下獲得了勝利。此外，民主黨在參議院還拿下九個席位，更是創造了奇蹟。民主黨奇蹟似地贏得一場大選，但也即將付出慘重代價。民主黨之前的外交政策受到忠誠和安全問題的嚴重影響，而這正是共和黨可以惡毒攻擊的目標。

杜魯門是一個優秀的政治家。他在奪得共和黨對農業州掌控權的同時，還巧妙地控制了民主黨內的各個派系。在很長一段時間裡，他的反對者都沒有察覺，直到杜魯門離開白宮以後，他們才真正明白這位總統的高明之處。在解釋為什麼杜魯門能意外勝選時，塔弗特曾說：「我不在乎別人怎麼解釋杜魯門的成功。但是讓這個粗魯的政客再一次順利執政，完全有悖於人們的常識。」在著名的政論專欄作家華特・李普曼（Walter Lippmann）看來，儘管杜魯門不是真心擁護羅斯福新政，但是他極為巧妙地把自己和羅斯福的政治同盟結合在一起。對於共和黨保守派來說，雖然杜魯門大獲全勝，但他們還是無法接受這個事實（討論這次大選的一本暢銷書書名訂為《逃出勝利的鬼門關》*Out of the Jaws of Victory*）。從那之後，他們不斷指責杜威與共和黨左派組織了這場極為糟糕的競選活動。從當時的歷史情形來看，即使由他們最欣賞的塔弗特出面與杜魯門角逐，兩人之間的差距甚至會更大。

回顧往事，杜魯門的勝利給當時的共和黨造成不小的衝擊。他們迫切需要找到或創造一個新的政治話題來與民主黨抗衡。因此，中國的淪陷無疑是天賜良機，或者說，這是一次對華盛頓的無情打擊。如果杜威在總統大選中獲勝，那會產生什麼後果呢？已經存在十年之久的兩黨合作是否仍將繼續？在麥克阿瑟被指責為總統的反對者之後，他們之間的矛盾能否有所緩解？假如杜威當選美國總統，並由杜勒斯出任國務卿，那麼共和黨也會遇到杜魯門與艾奇遜所遇到的那些麻煩嗎？這個國家是否能逃過麥卡錫一劫，避免黨內醜態畢露的互相指責嗎？作為三軍統帥，杜威能輕易對付共和黨的英雄麥克阿瑟嗎？或者，也許麥克阿瑟知道自己的影響力不及杜威，他會安分聽從這位總統的指揮嗎？

民主黨人得知杜魯門勝選後，歡天喜地。而連續五次在大選中敗北的共和黨人則遭到致命打擊。共和黨的某些大人物已經開始擔心，這個政黨會永遠成為在野黨。競選失敗並不意味共和黨人就會繳械投降。一旦讓國民經濟操控在那些藍領工人手中，那麼共和黨人在經濟議題上就沒有任何可乘之機；但是，他們絕不會對民主黨的顛覆問題置之不理，忠誠和反共將成為他們的新議題。在這個問題上，正是那些民主黨人難以控制的事件，尤其是蔣介石政府的垮臺為共和黨提供了巨大的幫助。從此，美國國內的政治鬥爭越演越烈，而針對民主黨人的最大指控將是他們叛國的二十年。

15 臺灣問題的政治學

某些事的發生意味著韓戰不能被當作孤立的事件看待，更不能被當作小國裡發生的小規模戰爭，不能被當作僅僅與南北韓有關。這些事包括：中國的崛起成為美國國內的政治議題，關於美國對外政策日益激烈的爭論，以及民主黨政府的外交政策被認為過於軟弱，儘管左派批評者認為它過於強硬。南北韓問題通常必須與更大的事件聯繫起來，也就是曾引起美國最激烈國內政治辯論的中國問題。杜魯門派兵前往南韓時，他們頭上總是籠罩著一個巨大的陰影，也就是中共軍隊加入戰爭的危險。這是杜魯門和他身邊大多數人都不願意看到的，卻似乎是前線總司令麥克阿瑟將軍及其擁護者十分期待的。總統把國家帶入了一場困難的戰爭，自己卻放不開手。總統不得不在政治上採取防守的姿態，因為他沒有選擇指揮官的餘地，儘管人們不願承認這一點。

當江森加入內閣並與國務卿艾奇遜較量以來，行政當局內部對蔣介石和中國的爭論就沒有停過。江森一進入內閣，這兩人就開始爭論是否要援助臺灣。在北韓人越過邊界的四天後，共和黨領袖塔弗特參議員在國會發表了慷慨激昂的演講。他抨擊杜魯門沒有得到國會批准就擅自對北韓開戰。他抱怨，北韓的入侵不僅說明艾奇遜亞洲政策的嚴重錯誤，而且表明他對共產主義的軟弱。他強烈要求國務卿下臺。塔弗特演講幾小時後，被杜魯門從歐洲召回來幫助艾奇遜的哈里曼剛好來到江森的辦公室門前。因此，當江森接到塔弗特的電話時，哈里曼親耳聽到江森對塔弗特的演說讚不絕口，特別是對塔弗特要求艾奇遜下臺的意見表示首肯。江森對塔弗特說：「你早該在國會裡提出這件事了。」聽到這裡，哈里曼非常吃驚，因為這些人像是在私底下早已定下反對總統的陰謀。更讓哈里曼震驚的是，江森甚至建議哈里曼與他們合作，這樣一來他就可以幫助哈里曼坐上國務卿的位子。哈里曼立刻把這件事告訴杜魯門，沒過多久，江森就被總統撤職了。

江森高估了自己的政治地位，許多高階將領都瞧不起他。他支持蔣介石，反對總統的基本方針，因此，總統可以從這兩個理由中隨便找一個來解決他。但對於前線總司令麥克阿瑟將軍，那就是另外一回事了。他似乎不怕對抗行政當局。其實，他和杜魯門之間的齟齬早在韓戰爆發前就開始了。當時，美國最具影響力的《生活》雜誌週刊（由亨利．魯斯一手創辦，他不僅是一位中國通，還是行政當局對華政策的主要批評者）上的一篇報導，就被視為他們之間的衝突之一。一九四八年十二月下旬，《生活》雜誌發表了一篇標題為〈麥克阿瑟指出中國的垮臺會使美國陷入危機〉的文章。文章說，麥克阿瑟曾給參聯會發過一封長達十六頁的電報尋求協助，這使「我們的軍方高層前所未有地震驚」。麥克阿瑟認為，蘇聯奪取日本簡直有如探囊取物，「面對如此明確的現實，華盛頓怎能對中國共產黨勝利的結果感到心安理得呢？」在這個異常敏感的政治問題上，身為遠東最高軍事指揮官的麥克阿瑟卻與美國總統不共戴天的敵人站在同一陣線。這對總統和麥克阿瑟之間的關係來說可不是什麼好兆頭。

一九五〇年七月下旬，總統和將軍之間又發生了一次摩擦。韓戰爆發後，華府／就臺灣問題展開了激烈的爭論。由於臺灣與中國海岸最近的距離僅有八十五英里，參聯會開始懷疑臺灣本島的軍事價值。當時情報部門曾有傳言（後來證實這是完全錯誤的）：中共正在大陸集結一支由四千艘船組成的艦隊伺機進攻臺灣。這引發美方對韓戰、臺灣問題及中國態度的極大關注。艾奇遜對任何可能導致把美國在韓國的行動與蔣介石聯繫起來、並因此擴大戰爭規模的事都非常小心，而且他仍堅決反對援助蔣介石。他認為幫助臺灣就是幫助蔣介石，如果處理得不好，很可能會演變成美國對華政策的災難性行為。然而，杜魯門在支援蔣介石這個問題上已經開始讓步，他建議先派出一個調查團去評估是否有必要協防臺灣。參聯會把這項任務委派給麥克阿瑟，而麥克阿瑟自己則擔任調查團團長。參聯會建議，在國務院和國防部制訂對臺基本原則之前，麥克阿瑟應該先派出其他高級官員前去做初步調查。如果讓麥克阿瑟親自出馬，這種架勢看起來更像是國家級的正式訪問，而不是為了軍事需要而進行的評估。這麼做會導致該地區的局勢更加緊張。

然而，麥克阿瑟一點也不想等，一點也不願讓國務院牽涉其中。因此，在接到委任後，他就把國務院代表西博德（Bill Sebald）晾在東京，帶著自己的人馬立刻飛往臺灣。與他同行的還有許多高級軍事將領，為此美軍不得不動用兩架C－54運輸機。途中，麥克阿瑟透過電報通知五角大廈說，如果中國入侵臺灣，他將用三個F－80噴射戰鬥機中隊奮力將之擊退。麥克阿瑟的這項舉動讓身在華盛頓的官員，特別是艾奇遜更為憂心。他以為麥克阿瑟已經把那三個戰鬥機中隊派往臺灣。艾奇遜很惱火，認為這是麥克阿瑟的越權行動。這件事同樣提醒參聯會，不論是在蔣介石和臺灣問題上，還是在任何其他問題上，麥克阿瑟都不像其他戰區司令那樣聽從指揮，也從來不按照他們的要求行事。參聯會主席布萊德雷後來說，參聯會的命令對麥克阿瑟根本就不管用，最好能讓杜魯門親自下令，讓麥克阿瑟延遲前往臺灣。

韓戰爆發的五週後，也就是七月二十九日，麥克阿瑟抵達臺灣。對於他的大駕光臨，蔣介石等人十分激動，就像迎接美國總統那樣地歡迎麥克阿瑟的到來。事實上，麥克阿瑟和蔣介石簡直就是在竭力扮演這樣的角色。麥克阿瑟還很有禮貌地吻了蔣夫人宋美齡的手。儘管兩人素未謀面，但是麥克阿瑟卻稱呼蔣為「我的老戰友」。最關鍵的是，雖然就技術層面而言，美國對華政策還沒有任何改變，但是麥克阿瑟此行足以說明政策看起來發生了變化，或者說美國表現出另一種不同的姿態。這對國民政府外交部來說是一個極大的成功。隨後蔣介石說，美國和中國將為了「共同的利益」對抗共同的敵人。正如布萊德雷所述：「國民黨的宣傳給人們的印象是，在遠東地區，美國將與蔣介石組成更緊密的同盟，共同打擊共產主義，而且美國甚至會協助蔣介石『反攻大陸』。」

可想而知，杜魯門和艾奇遜對這件事有多惱火。這次拜訪不僅含有諸多深層的政治意涵，還意味著麥克阿瑟可以無視總統的命令，憑自己的意向制訂國家政策，並擅自付諸實施。麥克阿瑟總是照自己的想法來行動，向來我行我素，完全不顧總統的命令。因此杜魯門確信，透過這次臺灣行，麥克阿瑟除了想鼓舞國民黨的士氣之外，還想向他施加「右派」方面的某種壓力。儘管麥克阿瑟在報刊上看到總統對他的臺灣行很生氣的消息，但仍不肯就此罷手，甚至說了更多可能激怒總統的言辭。他說這次臺灣行「被那些在太平洋問題上始終堅持失敗主義和姑息政策的人士，在眾目睽睽之下進行惡意而錯誤的宣傳」。這也可以算是麥克阿瑟對艾奇遜的又一次攻擊。

為了避免類似事件再度發生，杜魯門立刻派出「三人小組」前往東京與南韓，以便得知韓戰的狀況及前線指揮官需要什麼支援。前文提到，李奇威曾到前線評估華克。事實上，杜魯門的頭號「麻煩解決者」哈里曼才是這次任務的關鍵人物。他的主要任務是改善杜魯門和麥克阿瑟之間的關係，找出麥克阿瑟在戰場上最需要的人員和軍用物資。正如哈里曼後來所述，他帶來總統的兩個口信，總統說：「首先，我將盡一切力量滿足他的需要，以表明我的支持。其次，我想請你告訴他，我不想讓他把美國捲入一場與中共的戰爭當中。」哈里曼還得弄清楚，麥克阿瑟向蔣介石承諾了什麼，而且必須告誡麥克阿瑟避開蔣介石。但是就在哈里曼飛往東京時，東京司令部就放出消息說，麥克阿瑟將告訴哈里曼，除非美國要在亞洲各地與竄起的共產黨開戰，否則韓戰將變得毫無意義。

哈里曼和麥克阿瑟的商談成效有限。哈里曼向總統報告說，麥克阿瑟是個容易相處的人，但他缺乏熱誠是明顯的；身為軍人，麥克阿瑟知道服從，卻「不完全聽從命令」。根據哈里曼閱人無數的經歷，他覺得麥克阿瑟與杜魯門之間的關係已經出現不好的預兆。哈里曼一直是政壇的重量級人物，就像麥克阿瑟一樣顯赫，因此並不會被將軍盛氣凌人的威嚴給嚇倒。一到機場，麥克阿瑟就直呼其名地說：「艾弗利爾，很高興見到你。」同樣的，哈里曼也用將軍的名字回應麥克阿瑟。麥克阿瑟稱他為艾弗利爾，他就稱對方道格拉斯。

哈里曼清楚意識到，儘管他不同意麥克阿瑟的觀點，但麥克阿瑟仍會一意孤行地認為對毛澤東及其中國的任何妥協都是一種姑息。在此之前，麥克阿瑟就告訴哈里曼，美國對蔣介石的態度太強硬，應當「停止對蔣介石的粗暴態度」。雖然麥克阿瑟並不欣賞國民黨軍隊的表現，卻也不排斥偶爾利用他們。在中國問題上，他完全反對華盛頓的對華基本論述，一個經常困惑著華府的論述。哈里曼回到華盛頓之後，向杜魯門報告：「由於種種複雜的原因，我認為我們和麥克阿瑟在怎樣對待臺灣和蔣介石的問題上並沒有達成共識。雖然麥克阿瑟口頭上接受總統的對華立場並願意按照總統的指示行動，但是他不會完全服從命令的。麥克阿瑟有個奇怪的觀點，他認為美國應該支持所有反對共產黨的人。他似乎認為，讓蔣介石與中共為敵，便能讓美國更有效地對付中共。不過即使如此，他也沒有給我一個合理的解釋。」

八月八日，麥克阿瑟與華盛頓派來的三人小組舉行最後一次會議。這時戰局對美軍來說仍然不利。北韓已經推進到釜山周圍。然而在會議上，麥克阿瑟對眼前局勢仍十分樂觀。他不僅公布自己準備在戰線後方實施突襲登陸的計畫，並且把登陸地點訂在南韓西海岸非常深入北邊的仁川港。這個計畫是麥克阿瑟在韓戰初期制訂的「藍心行動」的擴大和升級版。仁川登陸原本計畫在九月十五日實施，但是現在麥克阿瑟認為這個日子不是最佳作戰時機。早在北韓軍隊越過邊界、繼續向南進攻時，麥克阿瑟就想實施這個計畫。在七月上旬的高階將領會議中，他的很多部下都建議他考慮進行兩棲登陸。大家對登陸地點紛紛提出了自己的建議，有的說應該挑選一個離北韓軍隊後方最近的港口，也有人說應該挑選一個深入北韓防線以北十公里的港口，是美軍砲兵火力可以覆蓋到範圍，第三個說話、年輕的艾德．隆尼少校（Ed Rowny）更大膽建議應該在南韓東海岸以北二十五公里處登陸。然而麥克阿瑟沒被他們的意見打動，他一邊說「你們都是一幫膽小鬼」，一邊在黑板上用法語寫下了「De Qui Objet?」——目標是什麼。時隔多年，隆尼仍清楚記得當時的情景——偉大的英雄麥克阿瑟做了出人意料的舉動，居然在黑板上用法語寫下自己的想法。要把登陸地點訂在哪裡呢？接著，麥克阿瑟取過一枝大號的描圖筆，在地圖上把仁川圈出來。仁川是距離漢城不遠的港口，比任何人建議的登陸地點都更深入北方。麥克阿瑟接著說：「我們就在仁川登陸——直搗敵人的咽喉。」一些年輕軍官擔心北韓很可能在仁川港埋下地雷，而且那裡的潮汐也不利於登陸。但是麥克阿瑟完全不理這些異議，還說：「你們不要畏首畏尾，只要有堅定的意志力和勇氣，我們就一定能獲勝。」隨後，他下令立刻制訂仁川登陸計畫。

趁著哈里曼和李奇威都在場，麥克阿瑟積極向他們推銷自己的登陸計畫。想完成登陸行動，他必須有四個師的兵力。由於二戰後老兵退役，美國本土已派不出那麼多的人，因此他將調動自己的第七步兵師和第一陸戰師來填補空缺。在李奇威看來，麥克阿瑟的登陸計畫的確很新穎，因此他以極大的熱情支持這項計畫。這麼一來他就成為華盛頓國家安全團隊中跳上仁川浪潮的第一人。對於韓國即將來臨的冬天，麥克阿瑟十分擔憂，擔心冬季的嚴寒會讓美軍陷入艱困之中。李奇威對麥克阿瑟的擔憂印象深刻，他確信當地的嚴冬比德國更厲害。麥克阿瑟認為，美軍越早襲擊仁川，對戰局就越有利。一旦冬季來臨，戰事對美軍來說將變得更痛苦、更嚴酷，甚至會導致非戰爭傷亡的人數將超過戰爭傷亡。令人不解的是，麥克阿瑟接著說，到了十一月下旬，他會毫不猶豫地命令八軍團和第十軍向北挺進，直搗鴨綠江。哈里曼和李奇威記得，剛剛麥克阿瑟還擔心嚴冬會影響戰事，現在卻又絕口不提，竟然忍心讓士兵穿著單薄的夏裝在寒風刺骨的冬天行軍打仗。因此，哈里曼和李奇威認為，麥克阿瑟總是根據自己的需要來說話，什麼對自己的立場有利，他就會說出什麼樣的話。

對哈里曼而言，仁川登陸計畫使華府官員陷入進退兩難的困境。麥克阿瑟是一個雙重性格的人，一方面是才華橫溢、充滿創造力的作戰統帥，另一方面是一個令上司苦惱不已的麻煩人物，幾乎總是違抗命令，總是與上級意見相左。大家都知道，只要有人提出批評意見，麥克阿瑟就會反射動作般地把這些批評完全消滅掉。你怎能從一個一直以來只懂得從自己的政治利益出發來考慮問題、不像其他高級軍官那樣按牌理出牌、不會與你直來直往的人身上，得到任何政治好處呢？你怎能僱用一個自己駕馭不了的人？難道一個如此才華洋溢的人會老老實實待在你的團隊裡嗎？哈里曼和李奇威的這趟行程完全突顯了麥克阿瑟的問題。麥克阿瑟不僅與蔣介石建立了關係，並且擅自制訂了仁川登陸計畫，這進一步把總統推向進退維谷的境地。哈里曼對李奇威說：「現在至關重要的是先把政治考量和個人利益放在一邊。我們和麥克阿瑟打交道時，應當首先從這個偉大國家的最高利益出發。」儘管表面上，他們這次行程的結果是有建設性的，但是背後卻蘊藏著巨大的麻煩。如果說莫斯科和北京這對共產兄弟的關係很快就變得非常棘手的話，那麼駐日美軍司令與他在華盛頓的軍事、政治上級之間的關係同樣棘手。

這幾位高級官員明白，麥克阿瑟在不久的將來很可能會出差錯。不出他們所料，三週後，麻煩事果然發生了。麥克阿瑟應邀在美國海外退伍軍人年會（VMA）上發表談話或寄出講稿請人代讀。和美國退伍軍人協會一樣，美國海外退伍軍人不是溫和派的選民。麥克阿瑟在會上的談話又是關於臺灣的。他說，美國低估了臺灣的軍事地位，美國能夠以臺灣為中繼站，「用空軍控制從海參威到新加坡的每一個亞洲港口，進而阻止任何在太平洋地區對美國有敵意的行動」。麥克阿瑟在公共場合談論如此敏感的話題，彷彿是為美國的對手提供攻擊美國的機會。所謂「臺灣是美國很好的軍事基地」這個觀點既是蘇聯以及由它代表的中國都想在聯合國提出的議題，也是華盛頓力圖縮小其意義，以免擴大韓戰的觀點。麥克阿瑟卻得寸進尺，這一次，他不像是以前線總司令，而更像是以美國國家領袖的口吻鄭重其事地宣布：「提倡在太平洋地區搞姑息政策和失敗主義的那些人說，如果美國防禦臺灣，那我們將與整個亞洲大陸為敵。沒有什麼比這些陳腔濫調更荒謬的了。說這種話的人根本不了解亞洲。他們不肯承認，其實亞洲人的內心崇尚積極、果斷及強而有力的領導。」如果說麥克阿瑟的這番話不是意在攻擊杜魯門本人，那麼他至少是在攻擊國務卿艾奇遜，這一點顯而易見。

杜魯門再一次被麥克阿瑟激怒。儘管這次演講已經公開，而且被報章雜誌連篇累牘地報導，杜魯門卻不甘示弱。他找來自己的心腹江森，讓他告訴麥克阿瑟，總統命令他收回在美國海外退伍軍人年會上的演講。杜魯門問江森：「這是我身為總統所下的命令，你明白了嗎？」儘管江森贊同麥克阿瑟的觀點，但他還是表示遵從總統的命令：「是的，總統先生。」「好了，你趕緊替我完成這項任務。」杜魯門覺得，江森很可能是這件事的共謀，因此他對江森同樣不悅。江森走出橢圓形辦公室後舉棋不定，因為他既不想下令讓麥克阿瑟收回自己的話，又不能違抗總統的命令。於是，他打電話向艾奇遜求助，問他能否找到弱化杜魯門命令的方法，例如為麥克阿瑟找個藉口，聲稱他的話只是表達自己個人的意見，而每個人都應該有表達自己看法的權利。艾奇遜提醒江森，這可是總統下的命令，不得違抗。整個上午，江森馬不停蹄地打電話給各位要員尋求幫助。然而，就在下午，杜魯門又來電命令江森告知麥克阿瑟：「美國總統命令你收回發往美國海外退伍軍人全國各分部的講稿，因為你關於臺灣的部分演講已經違背了美國的政策及聯合國的立場。」最後，麥克阿瑟收回了談話內容，但是總統也觸怒了麥克阿瑟。表面上，麥克阿瑟收回自己的話以後，這件事就此風平浪靜，然而事實並非如此。後來，在麥克阿瑟與杜魯門發生了最後一次的衝突，並導致麥克阿瑟的解職。後來杜魯門還經常抱怨，要是在這件事後解除麥克阿瑟的職務就好了，那麼就不會有後面那麼多麻煩事了。

這個事件也為江森敲響了喪鐘，由於執行命令不力，兩週後他就被杜魯門解職了。杜魯門再三催促江森遞交辭呈時，江森幾乎聲淚俱下，表示不願離開。杜魯門傳記作者麥可洛夫（David McCullough）寫道：「江森可能是杜魯門最差勁的人事任命。」艾奇遜曾形容他「腦筋不正常」。在江森短暫的政治生涯中，他幾乎得罪過團隊中的所有人，包括總統、國務卿、內閣成員以及幾乎每一個他遇到的高級軍官。即使是兩個各執一詞、互不相讓的高級軍官，他們都可能會在對抗那個令所有的人憎恨的江森時團結一致。正如作家羅伯特．海納爾（Robert Heinl）形容的那樣，他經常用「自己特有的圓滑世故的口吻」和別人說話，這一點簡直令人厭惡至極。一九四九年十二月，他在一封致某海軍高階將領的信中寫道：「海軍已經過時了……美國已經不再需要海軍和陸戰隊了。布萊德雷將軍告訴我，兩棲登陸已被時代淘汰。美國將不再需要實施兩棲登陸了，海軍陸戰隊已無用武之地。如今空軍可以完成任何一項海軍可執行的任務，因此我們再也不需要海軍了。」他錯誤地認為，有了原子彈就等於有了一切。因此他經常向高階將領施壓，勒令他們裁軍，從而引發這些將領的反感。在韓戰爆發後三個月，即一九五〇年九月江森被解雇之後，五角大廈裡開始流傳著一則諷刺江森的笑話：參聯會已經通知江森，他終於可以取消那個無情的裁軍計畫了，每天都有很多士兵在韓戰中被殺，以致美軍兵力達到了裁軍的預期水準。幾乎所有和他打過交道的人都十分鄙視他。布萊德雷後來在回憶錄中寫道：「杜魯門無意中用一個精神病患取代了另一個精神病患。」

江森在年底前離職其實只是麥克阿瑟這次演講的後果中最不重要的部分。它更加劇了總統和將軍之間關係的惡化。麥克阿瑟最後被迫讓步，並對總統的命令表示服從，這對他來說是個極為不快的經歷，也預示著兩人的關係終究會破裂。麥克阿瑟出訪臺灣的行為讓白宮意識到，不管是在政治面還是制度面，麥帥儼然是一個反對者。事實證明，他絕不會苟同政府的亞洲政策，也絕不會支持美國打韓戰的可能目的，還強烈反對美國的對華政策。總統和將軍之間的關係已經產生巨大的裂痕：總統和國務卿盡可能想在韓戰中避開中國；而從麥帥的言行卻能看出，他根本不擔心中國參戰。正如麥帥所言，他每晚都下跪祈禱，希望中國參加這場戰爭。

杜魯門想用喬治．馬歇爾接替江森的職務。但是自從退出政壇後，馬歇爾的身體狀況一直不是很好，而且再過幾個月就七十歲了，現在的馬歇爾實際上處於半退休狀態，只是偶爾打理一下紅十字會的事務。杜魯門派人徵詢馬歇爾是否願意再次任官，馬歇爾回答願意為國效勞，但最多只能再工作半年，而且他還點名在國家安全領域裡受人尊重的羅維特（Bob Lovett）擔任國防部副部長，以便在他退休後接替他的職務。馬歇爾問總統：「您真的需要我為您效勞嗎？」杜魯門很可能是想再考慮一下，於是說：「我最終還是會考慮任用你。共和黨人仍因蔣介石在中國的垮臺而指責我。我需要幫助，但是又不想給你添太多的麻煩。」後來，杜魯門在一封寫給妻子的信中說：「妳還能想到其他更能勝任這個職位的人嗎？我實在想不到，只有馬歇爾才是最好的人選。」

韓戰爆發前，中國發生了巨變。蔣介石領導的中國倒下而毛澤東領導的中國崛起，威脅了美國政府——這個政府正因此而大受打擊。如果一九四八年大選，共和黨祈禱想要找到一個與民主黨進行爭論的議題，其實要到一九四九年才會應驗。有了蔣介石政權的垮臺，才有了二十個月後韓國戰場上美國與中國的衝突。美國總統大選的前一天，即一九四八年十一月三日，國民黨軍隊從瀋陽——滿州規模最大的城市——大舉撤退，這也是他們第一次放棄大城市。瀋陽及其周邊地區迅速被中共控制，而國民黨的撤退仍在持續，蔣介石軍隊正以驚人的速度潰敗，每一次新的失敗似乎都注定了下一個更大更快的失敗。有時，國民黨軍隊的整個師集體向共軍投降，並轉變成毛澤東的新力量。而其他的國民黨部隊還沒與共產黨交手就被迅速消滅了，並留給共軍價值不菲的美式裝備。

從此以後，美國和因革命新生的中國對彼此的政治行為和軍事行動視而不見，最後卻緩慢走向了兩國軍事衝突的發展。儘管四年前的許多跡象就已表明蔣介石政權即將垮臺，這則消息還是令上百萬關心中國的美國人難以接受。在二戰期間，美國有許多刊物報導蔣介石，與狡詐、卑鄙、不值得信賴的日本人相比，蔣介石領導的中國人民是一群勤勞、順從、值得信賴的人。然而，這麼美好的國家一夕之間變成共產國家，那個二戰時的盟國蘇聯現在也變成美國的敵人。更讓美國人難以接受的是，中國竟搖身一變成為蘇聯的盟國和美國的敵人。

對數百萬美國民眾來說，這就像一場背叛，蘊含著邪惡與災難。一旦中國與蘇聯聯手，這兩個國家無論是領土面積還是人口數量，對美國都是極大的威脅。如果這兩個國家在世界地圖上都用同一種代表他們共同政治目的的粉紅色標示出來，那麼這幅地圖對美國來說該是何等可怕的景象。美國民眾對中國的情感更甚於任何其他國家。民主黨人已經連任五屆總統，共和黨時時刻刻想找出一個政治話題拉下民主黨，因此，蔣介石政權垮臺的政治後果已經被美國人無限放大。現在出現了一個讓兩黨鬥爭日趨激烈的問題：究竟是誰把中國給搞丟了？如果美國人曾認為中國屬於美國陣營的話，那麼現在美國已經失去了中國這個盟友。沒有人能明白也不願去明白，為什麼蔣介石政權會突然垮臺。在當時，這是經歷過六年的全面性戰爭之後，世界強權的結構發生戲劇性變化的部分代價。二戰不只是同盟國和軸心國的鬥爭，而且像一戰一樣，有極深遠的全球性後果。

* * *

美國人心目中的中國，其實只是一個幻象。美國民眾認為，中國是一個熱愛美國和美國人的國家，是一群像美國人一樣盡忠職守、遵守法紀的農民，一群和美國人一樣對生活沒有太多奢望的人。中國的一般農民也願意信仰耶穌基督，儘管在他們前進的道路上有很多艱難險阻，但他們仍渴望創造一個像美國一樣美好的家園。因此，美國人認為，他們不僅熱愛中國，了解中國，而且也有責任幫助中國人過著像美國人一樣富足的生活。內布拉斯加州參議員惠利說：「在上帝的指引下，我們一定能幫助上海蒸蒸日上，使它達到坎薩斯城的繁榮水準。」惠利是共和黨人，一直都是美國對華政策的批評者，但是就連那樣的人也誤解中國，甚至曾錯認所謂中國就是法屬印度支那。

早在蔣介石逃到臺灣、在那裡建立了專屬於他個人的中國之前，就已經有兩個中國。一個是美國人心目中所幻想的中國；另一個則是真實的中國，一個正分裂中的國家，這是個令生活在其中的美國人感到傷痛的事實。美國人想像的中國是個英勇的盟友，由勇敢勤奮、親美的基督教徒蔣介石及其美麗的夫人宋美齡所統治。宋美齡出身宋氏家族，這是中國最富有、最具影響力的家族之一，她本身是基督徒，受美式教育，似乎直接受命於中央政府，主要負責對外公關的工作。這位大元帥和夫人的目標看起來似乎總是跟美國一樣，價值觀也相同，但事實上卻完全相反。過去一個世紀以來，到中國傳教的無數美國傳教士是如此盡忠職守又虔誠篤實，他們對美國造成的政治影響遠比他們希望對中國的影響還大，這些傳教士希望能改變中國，但卻對其文化及政治影響甚微。如同駐陪都重慶、出色的美國大使麥爾比（John Melby）後來所寫的，數百萬美國孩童如實地把零用錢帶到主日學校，捐給貧窮落後的中國。因為他們的父母在教堂裡聆聽了自中國返回的傳教士在中國的見聞，不只喚起了人們對中國與中國人的好奇，更開啟了他們心目中以上帝之名拯救世界的巨大渴望。

現實中的中國，是一個在政治上與地理上都嚴重破碎的封建國家，一個常常被殘酷的地方軍閥所統御、貧困到幾乎不能忍受的國家。這個擁有五億人民的國家，由貪腐的中央政府、鯨吞蠶食的外國政權、數不勝數的軍閥，以及蔣介石那微小而自私的寡頭政府所統治（若還能說是統治的話）。對多數尋求持續商業利益的西方領袖而言，當然偏好一個衰弱的中國。中國的內戰持續延燒，正反映了中國欲重新定義其為「國家」身分的歷史企圖，這將讓中國全面掙脫、不再屈居西方列強與中國軍閥長期窺伺的獵物角色。在長達二十餘年的軍閥內戰及日本殘酷的占領所撕裂之後，它已經傷痕累累。現在二戰結束了，糟糕的蔣介石政府內外交迫，疲於應付。以歷史學的術語來說，是分贓的時候了。

當然，蔣介石的垮臺早有許多預兆。二戰時期，蔣介石領導的國民黨政府的主要任務是抗日，但是他們還同時與毛澤東領導的中國共產黨進行廝殺。一份又一份的報告，不管它們是來自戰場，還是來自文武官員，還是來自與擁護或反對蔣介石的人，都表示一個同樣的觀點：中共的政治和軍事領導力更好，政治合法性更強。二戰接近尾聲時，凡是去過中國並了解事態的人，沒有幾個認為蔣介石能夠在軍事上獲得勝利。某些在國家安全團隊裡的人，像是福萊斯特，便認為蔣介石獲勝的機會十分渺茫，因此美國要小心別過於削弱日本，往後日本還能權充對抗共產黨的北亞洲的堡壘。當二戰終於告終，中國內戰漸趨激烈，從戰場傳出的消息也愈發令人頹喪。蔣介石不出所料轉向內陸，根據地益發縮小，政策也益加壓抑。即使像陳納德少將這樣同情蔣介石的人，也在戰爭結束前夕寫給羅斯福的信上說：「即使沒有蘇聯的援助，延安的共產黨也擁有勝利的絕佳機會。」

或許再沒有比一九三七年七月作為二戰開始最好的時機了，當時中國軍隊與日本侵略者在北平附近發生衝突，此地緊鄰中國與滿州的邊境。若無意外，民族主義者蔣介石，或者說是國民黨領導下的半民主的現代中國，其崛起的希望必定破滅，那個美國人長久以來夢想的中國註定希望不再。之後的中國，在日本入侵與軍閥混戰的雙重力量下，正如世界親眼目睹的那樣，經歷了一場社會、經濟、政治徹頭徹尾的重大變革。這場洪水般的大變革首先由外力所驅動，但並非全然因外力所致使。這同時也是兩個中國的挑戰，一個是還未萌生的中國，還殘存著仇恨，其制度規則潛在地具有毀滅性，另一個中國則贏弱、殘酷而又野蠻，按照其固有的邏輯自行其是。這也是一群暴力專制之人和一群專制無情之人之間的挑戰，他們長期暴虐無道、把中國統治得一塌糊塗。與其說它是一種把空前的貪婪與嚴酷加諸一般中國人身上的專制，不如說它是一種有系統的壓迫。少數人從中得益，位高權重，生活富裕，不受法律管束，不管怎樣都有武力保護。然而大多數窮人似乎是永遠無望，他們的日常生活缺乏尊嚴，充斥著不公不義。即使在日本軍隊未進入滿州之前，這個中國可能已經無以為繼。

蔣介石在中國的崛起，反映了中國舊秩序的瓦解。他擺平了各方面、各集團的利益，表面上達成中國的統一。自一九二七年蔣宋聯姻以來，他的政治地位愈發穩固。宋氏家族是中國最富有、最具影響力的家族，同時也和西方國家的權力集團保持著千絲萬縷的連結。

當時，蔣介石的主要任務就是和中國共產黨戰鬥。共產黨當時有很好的機會去挑戰權威，但不必掌權。他們深入農村，傾聽農民的苦難和不滿，積極為農民謀求福利。共產黨的所作所為是蔣介石和其他軍閥沒做過的，因為他們根本不顧農民的死活。儘管蔣介石擁有大量的美國軍援，儘管美國的新聞、外交、軍事等各方面都建議蔣介石改革政府，然而他卻置若罔聞，使自己的領導在中國逐漸喪失凝聚力。

許多美國的政治、軍事顧問都敦促蔣介石合理運用自己的政治、軍事資源，但是蔣介石仍置之不理。他和美國人的想法不同，只是一味地鞏固自己的統治地位，而美國人希望蔣介石實行美式民主。蔣介石不明白，只有像美國顧問所說的那樣徹底肅清政治與軍事腐敗，他的統治才會更牢固。如果說蔣介石有什麼特殊才能，那就是他可以做到在不傷害美國顧問感情的前提下，表面上接受他們的意見，實則把他們的意見拋諸腦後，繼續一意孤行。當蔣介石政權最終在一九四九年垮臺，根本不令人意外。史迪威將軍（綽號醋酸喬），是二戰中被派遣與蔣介石合作的美軍首要軍事顧問，早在一九四二年他便體認到蔣介石完全沒有價值，他不是不能夠，而是不願意運用軍隊去抵抗日本。

蔣介石的軍隊在理論上是強大的，事實上，它越來越像是一場騙局。蔣介石號稱自己有三百個師的兵力，然而史迪威估計他的實際兵力還不到他宣稱的百分之六十。另外百分之四十的兵力，只不過是莫須有的「幽靈士兵」。他這麼做即可把這些多餘的人頭薪水轉入自己個人的荷包。在二戰早期，當中國宣稱要保家衛國時，美國顧問對中國徵兵的過程極為震驚。史迪威的參謀巴大維上校（Dave Barrett）記錄了一次徵兵工作：「中國軍隊只有最差的裝備。既沒有醫務人員，也沒有交通工具。許多人生病。大多數新兵被綑著強征而來。徵兵簡直是一場醜行。只有那些無錢無權的倒楣鬼才會被抓來濫竽充數。」這樣看來，中國軍隊的軟弱無能絕非偶然，它是蔣介石在腐敗而封建的環境下購買自己影響力的工具。如果他按美國人的要求去做，那麼他將比美國人更清楚地發現，自己很快就會失去權力。

長久以來，蔣介石和史迪威分歧嚴重，互不相讓。一九四四年秋天，這個最不受蔣介石歡迎、卻給了蔣介石很多逆耳忠言的人，最終被美國政府召回國。儘管蔣介石不是美國政策的執行者，但是羅斯福還是選擇繼續支持他。儘管是他使中國陷入了長期戰爭之中，但羅斯福仍對他和中國抱有幻想。羅斯福總統誤認為如果美國人把蔣介石看成一個偉大民族的偉大領袖、一個世界級的領袖，他就會把自己塑造成美國人想像的那個樣子。

蔣介石在政治鬥爭中贏了史迪威，卻輸給了史迪威的預言。後來，史迪威預言的事都一一應驗。蔣介石政權垮臺的趨勢越來越明顯，哪怕像美國如此富有強大的國家都無法阻止這個強烈的歷史性發展。二戰時期，沒有一個軍人能像馬歇爾那樣臨危受命，完成了看似不可能完成的任務。一九四五年底，馬歇爾被派往中國調解國共之間的衝突。他明白自己會以失敗告終，因為機敏過人的他洞察到國共雙方的矛盾不可調和。雙方各執一詞，互不相讓，誰也不會聽他的。馬歇爾接獲這個命令時已是六十五歲高齡，早已退休，一心只想做維吉尼亞州里斯堡的閒人。但當時杜魯門對中國問題心緒不寧，擔心如果不盡早解決，美國的內政將會受到影響。因此，他請求馬歇爾：「將軍，我需要您為我去一趟中國。」於是，一九四五年耶誕節前夕，國務院遠東事務司司長范宣德（John Carter Vincent）在機場為馬歇爾送行。飛機起飛後，范宣德對十歲的兒子說：「兒子，世界上最勇敢的人出發了，他要試著去統一中國。」

這趟行程是一場災難。在助理的眼中，馬歇爾早已年老力衰，根本無法承擔如此重任。為馬歇爾擔任翻譯的麥爾比在日記中寫道，年邁的馬歇爾顯得疲憊不堪，沮喪悲傷，這次行程對他而言無異於惡疾纏身。也許馬歇爾早就預見這次中國行必將失敗，而且必將毒害整個美國的政治體系。一九四六年五月，馬歇爾在中國遇到艾森豪。在杜魯門的請求下，艾森豪探詢馬歇爾是否願意接替伯恩斯（Jimmy Byrnes）擔任國務卿的職位。「謝天謝地，艾森豪，我願意接受世界上任何工作，只要能讓我擺脫現在這份工作就行了。」馬歇爾不假思索地回答。聽到馬歇爾此行失敗的消息後，史迪威說：「他們到底想幹什麼？難道他們以為馬歇爾能做到讓水火相容嗎？」馬歇爾知道，中國的內戰已不可避免。儘管國民黨大老希望得到美國的援助，馬歇爾卻極力阻止美軍支持蔣介石。正如一九四七年他對國務院遠東事務司司長白德華（Walton Butterworth）所說的：「白德華，我們還是別捲入中國內戰為妙。如果我們要支援蔣介石，那麼一開始就需要五十萬兵力，而這只是開始而已。」他停頓了一下，接著說：「到時候我要怎麼把他們給撤出來呢？」

二戰結束後，不了解內情的人以為蔣介石在中國的地位是令人稱慕的，然而了解中國情況的人就會知道蔣介石政權的內部已經潰爛。儘管美國大多數政客都懷疑蔣介石的執政能力，但他仍能獲得美國新政府的支持。二戰後，媒體一度把蔣介石塑造成世界領袖之一。而美國民眾也認為，他是個偉大而受人愛戴的亞洲領袖。一九四五年秋天，蔣介石的軍隊、他的政黨——中國國民黨——控制了中國的各大城市、工業基礎及四分之三的人口——估計有四億五千萬到五億人。同時，蔣介石還擁有兩百五十萬裝備精良的正規軍，而這些先進的武器大多由美國提供。

蔣介石從來沒有意識到自己的弱點。雖然日本戰敗投降了，但他仍認為自己能說服美國人幫助他擊敗新的敵人：中國共產黨。就連蔣介石政權中最有錢有勢的宋子文也開始公然藐視美國人。他在南京四處勸說同僚不必擔心美國人，甚至還說：「我一個人就能對付那些笨蛋。」一直以來，美國人似乎都被蔣介石牽著鼻子走。日本投降時，美國軍隊成了蔣介石的臨時警察，全副武裝就地待命，等待國民黨軍隊——不是中國共產黨——前來接受日本的投降。然後，美軍幫助國民黨把五十萬部隊從中國的西南地區空運或水運到關鍵據點。（史迪威的繼任者魏德邁還曾頗為自豪地說：「這無疑是世界史上運送部隊人數最多的一次空運。」）在滿洲，美國派遣大約五萬名海軍陸戰隊官兵守住各個城鎮，直至國民黨軍隊到來。於是在美國的熱情幫助下，裝備著先進美式武器——絕大多數深受中國共產黨垂涎——的蔣介石部隊接受了一百二十萬名日軍的投降。

雖然蔣介石表面上在內戰中占優勢，但實際情況並非如此。關於這一點，馬歇爾最清楚。一九四六年十月，在杜魯門委託的特別任務即將結束前，馬歇爾反覆告誡蔣介石，不要在北方和西北地區追擊共產黨。馬歇爾認為，蔣介石的部隊分布太散、太細長，很容易中毛澤東的計。蔣介石總是喜歡占領據點，但每當共產黨打不下這些據點時就會撤退而不是投降。這也就意味著，當國民黨遠離他們的據點時，也就遠離了自己的補給線，而這將給共產黨反攻的機會。當然，蔣介石沒有聽從馬歇爾的建議，因為他總是急於求成，從來都聽不進別人的意見。一旦他的部隊遠離了預定戰場，共產黨就有了勝利的把握，這就是共軍的制敵策略。於是，蔣介石一口回絕了馬歇爾的建議，還向他承諾自己可以在八到十個月以內消滅共產黨。蔣介石要求美國當代最受尊敬的將領、一位筋疲力盡、只想退休的老人馬歇爾留下來當自己的軍事顧問，但馬歇爾很明確的推掉了。馬歇爾明白，如果自己作為美國總統的個人代表都影響不了蔣介石的話，作為蔣介石的手下更不會起什麼作用。若干年後，馬歇爾譏諷地說：「蔣介石的確十分信任我，但是從來都不聽我的建議。」

相較於蔣介石政權的武器裝備和兵力部署，弱小落後的共產黨軍隊能夠獲勝簡直就是奇蹟，他們甚至可以為此感到自豪。他們曾經山窮水盡，撤退到延安山區貧窮的窯洞裡，出人意料的是，他們透過游擊戰的方式與日本人周旋。他們更大的成功之處是與中國的廣大農民建立起深厚的關係。他們十分清楚國民黨軍隊日益突顯的種種問題，也相信自己最終能取得勝利，成功對他們來說只是時間問題。雖然美國的宗教領袖對中共勝利在望的局面極為憤怒，但從另一方面來說，中共黨員也是忠實的信徒，他們以一種極為獨特的方式把個人信仰、政治目的與軍事鬥爭緊密交織在一起，從而引發某種宗教般的狂熱情緒。正是在那個時代，毛澤東和他周圍的人開創了一種嶄新的戰爭，不是依靠武力，而是取得人民的支持。

16 國共兩黨之爭

蔣介石在二戰幾乎就要結束時就開始進攻中國共產黨。同時，中共也希望蔣介石這麼做。因為一旦蔣介石將戰線拉長，他們就可以開始追擊蔣介石的軍隊。同時，美國對蔣介石的援助源源不絕。美國人的做法正中共產黨下懷。正如當時的一位共產黨代表所說：「美國武力支持國民黨是正確的，因為只要國民黨得到武器，我們就可以立刻從他們手中奪過來。」從二戰結束到一九四九年蔣介石逃亡臺灣，美國總共支援蔣介石政府二十五億美元。事實上，這些軍事援助都被浪費或私吞了。在戰爭中，美國從印度向中國空運裝備，途中要穿越駝峰——喜馬拉雅山。對那個時代的空軍來說，這是一項極度危險的運輸任務，但是他們卻被諷刺為「來自喜馬拉雅的傻瓜大叔」。

表面上，共產黨軍隊一開始相對較弱、裝備又差，但是他們組織嚴密、紀律嚴明，抱著必勝的信念。他們有自己的戰鬥技巧和戰略。從一九三四年十月開始，他們走了六千英里，經過三百七十餘天的艱苦跋涉，完成了從中國南部到延安的退卻。這個戰略轉移同時確定了毛澤東在黨內的領導地位。在往後的抗日戰爭中，他們經歷了長期的嚴峻考驗，頑強地生存下來，同時還形成了最適合自己的戰略。他們採用一種非常有技巧的作戰方式打擊日本人，使用小型游擊隊靈活機動地戰鬥：兵力不足時就撤退，占有壓倒性優勢時就積極進攻。當被裝備精良的國民黨大軍追擊圍堵時，他們靈活地轉換戰場，而這些戰場一般都有利於己、不利於敵。他們既不堅守城池，也不打陣地戰。他們不依賴根據地，使正規軍無法抓摸他們。一開始，他們從戰場上撿起國民黨軍隊丟棄的武器。然而六十年後，當美軍在伊拉克打擊游擊隊時，人們採用另一個新名詞來稱呼這種作戰方式——不對稱作戰。

儘管共產黨軍隊在一九四五年還相當弱小，但是他們卻有高昂的鬥志。不久，一些外國觀察家發現軍事形勢開始變化。一九四五年十二月，年輕的美國國務院官員麥爾比在日記中寫道：「最讓我感到不可思議的是，他們這些人擁有如此堅定的信仰。同時，國民黨軍隊卻正在失去信仰。多年以來，共產黨承受了不可思議的打擊，注意吸收經驗教訓，同時又保持著自己的正直誠實，懷著必勝的信念，深信自己必定成功。」相較之下，在經歷了萬般磨難之後，雖然國民黨在大戰中倖存下來，獲得了至高無上的威望，但是他們卻以可怕的速度拋棄了自己的理想，取而代之的不是堅定的革命信念，而是腐敗沒落的思想。

幾乎從一開始，共產黨的策略就注定他們會成功，而國民黨注定會失敗。一九四六年秋天，中國內戰加劇。無論如何高估美國給予蔣介石的軍事裝備，如何低估共產黨的戰鬥成果，蔣介石的美國顧問還是十分悲觀。他們一度幻想，蔣介石的軍隊最終能與共產黨陷入拉鋸戰，進入僵局，如此蔣介石還可以劃江而治，把長江以北歸由共產黨統治，而長江以南歸予國民黨。然而，他們並不了解這裡的情勢瞬息萬變，兩軍實力的平衡早已打破。一旦局勢對國民黨不利，他們就立刻土崩瓦解，相反的，共產黨卻勢如破竹。「沒人能料到，中共能巧妙迅速地把抗日游擊戰轉變成對國民黨的機動戰。」費正清和費維凱在《劍橋中國史》一書中寫道。

事實上，有一個人早已料到這個結果，那就是毛澤東。當蔣介石的大軍在內戰初期連連獲勝時，毛澤東也未曾失去信念。在他看來，自己的隊伍比蔣介石更接近一般農民，因此一定能獲得這場戰爭的勝利。一九四六年夏天，在一個短暫的休戰時期，英國著名歷史學家白英（Robert Payne）在延安的窯洞裡拜訪了毛澤東。在冗長的採訪即將結束時，有些疲憊的毛澤東問白英是否還有其他問題。「還有最後一個，」白英說道：「如果雙方停火的話，中國共產黨佔領全國要花多久時間？」白英記得，雖然毛澤東說話速度很慢，但是很有把握地回答：「一年半。」事實證明，毛澤東的說法完全正確。一九四八年中，蔣介石的軍隊全線潰敗，內戰實際上已經結束。但在當時，毛澤東的話看起來像是最荒唐的吹噓。

內戰剛開始時，至少從表面看來國民黨獲得了一些勝利，重新拿下一些被共產黨占據的城鎮。至於他們是否真正獲勝還是一個問題，因為這很可能是共產黨誘敵深入的策略。國民黨固守城池；而共產黨不斷轉換戰場，有高度的機動性。共產黨深知必須敏捷，必須在夜間快速移動。他們尤其擅長伏擊戰。「聲東擊西和誘敵深入的戰術讓他們顯得無處不在而又神出鬼沒。」一名美國歷史學家這樣寫道。他們經常從正面佯攻國民黨的精銳部隊，而將主力隱藏在後方的預設陣地，隨時準備在國軍撤退時痛擊敵人。（他們在韓戰初期採用同樣的戰術對付美軍，並大獲成功。他們經常在夜間進攻，而這正是國軍最疏忽大意的時候。）由於他們與農民聯繫，並將自己人滲透到蔣介石部隊中，所以他們能得到重要的情報，似乎總是知道國民黨軍隊的一舉一動。由於具備極為出色的政治手段，因此即使有許多共產黨士兵陣亡，他們還是能輕易從廣大農民那裡募集到大量新兵。

一九四七年五月，蔣介石的全面進攻實際上已經停止。拙劣的指揮使國民黨的兵力分布得太稀薄，補給線拉得太長使國民黨部隊只能龜縮在一些大城市裡，士氣每況愈下。部隊一蹶不振，而指揮官甚至還不知道這一點。據毛澤東及其部下估計，蔣介石原有兩百四十八個旅的兵力，派出兩百一十八個旅進攻共產黨，但是在一九四七年夏天結束之前，這兩百一十八個旅中已經有九十七個旅、亦即將近八十萬人被殲滅。即使在後方的美國人也對蔣介石的失敗極度失望。「為什麼身為大元帥的蔣介石從來都不會記取前車之鑒？」民主黨參議院外交委員會主席康納利憤怒地質問。

由於毛澤東和史達林的關係緊張，中國共產黨只得到了蘇聯少量的援助。與此相反，國軍完全依靠美國的幫助。在美國看來，國軍正在以驚人的速度把美國製造的武器轉手交給他們的敵人。但是他們完全沒放在心上，彷彿覺得就算自己失去武器了，還可以直接從美國那裡拿來。一九四七年中，聯絡網完整、非常靈活的國民政府駐美大使顧維鈞，拜訪了當時的國務卿馬歇爾。失望的馬歇爾早已厭倦了蔣介石軍隊在戰場上的表現，同樣厭惡顧維鈞這樣的人替華府帶來的政治麻煩。他對顧維鈞說：「蔣介石是歷史上最糟糕爛的軍事指揮官。」然而顧維鈞還是要求美國繼續提供武器。「他已經把百分之四十的裝備扔給了敵人，」馬歇爾譏諷地對顧維鈞說：「如果這個比例達到百分之五十的話，他最好考慮一下，繼續給自己的部隊增添裝備是否明智。」後來，毛澤東這樣評價蔣介石：「他就是我們的補給官。」一九四八年，當濰坊與濟南相繼失守後，蔣介石政權的最後一位美國高階軍事顧問巴大維（David Barr）說：「中國共產黨擁有的美製武器裝備已經比國民黨還要多了。」

在一九四八年十月底瀋陽失守前，當時的美國駐華副武官巴大維上校和麥爾比特地來到南京的機場，希望可以找到一架飛機飛往瀋陽以調查戰場形勢，但是沒有一架飛機願意往北飛。這些飛機已接獲命令，只能運載國民黨的將軍、他們的夫人以及私人財物。巴大維對麥爾比說：「約翰，我們已經了解戰爭的局勢了。這些將領準備帶著他們的金銀珠寶及女人撤離了，戰爭失敗在所難免。」蔣介石政府的垮臺已經是不爭的事實。然而，這時美國國內的政治局勢更令人擔憂。那些大權在握的高官在回到美國以後，出於各自的政治私利，不願說出有關蔣介石潰敗的實情。他們甚至修改自己的報告，說美國援助不足才是蔣介石失敗的原因，而不是因為蔣介石用人不當、軍令不嚴。與憤怒的麥爾比一樣，許多人都想如實匯報有關蔣介石失敗的情況，但是最後他們還是隱瞞實情。他們在中國時可以大肆抨擊蔣介石的失敗；然而回到美國後，他們發現國內還沉浸在一片擁護蔣介石的浪潮當中。於是迫於某種政治壓力，他們不得不改變自己的方針，拒絕批評蔣介石，並成為「中國遊說團」的喉舌，紛紛指責行政當局和國務院裡的「中國通」是蔣介石失敗的主因。在中國，當美國駐華高官被一群知道蔣介石的部隊打仗有多差的美國人和中國人團團包圍時，他們講的是一套；而在美國，當那些保守派的朋友希望聽到想聽的話時，他們講的就是另一套了。

蔣介石政府的垮臺比人們意料的要快得多。一九四八年十一月五日，即杜魯門贏得總統大選的三天後，國民黨政府建議美國駐華大使館的人員撤離中國。同時，史達林派來的蘇聯特使米高揚告誡毛澤東，不要跨過長江追擊國民黨餘部，否則美國可能會介入中國內戰，對中共造成不利影響。一九四九年一月二十一日，蔣介石名義上放棄了對國民黨政府的掌控，並暗中把自己儲備的黃金運往臺灣。正如美國國務院公告中所報導的那樣，蔣介石丟棄了「中國歷史上最大的軍事力量」，逃往「中國沿海的一個小島上避難」。一九四九年四月二十一日，毛澤東的軍隊跨越長江，三天之後拿下國民黨政府所在地——南京。這時，距離中國內戰結束已近在咫尺。

從一九四七年起，杜魯門、艾奇遜和馬歇爾就很清楚他們的對華政策，是要有系統地脫離中國事務：對於正在進行的中國內戰參與得越少越好，國內的批評聲浪越少越好。像一戰時腐爛透頂的沙俄政權再也無法維持下去，被世界大戰帶來的壓力壓垮一樣，蔣介石政權的崩潰同樣是歷史潮流，不可逆轉，即使有美國的幫助也回天乏術。然而，兩者還是有根本上的不同。在俄國的羅曼諾夫王朝垮臺後，俄國沒有像中國一樣強大的遊說集團來勸說美國支持蔣介石政府。俄國東正教會在美國的影響不大，與一般美國人缺乏個人的聯繫，而到中國傳教的美國傳教士則深入美國社會。俄國不屬於美國人，因此失去俄國的不是美國人；而中國屬於美國人，因此失去中國的是美國人。

所以蔣介石政府的垮臺為美國的政治結構留下一片正在擴大的裂口。在國內政壇中，沒有人願意再提蔣介石政府。現在杜魯門政府唯一想做的就是如何才能與中國的新領導人和平相處，並讓他們至少部分地遠離莫斯科的影響。在這個基礎上，美國將執行一項新的對華政策，並以承認毛澤東的中國為最終目標。但美國人誤以為毛澤東及其團隊迫切需要美國的承認，然而事實並非如此。

17 是誰搞丟了中國

蔣介石政府的垮臺很快就暴露了美國國內的政治問題。一般來說，像蔣介石這樣的外國政權失敗並不會波及美國政治，但是這次情況不同。一九四九年，蔣介石垮臺後不久，美國國內就盛傳這完全是因為美國政府拋棄了他。蔣介石在美國新聞界有強大的盟友，例如媒體人亨利．魯斯和史克力霍華報業集團的羅伊．霍華德（Roy Howard），便利用自己報社的記者作勢引導美國輿論。因此，大多數關於蔣介石垮臺的報導都具有明顯的政治傾向。

關於蔣介石的政治議題正合共和黨人的胃口。杜威競選失敗後，他們需要一個合適的政治議題來與民主黨抗衡，而蔣介石的失敗正中他們下懷。雖然蔣介石敗退臺灣，中國內戰已經結束，但是這個議題從來都沒有結束。諷刺的是，那些曾經預言蔣介石政府最終會失敗的人發現，自己現在反而成了眾矢之的。人們紛紛指責，正是因為他們的極左思想導致美國削弱了蔣介石的力量。儘管國務院的中國事務官員準確地報告了中國的實情，但是為了不影響仕途，他們讓自己盡量遠離政治漩渦的中心。一九四六年十月，那位見證了蔣介石政府走向衰亡的偉大將領史迪威去世了。美國政府發現自己現在身處一種不利的政治局面：共和黨人把蔣介石的問題和歐洲復興計畫（杜魯門和艾奇遜的首要任務）連在一起批評。杜魯門和艾奇遜不能全力制訂重建西歐的馬歇爾計畫，除非他們肯在中國問題上妥協，因為他們的歐洲政策受到那些想用中國問題來生事的政敵的掣肘。

政府在輸掉政治鬥爭的同時，又迅速輸掉了宣傳戰。一九四九年，艾奇遜授權國務院收集資料，發表了《中國白皮書》（全稱《美國與中國的關係：特別著重一九四四年至一九四九年的階段》）。這份權威的記錄文件，記載了蔣介石在美國強大援助下仍一敗塗地的真正原因。但是這個舉動既得罪許多美國人，又得罪了遠在大洋彼岸的毛澤東。「中國遊說團」對報告中提到美國不再對蔣介石進行援助的言論極為憤慨，而毛澤東一下子就抓住了美國人自己製造的這個把柄——美國不斷與他所領導的中國作對，那麼美國顯然就是中國的敵人。

所以杜魯門政府的對華政策破產了：援助了蔣介石，明知道援助也起不了作用，只為了不想讓蔣介石即將面臨的失敗與美國扯上關係。不僅民主黨人這麼認為，部分共和黨人也這麼認為。一九四八年，保守的愛荷華州參議員希肯路波（Bourke Hickenlooper）向共和黨參議院黨團領袖范登堡（Arthur Vandenberg）發問：五億七千萬美元的對華援助是否會給美國帶來利益？如柯慶生（Thomas Christensen）所寫的那樣，范登堡回答：「至少我們不必為中國政府的垮臺負責。」范登堡的話就是當時美國民眾的主流觀點，即使蔣介石政府已奄奄一息，他們還是願意援助中國。「我們正在抗擊共產黨的進攻。我們徹底忽視了一塊土地，讓它在得不到一點援助的情況下被共產黨弄得四分五裂。」

* * *

中國內戰結束了，然而關於中國的政治鬥爭在美國才剛剛開始。美國並沒有像人們預期的一樣與蔣介石劃清界線，因為支持蔣介石的政客仍具有強大的影響力。儘管美國和毛澤東的中國都沒有意識到這一點，但是雙方已開始走向不可避免的軍事衝突。

在美國援助蔣介石的問題上，有人批評政府做得太少，而北京卻譴責美國做得太多。在毛澤東及其同僚看來，美國的行為是故意跟他們作對。美國在中國內戰中處處幫助蔣介石。從一九四一年到一九四九年，美國政府一直對國民政府進行經濟援助。此外，在一九四五年抗日戰爭結束時，美國動用飛機和輪船運送國軍到中國北方接受日軍的投降。他們認為，一個中立國是不會幫助蔣介石政府做這麼多事的。然而在美國人看來，這些不過是舉手之勞。因此，毛澤東和其他高層官員認為，美國政府的行為已經嚴重干涉了中國內政。美國的這些舉動並不令人意外，因為按照中共的邏輯，富裕的資本主義國家必然會做出這樣的選擇。

蔣介石敗退至臺灣後，美國政界出現一股新的政治勢力：中國遊說團。這個組織結構鬆散，成員目的各不相同，但他們都與有權、有錢而精明的蔣氏家族成員保持著密切聯繫。蔣氏家族成員一般都在華盛頓任職，或是在那裡執行特殊任務，例如影響美國的保守派政客、新聞界與朋友。「中國遊說團」雖然沒有固定的組織形式，但是它確實存在，而且頻繁吸引美國人的注意力。它是當時世界上最有權勢的遊說團體，在華盛頓沒有哪一股外國勢力比他們更有影響力。一開始，他們的目標簡單明瞭：盡可能幫助蔣介石政府獲得最大的援助。一九四〇年代末期，在中共可能打贏內戰的情況下，他們又希望美國能繼續支持蔣介石政權，阻止美國承認毛澤東的中國。他們還試圖阻止新中國加入聯合國。最後，他們甚至要求美國能繼續援助那個已經逃到臺灣的蔣介石。儘管蔣介石在中國內戰中最終失敗，但是遊說者仍舊希望美國能一如既往地支持他。他們希望有一天，蔣介石能抓住歷史機遇，在美國的庇護下成功反攻大陸，或許他們可以挑起一場美國與新中國之間的戰爭，那麼他們就可以坐享其成，從中獲利。

有些「中國遊說團」成員是真心熱愛中國，認為蔣介石儘管犯過大錯、遭到中共的挑戰，但仍然是中國最好的領袖。其他成員支援蔣介石的初衷就不光采了——他們主要是為了個人利益，有時只是因為國民黨可以付給他們很高的薪水。對許多共和黨人來說，抓住蔣介石這個議題就等於抓住了反擊民主黨政治霸權的良機。國會議員周以德（年輕時曾在中國行醫）以及《時代》和《生活》雜誌的出版人亨利・魯斯（一位傳教士的兒子）就是箇中代表。他們不僅唯中國是尊，更是唯蔣介石是從。他們堅定地認為，蔣介石就是中國，而中國就是蔣介石。「中國遊說團」中的許多人都不喜歡長久以來以歐洲為重心的美國外交政策，他們希望美國能關注太平洋彼岸，因為在他們看來，只有反共才能創造更美好的明天。

那些從小在中國長大的傳教士之子對中國有著深厚的感情，中國一直深深吸引著他們。從某種程度上說，中國就是他們的第二故鄉。另外，蔣介石的失敗就意味著他們父母的失敗，因為他們的父執輩曾不畏艱難地把基督教帶到中國（事實上，從狹義的傳播宗教信仰方面來說，他們的上一代的確是失敗了）。一九四六年秋天，魯斯在前往中國的途中遇到麥爾比，後者說獻身於蔣介石而不是獻身於中國的作法是錯誤的。魯斯的回答暴露了他內心的情感。他說：「你應該記得，我們都是在中國出生的。中國是我們熟知的土地，我們必須一生獻身於促進中國基督教的發展。你這樣說完全是在否定我們存在的價值。難道你認為那裡的人們是無可救藥的，我們的工作都只是在白白浪費生命嗎？難道你認為他們就沒有積極向上的進取心嗎？進取心是很難得的，即使是美國人也可能懶惰散漫，難道事實不是這樣嗎？」雖然麥爾比同意他的觀點，但是當時的世界已發生天翻地覆的變化，而他們所了解的那個中國已經死了。

然而，正是這種激情以及思鄉之情推動「中國遊說團」完成了許多工作。在一九四八年底，「中國遊說團」的很多政治活動不是由國民黨駐美大使館指揮，而是由宋美齡親自操刀。那時她剛剛從紐約來到華盛頓。蔣介石的內兄宋子文和連襟孔祥熙，以及駐美大使顧維鈞都很擅長政治遊說。宋子文曾告誡約翰．戴維斯（外交官，最有能耐的中國事務專家），美國駐華大使館發回國內的所有備忘錄，他都能在兩三天之內看到。這些國民政府高官似乎比美國同行更懂得華盛頓的運作方式。他們的盟友遍布政府各部門，還有一幫有權有勢的共和黨參議員，甚至一些民主黨的叛徒，例如內華達州的帕特．麥卡倫（Pat McCarran）。可以肯定的是，儘管他們有最好的政治盟友，但是對遊說者來說，最重要的不是政客，而是那個時代最著名的媒體人亨利．魯斯。如果沒有他，「中國遊說團」就只能處在政治的邊緣，不能名正言順地為他們擁護的人們發聲。

沒有人能改變魯斯的想法——中國需要美國提供的發展目標，蔣介石家族也一定能帶領中國人民完成這個目標。如果有任何美國政治人物膽敢說蔣介石的壞話，魯斯就會不遺餘力地打擊這些政客。他的《時代》和《生活》雜誌記者不能報導有關蔣介石徹底失敗及中國共產黨大獲全勝的新聞，否則他一定會親自審核、修改，使之最終成為對蔣介石有利的報導。有很多新聞對蔣介石的為人處事和最後的命運做了公正的報導，但是魯斯不為所動，而是更嚴厲地對待那些收集、發布這些消息的人。在很長的一段時間裡，他希望韓戰可以幫助蔣介石完成反攻大陸的夢想。魯斯的姊姊伊莉莎白・摩爾對魯斯的傳記作者說：「他總是想找機會顛覆中國的共產黨政權。他知道美國不會草率地向共產主義宣戰，但是認為中共挑起的戰爭可以讓美國重返中國。他很希望韓戰能變成一場美國與中國的戰爭，而在五〇年代初他也是這麼談論越南的。」

魯斯厭惡艾奇遜，他認為正是艾奇遜的無能才使蔣介石政權病入膏肓。因此，魯斯私下稱艾奇遜為「那個渾蛋」。當北韓首度跨越三十八度線時，魯斯覺得自己義不容辭，於是他立刻安排擔任《生活》雜誌主筆長達二十年之久的畢陵思（John Shaw Billings）撰寫一篇標題為〈杜魯門的對華政策〉的社論。韓戰開始後，《時代》雜誌經常評論艾奇遜。一九五一年一月，《時代》雜誌說：「人們原以為艾奇遜是美國人民的嚮導、一個高深莫測的人、一個把美國帶入世界大戰的好戰份子，然而現在他卻變成溫和派。要不是他的軟弱表現有目共睹，艾奇遜一定會成為一位偉大的國務卿。」

二戰結束後，杜魯門政府對中國問題和國內政治鬥爭只能採取消極防守的應對方式。迫於來自右派的壓力，杜魯門不得不對此有所表示。之前，負責中國事務的外交官一直提醒，蔣介石政權終將垮臺。現在，他們的話雖然應驗了，但是他們卻因辦事不力而遭受指責。然而，後人在提到他們的時候，一定會認為他們是最有才華、最優秀的外交官。從一九四〇年代中期開始，他們當中很多人被派往利物浦、都柏林、瑞士、秘魯、英屬哥倫比亞、挪威以及紐西蘭。他們之中的佼佼者雷・盧登（Ray Ludden）還被短期派駐在都柏林、布魯塞爾、巴黎及斯德哥爾摩——除了亞洲以外。他說：「從一九四九年起，我不斷在世界各地趕時間，沒做過一份長期的工作。」他們的個人悲劇其實也是美國的悲劇。政府失去了這些智囊就等於失去了對戰爭局勢的判斷力。更重要的是，美國無法辨別自己不喜歡的事物和威脅自己的事物。如果他們沒有離開，美軍就不會在一九五〇年的十月向北跨越三十八度線；如果他們沒有離開，美國也不會在十五年後再次陷入越戰。

一九四五年二戰結束時，如果要找出一個舉國上下都尊敬的人，那麼這個人一定是馬歇爾。他大公無私，沒有意識形態和黨派之分，連杜魯門都欽佩地稱他為「這個時代最偉大的人」。一九四一年，美國的無知和對孤立主義的堅持使美軍處於實力弱小、裝備不良、人員不足的窘境。在這種情況下，馬歇爾在短短兩年半裡就把美軍塑造成一支強大的軍隊、一支可以橫渡英吉利海峽並成功獲勝的軍隊。二戰後，很多一般民眾都同意杜魯門對他的評價，認為他是當今世界上最偉大的美國人。其他軍事奇才如李奇威也認為，馬歇爾是美國歷史上繼華盛頓之後又一位偉大的軍人。馬歇爾曾提出蔣介石和中共劃江而治，但是僅僅五年之後，這個曾經無數次決定幫助蔣介石的人卻受到不該有的指責。馬歇爾對此十分悲傷，不僅是因為人們質疑他對中國局勢的判斷，更是因為人們懷疑他的愛國情感。

在二戰期間，《時代》雜誌總是不遺餘力地讚美馬歇爾。現在「中國遊說團」想找到馬歇爾反對蔣的理由。他們找到的第一個理由是由顧維鈞提供的。這個理由很簡單：馬歇爾在中國的調停任務失敗了，因此他感到十分痛苦，對中國不再抱有任何幻想。事實上，這個理由頗為諷刺。如果說有人不在乎個人得失的話，那麼他一定是馬歇爾。儘管這個理由難以自圓其說，但是《時代》雜誌還是在一九四七年三月的封面故事裡這麼描述馬歇爾：如果他繼續幫助中國，那麼世間再恰當的形容詞都難以形容他。他將是一個斯巴達式的人物：冷酷、果斷、博學。他在和平時期的表現可以媲美自己在戰爭時期的表現。最後，《時代》雜誌問了一個不祥的問題：「馬歇爾還有能力處理他即將面臨的中國問題嗎？」這彷彿是一個挑釁：你必須幫助中國，否則你就是一個失敗者。此外，這句話還暗含了另一層意思：魯斯和「中國遊說團」可以任意詆毀或褒獎任何人，甚至包括馬歇爾這樣的偉人。

如果魯斯的任務之一是破壞那些損害蔣介石聲譽之人的名聲，以保持自己在美國政壇的地位，那麼他的另一項任務就是避免蔣介石成為別人攻擊的目標。這個主意又是顧維鈞想到的。中國駐美大使館的人明白，杜魯門當局越來越孤立他們，而且把美國外交政策的重點放在歐洲的集體安全防禦上。杜魯門政府的官員們一致認為通過「馬歇爾計畫」穩定被戰爭重創的歐洲經濟，以及通過人們熟知的「杜魯門主義」來幫助希臘和土耳其恢復經濟才是最重要的事，而這些計畫都是為了防止蘇聯的擴張。顧維鈞希望把對中國的援助和美國對其他地區的外交政策綁在一起，從今以後，沒有對中國的援助，也同樣不會有對希臘和土耳其的援助，也同樣沒錢支持歐洲的復興。新罕布夏州參議員布利吉斯在參議院的聽證會上問：「我們在歐洲是人，而在亞洲是老鼠嗎？」從此，「中國遊說團」又有一個政治鬥爭的新陣地，他們可以拿亞洲對美國的威脅來討論。但是對杜魯門當局來說，這些心胸狹隘的人為他們增添了不少麻煩，而對蔣介石政權的援助簡直成為對美國的政治勒索。

＊＊＊

中國問題被用來向杜魯門發難，但對杜魯門的攻擊遠非中國問題這麼簡單。對杜魯門最為不滿的人主要集中在中西部地區，那些人天生就有恐英症。著名政治學家約翰．史班尼爾（John Spanier）曾一針見血地指出，民主黨人在制訂對華政策時從來沒有給國會中的共和黨領袖參與的機會。當蔣介石政府開始顯露頹勢時，康涅狄格州的民主黨人、同時也是參議院外交關係委員會成員的麥克馬洪參議員（Brien McMahon），查看從一九四七年到一九四九年這一關鍵時期中的會議紀錄，想查看是否有共和黨參議員對當時的官方政策持有異議，但是最終他沒有發現任何建議，也沒有發現任何共和黨人在參議院或眾議院主張過向中國派遣地面部隊以支援蔣介石政府。於是，這些問題最終不了了之。

共和黨人認為，蔣介石失守中國大陸可能會幫助他們重新贏得政權，讓美國成為共和黨人的天下。這時的美國正處於風雲變幻之中，擁有強大的經濟實力和傳統的道德觀念。而共和黨人則是這個時代美國人的典範，他們衣食無虞，不必擔心失業和破產。在一個幾乎清一色由白人男性新教徒執掌政壇的時代裡，他們身兼要職。此外，他們大多來自政治世家，而在當時，美國只有一小部分人屬於中產階級。他們身邊的人也大多有同樣的感覺，認為美國正在離他們所認為的「美利堅主義」越來越遠。他們認為新政以及由新政帶來的力量是他們的敵人。內布拉斯加州參議員休．巴特勒（Hugh Butler）在一九四六年大選前說：「如果大選之後，新政改革者仍控制著國會，他們一定得感謝在美國的那些共產黨人。」由此可見，這些人的想法異常幼稚，對於這個曾經選出羅斯福和杜魯門擔任總統的美國，他們既不喜歡也不信任。他們覺得，這個美國只是屬於那些大城市的天主教徒、猶太人、黑人及工會，不屬於他們。他們不喜歡任何與自己意見相左的人，而現在，正是他們報復的機會。在共和黨人看來，羅斯福統治的美國與他們的價值觀格格不入，而且更糟的是，羅斯福的統治持續了將近二十年。

杜魯門和艾奇遜對共和黨的政治把戲都非常清楚，對於那些領導這股勢力的人極度鄙夷。艾奇遜稱他們為「野蠻人」，杜魯門稱他們為「畜生」。從一開始，杜魯門就知道，無論在國內政治上還是在外交政策上，蔣介石都終將失敗。一九四七年三月，在一次內閣會議中，總統對蔣介石政府表現出極大不滿。正如他在日記中所言：「蔣介石絕不可能勝出，共產黨人會取得勝利，因為共產黨人非常狂熱。（在目前的情況下繼續援助蔣介石政府）簡直就像拿錢填一個無底洞。」事實上，總統從蔣介石執政之初起就對蔣介石及其政府極為惱怒。在他看來，蔣介石治國無方、為人奸詐、不夠忠誠。對援蔣資金去向進行的一次暗中調查發現，相當一大筆資金都被蔣介石家族用於投機買賣。有一次，他對新政的支持者戴維．利連撤爾（David Lilienthal）說，國民黨人全都是「一群貪官污吏和詐騙份子。我敢打賭，援助資金中的十億美元現在都在紐約銀行裡」。

最讓杜魯門憤怒的是，國民黨只會一味施加政治壓力，卻沒有取得任何軍事成績。蔣介石政府對杜魯門的意見也從不採納，因此杜魯門覺得這個政府不但沒有支持他，反而不斷地攻擊他，並一直要求增添武器裝備。事實上，蔣介石的軍隊根本就不配擁有這些武器。

一九四八年十一月二十四日，杜魯門和顧維鈞大使舉行了一次開誠布公的會議。這場會議反映了杜魯門對國民黨的極端不信任。杜魯門很清楚，當他和顧維鈞一起坐下來開會時，他不只是在對付一個身陷麻煩的外國代表，而且是在面對一個主要的政治敵人——顧維鈞雖然極具個人魅力，但事實上他卻領導了一股反對杜魯門的勢力。而這位大使一度與杜威過從甚密。杜魯門剛擊敗杜威，顧維鈞選擇了一個錯誤的時間點與杜魯門會晤，而且在剛上任的美國總統面前表現得過於自以為是。後來，顧維鈞寫道：「我沒有用英式英語而是用美式英語與他交談，我們談得非常融洽。」然而事實上，對於一個即將滅亡的政府來說，這並不是繼續索討軍事援助的最佳時機。杜魯門看起來完全沒有首肯的表示。杜魯門問顧維鈞，他是否知道剛剛有三十二個師的國民黨軍人在徐州向共產黨投降，而且他們將自己全部的武器裝備都交給了共產黨。顧維鈞只好承認他並不知情。杜魯門告訴顧維鈞，在援助的問題上，雖然他知道中國人民正處在水深火熱之中，但也只能和馬歇爾商談，而不能有別的答覆。在這次談話中，杜魯門沒有點明的是，三十二個師就意味著二十五到三十萬人向共產黨投降，而且還有大量武器裝備也被他們拱手讓給了共產黨。這種情況已經不是第一次發生了。一離開白宮，顧維鈞就找自己的朋友，外交部副部長葉公超詢問徐州戰況，葉公超回答說不算太壞。顧維鈞大惑不解，剛才杜魯門告訴他有三十二個師投降了，這是事實嗎？葉公超承認是事實。這個事實就是國民黨軍隊已經潰不成軍、抱頭鼠竄。

在共產黨贏得內戰勝利前的最後幾個月，美國軍事顧問團團長巴大維少將甚至在蔣介石的高級官員會談時旁聽他們的對話，彷彿自己是個中國將軍（他懇求國民黨在撤退前毀掉自己的武器，以免落到共產黨手裡。但是就像以往任何時候一樣，根本沒有人聽從他的建議）。因為害怕引發國內對美國政策的批判，他們甚至不允許美國駐華大使司徒雷登會見中共高層。

即使如此，蔣介石在丟失中國大陸的情況下仍獲得華盛頓的足夠支持，從而得以繼續統治臺灣。一九五二年艾森豪勝選後，仍擔任國民政府駐美大使的顧維鈞舉辦了一場大型的慶祝宴會。參加宴會的人包括一些蔣介石最重要的支持者，其中有亨利．魯斯、參議員諾蘭、麥卡倫、麥卡錫及眾議員周以德。晚宴結束前，他們紛紛舉杯慶賀，並用他們最喜愛的戰鬥口號為蔣介石祝福：「反攻大陸！」

第5章

孤注一擲：北韓軍進逼釜山

The Last Roll of The Dice: The North Koreans Push To Pusan

金日成三週之內直搗釜山的神話，
與此前所謂南韓會有二十萬人揭竿而起加入戰爭的狂言最終化為泡影……
一九五〇年七月底到九月中，
北韓在洛東江發起猛烈攻擊，
雙方展開膠著而殘酷的一系列拉鋸戰，此時美軍精兵皆調往即將進行的仁川登陸，
華克將軍僅憑藉少數工兵力量護佑洛東江防線，死守釜山。
這時，一支美軍命中注定要載入史冊——他們死守防線、幾乎全軍覆沒，也就是「逝去的Ｃ連」。
美軍最終挺了過來，準備迎接轉捩點的到來。

18 決戰洛東江

在南韓，一決雌雄的最後關頭來臨了。八月初，北韓軍準備對列陣在洛東江後、兵力依舊不足的聯合國軍發起最後一次進攻。聯合國軍司令部認為，洛東江是一道他們得以稍事喘息的天然屏障，而此時增援部隊也正從美國抵達南韓。在軍事歷史學家羅伊．阿普爾曼看來，洛東江實際上形成了一條巨大的壕溝，能護衛釜山防禦圈內大約四分之三的地帶。然而，這個防禦圈過於龐大，因此在接下來的幾週裡，雙方交火不斷，打了幾百次的小規模作戰，還有幾次的大戰。據阿普爾曼描述，釜山防禦圈呈矩形，從北到南約一百英里，從東到西約五十英里，東臨日本海，南臨朝鮮海峽，西界大部分是洛東江。江水渾濁泥濘、流速緩慢，最深處不過六呎，寬約四分之一到二分之一英里。「就像密蘇里河一樣寬。」第二工兵營的一等兵查爾斯．哈梅爾（Charles "Butch" Hammel）說道。他從小在距離密蘇里河約五十英里的地方長大，因此被派遣到洛東江上修建橋樑。一旦北韓軍隊大兵壓境，那將會是北韓軍而不是美軍先用到這些橋樑。如果沒有洛東江提供的天然保護，美軍也許難以穩住戰局。對他們來說，洛東江不僅是一道屏障，更成為華克得以集結部隊、首次能保護自己側翼的有效據點。

在防禦圈內，事態的發展越來越順利。由於這一帶公路與鐵路縱橫交錯、交通十分便利，因此美軍的增援部隊趁機開進，並迅速展開有效行動。對華克來說，在自己的範圍內查漏補缺不是什麼難事。此外，六月中旬，第二步兵師的第一批部隊已經從美國抵達南韓。同時，陸戰第一後備旅，即後來的第一陸戰師的幾批先遣部隊也已經抵達，正是他們在此後的仁川登陸一役中一馬當先。所有這一切讓雙方的力量對比產生了戲劇性的變化：美國的戰鬥能力大幅提升，而北韓卻時日不多。到了八月底，美軍司令部的每個人都很清楚，北韓即將從洛東江北側及西側發動一次大規模進攻。他們大約有十三個師，每個師平均七千五百人左右，再加上一個兵力約為一千人的裝甲師，以及兩個人數分別為五百左右的裝甲旅，作戰能力相當強大。然而，儘管北韓軍訓練有素，並在幾週前一帆風順、勢如破竹，但是現在的局勢卻變得越來越難以駕馭。例如，聯合國空軍在八月的飛行架次是七月的兩倍，硬生生壓制了北韓軍的凌厲攻勢，並切斷了他們糧食彈藥的補給與一切後勤供應，讓他們一刻也不得安寧。八月底，當洛東江畔的決定性戰役開始時，北韓軍的好日子已經結束，但是北韓軍和美軍還是很少有人意識到這一點。依當時某步兵單位指揮官、同時也是歷史學家的費倫巴赫（T. R. Fehrenbach）的話來說，戰場上可謂「血流成河」。幾年後，北韓退役將領劉成哲（Yoo Sung Chul）這麼說：「戰爭原計畫在幾天之內結束，所以我們沒有做任何壞的打算。但是在戰爭中，如果你對失敗毫無準備，那就等於自討苦吃。」

八月三十一日，金日成不惜把十三個師的兵力投入洛東江的最後決戰。此時雙方兵力幾乎不相上下，而美軍的精銳部隊還在源源不斷地開赴戰場。例如，第二步兵師三個團中的最後一個團，即第三十八團，已於八月十九日抵達釜山。也就是說，當北韓十萬大軍躍躍欲試、準備在最後一役一舉拿下釜山港時，來自第八軍團的近八萬名美軍正在釜山防禦圈內嚴陣以待。

之前的兩個月時間，第八軍團之所以能堅守陣地，完全要歸功於華克個人的功勞。身為一名不受東京與華盛頓賞識的軍官，一個在不適於裝甲作戰地區奮戰的裝甲兵，以及一個率領著遠比他當年在法國和德國作戰時更不堪一擊的軍隊的指揮官，在七月底到九月中旬的六、七個禮拜裡，華克完全稱得上是一位才能出眾、英勇無畏的將領，而且幾乎沒有任何失誤。然而，如果說二十世紀美國軍事史上有一場戰爭被遺忘的話，那一定是韓戰；如果說這場戰爭中有一些戰役被人們所忽視的話，那這些戰役一定是一九五〇年七月到九月發生在洛東江畔的一系列小規模作戰；如果說這些戰鬥中，有一名指揮官沒有得到應得的榮譽的話，那這名指揮官一定是沃爾頓・華克。華克的飛行員林區有次說：「他是被遺忘的戰爭中被遺忘的指揮官。」

如果說韓戰始終沒有在美國民眾心中留下深刻的印象，那麼相較於此後發生的那些大型戰役，洛東江與釜山防禦圈便更為相形失色。在這段艱困的日子裡，華克不愧是一名偉大的將領。當美國仍對自己突如其來的新義務猶豫不決的時候，華克在兵力不足、裝備落伍又毫無準備的情況下，成功抵禦了敵軍精心策畫、咄咄逼人的攻勢。當他下令要部隊死守陣地時，毫無疑問，他早已將生死置之度外了。九月上旬的某一天，他和好友林區仍在大邱——韓戰開始之前，這只是一個名不見經傳的小鎮，現在卻成了戰略要地。一旦大邱失守，北韓就可以長驅直入，攻打南方四十五英里之外的釜山。華克轉身告訴林區：「我倆就在大邱街頭與敵人周旋。要是他們突破了防線，我需要你和我待在一起，直到最後一刻。」

英勇無畏的華克不知疲倦地坐在自己的小型偵察機上，有時甚至在距離地面只有數百呎的高度、敵軍的槍林彈雨中飛行。華克不時從機窗探出頭來，拿著手提式擴音器對自己的隊伍喊話。如果看到士兵臨陣退縮，他就會立刻喝令他們「堅守陣地，戰鬥下去，該死的！」他們飛得太低，所以有時林區不得不把機身上象徵中將專機的三顆星星摘掉。當韓戰的歷史日漸顯露，當其他指揮官（其中最有名的就是李奇威）浮上檯面，華克則消逝不見了。如果說有什麼事讓人們記得華克，那就是十一月底、十二月初美軍在清川江畔遭到大批中共軍隊埋伏時，一個愚蠢的傢伙未經華克許可擅自行動，最後使這位指揮官聲名掃地。

這對華克來說很不公平。在洛東江戰役中，他異常迅速地集合自己的殘部，從另一個團悄悄借來一個營，然後將該營遣往另一個團，並動用海軍陸戰隊與第二十七「獵犬」步兵團擔任救火隊，四周抵擋北韓軍一次又一次的突破。他比敵軍更充分利用地勢這項關鍵因素——由於此地交通相對便利，不僅有一條鐵路穿過，公路網也四通八達，因此加快了美軍的行進速度。這時，北韓軍反而無法迅速調動自己的隊伍突破敵軍防線，已身陷困境。在這個時期，他們的失敗可歸咎於戰場指揮失當、沒有及時集結己方隊伍，以及未能根據實地情況變化做出迅速有效的反應。在美國人看來，這次失利不僅反映出北韓通訊器材落後，還反映出部隊階級觀念的體制缺陷。對於第八軍團司令部的軍官來說，華克與其說是一名指揮官，不如說是一個魔術師。無論北韓下一步想怎麼做，他總是能明察秋毫。儘管他並不是真的會表演魔術，卻有敏銳的洞察力。北韓軍使用的無線電密碼太原始，而且沒經常更換，所以美軍輕易就能破解。因此，對於敵軍的下一步，華克總是料事如神。這就是他的重要情報來源之一。此外就是他的親身觀察。他和林區頻繁地在北韓軍陣地上方駕駛飛機、低空飛行，因此他們對敵軍的兵力分布與變化瞭若指掌。

如果可以用一個詞來形容他們當時處境的話，那麼華克定會選擇「孤注一擲」不可。美軍不僅總是兵力不足，而且時常為敵軍有可能突破防線而憂心忡忡。華克每天都會問自己的參謀長尤金．蘭德魯姆上校（Eugene Landrum）：「蘭德魯姆，今天你為我找了多少的預備隊？」現在他們迫切需要，也一直需要的是：士兵。北韓大有可能透過海路對他們迎頭痛擊，而且這種危險已迫在眉睫。華克唯一的失誤就是嚴重低估了洛東江突出部北韓軍的實力。此處有一小段河道折向西方，然後掉頭向東流去，這麼一來就形成一個從北到南長約五英里，從西到東寬約四英里的突出部。正是在這裡，雙方展開了這場戰爭中一系列傷亡最為慘重的戰鬥。美軍痛擊了北韓軍第四師，還從俘虜口中得知該師已亂成一團，因此估計這支北韓部隊的作戰能力已十分有限。但是他們萬萬沒想到，該地除了第四師外，還有兩支生力軍，第二師和第九師。

華克把第二師第二十三團三個營中的兩個安置在那裡，而把另一個營借給了第一騎兵師。說他們佈防得過於薄弱那是有意輕描淡寫了。哈洛德．葛拉罕二等士官長是第二十三團一營C連某排的排附。他已經經長官推薦授予戰場任官令，並等候委任狀當中，但是在抵達洛東江突出部的第一個晚上就在北韓軍的猛烈進攻中受傷。由於傷勢嚴重，他的軍旅生涯不得不告一段落。據葛拉罕估計，除去先前戰場上的傷亡，再借出一個營給第一騎兵師，第二師現在只剩下區區九千人，比起之前的一萬八千人，這個師的兵力嚴重不足。然而他們卻要駐防一條將近四十英里長的戰線，現在二十三團一營只有四、五百名士兵，最多只能守住三到四英里的地方。「在敵軍發動襲擊前，我發現我們的防禦竟然前所未有的薄弱。」C連的一名排長喬・史特萊克（Joe Stryker）說。幾天前他被派到該營負責通訊工作，是這場戰役中少數生還的倖存者之一。因此，他對當時的情形瞭若指掌。「那是一根地雷絆線，不過實在是太細小了，你根本就不會想到那竟然是一根地雷絆線。」他說。那真是驚天動地的場面，與其說它是敵軍的一種防範措施，不如說是他們埋下了一個巨大的人肉篩子。如果這個營的士兵以前還有可能配備一架直升機的話，那麼現在則是一件遙不可及的事。這場戰爭從一開始就是這樣，史特萊克心想。他第一次進駐前線時，像往常一樣，首先偵察自己的兩側有沒有友軍，並設法聯繫他們。於是他上了吉普車，然後一直開了大約五英里後，他終於看到兩個隸屬於附近第二十四師的士兵。當他們看到史特萊克時，真是又驚又喜——好像史特萊克就代表第二師，好像整個第二師已經抵達韓國。因此，史特萊克實在不忍心告訴他們他駐地在五英里之外。

當第二十三團在這裡嚴陣以待時，他們比平常更覺得與世隔絕。團長保羅・費里曼上校（Paul Freeman）後來回憶，儘管事實證明華克有關北韓軍隊動向的情報完全正確，但當時他對此卻不以為然。八月即將過去，二十三團一營愈發覺得這裡即將發生重大情況。北韓軍進攻時，他們才在洛東江東岸待了兩天。第二營已經從他們的後面跟上來，首先到密陽鎮，那裡是守衛洛東江的據點，然後再到距離洛東江更近的昌寧。二十三日晚上，他們獲得不少情報：北韓軍在對岸的活動越來越頻繁，據說有可能在當天晚上或次日晚上發動進攻。

＊　＊　＊

有時候，某個部隊命中注定要步入歷史的軌道，與某些重大事件發生關聯。這就是那天晚上C連遇到的情況：他們以寡敵眾，與大批試圖涉水而來的北韓軍殊死搏鬥。如果說美軍在洛東江漫長曲折的江岸防線過於薄弱的話，那麼美軍中沒有哪個團的防線比二十三團更薄弱，這個團中也沒有哪個連比C連的處境更危急。在這場戰鬥中，C連倖存的士兵屈指可數，因此被稱為「逝去的C連」。即使過了幾年之後，對於兩軍初次在洛東江突出部對峙時力量之懸殊，史特萊克仍難以置信。史特萊克想，幾乎可以肯定的是，北韓兩個師（約一萬五千人到兩萬人）蜂擁而至，迅速占領了C連的防區，光是進攻連部的北韓軍就有八千到一萬人之多。據他說，當時一般來說每個連應該有兩百名士兵，能防禦大約一千兩百碼的範圍。但是，C連所在的第一營防區卻大約有一萬六千碼。也就是說，該營兵力不足的三個連卻必須分別承擔五千到六千碼的防禦範圍。因此，一個七十人左右的排要防守兩千碼的範圍，而一個二十到二十五人的班則要防守七百碼的面積，相當於七個足球場那麼大的地方。

史特萊克的估算與葛拉罕士官長及厄文・艾勒士官長（Erwin Ehler）的印象不謀而合。葛拉罕是C連二排排長，下轄一個迫擊砲班和一個無後座力砲班；艾勒是負責重型武器的第四排排長。當時，葛拉罕的第二排位於C連的中心，第二排的左邊是艾勒的第四排，右邊是B連。在艾勒的第四排左邊就是昌寧公路，然後才是第二師第九團。他們之間的空隙大得驚人。「我們之間距離太遠，對於誰在自己身邊並肩作戰，我們完全沒有概念。」艾勒回憶道。當天晚上他身受重傷。葛拉罕所在的第二排前方有大約兩百碼的距離，而隨後B連的兵力也被分割成了小部隊。「白天，我們可以利用火力守住中間的那些空檔，」葛拉罕上士寫道：「但晚上就不行了。」

沒有人比C連連長西瑞爾・巴特爾迪上尉（Cyril Bartholdi）更清楚當時防線之薄弱了。巴特爾迪有豐富的作戰經驗，並與自由女神像的設計師是遠親。二戰期間，他曾擔任過指揮官，因此對時下美軍不堪一擊的狀況知之甚深。他們就像一條脆弱不堪的地雷絆線，難以像眾人期望的那樣阻止北韓軍隊向前推進，很快的，整個第八軍團就能感受到這裡的危險。他們的任務就是向指揮部報告北韓發動了攻擊及敵軍的兵力狀況，並盡可能減緩敵軍的速度。如果前去報告的士兵有幸從相距甚遠的上級司令部帶回足夠的援軍和武器裝備的話就更好了。巴特爾迪上尉很清楚，他們在這裡的下場很可能是全軍覆沒。

八月三十一日下午，包括C連在內的第二十三團各部同時注意到，大批敵軍正在洛東江對岸集結，有些士兵還在製作木筏。顯然，這次襲擊已經箭在弦上——或者說，其實他們已經出發了。儘管洛東江是一條極具價值的防線，但是美軍的部署卻漏洞百出。美軍發現，北韓士兵晝伏夜出，在河裡堆放沙包。因為江水渾濁不堪，他們便以沙包為基礎，建構肉眼所不能見的水下橋樑。隨即戰爭一開始，敵軍士兵及車輛就能輕易渡過洛東江，而美軍只能眼睜睜看著他們從橋上一路殺來，然後驚懼地等待他們的攻擊。

北韓軍的第一個進攻目標是B連。晚上八點半，B連的威廉・格拉斯哥中尉（William Glasgow）報告自己看到的奇特景象：無數敵軍手持火把朝洛東江前進，這些火把連接起來，似乎是字母「V」和「O」。沒有人知道這兩個字母是什麼意思（如果那真的是字母的話），也許這只是敵軍用來指示不同部隊行軍方向的一種頗為原始的方法。就這個問題，美軍抓獲的北韓俘虜也幾乎幫不上什麼忙。他們從這些俘虜口中唯一獲悉的就是，信心不減的北韓軍打算在三天之內推進到釜山。

隨後，敵軍的火砲彈幕開始了。突然，美軍士兵看到令人驚懼的一幕：北韓士兵蜂擁而至，迅速渡過洛東江。據C連估計，不到十五分鐘，至少就有一千三百人渡過洛東江。據人們後來猜測，光是到達B連防區內的敵軍就有四個獨立營，相當於一個師的兵力。

B連遭到敵軍猛烈的攻擊。「我們第一次看見他們的時候，就像是有成千上萬隻螞蟻從河面上朝我們的方向過來了一樣。」軍需士官泰瑞・麥丹尼爾（Terry McDaniel）說道。當時美軍孤立無援，人數極少，幾乎是在絕望中一邊目睹北韓大兵壓境的恐怖景象，一邊等待敵軍對他們發動襲擊。北韓軍首次

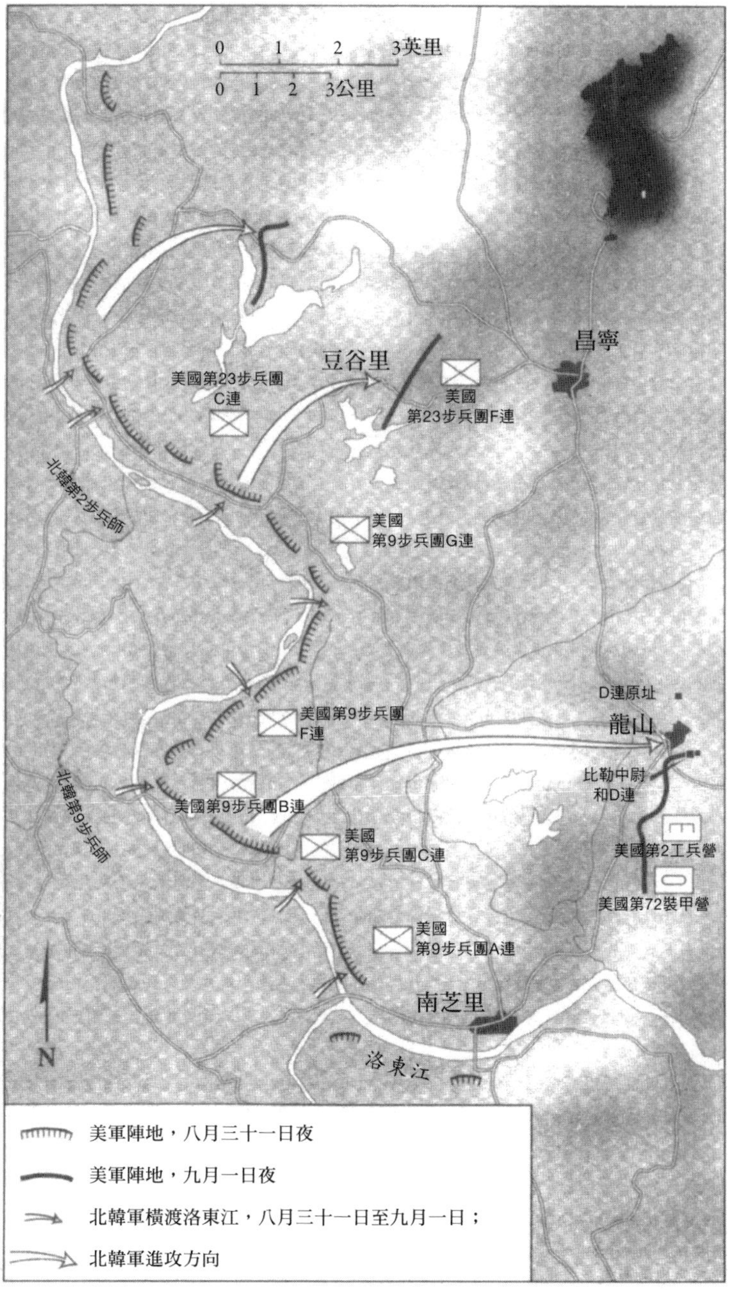

圖八　洛東江戰役，一九五〇年八月三十一日至九月一日

進攻就讓美軍傷亡慘重。「一開始，我們覺得自己可以好好大幹一場了，」該連的一名文書也被逼上前線，因為在當時的情況下，每個人都得來到最前線，「排裡的士兵呼喊著要掃射他們，但很快的我們就發現被掃射的不是他們，而是我們。」

營部也遭到攻擊，這也在意料之中，只是沒想到敵軍的砲火會如此猛烈。如果這一帶還需要援軍的話，那麼至少需要幾個師的兵力，再加上空軍對敵人空襲，以及用許多大砲轟擊敵軍行進的路線，才能把守得住。但實際情況是，他們只有極微弱的火力，更不用說空軍掩護了，而且兵力少得可憐，無法有效指揮。因此，他們的策略（假如這時還有策略可言的話）幾乎就是某種本能反應，阻斷洛東江通向釜山的東側道路，為援軍的到來爭取時間。但事實上他們幾乎孤立無援。「我們真的很弱小，」喬治．羅素還記得回到營部以後這麼說過，想到當時自己使用的這個詞，他不禁啞然失笑。也許還有更合適的表達方式，他想了想又說：「弱小到看不見。」到了半夜，B連在格拉斯哥的指揮下開始撤退，而C連卻遭到圍攻。他們勢單力薄，且相距遙遠，一些北韓士兵趁機迅速溜到他們的後方，直撲營部而去，並在九月一日抵達該地。敵軍也立刻繞到營部後面，切斷了他們的退路，在此後的三天裡，沒有任何人從這裡出去。

當B連向上級報告北韓軍舉著火把發動襲擊時，第二十三團團長費里曼上校下令砲兵立刻開火。因為火把暴露了敵軍的位置，所以砲彈一下子就命中了目標，暫緩了北韓軍的攻勢。但到了最後，即使再準確的砲彈仍不能阻擋敵軍繼續進攻。回到營部後，他們面臨兩難的處境：盡可能堅守各個前哨陣地，或者盡可能救出越多人，好待日後再與敵作戰。費里曼意識到第二營和團部所在位置受到敵軍的威脅，而且敵軍的最終目標是釜山，於是他立刻下令各部合力阻擊，並要求前線官兵盡可能拖延敵軍。隨後，他迅速返回團部，率領F連和H連一起來到前線，命令二營副營長洛伊德．堅森少校（Lloyd Jenson）指揮。他們的任務就是盡可能突破敵軍防線，與第一營的克萊爾．哈欽中校（Claire Hutchin）會合，結果卻未能如願。於是現在他們唯一能做的，就是設法在洛東江通往昌寧的路上建立起一道防線。

顯然，費里曼的處境不是什麼好狀況。他的團只有兩個（而不是一般的三個）兵力不足的營，其中一個已經被包圍——他們的傷亡也一定十分慘重，另一營也無法從這裡殺出去找他們。由於天氣很糟，空軍也無法馳援，砲兵連的彈藥也不足了。於是，堅森為阻斷通往昌寧主要道路而設的關卡，立刻成為該團最主要的防禦重點，該團在接下來的兩週與敵軍激烈交火，就連曾經在二戰參與太平洋戰場上異常慘烈戰事的羅素也認為，他從未見過像這樣艱困而殘酷無情的戰鬥，其慘烈程度簡直無法想像。美軍幾乎是在拚死一戰，唯恐這裡失守，他們在朝鮮半島上就再也沒有立足之地了。同樣的，北韓軍也非常清楚，如果他們在這次作戰中失敗，那麼這將是他們最後一次猛攻，而且很快就會被美軍逼回北方。

費里曼派G連在此地防守，最終為第一營在九月三日的撤退，以及他們在「交換機」（該地因靠近營部的通訊中心而得名）的地方重新集結爭取到寶貴的時間。也就是說，在第一次襲擊後的四十八小時，美軍終於穩住陣腳。九月三日，北韓第二師的大部隊開始向主幹道進軍已經非常明確，費里曼於是集中所有的火力阻擊，防止他們朝釜山方向推進。費里曼後來寫道，身為一名指揮官，他在這場作戰剛開始的前幾個小時就做出一生當中最殘酷的決定。當九月一日團部被敵軍占領後，他打算後撤六百碼。這時他就知道為了爭取時間，不得不犧牲部分官兵。

＊＊＊

洛東江沿岸的戰鬥很快就接近尾聲。北韓軍將C連團團包圍，試圖全數殲滅。對於當晚在此地值守的美軍士兵來說，他們的脖子就好像被敵軍套上一根繩索，而這根繩索快速地收緊。半夜，C連的士兵已所剩無幾。那一夜，年僅十八歲的貝利・羅登下士（Berry Rhoden）率領七人無後座力砲班，入伍前他在佛羅里達州鄉間以私釀烈酒維生。由於沒有足夠長的電話線，哈欽中校的第一營營部與巴特爾迪的C連之間無法聯繫，於是他們只好利用僅有的電話線設法架設一條通往羅登前哨陣地的通訊線路，而羅登的陣地與數百碼外巴特爾迪的C連之間有一條獨立的電話線。這麼一來，羅登實際上就成了電話接線生，並聽到從C連敵眾我寡的士兵那裡傳來的最後哀號。然而可悲的是，自顧不暇的營部回覆不可能派遣任何援軍。這項消息對羅登來說尤其痛心疾首，因為下一個遭受相同命運的將是他們。

他聽到巴特爾迪上尉懇請營部允許他疏散自己的士兵：「我們撐不住了！重複，我們撐不住了！現在唯一可行的就是全體解散，讓大家自尋活路！」羅登一字不漏地轉達了巴特爾迪的原話，暗自希望營部能派遣其他營的兵力前來解圍，或在這個最後關頭動用空軍進行幾次轟炸。事情最後總是這樣，羅登清楚記得，彷彿這只是電影裡的情節。但那天夜裡，洛東江東岸的情形並非如此。巴特爾迪率領手下頑強抵抗，但在作戰開始四十五分鐘後，他們幾乎彈盡糧絕。因此當巴特爾迪幾近絕望地請求營部准許他們疏散時，也表示了自己對羅登砲班的擔憂。但營部傳過來的話卻是：「不惜任何代價，死守陣地！絕對不能散去！」羅登將這項指示傳達給巴特爾迪上尉，上尉的最後一句話是請求砲火增援，至少給他們打一些照明彈，但還是什麼增援也沒有。接著，兩邊的電話同時斷了線，顯然是北韓人切斷了他們的通訊。很快的，羅登又聽到兩端的電話線開始沙沙作響。他知道肯定是北韓士兵正在連接線路，試圖找到他的所在位置。於是，羅登立刻切斷自己的電話線，就讓那些狗娘養的找吧，到頭來什麼也沒有。現在是設法讓自己的人突破重圍的時候了，羅登心想。

C連一排排附葛拉罕認為，最好的辦法就是收緊陣地、集中人員，將他們的火力範圍擴展到最大。他很清楚，突圍的可能性從十分渺茫變成幾近於無了。士兵們認為葛拉罕是一位出色的士官長。像多數士官長那樣，他一直未婚：如果部隊想讓你結婚的話，就會分配一個新娘給你。葛拉罕性格強悍，因此獲得「公牛」的綽號。他過去從不與士兵打成一片，從不像其他士官那樣表現出一副鐵漢柔情的模樣，因為對他來說，做個鐵漢就夠了。幾年後，他告訴手下，自己之所以變得越來越冷酷無情，是為了盡量避免自己與部下之間產生某種感情連結——一旦他們在戰場上犧牲，這種感情不僅於事無補，而且會影響他的決策能力。誠然，自己的部下在戰場上陣亡是一件十分痛苦的事，但更痛苦的是，眼睜睜看著朋友在戰場上犧牲。因此，在葛拉罕的手下看來，他這一類的士官長就是美軍的中堅力量。如果說有人能率領他們從這樣一處毫無希望的地方突破重圍，那麼這個人一定就是葛拉罕。儘管他冷酷無情，卻正是他們此時此刻需要的人。他不會驚慌失措，不會只顧自己，只會想辦法設置非比尋常的火力範圍。

葛拉罕很快就意識到，這場戰鬥的本質，與其說是仰仗匹夫之勇，不如說是依靠槍枝彈藥。此時此刻，多一些彈藥就意味著多一些時間。對戰場上的一切聲音，葛拉罕有著非比尋常的敏銳感覺，甚至能準確指出發聲位置。因此當旁邊威爾遜中尉的部隊突然變得鴉雀無聲時，他立刻明白，北韓軍已經占領那個陣地。也就是說，葛拉罕的手下將必須承擔更大的壓力。直到那時，他才下定決心率領手下悄悄突圍。這時無論營部再有什麼指示，缺乏彈藥的他們已經無法阻止敵軍進攻了。他們的機槍只剩一條彈帶，一些自動步槍已經完全沒有子彈。他的手下都在大喊，要求趕快為自己的M－1步槍補充彈藥。除了刺刀以外，他們已經沒有多少子彈了（葛拉罕連刺刀都沒有了，他甚至不記得究竟是被敵人射掉了，還是自己掉了）。在這裡，尤其對那些槍法好的敵軍士兵來說，他們的刺刀根本派不上用場。

於是，葛拉罕將手下召集起來。剛才在那座山頭上，他損失了大約十二名士兵，也許是十五名。在這場瘋狂的戰鬥中，誰能預言接下來還會發生什麼事？他不知道自己究竟還有多少士兵，因為有些人在廝殺中失蹤了，但是幾天之後又回來了。當這場戰鬥結束後，讓葛拉罕自豪的是，自己的陣地始終沒被敵軍占領。他們掉頭，迅速朝C連的方向趕去，卻發現那裡只有巴特爾迪上尉、威爾遜中尉以及威爾遜排裡的六、七名士兵，他們正試圖集中自己的力量。如果他們想活著出去的話，那麼現在最需要的就是彈藥。他們只好在死去弟兄身上到處搜索，但所獲寥寥無幾——如果這些士兵身上還有彈藥，他們一定會打到最後一發為止。此時此刻，對於C連部的人來說，時間所剩無幾。於是，他們設法將四挺五〇機槍架在一輛半履帶車上，組成一個機槍方陣，再加上一挺四〇公厘雙管防空砲（也架設在半履帶車上）。如此一來，他們暫時有效阻止了敵軍的攻勢，但這只是在拖延時間而已。戰鬥的勝負早已決定。

隨著敵軍的火力越來越猛烈，他們想用一輛補給用的吉普車將傷兵偷偷運送出去，但沒有成功。天亮之前，北韓士兵已俘獲他們的五〇機槍和四〇公厘雙管防空砲，並把砲口對準了近在咫尺的美軍。當他們準備突圍時，子彈與砲彈濺起的塵土在身旁四處飛揚。葛拉罕也不記得自己是怎麼率領殘部來到旁邊的一座小山頂上。他們看見北韓士兵早已在附近一處地勢較高的山頂上嚴陣以待。這是葛拉罕生平第一次在敵人的眼底下被動挨打，但他們仍繼續前進。現在士兵已所剩無幾，包括巴特爾迪上尉、威爾遜中尉、中士艾格紐（Robert Agnew）、下士華萊士（Jessie Wallace）、一等兵大衛．奧爾蒙德（David Ormand）以及醫護兵羅布（Arnold Lobo），他們大概還有二十五人。不過，大家認為奧爾蒙德已經奄奄一息了。他是上尉的通信兵，背上的無線電被敵人擊中。於是巴特爾迪一路匍匐過去，用雙腿拖著渾身顫抖的奧爾蒙德脫離險境。

葛拉罕還記得，當時他們想從那座小山上下來，上尉絕望地搜遍了自己的口袋，想找到最後幾發子彈。就在這時，葛拉罕再次中彈，子彈還是從同一個地方打來的，只是來自另一個方位。葛拉罕頓時血流如注，一條腿立刻失去知覺。於是他脫掉內褲，讓奧爾蒙德為自己包紮止血，一半纏在他的皮帶下，一半裹在皮帶的外面——這就是戰場上的臨時繃帶，因為在這種情況下你只能盡力而為。據葛拉罕回憶，當時敵軍的砲火異常猛烈，每個人都受了傷，只有少數幾個人尚能行走。壕溝內大約有二十名奄奄一息的士兵，葛拉罕也很難分辨這些人究竟是死是傷。那幾個尚有行動能力的士兵問葛拉罕該怎麼辦——是打，是逃，還是降？要繼續抵抗的話，他們已經一點彈藥都沒有了，究竟該怎麼辦呢？

葛拉罕告訴他們，自己快要死了，不能告訴他們該怎麼辦，他們必須靠自己。葛拉罕最後見到他們的時候，這些人正準備繳械投降。於是他仔細聆聽，好像沒聽到火力攻擊的聲音，也沒聽到子彈呼嘯的聲響，於是他放鬆了，這至少表示他們沒被敵人就地處決。後來，葛拉罕聽說，威爾遜和羅布被打死了，華萊士、奧爾蒙德和艾格紐後來被美軍發現。葛拉罕躺在那裡，一邊看著自己血流如注，一邊靜靜等死。這些韓狗逮到我了，他想。前兩批經過此地的北韓士兵以為他死了，因此與他擦身而過。但是當第三批士兵發現他還活著時，他們搶走他身上的一切——靴子、襪子、打火機、手錶，甚至他口袋裡的黑名單，凡是惹過他的人和事，上面都記載得清清楚楚。不過這個本子已經沒什麼用了，因為裡面記錄的大部分人都死了，而葛拉罕也快要成為他們當中的一員了。「你，軍官？」一名北韓士兵問。「不，我是兵。」他回答。這時葛拉罕就連最後一點運氣也喪失殆盡。他們當中有個葛拉罕稱為「小聰明約翰」的傢伙，看起來比誰都精明卻又卑劣的軍官。他先是用步槍槍托搗了搗葛拉罕的山根，看看他會不會站起來。葛拉罕試圖對他們比手畫腳，告訴他們自己的腿受傷了，站不起來。於是，這名北韓軍官舉起刺刀，作勢刺向他的褲襠。葛拉罕只好搖搖頭，並再次比畫說自己站不起來。這時他腰部以下的軍裝已被血染透了。那名軍官暫時放過葛拉罕，轉而檢查其他美軍屍體。但仍然有幾名北韓士兵試圖戲弄葛拉罕，他們用半生不熟的英語問他多大了，還問他渴不渴。葛拉罕想要他們給自己一點水喝，儘管他們看起來比那名軍官友善，但卻一口回絕了他的要求。這時小聰明約翰折回來。這下好了，葛拉罕心想，我的大限已到。但這些北韓人顯然認為葛拉罕已經用不著他們動手了，於是他們一把拽掉他的兵籍牌，揚長而去。

大約過了十二個小時，葛拉罕忽然覺得有力氣了，竟然爬得動了，這真是奇蹟。在接下來的十二個夜晚，他手腳並用朝著美軍陣地的方向爬去。白天，葛拉罕就躲起來，到了晚上，他就忍著劇痛，緩慢而小心翼翼地繼續向前挪動。第一天，葛拉罕估計自己大概爬了一百碼。最後，葛拉罕找到一根木棍當成拐杖。凡是有水的地方，就連草莖上的露珠他也不放過。當他歷盡艱辛，終於回到營部後，葛拉罕發現自己長出了長長的絡腮鬍，鬍鬚末端已開始蜷曲。這時的葛拉罕看起來形銷骨立，體重差不多少了五十磅。當他爬進指揮所時，那裡的一小群軍官，包括哈欽中校，像看到鬼一樣。布區・巴比利斯少校（Butch Barberis）剛打開一瓶啤酒，看到這幅光景，就把酒瓶遞給葛拉罕。「從來沒有喝過這麼好的啤酒。」葛拉罕對巴比利斯說。對他來說，韓戰已經結束了。C連幾乎全軍覆沒。第二天，大約有十五到二十名士兵返回指揮所。一般來說，一個連應該有六名軍官，但是C連只有三名，而其中兩名在過去二十四小時內不幸遇難。

巴特爾迪上尉沒有被處決，而是和其他人一起被俘。在接下來的兩週，敵軍用鐵絲捆住每一個俘虜的手，一個連著一個，每天晚上他們都要徒步大約幾英里的路程。北韓人想按階級與軍階把這些俘虜分開，然後對那些在他們看來是資產階級代表的軍官痛下毒手。白天，當他們等待時，這些北韓士兵就會詢問他們：你家是窮是富？如果有人回答富，馬上就會挨一頓猛揍，於是每個人很快都學會正確回答：窮。你喜不喜歡麥克阿瑟？他們問。不喜歡，那些俘虜回答。你喜不喜歡杜魯門？不喜歡，俘虜們回答。大家以前稱巴特爾迪為巴特上尉，現在為了保護他的安全，就簡稱他為巴特。兩個星期後，北韓人威脅如果軍官不主動站出來，就把所有俘虜統統殺掉。巴特站了出來，不久就犧牲了。其餘大部分俘虜都在第二天被一支美軍裝甲部隊救了出來，而巴特爾迪也在死後榮膺銀星勳章。

作戰期間，C連獨自抵禦北韓軍的全力攻擊，並遭受重大傷亡。儘管美軍後來重建了C連，但該連的運氣似乎始終比其他連隊差一點，傷亡也比其他連隊多一些。很快的，團裡就有軍官會在威脅士兵時這麼說：「給老子好好幹，不然就送你去C連。」

＊＊＊

儘管如此，在這場殘酷無情的戰鬥中，C連還是盡力減緩了北韓軍的攻勢。雖然敵軍最後突破了防線，卻因此付出同樣慘重的代價。有一個北韓師作為預備隊在洛東江突出部待命，卻莫名其妙地沒有投入戰鬥。他們待在原地、重整，剛好給了華克可乘之機。那天夜裡，洛東江邊到處都是C連的士兵。但是，沒有人比華克更了解援軍到來的希望有多麼渺茫，即使是美國最出色的部隊，在抵達南韓後仍需要很長的一段時間才能適應這裡的作戰環境。對於曾有著傲人歷史的美軍第二師來說，還沒有在韓國戰場上實地體驗到戰火，還不能稱得上真正的精銳部隊；而對於那些已經來到此地的排長、連長來說，如果沒有親臨火線，那就無從判斷他們是否具備必要的才能及戰鬥所需的直覺。這一點無論是在西點軍校或維吉尼亞軍校，還是在預備軍官訓練團（ROTC）都無法學到。借用麥克．林區的話來說，華克就是一個即使忙得不可開交也總是能保持精力的人。

根據後人就軍事上的判斷，北韓軍之所以在最後一次進攻釜山防禦圈時大敗而歸，很大的原因在於他們沒有好好部署自己的兵力。如果他們能集中力量，全力攻擊少數幾個據點，那麼他們的勝算就會大得多（當然，如果他們真的集中兵力，就有可能會成為美軍砲火與空軍的重點打擊對象）。然而華克對這些馬後砲不以為然，讓他震驚的是北韓人那次殘酷無情的襲擊。林區還記得，九月一日是最糟糕的一天。當他壓低飛機高度，從第二師第九團的地盤上空飛過時，突然發現美軍有一個連在沒有任何敵軍追擊的情況下，正沿著河岸後撤。這可真是糟透了，華克心想，這裡原本是能減緩北韓軍攻勢的絕佳地點，但他們卻失之交臂。於是，他告訴林區盡量低飛。林區只好飛在大約三百呎的高度，然後收起襟翼、關車，在美軍上方大約五十呎處滑翔（並暗自希望飛機引擎能再次啟動）。接著，只見這位第八軍團的三星司令盡可能把身體伸出窗外，舉著擴音器，扯開嗓門喊道：「快停下來！都給我退回去，你們這些狗娘養的傢伙！沒有人攻擊你們！回到原地，那裡才是最佳的位置！」但是，這支部隊毫不理會大發雷霆的華克。在這樣的關鍵時刻，一個剛從美國本土抵達南韓境內、隸屬所謂精銳師的部隊竟然不戰而退。華克立刻讓林區飛往第二師師長凱瑟少將的指揮部。根據華克的近距離觀察以及其他一些零星情報，他可以肯定第二師已經遭到北韓軍的襲擊。華克後來推算，這等於是在他們的陣地正中央打開了一個寬約六英里、縱深約八英里的大缺口，當時第二師很可能陷入一分為二的險境。

華克和司令部的其他人都對這位五十五歲的凱瑟將軍的能力表示懷疑。作為師長，他的年齡的確有點大。對凱瑟來說，這場戰爭似乎來得太晚。凱瑟總是被大批下屬前呼後擁，又不是那麼情願離開自己的指揮部。布萊爾稍微迂迴地指出，在那些艱困的時候，凱瑟所做的就是「在自己重兵嚴守的指揮所裡運籌帷幄」。有時候，一個人年輕時會在戰場上表現得英勇無畏，但隨著年齡的增長，他的勇氣和膽識卻日漸衰退。凱瑟正是這種人。他是西點軍校一九一七年班校友，曾在一戰中指揮過一個營，並獲得銀星勳章。當時的凱瑟年輕又膽識過人。但三十三年過去了，凱瑟已大不如前。他不僅沒參加二戰，而且已將近三十年沒參加過任何作戰。一九四八年秋天，凱瑟調任第二師副師長。一九五〇年二月，他獲得第二顆將星，毫無疑問，是在自己的摯友兼西點軍校同學、陸軍參謀長柯林斯的大力提攜下升任師長的。林區不像華克那樣總是私下衡量，而是心直口快、無所顧忌。林區認為，年事已高的凱瑟變成了懦夫，這場戰爭並不適合他。那天早上，林區對自己的所見所聞極為震驚。華克原以為在戰鬥進行到如此慘烈的時刻，在他們的處境已岌岌可危、毫無退路的時候，這裡一定劍拔弩張，但當他看到凱瑟的地圖時，立即怒火攻心。這張地圖簡直是癡人說夢，與前線危在旦夕的局勢毫不相干。當自己的師就要被敵軍被逼退時，他好像還毫不知情。

「荷蘭佬，你的部隊在哪裡？」華克開口便問：「你的預備隊呢？你是如何布置兵力的？你必須守住龍山！如果守不住龍山，我們就會失去密陽。如果失去密陽，我們就會失去釜山。你是這裡的重心，怎麼能什麼都不知道！」然而凱瑟卻向華克表示，他正在等待聯絡官回來匯報各部隊的位置，接著又抱怨路上到處都是部隊，交通極為不便，所以他的速度才被迫放慢了。沒錯，路上到處都是部隊，林區心想，路上到處都是你們的部隊在倉皇逃竄。

凱瑟還想向華克解釋自己的部隊究竟在哪裡，但他所言卻與華克的所見所聞大相徑庭。「事情完全不是這樣，」華克打斷他的話：「我剛從你們的前線飛過來。」就在這時，凱瑟其中一名聯絡官終於回來了。他一邊為自己的姍姍來遲道歉，一邊解釋其中的原因。公路的交叉口上站著一名上校，正在喝令大家停止撤退，因此阻擋了他回來的路。「沒有哪個狗娘養的可以越過這條界線。」這名上校說道。「沒錯，」華克回答：「我認識這名上校——他是我的作戰處長。」

接著，華克向凱瑟放話：「你給我管好你的部隊，否則我就接管它，到時我將把你趕出軍隊！我不打算輸掉這場仗！」他還告訴凱瑟應該在哪裡駐守。當華克轉身離開，凱瑟緊隨其後，想送他上飛機，卻被華克斷然拒絕。「你馬上給我行動，我不需要你送。」到了飛機旁，華克沒有立刻登機，而是坐了下來，顯然想整理一下自己的思緒。林區起先以為，華克想安靜一下。他走上前去，才發現華克哭了。「我不能眼睜睜看著這個軍團被毀，但它現在岌岌可危，而我卻不知道該怎麼辦。」這時的華克看起來筋疲力竭，他既沒有挨打落敗，也沒有垂頭喪氣，只是筋疲力竭、憔悴不堪。林區忍不住想，部隊當中究竟有多少人能在他崩潰之前脫離險境。

為了填補前線的缺口，華克需要更多人手，但他們卻被調去執行即將來臨的仁川登陸行動。從國內趕來的援軍大都先派往第七師，隨後便成為麥克阿瑟仁川登陸的力量。此外，華克就連自己手下的海軍陸戰隊也保不住，因為這些人將會成為美軍攻打仁川的主力。為了能將第五陸戰團（隸屬第一陸戰師）繼續留在自己麾下，華克和東京當局爭執了好幾天，最後得到一個前提頗多的許可：華克可以在九月四日之前暫時掌管該團，但是要盡量保證不在守衛釜山時動用他們。畢竟攻打仁川才是最重要的，而且距離原訂的九月十五日只有兩週時間。為了確保這次帶有風險的攻擊能夠成功，麥帥希望第五陸戰團一定要充滿生龍活虎。這麼看來，雖然他們名義上屬於華克，實際上卻隸屬麥克阿瑟。如果說華克曾有過瀕臨崩潰的時刻，那麼一定就是此時此刻。在視察過第二師遭受打擊的部位之後，華克立刻打電話給海軍陸戰隊指揮官艾迪．克雷格准將（Eddie Craig），告訴他在防守通往密陽的公路時需要動用這支部隊，因此他們應當立即出發。此外，他還打電話給麥帥總部，與助理參謀長道爾．希奇少將（Doyle Hickey）通話，希奇身為作戰處長，與奧爾蒙德一起參與了仁川計畫的制訂。華克極為懇切地要求總部准許自己使用海軍陸戰隊，他的措辭簡直就像是最後通牒，這也是麥帥的慣用手段。「如果我得不到他們，」他對這位外人眼中以公平正義著稱的希奇說：「那麼前方一旦失守，我一概不負責。」就算是再高階的軍官，聽到這種話時恐怕也會不寒而慄。很快的，希奇就傳達了麥帥的指示，同意他們在防禦釜山時動用第五陸戰團，而且有必要的話，華克掌管它的期限可以延長到九月四日以後。

一支部隊無論大小，其勝敗輸贏往往取決於那些基層軍官的指揮才能。洛東江戰役剛開始的時候，許多基層軍官，包括第二師第二工兵營的李．比勒中尉（Lee Beahler）挽救了華克以及整個八軍團。比勒與手下的工兵，一起組成了一支規模雖小卻極為有效的防禦力量。他們奇蹟似地阻斷了敵軍撲向龍山的攻勢。九月一日深夜，眼看美軍已經無力守住龍山，比勒帶領的工兵營卻在節骨眼上剛好與趕來的增援部隊和海軍陸戰隊會合，合力擊退了敵軍的進攻。龍山戰役整整打了兩個星期，持續時間長，戰況異常慘烈。那些參加過此次作戰的人對龍山之戰終生難忘。龍山戰役不僅是一場大戰中的一次小戰，而且還是一場沒有止境的戰鬥。早在之前，無論是陸軍還是海軍陸戰隊的士兵都不只一次聽說龍山鎮是何等重要，但等到他們真正占領這個小鎮時，卻不由得大失所望。這裡只有兩條交叉的道路，一條橫貫東西，一條縱貫南北，除此之外別無其他。其中一名工兵說道，如果這是美國的一個城鎮，那麼你來到這裡之後想做的第一件事就是趕快離開。當他們穿越龍山的道路時，看到的全是斑斑血跡——有北韓士兵的，也有美軍的，他們不禁心生疑問：讓他們血流成河的竟然就是這麼一個看似毫無價值的地方。為了守衛巴黎與羅馬，無數士兵犧牲生命；在柏林的最後一戰中，蘇聯損失了大約三十萬人。但為了這麼一個幾乎不存在的地方浴血奮戰，美軍士兵感到大惑不解，這也更進一步地顯現這場戰爭有多麼的失常。然而，龍山鎮是一個戰略要地，因為它直通十二英里外的密陽，而密陽的公路又直達釜山。一旦釜山失守，這場戰爭就勝負已定。

迫於華克的壓力，凱瑟只好帶著第二戰鬥工兵營編入已遭受重創的第九團。這支隊伍已經經歷過不少戰鬥，並以步兵的形式併入第九團。比勒負責指揮工兵營的D連。一九五〇年七月，比勒來到韓國戰場上的經過並不愉快。二戰期間他曾在美軍服役，後來回到德克薩斯礦業學院念書。他意外發現，自己其實十分懷念軍中的手足之情與充實感。於是一九四六年他決定返回部隊。軍隊那令人感到神祕的運作模式，使比勒有了到海外部署的機會。他原以為自己應當有一些駐地可供選擇，因此強烈表示自己想去歐洲，卻鬼使神差地被派往南韓。比勒很快就像其他美軍士兵一樣開始討厭這個國家，尤其討厭這裡到處瀰漫的糞肥臭味。此外他還發現，長期遭受殖民統治的韓國人經常會表現出一種憤怒的情緒，他們不知道美國人的來臨對他們的未來意味著什麼，因此對他們感到同情。一些美軍士兵告訴比勒，作為戰敗國和急於模仿占領國的日本，環境舒適、人民友善，是個相當不錯的去處。這其實很不公平：戰爭結束後，那個曾對其他國家進行殘酷殖民統治的民族，在大多數美國人眼裡，居然比它的受害者還要可愛。

他在南韓的兩年從來沒快樂過。服役期滿後，他為能夠返國而感到興奮。當時，也就是一九五〇年六月，比勒的新婚妻子剛懷孕，但他卻接到命令：加入工兵營參戰。從一開始，比勒就對這場戰爭有一種不祥的預感。聽到要返回南韓，他就滿臉苦惱；而親眼目睹各部隊（包括本營）的狀況時，他更覺得不妙。出發前，他的上級打開路易士堡軍事監獄的大門，向關在那裡的人們承諾，只要他們前往韓國參戰，戰爭結束後就可以回家，因此比勒接收了許多身犯重罪的囚犯。即使如此，他的連抵達龍山後也只有一百五十人，即平時三分之二的兵力（在龍山激戰期間，有一名年輕下士曾在北韓軍攻擊時表現得十分英勇。戰後，他渾身是泥、滿臉疲憊，對比勒將他帶出牢籠表示感激。也許這就是一個現代戰士的複雜旅程吧，比勒心想）。

至於本應駐守在龍山的第九團，當時完全亂了陣腳。當大批北韓人開始橫渡洛東江時，第九團的部分士兵接到師部命令，向北韓軍發動一次愚蠢的試探性攻擊。這次行動代號為「滿洲行動」（源自第九團的外號「滿洲團」），要求該團士兵越過洛東江騷擾敵軍。[6]後來，該師的許多人都認為這次行動近乎瘋狂，完全是迫於上面的壓力而虛張聲勢。因為之前早就有情報顯示，北韓的兵力相當可觀。沒有比渡河作戰更困難的事了。因此，當北韓軍首先渡過洛東江後，該團士兵顯得不知所措，讓美軍付出了更大的代價。那些前線士兵沒有堅守陣地，反而在毫無遮蔽的空地上被敵軍逮個正著。就像第二十三團一樣，第九團在洛東江沿岸的兵力十分薄弱而分散。

從一開始，比勒就對「滿洲行動」抱持謹慎的態度。根據自己從二戰得到的經驗，比勒知道渡河作戰非常困難。這件事證實了他初到南韓就心生懷疑的地方：大多數情況下，他們的上級並不像人們認為的那麼善於指揮。第一次討論這次行動時，比勒問團長約翰・希爾上校（John G. Hill），他的手下有沒有受過渡河作戰的訓練。希爾卻回答，這不需要什麼專門訓練。但比勒堅持認為，阿兵哥必須接受特殊訓練才行。早在二戰期間，美軍第三十六師準備橫渡義大利的拉皮多河，那條河水深流急，而德軍就埋伏在對岸守株待兔。希爾沒有理會比勒的異議，他不知道對於那些沒有受過訓練的士兵來說，待在小船上有多麼危險。比勒心想，希爾以為橫渡洛東江就像搭計程車一樣簡單。希爾明知比勒的意見關係到自己士兵的安危，卻置若罔聞，因此比勒對他的尊敬之情頓時煙消雲散。這已經不是他第一次對某些指揮官的能力表示懷疑了，這些人理應對怎麼行軍作戰十分熟悉，而事實上不但知之甚少，而且個個剛愎自用。於是，第九團剛暴露行蹤，就立刻在水上與岸邊遭到敵人的襲擊。希爾的一些參謀，包括他的作戰官湯姆・羅姆巴（Tom Lombardo）當場中彈身亡。時隔五十四年之後，比勒還清楚記得當他第一次看到北韓大軍手持火把、逼近洛東江時的心情，「眼前發生的一切開始讓我驚恐不安，因為我知道對於我們的官兵來說，接下來發生的事將會有多麼的殘酷。直到今天，每當我回想起當時的情景，仍會不寒而慄。」比勒立即讓手下大部分士兵退回營部，以免在河邊遭到敵軍迎頭痛擊。從當天晚上到隔天清晨，恐懼都瀰漫在空氣當中。

第二天，比勒親眼目睹他極不願看到的景象：美軍高階將領亂成一團、幾乎崩潰。比勒並不知道華克與凱瑟先前發生的不快，但九月二日一早，他發現希爾被撤換了。副師長史萊登・布萊德利准將（Sladen Bradley）進行的實地視察遠比凱瑟多。他來到團部以後，立刻開始察看這裡的情形。對於眼前混亂不堪的景象，布萊德利十分震怒。「上校，你的第一營在哪裡？」他問。希爾回答他不知道。從昨天半夜起，就再也沒有該營的消息了。

「好吧，希爾上校，那麼你的第二營呢？」

希爾仍張口結舌。隨後，布萊德利陰沉地看了希爾一眼，那眼神比勒至今記憶猶新。「上校，顯然這裡的局勢已經失控，因此我準備接管這個團。」幾分鐘後，布萊德利轉過身，然後告知比勒，他的工兵連將以步兵的身分參與作戰，立即開赴龍山。他接著說，第二工兵營的任務就是在龍山堅守二十四小時，直到海軍陸戰隊前來接手。比勒後來得知，在這個過程中，工兵營營長喬・麥凱琴中校（Joe McEachern）由於像希爾上校一樣沒有認清當前危如累卵的形勢，而被查理・佛萊少校（Charley Fry）取代。二戰期間，麥凱琴在巴拿馬修築泛美公路，因此毫無作戰經驗。這次，他仍以為自己是來這裡修路，而不是來與北韓人打仗的。當布萊德利告訴麥凱琴，如果有必要，他們要死守陣地以阻擋北韓軍的攻勢時，他又不智地和布萊德利發生爭執：「但是，長官，這些人都是專業人員，」麥凱琴反駁說：「他們不是步兵。您必須了解，他們只是一些技術人員而已。」

---

6 譯註：第九團曾在清末派駐到中國，執行義和團期間作戰與護橋行動，因此獲得「滿州」的稱號。

「中校，你沒聽懂嗎？難道我說得還不夠清楚？我說讓你們死守，你們就得死守，打起仗來他們就是步兵。」布萊德利回答。為了避免其他軍官誤解當前的危急情勢，也為了排除對他們個人的顧慮，布萊德利當場撤換了麥凱琴，並讓副營長接替了他的職務。「佛萊少校，你明白我的命令嗎？」布萊德利問。「是的，長官。」佛萊立刻回答。布萊德利將軍派遣剛被撤職的希爾上校協助比勒在龍山設防。可是比勒認為，希爾的存在可有可無。儘管希爾剛被解除團長職務，但他還是上校，而自己只不過是名中尉，還是個工兵，所以他們的關係相當微妙。不過好在比勒久經沙場，以前曾率眾在義大利的撤勒諾登陸，也就是說他參加過許多血腥殘酷的戰爭。當時的義大利之戰打得異常艱苦，並不是所有行動都大獲全勝。雖然有些人失敗了，但是比勒相信，這些失敗正好增進了他們的智慧與經驗。他認為，指揮之道在於知己知彼，既要了解敵人的長處，也要摸清敵人的短處。他把這些經驗應用在韓國戰場上，並很快就贏得部下的尊敬。「為什麼有的軍官就是比別人強呢？」有一次，比勒的一個班長吉諾·比阿乍（Gino Piazza）問道。「沒錯，有些人對作戰很有感覺，他們能預見敵軍的動向，並迅速反應。在危險來臨前，他們就能看到某些徵兆，而且他們知人善任，不只是關心自己的升遷與榮譽，而是關心每一個士兵。從這一點來說，他是這群人當中最出色的。沒錯，最出色的。能被這樣的人指揮，我們可說十分幸運。」

希爾上校立刻建議，把防禦線建在龍山前方一處平坦的稻田裡。儘管比勒知道自己的局限——他可能是優秀的工兵，卻不精通步兵戰術——但希爾的方案只會使全連覆沒。比勒不知道是誰教希爾步兵戰術的，但在一處一覽無遺、毫無掩護的稻田裡設防絕對是愚不可及的做法。更糟的是，這麼一來他們的兩翼沒有任何友軍防守，會立刻暴露在敵軍的槍口下。而這也正是北韓軍最擅長的戰術：他們先從側翼包抄，然後再進行合圍。「如果你想讓北韓軍殲滅我們，這個地方還真是不賴。」比阿乍中士說。

比勒強烈反對希爾的計畫。他想把弟兄帶到通往釜山道路的另一邊，即南側一個小鎮後面的山丘上，採取迂迴戰術，而不是與敵軍正面交鋒。對抗在數量上占絕對優勢的敵軍，這裡是最佳防禦的位置。

其實龍山只不過是一個僅有五、六間茅屋的小鎮，但是它的公路卻通往險要之處，而這座山頭正好阻斷了龍山的去路。當比勒與希爾上校爭執，他不禁想起在小大角戰役時的卡斯特。難道當時沒有人敢對卡斯特愚蠢的行為表示反對嗎？難道沒有一個士兵認為，他們指揮官的瘋狂行徑將整個隊伍置於險境嗎？難道指揮部當中沒有任何人覺得，對於這位指揮官來說虛榮自負超越了他們的人身安全嗎？此時此刻，比勒不知道自己身邊到底發生了什麼事，他們的基本策略何在。但他知道，自己絕不會在敵眾我寡的情況下，把士兵安置在那片開闊的稻田裡，任由北韓的砲火和戰車攻擊。然而，希爾上校卻堅持要在那片稻田裡防守。只有當他們抵擋不住北韓的進攻時，才能向山頂撤退，希爾說。這簡直是愚不可及，比勒心想。北韓人經常打夜戰，所以即使是黑夜，要想在作戰中從大批敵軍的眼皮子底下撤退就已經相當困難了，更不用說白天。

如此一來，所有的士兵都將命懸一線。如果比勒能從這場戰爭活著回去，卻得在軍事法庭上作證說，他曾激烈反對這個導致全連覆沒的決定，那又有什麼意義呢？比勒決心已定，現在沒有時間浪費在爭論上了。他要按自己的意見行事，至於責任將由他一個人承擔。此外，希爾上校的話正好為自己找到一個藉口。「南森斯士官長！」他大聲喝令二等士官長肯尼斯．南森斯（Kenneth Nations），「我們剛剛遭到敵軍襲擊！把部隊帶到山丘上！」希爾上校就沒再說什麼了。

過了一會兒，布萊德利將軍出現了。「這是哪個部隊？」他問。

「第二工兵營D連。」南森斯回答。

「我記得你們應該在鎮的前面。」布萊德利說。

「不，長官，連長下令讓我們來這座山丘——這裡作為防禦地點要好得多，您應該也能看得出來，將軍。」

「沒錯，士官長，繼續待著。」布萊德利回答。

於是，他們借助這座山丘的天然屏障，向著道路構築了一個馬蹄形的防禦工事。壕溝挖好之後，剛好路過此處的南森斯看了一眼，就命令他們挖得更深。「雖然我們很不高興，但是後來卻發現，南森斯的話簡直太英明了。」比勒連隊裡的一等兵布徹．哈梅爾還清楚記得當時的情況。公路對面的A連白天時就有一些大難不死的士兵加入他們，即使如此，他們的兵力還是像D連一樣嚴重不足。

＊＊＊

那是一個大霧籠罩的夜晚。早在看到北韓人之前，美軍就聽見他們的哨音和聲響。在這樣寂靜的夜晚，敵方的指令都聽得很清楚，語氣是嚴苛又短促的。接著他們便聽到敵軍戰車隆隆駛過的恐怖聲響。第一個戰鬥打響之前，比勒中尉告誡大家，只有等到看清北韓人臉孔時才能開火，否則會誤傷自己人。第一個遭到襲擊的是距離龍山最近的第一排。交火的聲音已經很久了，但是哈梅爾那一排的弟兄遲遲沒有開火。不知何時，這場大霧稍微散了，他們馬上就看見第一排正與敵軍交戰，於是他們也立刻開火，讓北韓人措手不及。接著，戰場轉移到哈梅爾的排所在位置。這場作戰如果可以用一個詞來形容，那就是恐懼——凡是聲稱自己不害怕的人都是在撒謊。每個士兵都面臨艱難的抉擇。你對於活到第二天的渴望，對於逃離的渴望比什麼都厲害，但是，你絕不能被自己的同伴當作懦夫。一想到當逃兵有多可恥，會讓同伴多鄙視自己，沒有人想臨陣脫逃——正因如此，所有人才能堅守陣地、拚死作戰。就在戰鬥開始的那一刻，那些部隊教育你要為國家而戰、打擊共產勢力的教條統統煙消雲散。

哈梅爾還記得，那天晚上有一名士官被擊中頸部。原本傷勢並不怎麼嚴重，但是他卻變得驚慌失措，開始朝後面跑去。下一個散兵坑裡的士兵立刻向他射擊，於是他們只好對同伴大喊：「自己人啊！」這名士官很幸運，得以大難不死。他們也很幸運，哈梅爾心想，他們成功阻擋了北韓軍的攻勢。不過，不是所有人都這麼幸運。在這次交戰中，他們一共有十二人陣亡，十八人負傷。這場長達三小時的戰鬥異常激烈、代價慘重。但是，比勒中尉把自己的連隊布置在一個近乎完美的地點。在此後的所有交戰中，沒有一次能夠像這次一樣防禦得如此成功。比勒中尉極為鎮定地從一處移到另一處，一邊察看士兵的情況，一邊詢問他們彈藥是否足夠。「我這輩子從來沒有在戰場上看過這麼勇敢鎮定的人。」事隔五十多年，哈梅爾仍這麼說。

他們剛到這座山頭的時候，是那些韓國搬運工幫他們運送輜重。比阿乍對這件事大發雷霆。當時的比阿乍只有二十三歲，雖說他書念得不怎麼樣，但在其他方面還是蠻精明的——尤其在戰場上是不可能不勞而獲的。比阿乍根本不相信這些沒有人可以擔保的韓國人。在他的關注下，阿兵哥只好自己把武器裝備給扛上山。比阿乍已經聽到太多案例了，北韓軍裡有派士兵假扮成平民，混進美軍後方。這些人想偽裝成搬運工的模樣簡直易如反掌，然後他們就可以帶著美軍位置的準確座標溜之大吉。於是，比阿乍對那些尉官大吼，要他們叫這些該死的韓國人離開，但是他們卻連聲說不要緊，這些人是好人，是自己人。「自己人個頭，去他媽的，」比阿乍心想，「你們這群笨蛋簡直狗屁不通！只要有人朝你們笑一笑，蹦出幾個英文單字，幫忙搬搬東西，你們就認為這些人是好人。美國人他媽的就是這麼天真，他們一輩子沒吃過任何苦頭，唯一的願望就是有人替他們搬運重物。」比阿乍立刻把這些人趕走了。然而到了第二天，當出現比阿乍來到韓國以來所出現最為濃厚的晨霧，但奇怪的是，北韓的迫擊砲卻能準確地命中目標。比阿乍勃然大怒，可以肯定，昨天那些笑容可掬、助人為樂的搬運工就是敵軍的偵察兵，這些人還真他媽的有頭腦。這次作戰結束以後，原本十二人的班就有五人陣亡了。

比阿乍的排打得異常艱難，但是怒火中燒的比阿乍還是對敵軍發動了猛攻，好像要為在迫擊砲彈下喪命的每一名士兵報仇雪恨。來自密西西比州奧克蘭市的士兵羅尼．泰勒（Ronnie Taylor）還未滿十八歲，比阿乍覺得自己義不容辭要保護他。但是現在，泰勒的前胸中了好幾顆子彈，「不要讓我死掉！不要讓我死掉！你得把我帶出去！」比阿乍安慰他說他們正在想辦法，心裡卻十分清楚，那天晚上沒有人能離開這座山頭。於是，他一手奮力還擊，一手抱著泰勒，聽著他生命中最後一刻的喘息聲。用比阿乍自己的話來說，他已經怒不可遏了，只見他抄起自己的M-1步槍，一邊朝衝過來的北韓人猛射，一邊呼喊著這個班裡死在作戰中的戰友名字。比阿乍十分困惑，為什麼戰爭會讓人（包括自己）變成這樣，為什麼有人喪失理智，有人卻能應付自如？有一名士兵受了輕傷，不過是擦破皮，卻驚慌失措，不停地說：「我要死了！」最後他真的死了。這就是奇怪的戰爭心理，比阿乍心想。那名士兵是被自己給活活咒死的。

比勒帶著自己的部隊來到這塊高地，絕對是英明之舉，因為在破曉前，北韓軍至少有兩個營對他們發動了三次攻擊。「他們越來越近，越來越多。我們猛烈開火，但是他們仍在槍林彈雨中不斷前進，」傑西．哈斯金下士（Jesse Haskins）說：「敵軍一片又一片倒下，我卻開始懷疑我們殺死的敵人還不夠多。他們的人越來越多，前仆後繼，似乎什麼都不能阻擋他們前進。好像我們根本就不存在，好像我們的存在無關緊要。」如果這些工兵沒有被比勒帶到這裡，哈斯金肯定，他們一定會全軍覆沒。

他們一度打完了彈藥，心想大概要被敵軍打敗了。這時旁邊一個排的一名年輕士兵衝過來，抱來整整一箱手榴彈，這可是丟下山的最佳武器。這些沒有迫擊砲和大砲的美軍士兵只好使用巴祖卡火箭彈，以及由四挺五〇機槍組成的M-45防空機槍塔，後來成為韓國戰場上最有效的武器之一。這些本來是防空武器，能對敵軍造成毀滅性的打擊。為了抵消北韓軍在數量上的絕對優勢，使用這種武器既可以高效殺敵，也可以對敵軍造成嚇阻，因此有人稱之為「切肉機」。戰役結束後，滿山遍野都是北韓士兵的屍體，比勒認為正是五〇機槍火網扭轉了戰局。上級沒有為他們送來任何火砲，但是幸好他們還有這些武器。比勒曾經請求上級給予砲火支援，但是那邊只發射了一枚砲彈，而且沒有命中目標。比勒打電話過去，想糾正他們的射擊方位，但是上級很快回覆說，砲手們都是新手，還不知道怎麼調整射角。

應當對比勒的作戰經驗心存感激的是一個名叫弗恩·韋斯特（Vaughn West）的年輕人，他是D連的文書，那天晚上被迫作為步兵參戰。韋斯特第一次在戰場上挖散兵坑，對自己能在如此堅硬的山地上挖出散兵坑感到非常驕傲，一名士官卻告訴他應當挖得更深一點（過了那天晚上，別人再也不必告訴他要挖多深了）。他雖然只是一個文書，卻是連裡最準的射手，還因打靶成績優異而換來一次榮譽假。有一次在軍官俱樂部裡，比勒裝作漫不經心地吹噓自己連裡的士兵個個都是神槍手，就連他的文書都能勝過其他連隊的任何一個步兵。然後，比勒就會叫來韋斯特，而且他差不多每次都能獲勝。那天晚上，韋斯特記得最清楚的就是那些哭喊聲，一個處在較高位置的年輕士兵被擊中臉。戰鬥進行到一半時，他忽然聽到一聲慘叫，借助照明彈的微光，韋斯特看到了那名士兵，他的臉已經血肉模糊，只見他一邊往前爬，一邊喊著自己母親的名字。韋斯特立刻明白，這名士兵已經沒救了。

＊＊＊

他們的傷亡十分慘重，但原本情況也許更糟。後來有人告訴韋斯特，當比勒看到陣亡將士的名單時，忍不住開始抽泣。隨後有人回到營部，充滿男子氣概地評論說，究竟是什麼樣的連長會這麼脆弱地哭哭啼啼。韋斯特心想，無論是誰，在一場戰鬥中喪失了這麼多士兵，恐怕都會哭泣。當天早上稍晚，D連從山上撤離，只休息了一會，就被上級命令第二天晚上返回陣地。比勒十分不悅，但是軍令難違。他的手下已筋疲力竭，好幾天沒睡覺了——至少他們這麼覺得。比勒心想，如果這個山頭在第一天晚上就如此重要，那麼在第二天晚上也同樣重要。而且有消息說，海軍陸戰隊快到了。因此他們個個無精打采地返回陣地。這時，一輛陸戰隊的戰車朝這邊駛來，戰車上的四名陸戰隊員看起來生龍活虎。比阿乍還記得，與他們相比，工兵們看起來就像毫無作戰經驗的老頭。在那些陸戰隊員眼裡，他們彷彿真的成了陸軍的小狗。一名年輕的陸戰隊上尉對他們這種鬆鬆垮垮的模樣十分不滿，就大聲喝道：「振作一點！都他媽的給我振作一點！你們還是不是軍人？」為了讓他們慚愧，這名上尉繼續說：「你們知道今天早上是誰守住了這座山頭，抵擋了北韓大軍的攻勢嗎？是那些工兵！」比阿乍看看他，說：「你以為我們是什麼人？我們就是那些工兵。」然後，他們挺直腰桿，加快步伐朝山上趕去。

幸運的是，那天夜裡北韓軍沒有再度進攻，他們和海軍陸戰隊及其他援軍一起反擊，他們才得以往前推進。但是希爾上校仍對比勒沒有聽命於他而無法釋懷，還想把比勒告上軍事法庭。然而，比勒被授予陸軍第二高的勳章，即「優異服役十字勳章」。在聽說希爾準備將比勒告上軍事法庭時，布萊德利將軍告訴希爾不要再有這個念頭，把一個挽救了連裡大多數人生命並獲得勳章的人告上軍事法庭，無異於自取其辱。對於這枚勳章，比勒並不自豪，部分原因是當天晚上布萊德利將軍也被授予了同樣的勳章，據說是因為他集結並率領混亂失序的工兵連來到那座山頭所致。比勒心想，那些頒發勳章的人都是花言巧語的騙子。

戰鬥結束五天後，比勒因被蚊子叮咬而得了日本腦炎，被送往日本的一家醫院。在那裡，比勒的體重下降到九十磅。三個月後，當第二工兵營在半島北部名叫軍隅里的地方遭到襲擊時，比勒還處在復元階段。很快的，他就聽說了從軍隅里傳來的不幸消息，比勒的許多朋友陣亡或失蹤。比勒覺得，也許是那隻蚊子救了自己一命吧。

＊＊＊

北韓在洛東江發動襲擊的第二天，費里曼召集第二營的軍官在指揮所召開了一次會議。第一營副營長喬治．羅素少校還記得，當時他們在公路底下的一個涵洞裡，由於連日豪雨，積水已經淹到了他們的膝蓋。費里曼看起來慷慨激昂卻筋疲力竭，所有的人看起來都筋疲力竭，因為這幾天誰也沒睡。費里曼談到眼前的困境，這些「亞洲牧民」大軍壓境，卻沒有任何空中支援。「亞洲牧民」，聽到這裡，羅素忍不住笑了起來。每個人都在談論這些「亞洲遊牧民族」。「有什麼好笑的？」費里曼十分惱怒。「還不至於那麼糟。」羅素回答。但是後來羅素才發現，情況的確很糟，簡直糟透了。

毋庸置疑，人人都筋疲力盡了。截至九月三日為止，為了抗擊敵軍幾個師的進攻，費里曼率領自己兵力不足的團連續作戰了三天三夜——早在這場交戰開始前，他們就已經筋疲力盡了。自從他們在八月初抵達南韓後，就經常被派往前線。對於在二戰中未能親臨戰場指揮的費里曼來說，他一直希望自己能再有一次機會，事實證明，這與其說是一次機會，不如說是一場災難。一九四九年，費里曼剛升任團長，他擔心自己會被上級界定為後勤人員，而不是戰鬥人員，這麼一來自己的前途就會受到影響。隨後，韓戰爆發了。之前，雖然說他是一名運籌帷幄的專家，還深受華盛頓上級的賞識，但是二戰結束後，他在仕途上一直毫無進展。在大幅裁員時期，像團長這樣的空缺可謂少之又少，而且都給了那些曾經在戰場上指揮過團級單位的軍官。

韓戰爆發時，費里曼四十三歲，很有可能被那些在二戰戰場上立下汗馬功勞的軍官排擠在外。費里曼稱得上深謀遠慮、小心謹慎，卻毫無領袖風範。他個頭不高、塊頭不大、態度溫和，在某些人看來，缺乏那種氣宇軒昂的大將風範。儘管費里曼相貌英俊，但滿頭黑髮的他已兩鬢斑白。如果他能得到部下的愛戴與尊敬，一定是得來不易的。矯揉造作、裝腔作勢都不適合費里曼。「他是一位十分傑出的軍官。他之所以能一呼百諾，」比費里曼年輕的同僚哈爾．穆爾上尉（Hal Moore）這麼說（穆爾在越戰時指揮了德浪河谷之役，表現英勇，最後晉升中將）：「是因為他機智過人、處事謹慎，而且對任何人，尤其是自己的每一個部下都十分尊重。那些曾在他麾下的人都明白，凡是事關部下的生死，費里曼都十分小心審慎，因為戰場無小事。他善於傾聽，對身邊的所有人都十分關照，從不浪費別人的時間與精力。

如果你是一名即將到越南戰場上指揮的年輕軍官，那麼你最好看看他在韓國戰場上是怎麼做的，因為他所做的一切可謂毫無缺失。」

費里曼從小在軍營長大。他的父親是陸軍軍醫學校的早期畢業生，一九〇四年成為一名團級軍醫。一九〇七年保羅．費里曼出生時，老費里曼正駐紮在菲律賓，常常把自己的救護用具往背包一塞，就跟著騎兵部隊出征。因此，保羅的童年是在亞洲與美國的陸軍軍營裡度過的，從此他就愛上了軍中生活，而且從未想過自己會從事其他職業。他本來想讀西點軍校，高中成績卻不怎麼好。費里曼一家長期漂泊在外，缺乏政治人脈，想經由國會議員指名推薦的方式也行不通。於是，費里曼開始上補習班、刻苦讀書，最後在只錄取十二人的兩百人考試中，考取了第十三名。當時他的父親駐在紐約港內的總督島，於是他和父親一起致電紐約的國會議員，看看還有哪裡可以有機會。最後終於有消息傳來，說這個有許多來自東歐、講意地緒語的猶太移民區還有一個名額。這些移民對軍隊好像懷有一種歷史性的恐懼，因為在他們原來的國家，只要某位議員一出現，他們所在的小鎮就會遭受滅亡之災。因此，他們的孩子不會急著去讀西點軍校，以成為新世界的哥薩克騎兵。所以名額輕易地落入費里曼手裡。

費里曼在西點軍校表現平平，成績是班上倒數，也不擅長運動。費里曼畢業於一九二九年，當時從軍很難。美國正處於兩次大戰之間，華爾街即將崩盤。本來緩慢的升遷現在變得更加緩慢。費里曼花了五年零四個月的時間才從中尉升為上尉。對於這些軍人家庭來說，除非能繼承大筆財富，或吸引達官顯要的女兒，否則他們只能艱難度日、節衣縮食。一九三三年，小羅斯福成為美國總統時，他的第一要務就是削減軍費開銷，平均降低了百分之十。也就是說，新婚的費里曼和瑪麗．安．費西布恩．費里曼每個月的收入從一百二十五美元減少為一百一十二點五美元。此外，普通軍官為期兩個半月的帶薪休假也縮減為一個月，而且還要停薪。但是，這是大家共有的苦難，每一個生活在那個時代的軍人都經歷過同樣的事，就像其他許多在軍中發生的事那樣，反而加強了他們的聯繫。

儘管費里曼在西點軍校的成績不如人意，但是他的聰明才智從一開始就讓他的上級刮目相看，其中包括他未來的師長勞倫斯．凱瑟。凱瑟曾經是他在西點的戰術教官，費里曼畢業後在德州的山姆休士頓堡加入第二步兵師第九團時，他還是費里曼的第一任連長。一開始，費里曼想加入剛成軍的陸軍航空隊（二戰後才獨立出來）。對於年輕的現代軍官來說，這是能讓他們飛黃騰達的炙手可熱的地方。但是費里曼的右眼視力不及格。對於一個想在承平時期出人頭地的青年才俊來說，現在最嚴峻的問題是，他的職業生涯該何去何從？費里曼自告奮勇加入派駐在中國的第五步兵團。當時的中國還是一個半殖民地國家，西方國家劃分勢力範圍並在那裡派駐軍隊。該團聲名顯赫，出過許多傑出的軍官，包括馬歇爾和史迪威。費里曼之所以會產生這種冒險念頭，是因為從孩提時代起，他居住在菲律賓的父母就經常向他提起，他們在中國旅行時那些奇異美妙的經歷。一九三三年一月，費里曼來到中國。這裡正烏雲密布，完全有可能引發一場世紀大戰。野心勃勃的日本剛占領中國的五個省，隨後建立了滿洲國，並將之納為自己的保護國。這次經歷給費里曼上了生動的一課。他曾親眼目睹這樣一個半封建半殖民地的泱泱大國，是如何在內憂外患中從自身開始土崩瓦解的。他學過一些中文（韓戰期間，費里曼仍然能用流利的漢語審訊中國俘虜），但不了解中國。他抵達中國時，費里曼後來回憶，這個帝國已經日暮西山了，而他所結識的少數中國富人都是他參加的俱樂部的會員，他們就像西方人一樣喜愛同一種運動——馬球與賽馬，其中有些俱樂部甚至還不允許一般中國人入內。費里曼知道，自己對中國廣大平民的苦難生活知之甚少。

二戰期間，費里曼逐漸成為一個亞洲通。一九四〇年秋天，國際局勢日漸吃緊。正當日軍越來越深入亞洲時，費里曼待產的妻子被送回國內（直到女兒西維爾三歲半時，費里曼才回到美國）。珍珠港事件後，他就在中緬印戰區內穿梭協調各方勢力。當時，戰區裡的美、英兩國互不相讓，而美國的兩位重要軍官——分別代表不同地域的史迪威和陳納德——為了顯示自己所屬地區的重要性，也經常針鋒相對。他還對國民黨宣傳機器的強大感到震驚。後來他說，國民黨暗示「每一名中國士兵都將自己的生死置之度外，頑強抵抗日軍的進攻。這純屬一派胡言……。我們剛參戰時，他們就決定不再做任何抵抗」。費里曼也曾經從旁觀者的角度，親眼目睹蔣介石如何對待史迪威所取得的勝利。「為了一己的私利，他很清楚怎麼利用中國的局勢。」費里曼後來寫道。

隨後，他被召回華盛頓，成為馬歇爾負責太平洋戰區的高級助理之一，因此他得以近距離了解麥克阿瑟與海軍高層因為戰時指揮權不統一而發生的爭論。麥帥巧舌如簧，堅決反對分層指揮權，然而正是麥帥本人在韓國戰場上下意識地分割指揮權，使其他人最終成了他的犧牲品，這一點還真的蠻諷刺的。費里曼急於離開華盛頓這個是非之地，一九四四年十一月，他得到一個指揮戰鬥的機會，被派往菲律賓，成為第七十七師的參謀長。不到一個月，費里曼又被華盛頓召回，研究對日作戰計畫。

在戰場上，費里曼運籌帷幄的才能被眾人公認，事實上他卻幾乎沒有真槍實彈地參加過任何作戰。二戰過後，費里曼的仕途岌岌可危。當時美軍採取一套名為「記錄板」的審核制度，用來評估每個軍官在二戰的表現及其未來任務與升遷的可能性。根據這項制度，那些參與實戰的軍官就能得到最高分，而在國內軍中經營陸軍消費合作社的人只能拿到最低分。費里曼的得分很低。「一個極為平庸的軍官，」費里曼心想，就好像董事會成員一樣冷冰冰地為自己評分。到了一九四九年，費里曼對自己究竟該何去何從而憂心忡忡，於是，他走訪了一位負責軍事職業管理的同僚，後者告訴費里曼，他現在處於一種進退兩難的困境。由於費里曼沒有實戰經驗，他應該設法去指揮一個團，並進入戰爭學院進修。但是更困難的問題是：美軍正處於大幅裁軍時期，團職空缺寥寥無幾，身為師長自然想要一個有指揮作戰經驗的軍官來填補這些空缺。到戰院進修同樣不可行，因為那裡只接收在戰場上有傑出表現的團級以上軍官。因此費里曼很可能得到智利擔任武官，以此結束自己的軍旅生涯。

但是，費里曼的朋友中也不是完全沒有大權在握的人物，二戰期間，他大部分時間都在馬歇爾手下工作。再一年後，他造訪自己的職業顧問時，他的情況奇蹟似地發生天翻地覆的變化。「你的運氣不錯。」這個名叫皮克・迪拉德（Pic Dillard）的顧問諷刺地說。這已經是他們第二次見面，這一次費里曼不僅被任命為團長，還獲准到戰院深造。費里曼在紐約有一處房產，而戰院就在旁邊，因此他想先去戰院就讀。但是軍隊自有安排，費里曼不得不背起背包，接管了這個團。美國的軍官手頭總是十分拮据，因此在前往路易斯堡擔任第二師第二十三團團長之前，費里曼賣了自己的房子。登船出發前，費里曼還沒有跟自己的部隊相處有多久的時間。正是在他的指揮之下，第二十三團（以及第二師）參與了韓戰一系列殘酷的作戰並威名遠播。

費里曼了解中國以及自一九四五年以來所發生的各個事件，所以從一開始他就不看好這場戰爭。他在寄給妻子的一封信裡說出了自己的想法，還反覆叮囑她不要對別人透露：「看在上帝的份上，不要說出去，你和自己的好友知道就夠了。」儘管只是個人觀點，費里曼還是擔心，身為一名團長，他的懷疑與憂慮是難以被別人接受的。費里曼告訴妻子，這次戰爭異常殘酷，他十分沮喪。雖然他很清楚韓戰對美軍來說意味著什麼，但是作為一名指揮官他並沒有表現得與眾不同。戰爭的現實已經把美軍的士氣消耗殆盡。他在信件裡的態度代表了後來一個名為「永不再來協會」（Never Again Club）成員的心聲，那些曾參與韓戰的軍人在離開那裡以後，堅決認為美軍絕不能再度踏上亞洲大陸，一來是因為後勤補給極為不便，更多還是因為美國缺乏足夠的兵源。值得注意的是，早在中國介入韓戰前，費里曼就已經有這種觀點。在這些信中，費里曼經常對中國的介入憂心忡忡。他總是覺得這場戰爭的力量對比會嚴重失衡，美國能在不影響自身安全的前提下，對這場與本國安全利益無關的戰爭的投入，無法與對方投入的人力物力相提並論。

八月九日，費里曼在一封家書中寫道，自從他來到這裡以後，韓國就成為「美軍曾經涉足的最為艱險的地方之一。我們不僅人數太少，而且也來得太遲。無人能理解上級的樂觀情緒及鎮定態度。敵軍從未有任何示弱的跡象」。這裡無論是地形還是天氣都極為惡劣。「說到我這個團長，我是一個樂觀主義與熱愛事業的楷模。我會不遺餘力做一名優秀的職業軍人。」兩週半以後，就在北韓軍隊向釜山推進之前，費里曼寫道：「我們就像是一群鼴鼠一樣在山裡挖洞。這裡到處都是可怕的蒼蠅和蚊子，那些來不及掩埋的屍體已經開始發臭。我們從不敢脫掉自己的鞋子。這裡水源奇缺，我們的軍糧也是從十英里外運來的。」

費里曼還寫道，每一個人總是筋疲力竭，既沒有時間休息，也沒有地方吃飯睡覺。美軍在白天進攻，而那些沒有空中力量支援的北韓軍卻在晚上來襲，因此每晚都不得空閒。即使偶爾有一些安靜的時刻，他們也不得不保持高度警戒，因為不知道敵軍下一次進攻會是在什麼時候。而那些睡得比較沉的士兵據說很難有機會再度醒過來。洛東江一役，儘管美軍在前面四十八個小時裡成功阻止了北韓主力部隊向前推進，並逐漸加強自己的防禦力量，交戰的激烈程度卻絲毫沒有減弱的跡象。即使是在九月十六日，當美軍在前一天麥克阿瑟登陸仁川的配合下，開始在洛東江地區發起大反攻時，交戰同樣異常慘烈。

大約是在九月八日，北韓軍直搗二十三團的防線，並從後方襲擊團部。當時負責防禦的F連過於薄弱，差點就被敵軍打開一個缺口。那是一個可怕的夜晚，大雨傾盆，正好為北韓人提供掩護。由於F連的所有軍官在上週都已陣亡，瑞夫．羅賓遜中尉（Ralph Robinson）升任F連連長，很快的，他就成為實質意義上的副營長，他對敵軍的進攻做出極為敏捷的反應。雖然敵軍已深入他們的陣地，但是羅賓遜藉著這場暴雨，硬是從敵軍凶猛的火力下鑽了出來，抵達A連，然後帶著後備排趕回來。他讓A連填補防線上的缺口，然後奮力把北韓軍隊趕出去。這真是漂亮的一仗，他的上級後來這樣評價。

洛東江戰役結束後，據團長的侍從官估算，從九月二日到十五日，北韓人至少對第二十三團發動了十七次攻勢。戰鬥結束十天之後，費里曼在一封寄給妻子的信中寫道：「最後三天下著傾盆大雨，所以沒有任何空中支援（不過就算天氣很好，他們的支援也他媽的少得可憐）。我們的飛機飛不過來。我們就像是瞎了一樣，只能坐在那裡乾等。我們已經遭受過十三次攻擊，其中有十次發生在晚上。在夜裡打仗真是糟透了。那些韓狗突然蜂擁而至，怎麼殺也殺不完。其餘的時間也一直交火。敵軍隨時有可能渡河。我們恨透了空軍。我們損失慘重。現在我的兵力還不到八月三十一日作戰開始前的四成。連級軍官幾乎都已經陣亡了……我們不顧一切拚死一戰，不只是因為我們認為自己是一支正義之師，更是為了求得自己的生存。但是這一切似乎都毫無意義、愚蠢透頂。為了『解放』韓國，在這場戰爭中毀掉這個國家和人民的不僅是北韓人，還有我們。所有的朝鮮人都恨我們。這裡的每個人都是我們的敵人。我們誰也不能相信。」

最後，費里曼總結：「我越來越相信，我們已經掉入一個美麗的陷阱。我們在這裡不得不應付這群瘋狂的『亞洲遊牧民族』。我們的陸軍就好像要整個都投入進入，並要被敵人給擊潰。我看不出有什麼辦法逃離這個陷阱。我們甚至打不過這些東方瘋子。他們一個接一個，人命在這裡分文不值。他們跟我們不一樣，既不依靠武器裝備，也不指望通訊器材。我越來越擔心，我們讓美軍跳進這個無底洞，其實是犯了一個巨大的錯誤。」這就是一個連續好幾個禮拜都沒有好好闔眼的陸軍指揮官的肺腑之言。就連他的信紙都因為下雨而發霉。

最後，費里曼相信，他們在洛東江一役遭受的一切苦難與損失都是值得的。他們無比幸運地挺了過來。北韓人似乎不知道他們的防線其實很脆弱，因為敵軍沒有偵察機，沒有人能看出通往釜山的路上，美軍的防守是何等不堪一擊。根據第二十三團日誌記載，第一營和第二營分別承受了五成的傷亡。在作戰前兩週，這兩個營所有的步兵連連長都犧牲了。根據官方報告，有些連甚至替換了三到五次的連長。費里曼永遠都不會忘記洛東江畔那些可怕的日子，以及為了挽救整個團的命運，他不得不殘酷地決定犧牲某些年輕士兵的生命。大約十七年後，當費里曼上將在退役前準備前往班寧堡時，意外發現前C連士官貝利・羅登（Berry Rhoden）二等士官長雖兩鬢斑白，卻仍在軍中服役。對於那些曾與他在第二十三團出生入死的部下，費里曼向來都十分親近。好幾次他想找羅登，就是為了和他聊聊。現在是他的退役紀念日，費里曼便邀請羅登一同前往班寧堡。當天還有另一位少將參加了儀式，於是就出現這樣奇特的一幕：在一位四星上將和一位兩星少將之間，站著一名士官長。過了一會，費里曼轉過身去，看著自己的同僚說：「我想向你介紹司令部的一名成員，貝利．羅登士官長。他是我的老夥伴。身為一名軍官，我做出一生當中最困難的決定，那是一個可怕的時刻，他卻活了下來。為了挽救整個團以及釜山防禦圈裡的美軍部隊，我不得不犧牲他的連隊，好讓我們贏得時間，重新集結起防禦力量。是他們為我們贏得了時間。那是一個非常可怕的時刻，也是一個極為殘忍的決定，是我一生當中所做的最困難的決定。他所在的連隊幾乎全軍覆沒。聽好了，你得好好照顧他。」這又是一個令羅登與費里曼終生難忘的時刻。

＊　＊　＊

第二工兵營堅守著通向密陽的道路，前來增援的海軍陸戰隊無法結束洛東江——釜山戰役。登陸仁川後，敵軍的攻勢稍減，即使如此，部分北韓部隊甚至毫不顧及自己的退路會被切斷，仍繼續廝殺，這讓朝鮮半島上的那些老兵回想起二戰接近尾聲時與日軍作戰的情形。北韓軍不慎落入美軍精心鋪設的崇山峻嶺的包圍之中，卻繼續負隅頑抗了數日之久。「我們對六一〇高地發起的攻勢非常猛烈，」比勒回憶起這場戰役時說：「戰鬥結束後，它應當改稱為六〇九高地才對。」

華克是第一個察覺洛東江戰局變化的人之一。在九月初那些艱困的日子裡，他常常擔心洛東江防線會不會全線潰敗，然後退往戴維森防線的總部。三週前，麥克阿瑟將軍擔心第八軍團有可能守不住洛東江防線，於是在這裡建立一個指揮部。這裡的防區更狹小，但比洛東江更容易防守，但是距釜山也更近。九月四日晚上，華克讓參謀長蘭德魯姆準備傳令，要部隊全線向戴維森防線撤退。第二天，華克讓林區載著自己飛往前線。凡是他們所到之地，士兵看到機身上新近塗上的三顆將星時，都會熱烈歡呼。這個舉動讓華克留下很深的印象，看來他手下的士氣已經越來越高。有鑑於此，華克決定繼續守住洛東江防線。

北韓軍並沒有潰敗。但由於之前進攻的失敗，他們現在戰線過長，陷入極危險的處境。北韓軍的補給已經跟不上了。在長達兩個月的激戰中，美軍在裝備、武器、火砲與空軍方面的優勢日漸明顯，加上美國不斷往前線運送人力物力，這時北韓的精銳部隊已成強弩之末。北韓三週內直搗釜山的神話，與先前所謂南韓將有二十萬人揭竿而起加入戰鬥的狂言一樣，都化為泡影。共產黨在八月三十一日的孤注一擲，最後以落敗收場。一開始很少人覺察戰局慢慢地逆轉了，北韓軍隊開始處於守勢。突然之間，他們反而成為不得不堅守陣地的一方。

這個變化立刻使傑克．墨菲中尉（Jack Murphy）獲益不少。才智過人的墨菲是西點軍校一九五〇年班的畢業生，畢業幾個星期後就來到朝鮮半島，那時他的蜜月才剛過了一半，就不得不接管第二師第九團的一個排。從一開始，他就被捲入洛東江作戰。在墨菲抵達前線的第一天，他就遭遇一場相當艱苦的戰鬥，並因此獲得銀星勳章，他的排附羅倫．考夫曼（Loren Kaufman）也因為表現英勇，榮獲了國會榮譽勳章。

墨菲認為，洛東江戰役是一場最艱難激烈的拉鋸戰。對參加過這次作戰的人來說，每一天都是五十——五十的機會，要嘛勝利，要嘛戰敗，因為這裡只可能發生這兩種情況。當筋疲力竭的雙方交鋒時，最後決定勝負的往往是手中的刺刀。勝利已經不像往常那樣分明與重要。能多活一天才是一切。攻打某座山頭的問題在於，遲早會有另一個軍官不知從哪裡冒出來，讓你去攻打另一座山頭。也許這座山頭原本無關緊要，但是如果不加以防守，就會讓北韓人直逼釜山。直到一九五〇年六月二十五日，釜山這個地方，除了本國人以外，仍只是一個不為外人所知的小城，美軍也一直不以為然，除非北韓人占領了這座城市。

洛東江戰役是由大大小小上千次作戰所構成的，其中有的戰鬥是都非常慘烈的，彷彿就是這場大戰的縮影。這次洛東江突出部之戰，以羅素的話來說，包含了所有要成為著名戰役所該有元素，除了規模、範圍以及歷史地位之外。如果說從一位偉大的歷史學家的角度來看，這些戰鬥缺乏宏大的規模，但是對參加過這些作戰的個人來說，卻具有非比尋常的歷史意義，並始終縈繞在他們的腦海裡，永遠殘酷地凍結在他們的記憶之中。「是我們拿下了一二四高地。」有些人回到總部以後會看著地圖這麼說，然後在上面插上一枚大頭針。就像其他計畫成功時那樣，他們會給予簡短的祝賀，隨後便會有軍官找到這條路上另一個需要防守的山頭，也許是二〇二或二〇三高地，然後再次派更多士兵前去防守。

墨菲從G連排長升任F連連長後的大約兩週時間裡，一直守在前線。F連已經損失了所有的軍官，這可不是一次墨菲所希望的調動。在這異常艱苦的兩週裡，墨菲逐漸愛上了連上的這些傢伙。隨著每一場新的作戰，他們之間的情誼從無到有，又從有變得越來越深厚，好像他們是在同一天出生在同一個鎮上的同一家醫院，好像他們早就是相交已久的知己，好像除了這些人，他們就再也沒有別的朋友一樣。墨菲毫無選擇的餘地，上級命令他接管F連，他就得接管F連。不知為何，墨菲彷彿感覺到，聯合國軍好像發生了什麼大事。他這個級別、在前線作戰的軍官是不可能事先知道即將展開的仁川登陸行動，但是軍中已經有人開始傳言將有大事發生。大約在九月十三日或十四日，墨菲不記得是哪一天，他返回洛東江畔時突然接到上級命令，要他占領距離江岸兩英里遠的大山。但是那裡的敵軍似乎早就嚴陣以待，每當他們試圖靠近，迫擊砲彈就會如同雨點般朝他們襲來。之前在這裡就發生過一場交戰，當時的F連連長不幸喪命，這就是墨菲能在二十四歲就擔任連長的原因。這次作戰出人意料地艱困，山勢崎嶇不平，到處都是北韓士兵進行攻擊的天然掩護。

作戰一開始，墨菲就變得非常緊張，因為敵軍的迫擊砲輕易就能把他的連撕成碎片。但是當他們來到一處相對開闊的地方時，什麼事也沒有發生。墨菲懷疑北韓士兵想守株待兔，等他們再走近一點再一網打盡。然而他們開始往上爬的時候，敵軍還是什麼動靜也沒有。最後他們終於毫髮無傷地來到山頂，墨菲朝著他們剛才上來的方向望去，才發現自己的部隊是有多麼地不堪一擊；然後他又朝另一個方向望去，這才明白為什麼這裡沒有敵軍。北韓軍已經從這裡撤退，他們把重型機槍朝著另一個方向一路拖下山去。墨菲原本以為這會是他生平最艱難的硬仗，他們會在陡峭險峻的山地與火力強大的敵軍決一死戰。這次小小的奇蹟無異於人生的一份贈禮。就在這時，墨菲接到上級的電話，要他立刻回指揮所，因為有大事發生了。所謂的大事，他很快得知，就是仁川登陸開始了。

北韓軍開始潰敗時就像一支舊時代軍隊一樣，突然變得不知所措。而與法國人作戰的越南人，早就習慣跟那些無論是空中力量還是武器裝備都遠勝過自己的西方強敵較量。如果這次作戰換成是越南人，墨菲心想，那麼他們很快就會從對自己不利的戰場上消失得無影無蹤，然後在洛東江岸分成小股兵力，分頭潛伏在附近的群山之中，到了晚上再伺機行事。北韓軍卻始終沿著大路撤退，因此在剛開始的一兩天裡，給了美國空軍一個自由開火的區域。墨菲率領F連趕到此地時，看到自己從未見過的悲慘景象：公路沿線到處都是燒焦的屍體與車輛。

第6章

扭轉乾坤：麥克阿瑟登陸仁川
MacArthur Turns the Tide: The Inchon Landing

仁川簡直就是魔鬼製造的夢魘。這裡沒有海灘，只有海堤和碼頭。
在作戰期間，只有兩天的潮汐處於合適的高度，讓登陸艇得以靠近仁川的海堤和碼頭……
一九五〇年九月十五日，儘管遭到多方反對，麥克阿瑟仍然一意孤行，堅持仁川登陸作戰。
中國情報人員獲知此事，及時通知金日成，對方卻未予以採信，仁川登陸因而得以順利進行。
美軍隨後快速推進，一舉攻下漢城，北韓軍隊全線潰敗。

19 登陸前奏

仁川是麥克阿瑟最後一次大捷，一切榮耀都要歸功於他。這場是一場高明的豪賭。正如麥克阿瑟預言的那樣，仁川一戰挽救了數以千計美軍將士的生命。對於這次行動，不僅海軍高度懷疑，參聯會也竭力反對，但是他卻堅持己見、力排眾議。仁川登陸是麥帥的登峰造極之作，他打破了傳統的思維方式，有勇有謀、獨闢蹊徑、神機妙算，而且事實證明他還時運亨通。這就是為什麼儘管接連兩任總統都對麥克阿瑟的個人品行與職業能力持保留態度，但始終鼎力支持他。「在麥克阿瑟的一生當中，一九五〇年九月十五日這一天讓他成為一個軍事奇才，」他的傳記作家高佛瑞・皮特（Geoffrey Perret）如是寫道：「對於任何一位偉大將領來說，總有一場戰爭比其他戰爭更重要，而這場戰爭的考驗讓他得以躋身不朽將領之列。對於麥克阿瑟來說，這場戰爭在仁川。」

從一開始，他就十分清楚仁川的價值所在。當時美軍兵力奇缺，面臨被趕出朝鮮半島的險境，唯有發動仁川戰役才能發揮他們在技術方面的強大優勢。也是從一開始，他就決定改變傳統步兵戰術，以避免美軍在險峻地形上與兵力占優勢的敵軍作戰。麥克阿瑟最終成功實施自己的計畫，如願以償打了勝仗。他一直想拿下漢城——那將是多麼大的勝利——但是麥帥及其手下卻沒有對那些北撤的北韓軍布下天羅地網，是麥帥個人貶損了這次作戰的價值。但如果說他的計畫中真有什麼嚴重問題的話，那就是這次的完勝，反而讓他與政府和參聯會之間的槓桿作用消失了。因為先前他力排眾議、堅持己見，因此他的這次勝利，使得日後其他的議題人們將更難以與他爭辯。麥克阿瑟對仁川一戰的判斷正確無誤，而非議他的人卻大錯特錯。隨著他的軍隊距離鴨綠江越來越近，他的支持者開始擔心那些懷疑他的人是否會因此更加緊張。麥克阿瑟已孤注一擲，而這次他彷彿下了更大的賭注，任何人都不能阻擋他的步伐。

韓戰初期，麥克阿瑟錯誤地低估了北韓軍的作戰能力（他曾說，如果自己只向南韓派出一個師——即第一騎兵師，不知會有什麼樣的結果。「這些傢伙會迅速直奔東北邊境，到時候北韓軍就會全軍覆沒」）。但是，麥克阿瑟很快就意識到，自己面對的是一支驍勇善戰的軍隊。在之前東京的一次會議上，他告訴哈里曼，這支隊伍中的每一個人都「能力出眾、不畏艱險」。他對北韓軍隊的全新認識立刻影響他的作戰策略。因此，美軍被逼入釜山防禦圈之前（為了不讓他們看起來像「屠宰場裡的牛犢」，麥克阿瑟後來這麼說），他就做好了兩棲登陸的準備，以便充分發揮美軍的技術優勢，力爭一擊制勝。

他始終記得一戰的教訓。麥帥認為，英、法、德三國的將軍一次又一次把本國軍隊引入歧途，把他們送往敵軍猛烈砲火的中心地帶，讓他們遭受無情的打擊。許多人都認為，在這場戰爭中，指揮獅子作戰的是一群笨驢。一戰結束後，西線的傷亡數字十分驚人，以致人們無法分辨誰是贏家，誰是輸家。一戰讓麥克阿瑟得出結論：對美國的未來而言，歐洲只是一片荒蕪的土地，遠不如亞洲那麼重要。勝利的歐洲將領對手下的安危存亡似乎漫不經心，因此在麥帥看來，他們的時代業已結束。一戰讓他懂得兩軍正面交鋒的危險。在太平洋戰場上，他使用「跳島戰術」，從不攻擊日軍的戰略要地，從而以極小的傷亡換取了一次次成功。這種靈活的戰術正是源自他從一戰吸取的教訓。在麥克阿瑟身上彷彿存在著某種矛盾，他時常操著太過熟悉的吉卜林式的句子，像個嗜血的勇士那樣酷愛在戰場上拚命廝殺，但是當一場真正的戰鬥揭開序幕時，一旦事關自己部下的生死，他又會變得出人意料地謹慎。

麥克阿瑟在日軍完全沒料到的地點進行空中和海上攻擊，不斷孤立敵軍的士兵與據點，而不是與之正面衝突。他在韓國戰場上採取了相同的策略。早在七月四日，他就開始考慮在北韓軍後方登陸作戰。麥克阿瑟顯然並不了解第一批被派到韓國戰場上的美軍士兵有多麼缺乏訓練，武器裝備有多麼落伍，因此很難進行極為複雜的兩棲登陸作戰。一開始，這項被命名為「藍心行動」的計畫，準備在七月二十二日實行。但是計畫顯然難以執行，「藍心行動」最後胎死腹中，但是關於兩棲作戰的想法卻始終縈繞在他的腦海裡。

七月十日，在太平洋海軍陸戰隊司令萊姆．薛佛中將（Lem Shepherd）出訪東京時，麥克阿瑟扼腕地表示，自己如果能有一支海軍陸戰師該有多好啊！一旦有了陸戰隊，他就可以深入敵後。說到這裡，他指向地圖上的南韓，「我會讓他們在這裡──仁川──登陸。」於是，薛佛將軍建議麥克阿瑟申請一個海軍陸戰師，因為這完全符合雙方的利益。麥克阿瑟需要陸戰隊，而陸戰隊需要一次機會來證明自己。陸迫於削減國防開銷的壓力，海軍陸戰隊的地位一直岌岌可危，而且曾經一度沒有政客願意支持他們。陸軍和空軍都正熱衷於奪取海軍陸戰隊的傳統角色。麥帥對陸戰隊的這項致命弱點瞭若指掌，因此他很清楚自己的想法會與薛佛將軍一拍即合，而事實也的確如此。薛佛向麥克阿瑟承諾，他會在九月一日前提供一個陸戰師給他。

關於這次兩棲登陸計畫，麥帥越想就越覺得應該把登陸地點定在仁川。仁川位於朝鮮半島西海岸，遠離前線，距離釜山西北約一百五十英里，是漢城最主要的港口，距離南韓的主要金浦機場直線距離大約有二十英里。仁川是個潛在危險發生的地點。當然，無論在哪裡登陸都得冒極大的風險，但是在仁川登陸更為艱困。「我們列出了登陸地點所有天然與地理方面的困難，仁川全都具備。」亞力．凱普斯少校（Arlie Capps）海軍負責兩棲作戰的詹姆斯．多伊爾上將（James Doyle）的參謀小組成員說。幾乎所有人都認為，仁川簡直就是討厭海軍的邪惡天才所製造出來的夢魘。這裡沒有海灘，只有海堤和碼頭。位於港口正中央的月尾島只是一個彈丸之地，卻有重兵防守，同時還將登陸地點一分為二。港內水流湍急。

然而，仁川最危險的不是這些，而是那裡的潮汐。除了加拿大芬迪灣之外，這裡的海水漲潮高度大概是全球落差最大的，最高能達到三十二呎。即使是低潮的時候，根據羅伯特．海內爾在《勝利在高潮》

（*Victory at High Tide*）中記載，想要在此地登陸也必須徒步走過約一千碼的距離，此外還需要通過將近五萬五千碼「就像是快要變硬的巧克力軟糖一樣」黏糊糊的泥漿地。因此，與其說這是海灘，不如說這是陷阱。在蘇聯的幫助下，北韓已經在好幾個港口布了水雷。選擇在這裡登陸也必然會是一場巨大的災難。「如果說有一個地方最適合布防水雷的話，那麼這個地方就是仁川」，太平洋艦隊高階將領亞瑟·史楚伯上將（Arthur Struble，同時也是第七艦隊司令）說道。更糟的是，能實行這次登陸計畫的機會少得讓人難以置信。在未來一段時間裡，只有兩天的潮汐處於合適的高度，讓登陸艇能靠近仁川的海堤和碼頭：一個是九月十五日，屆時潮水會漲到三十一點二呎的高度；另一個是十月十一日，潮水會再次漲到三十呎的高度。還有一個問題是，九月十五日的第一次高潮發生在清晨六點五十九分，也就是日出前四十五分鐘；而第二次高潮發生在晚上七點十九分，也就是日落三十七分鐘後。對兩棲登陸來說，這兩個時間都不夠理想。十月根本就不必考慮，因為麥克阿瑟絕不會眼看自己的大軍身陷釜山防禦圈而再等上一個月之久。因此登陸時間只能定在九月十五日，而這一天對麥帥來說，不是大功告成，就是全盤皆輸。

幾乎每個人都對這個時間點無比震驚，尤其是那些參與制訂與執行這項計畫的海軍將領。參聯會立刻提高警覺，麥克阿瑟心裡對這一點一清二楚。這些人是他的頂頭上司，而麥帥認為他們只不過是一群為了升官攬權而不惜諂媚迎合無聊政客的心胸狹窄的官僚。他知道想要取得仁川戰役的勝利，自己眼前就有兩場戰鬥需要面對，其中一個就是和這些人斡旋。麥克阿瑟早就料到參聯會會反對自己的計畫，一方面基於他的偏執，另一方面也是事實使然。他既不喜歡，更不尊重布萊德雷主席。他認為布萊德雷不過是艾森豪的跟班（這可以算是他的第一個缺陷），馬歇爾的寵兒（第二個缺陷），一個在歐洲戰場上毫無指揮能力與勇氣的懦夫（第三個缺陷），一個在太平洋擁有的兵力超過麥克阿瑟的傢伙（第四個缺陷），一個與杜魯門過從甚密的政客（最後一個缺陷）。

如果說他們兩人的關係很糟，那麼這種敵意大部分來自麥帥本身。在這些年來，每個人的心裡都累積了一些東西。麥克阿瑟可以肯定，自己在對日作戰計畫裡面否決了布萊德雷的指揮權，因此這個人一定對自己懷恨在心。儘管這個猜測毫無根據，但有相當多的跡象足以證明，就像其他戰後國防系統的高階將領一樣，布萊德雷對於無法掌控麥克阿瑟感到十分不快。因此，麥克阿瑟完全有理由相信，在一九四九年艾奇遜試圖削減他在日本的權責從而限制其權力的那場陰謀中，布萊德雷是他的幫凶。後來，那位曾在仁川登陸計畫中獻策的多伊爾上將向麥克阿瑟提到，當他與布萊德雷在東京會面時，後者似乎頗為冷淡。「布萊德雷就是一個農民。」麥克阿瑟對多伊爾說。

參聯會成員非常謹慎，因為這場戰役十分危險，其成敗攸關美軍的生死存亡。就連麥克阿瑟自己也說，這次行動的勝算只有五千之一的機率。但是，他們的保守態度還與軍方內部的爾虞我詐有關。基於種種冠冕堂皇或卑鄙齷齪的理由，幾乎所有人都反對這項計畫。只有少數幾個人支持，其中包括哈里曼和李奇威，以及在最後關頭表態支持麥克阿瑟的杜魯門。然而，策畫仁川行動的主要人物之一的多伊爾上將卻對這次行動頗有顧慮。就像其他那些不得不與仁川計畫的主要制訂者阿爾蒙德（Ned Almond）打交道的人一樣，多伊爾很快就對這個人妄自尊大、欺下媚上的行徑感到厭惡。如果真的要實施仁川計畫，那麼麥克阿瑟就應該了解這項計畫的一切利弊，多伊爾也是這麼對阿爾蒙德說的。阿爾蒙德卻說將軍對具體細節不感興趣。但是憤怒的多伊爾不肯善罷干休，堅持要讓將軍了解具體的細節。最後，阿爾蒙德不得不讓步，向他保證會讓麥克阿瑟了解這次行動的所有細節，而所謂的細節其實就意味著危險。

不過，阿爾蒙德一直想把多伊爾從這項行動排擠出去，因為他認為麥帥永遠是英明的，不該過問這些瑣事。這些微不足道的枝微末節——這項計畫能否順利實施——是那些微不足道的初級軍官應當處理的問題。事實上，這個原則也正是麥帥對待任何人與任何事的不二法門。現在，他正在為自己人生當中最盛大的演出之一做準備工作，也就是說，他要說服海軍與其他反對者支持仁川行動。因此，他需要在這些海軍和參聯會的代表面前進行一次出色的表演，而這正好是麥帥最拿手的絕活。

麥克阿瑟始終是一個喜歡站在舞臺中央的人。他對名氣和榮譽似乎有某種無法抗拒的慾望。聚光燈下的感覺對他來說不只是一種嗜好，更是一種誘惑。他總是站在舞臺中央，在照相機前擺出完美的姿勢，讓攝影師從最佳角度拍攝他那突出的下頷。事實上，隨著麥克阿瑟年齡的增長，每一張新拍攝的照片都要接受他部下的審查，凡是無法顯示將軍英雄氣概的特寫絕不允許外流。這些人甚至還嚴格要求攝影師只能從特定的角度拍攝。因此，攝影師必須盡量從麥克阿瑟的右側來拍攝。有一次，為了顯示將軍的偉岸氣魄，一名《星條旗報》的攝影記者不得不按照要求雙膝跪地拍攝照片。麥克阿瑟總是戴著那頂招牌軍帽，這麼一來，攝影師就拍不到他那日漸稀疏的頭髮了。麥克阿瑟需要戴眼鏡才能看得清楚，但是他不喜歡讓別人看到自己這幅模樣，因此戴眼鏡時攝影師同樣不能拍照。麥克阿瑟無時無刻不在演戲，這一點人盡皆知。「我從來沒見過如此個性鮮明、魅力四射的男人。」一戰期間，堪薩斯州恩波里亞的著名編輯威廉．艾倫．懷特在見過麥克阿瑟以後這麼寫道。鮑伯．艾區柏加在二戰期間是麥克阿瑟手下的一位軍團司令，他說：「麥克阿瑟是結合巴里摩（Barrymore）與約翰．德魯（John Drew）式的偉大人物。」為了避開戰時書信審查制度，麥帥用密碼寫信給自己的妻子。在這些信件中，麥克阿瑟的名字是莎拉——當時法國著名女演員莎拉．貝恩哈特（Sarah Bernhardt）。「你認識麥克阿瑟將軍嗎？」有一次，一名婦女問艾森豪。「我當然認識他，夫人，」艾森豪回答：「我在華盛頓跟他學了五年的表演藝術，在菲律賓則跟他學了四年。」

麥克阿瑟相信，神祕就是力量。所謂神祕，就是與那些凡夫俗子保持一定的距離，為他們創造種種神話。麥克阿瑟在這一點上始終不遺餘力。凡是這個圈子以外的人都很難接觸到他，直到他準備好怎麼表演時，人們才能一睹他的風采。他希望展示在公眾面前的是一個經過精心包裝的自己。每一個描述他的詞語都必須經過嚴格審核。二戰期間有篇關於他的特稿，提到麥帥「為人孤僻」，但是他卻試圖利用審查制度將之改成「為人質樸」。麥帥的下屬不能和他過度親近，任何將軍都不能與他相提並論。一九三〇年代，艾森豪是麥克阿瑟在菲律賓期間的主要助理。當他聽到麥克阿瑟經常使用第三人稱來稱呼自己時，感到十分詫異。麥克阿瑟常說諸如此類的話：「好了，麥克阿瑟要去見參議員了……」在那段日子裡，他一直以這個國家的歷史偉人自居，也始終扮演這個角色。能得到他的接見，彷彿是一種至高無上的榮譽，而覲見者的任務就是把他奉若神明、頂禮膜拜。這些似乎已成了某種神聖不可侵犯的規則，人人都必須遵守。在東京，為接見政界要人而定期舉行的午宴上，麥克阿瑟夫人會出面迎接那些比將軍本人早到的賓客。等麥帥進來後，她就會一副崇拜地說：「將軍終於來了。」然後，麥克阿瑟會對夫人致以問候，借用一名旁觀者的話來說，「就好像他們多年不見一樣」。

這就是那位雄才大略、獨樹一幟、喜怒無常的統帥。他在韓戰開打將近兩個月後的八月二十三日，主持了關於仁川計畫的重要會議。會議的地點就在東京的盟軍總部。從華盛頓飛來參加會議的有陸軍參謀長柯林斯、海軍軍令部長佛斯特．薛曼，以及空軍作戰副處長伊德瓦爾．愛德華中將。空軍參謀長豪伊特．范登堡沒有出席，據說他不想為這次海軍與海軍陸戰隊為主的行動背書。如果仁川計畫獲得批准，那麼海軍陸戰隊將領導這次登陸行動，但是卻沒有人邀請他們與會，他們的問題與困難就無從討論起，這不是個很妙的狀況。在這次會議上，海軍上將多伊爾及其參謀，花了長達一個半小時的時間，對這次行動中諸多困難之處一一加以說明。多伊爾手下先後有九名將領起立發言，每個人都從技術與軍事的角度進行了分析。接著，多伊爾站了起來。「將軍，」他說：「雖然你沒有問我，也沒有人願意聽一聽我對這次登陸的意見。但是如果你問的話，我只能說，登陸仁川根本不可能。」語畢，他坐了下來。

柯林斯再次建議，可以考慮群山或浦項，因為在這兩地登陸的危險性相對較小。然而不出柯林斯所料，他的謹慎態度並沒有得到麥克阿瑟的回應。麥帥知道，房間裡的每個人都對仁川計畫持保留態度，但是他唯一關心的是至今仍未表態的海軍軍令部長薛曼。沒有薛曼的支持，就等於沒有海軍的支持，仁川登陸計畫也就成了泡影。雖然柯林斯極力反對，但是作為一名在華盛頓養尊處優的陸軍參謀長，他是鬥不過在前方運籌帷幄的戰區司令的。為了說服屋子裡這些群起反對他的高階將領來支持這個計畫，麥帥不得不使出渾身解數。後來，根據麥帥自己記載，一開始他彷彿聽到了他父親的聲音：「孩子，作戰會議只會滋養怯戰情緒與失敗主義。」麥帥說，在更安全的南部港口登陸並無益處，因此他對此毫無興趣。「兩棲登陸是我們最強大的武器。為了確保順利施行，我們必須不畏艱險、深入敵後！」仁川登陸的困難之處並非沒有，但絕非不可克服。麥克阿瑟相信，他們一定有辦法做到。他說，一切有關這次登陸的爭執，實際上就是對勝利的爭執，敵軍很可能對此毫無防範。「敵軍指揮官會認為，沒有人會如此膽大妄為。」麥克阿瑟說，他準備效法一七五九年魁北克之役的詹姆斯．沃爾夫（James Wolfe）。正是因為魁北克以南聖羅倫斯河的河岸十分險峻，守衛該城的德．蒙特卡姆侯爵（Marquis de Montcalm）才把自己的全部兵力放在城北。但是沃爾夫卻率領一小隊人馬從南側穿越險地進行突襲，把蒙特卡姆打得措手不及。這是一次偉大的勝利，事實上終結了法國在北美的殖民統治。「就像蒙特卡姆一樣，北韓人會認為我們不可能從仁川登陸。而就像沃爾夫一樣，我會打得他們措手不及。」

麥克阿瑟對海軍有極大的信心，因為他們曾在太平洋戰場上橫掃千軍。他堅定地說：「我對海軍甚至比他們對自己還有信心。美國海軍過去從來都沒有讓我失望，這次也不會。」麥帥說這番話的時候，屋裡彷彿只有薛曼一個人。而群山——他知道這是柯林斯與華克一再建議的登陸地點——「是一個看似妥當卻極不妥當的選擇」。雖然此地與第八軍團的聯繫相對比較容易，但這只會讓更多兵力陷入釜山防禦圈內，因此，麥克阿瑟認為，這麼一來當地美軍會更加脆弱。「誰會為這場悲劇承擔責任？我肯定不會。」但是，無論成功失敗，麥帥發誓，他會為仁川登陸負起全部責任。「我不會太過相信他的承諾，」阿爾蒙德的部下比爾．麥卡弗雷後來這麼說：「他曾說中國人不會介入這場戰爭，但事實證明他錯了。我們為此承受沉重的打擊，但是他不僅沒有承擔任何責任，反而對除了他自己以外的所有人都橫加指責。」如果他選錯了登陸地點，麥克阿瑟告訴與會人員，他會親臨現場指揮。「一旦發現情況有誤，我們會立刻撤退。」聽到這裡，多伊爾反駁：「不，將軍，我們不知道怎麼撤退。一旦我們開始登陸，就會進行到底。」

語畢，麥克阿瑟直視薛曼，然後開始大談自己對海軍的感情（事實上，他在二戰期間對海軍恨之入骨）：很久以前，當另一場戰爭進入最黑暗的時刻，是海軍從菲律賓科雷希多島把他送到安全地帶，因此他才能繼續指揮盟軍與日本作戰。此後，仍然是海軍一步一步讓他在太平洋戰場上走向勝利。「現在我的事業已近暮年，難道這一次海軍會告訴我，他們不會讓我去仁川。他們會讓我失望嗎？」屋子裡最後一排坐著一個年輕氣盛的陸軍軍官，阿爾蒙德的助手佛瑞德．拉德（Fred Ladd）。當麥克阿瑟終於發表完自己慷慨激昂的演說時，拉德暗自一笑——他終於得手了。任何一個高階將領也不會在這時冒天下之大不韙。這時，海軍上將薛曼終於開口：「將軍，海軍不會讓你失望的。」麥克阿瑟勝利了。「這才像真正的法拉古特人說的話。」麥克阿瑟答道，他知道薛曼被打動了。聽到麥克阿瑟這句話，多伊爾將軍對沒有人理會自己的意見怒不可遏，於是他自言自語：「這才像約翰韋恩說的話呢。」接著，麥帥就像往常一樣開始了個人表演。他壓低嗓音，一字一句地說：「我已經聽到命運之鐘滴答作響的聲音。我們必須立刻採取行動，否則只有死路一條……。仁川行動必勝無疑。它將拯救數十萬生命。」麥克阿瑟知道成敗在此一舉。「謝謝，」薛曼說：「這是一個偉大的號召，這是一次偉大的使命。」

「如果讓麥克阿瑟走上舞臺，你就不會聽說過約翰．巴里摩。」多伊爾將軍後來這麼說。薛曼已經同意麥帥的觀點。但是第二天，從麥克阿瑟的一番慷慨陳詞與義正詞嚴中清醒過來的薛曼卻發現自己仍憂心忡忡。「我希望自己也能像他一樣樂觀。」他告訴一名朋友。柯林斯同樣也十分不安，但是無論如何，各軍參謀長都已經買他的帳。五天後，他們發電報給麥帥表示支持。後來，林區問華克，為什麼麥帥能讓參聯會把他們的顧慮放在一旁？「麥克阿瑟讓每個人都認為，韓國只是一座島嶼，漢城才是最終目標。只要攻克了漢城，這場戰爭就會結束。」華克的回答非常準確。儘管如此，各軍種參謀長回到華盛頓以後仍惴慄不安。美軍的兵力本已十分有限，這個行動計畫還破綻百出。於是，八月二十八日，他們再次致電麥帥，建議在群山登陸。將軍以自己特有的方式回應了這封電報。他依然我行我素，但不對外界透露半點風聲。只有等到萬事俱備、只待東風時，他才會讓華盛頓知道仁川行動的具體計畫。麥帥有意拖延向華盛頓通報，到時候就是他們想要阻攔也為時已晚。他的所作所為，用克萊．布萊爾的話來說：「完全是一場天大的騙局」。

一直等到九月八日，麥帥才派遣一名年輕參謀林恩．史密斯中校（Lynn Smith）帶著有關這次行動計畫的幾本厚厚卷宗前往華盛頓，並叮囑史密斯路上不要走得太快。於是，史密斯奉命行事。參聯會原以為麥克阿瑟會派一名高階將領，直到最後一刻卻只等來區區一個中校。史密斯立刻被帶進屋裡進行匯報。「這就是最後的計畫，對嗎，中校？」史密斯回答是的。柯林斯問什麼時候進攻。「月尾島登陸會在六小時二十分鐘後，也就是華盛頓時間十七點三十分開始。」他回答。「謝謝，」柯林斯說：「那麼你最好把握時間進行匯報。」從長遠來看，麥帥當時的舉動無疑毀了自己與參聯會的關係。如果被他玩弄於股掌之上的只是華盛頓的文官，那麼也許還情有可原，但是這一次遭他戲弄的卻是那些和他一樣對美軍士兵的安危與行動的成敗負有責任的四星上將。這種行徑在部隊是不可寬恕的。八個月後，當杜魯門解除麥克阿瑟的職務，正如約瑟夫．格登指出的那樣，其中最重要的原因就是總統的決定得到了各軍種參謀長的一致支持。對於麥帥在仁川戰役中先斬後奏的做法，這就是他們以眼還眼、以牙還牙的方式。

＊　＊　＊

一般來說，兩棲登陸往往會遇到許多突發狀況，但令人驚訝的是，這次登陸卻出乎意料地順利。在東京，似乎每個人都知道這次行動的時間與地點。在東京記者協會裡，有關韓戰的各種流言蜚語不脛而走。幾乎是在華盛頓批准這個計畫的同時，由誰來指揮仁川登陸也已塵埃落定。許多在華盛頓的高階將領都希望能由久經沙場的海軍陸戰隊指揮官薛佛中將來指揮登陸行動，這與在日本的一些將領的想法不謀而合。首先，因為薛佛同意借給麥克阿瑟一個海軍陸戰師，所以麥帥欠了他一個人情。其次，作為一名陸戰隊將領，沒有人比他更熟悉兩棲登陸了。然而結果卻讓所有人跌破眼鏡，這次行動的指揮官是內德．阿爾蒙德少將，現在的他同時肩負著兩項職務。陸軍參謀長柯林斯聽到這個訊息時又驚又怒。據阿爾蒙德的手下約翰．契爾斯（John Chiles）回憶，當時柯林斯差點從椅子上站起來，脫口而出：「什麼？」柯林斯不喜歡阿爾蒙德，而且對麥帥的做法也頗有微詞，因為他不僅排除了第八軍團對仁川行動的指揮權，而且在沒有事先徵詢參聯會意見的情況下就擅自把它交給了自己的心腹阿爾蒙德。無論是在南韓還是華盛頓，在一些軍官看來，這次行動又多了一個名稱——「三星行動」，因為阿爾蒙德顯然能藉機獲得自己的第三將顆。

後來各軍首長才逐漸意識到，麥帥想要排擠的不只是華克，還有他們。這種行徑，尤其是沒有徵詢參聯會的同意就擅自行動的做法，是沒有第二個將軍敢這麼做的。然而這就是典型的麥克阿瑟作風，他不僅不願聽命於自己的上級，而且還要用手指戳一戳他們的眼睛。麥帥把韓國戰場的指揮權交給對他忠心耿耿、唯命是從的人，而將各軍參謀長排除在外，這無疑是弄權。薛佛是一名出色的將領，卻處處體現了某種舊派的作風與忠誠，這正是問題的癥結所在。因為他應當效忠麥克阿瑟，但是他卻對參聯會和海軍表現出無限的忠誠。因此，在麥帥看來，薛佛懷有貳心的表現令人難以忍受。

五角大廈對麥克阿瑟的舉動同樣不悅。海軍陸戰隊認為，讓阿爾蒙德坐鎮指揮無異於一場災難，因此他們對阿爾蒙德處處提防。這個人不僅把薛佛排擠出去，而且也把八月策畫會議上他們圈定的登陸行動指揮官、第一陸戰師師長史密斯少將（O. P. Smith）排除在外。此外，阿爾蒙德對德高望重的史密斯少將的種種行徑，也讓海軍陸戰隊憤憤不平。史密斯原以為麥克阿瑟會親自向自己通報有關情況，但是在他苦苦等了一個半小時後，看到的卻只有阿爾蒙德。顯然，史密斯領教到誰才是真正的主子。更糟的是，有一次阿爾蒙德竟然恬不知恥地稱呼這位只比自己小十個月、現年五十六歲的陸戰隊少將為「孩子」，讓這位身經百戰的老兵大為光火。當他想說明兩棲登陸多麼困難時，阿爾蒙德卻嗤之以鼻——這些東西，阿爾蒙德說，都是技術上的問題。此外，阿爾蒙德在自己的日記中聲稱這一帶沒有大規模敵軍。這個人簡直狂妄至極，史密斯心想。不過儘管他對阿爾蒙德滿腔怒火，但是卻沒有再多說什麼，因為他擔心自己說得越多，指揮這次行動的海軍陸戰隊與陸軍將領之間的分歧就會愈演愈烈。不過，史密斯手下的一些軍官仍憤憤不平。其中言辭最為溫和的譴責來自史密斯的作戰處長阿爾法·鮑澤上校（Alpha Bowser），他說阿爾蒙德是個「出爾反爾、反覆無常的小人」。

選擇在仁川登陸就像一個巨大的賭注：港口的入口過於狹窄，只有在敵人毫無防備時才能進入。但是身為偉大的將領，麥帥相信，應當勇於冒險。在這次登陸行動的前一天，麥帥召來派駐在東京的記者，讓他們登上自己的旗艦「麥金利山」號指揮艦（Mount McKinley, AGC-7）共赴前線（當然，他們的頭版頭條上少不了會這麼寫：「來自麥帥總部的消息……」）。當旗艦離開日本佐世保港趕赴仁川之前，麥克阿瑟又突發奇想，並與多伊爾上將聯合發出另一條作戰指示。他想切斷北韓人的補給路線。他說，在歷史上的每一場戰爭中，一支軍隊的失敗十之八九是因為補給線被敵軍切斷。一名記者問他是否擔心中國介入。麥帥對這個問題似乎完全不以為意，答案與一個月前在威克島上對杜魯門的答覆如出一轍。他意識到雙方在人口上的巨大差異。他說：「即使我們派出一億五千萬名美國士兵，他們仍能以四敵一。」因此，他無意在此地向他們宣戰。但是，他有辦法抵銷對方在人數上的絕對優勢，讓美軍發揮最強的實力。「假如中國想要介入，那麼我們的空軍就會把鴨綠江變成整個人類歷史上最血腥的河流。」至於麥帥及其參謀，對於中共軍隊的戰略戰術如何抵銷美國空中力量的作用究竟知道多少，就另當別論了。因此，當中國最後出兵時，麥克阿瑟完全猝不及防，鴨綠江並沒有像他所說的那樣血流成河，中共軍隊早就毫髮無損地來到了對岸。

20 登陸仁川，攻克漢城

在仁川戰役中，麥帥可謂吉星高照，因為他的對手金日成絕對稱不上足智多謀。不知基於何種原因，對於美軍會在北韓大軍後方進行兩棲登陸這個說法，金日成根本就不以為然。但在仁川計畫實施前，北京就已經注意到大批美軍在日本集結。在一九四〇年代末到五〇年代初，日本對外國間諜活動不設防，各個港口的安全防衛形同虛設，加上日本的碼頭工人中有很多都是忠誠的共產黨員，因此中國早就得到風聲，知道這裡的許多裝備都是用來進行兩棲登陸的。早在八月初，毛澤東就為北韓進攻南方而憂心忡忡。金日成曾誇下海口說自己能迅速攻克南方，但是這個目標並沒有實現。毛澤東知道，從八月末到九月初，雖然美軍一直在加強對釜山的防禦，卻在日本保留了兩個師的精銳部隊，並進行兩棲登陸演練。顯然是有什麼大事即將發生。在毛澤東的一生中，敵人總是有更強大的武裝力量與軍事裝備，因此戰略戰術對他來說特別關鍵。中共軍隊只能避實就虛，為隨時隨地與外界斷絕一切聯繫來保存實力。毛澤東非常重視眼前發生的事，以及他預感即將發生的事。

八月初，也就是仁川登陸之前，他派自己的得力部將、同時也是周恩來的軍事祕書雷英夫進行研究，看看美國人在搞什麼名堂。這是一次徹底的軍事情報行動。這些中國的軍情人員認為這裡的情況顯而易見。不少美國軍人正在進行兩棲登陸的演練，日本的許多港口也都停滿了來自世界各地的美軍與聯合國軍艦。之前在太平洋戰場上，麥帥曾不只一次採取兩棲登陸的戰術。雷英夫在認真推敲所有相關情報後認定，美國人已經為北韓軍布下天羅地網。他們準備出其不意在北韓軍的後方登陸。他相信，美軍不只是準備衝破釜山包圍圈，還準備利用兩棲登陸的戰術一舉打垮北韓的主力部隊。雷英夫仔細研究了地圖，並試圖按美國人的方式思考他們的行動。以麥克阿瑟野心勃勃的個性來看，在六個有可能進行兩棲攻擊的港口中，他極有可能選擇仁川。八月二十三日，也就是北韓軍最後一次進逼洛東江之前的一週（這個日子恰好也是麥帥在東京盟總進行精采絕倫表演的同一天），雷英夫向周恩來報告了自己的調查結果。周恩來聞訊大吃一驚，並立刻將這訊息轉告毛澤東。根據毛澤東的指示，雷英夫對這件事進行了一次極為詳細的匯報，並提交一份三頁有關麥帥生平、思維方式、性格特徵及慣用戰術的備忘錄。於是，毛澤東讓周恩來向金日成轉達美軍可能在仁川登陸的消息。同時，北韓的一些蘇聯顧問也提出了同樣的警告，但是金日成卻不以為然。這並不奇怪，因為他本來就不是在戰場上取得天下，而是依靠在殘酷的政治環境中艱難求生的能力以及對蘇聯人的態度。金日成能上臺執政，很大程度上是取決於蘇聯紅軍對他的慷慨幫助。因此，他奪權的方式與毛澤東和胡志明截然不同。

毛澤東根據自己的推測確信，中國在這場戰爭中的角色即將發生變化。北韓進攻的日子在八月中旬達到巔峰。八月十九日與二十三日，他兩度告訴蘇聯駐華大使帕維爾．尤金，如果美軍繼續向南韓增兵，那麼北韓軍很有可能會支撐不住，轉而向中國求助。八月末到九月初，毛澤東又數度會見北韓駐華代表李相祖。毛澤東歷數了北韓軍因為沒有聽從自己的建議而犯下的錯誤，以及遭遇的一次次失敗。例如，他們準備在如此寬廣的戰線上作戰時卻沒有足夠的預備隊；他們過度注重攻占城鎮，卻沒有對敵軍窮追不捨。此外，毛澤東還提到，在金浦這樣的地方建設空軍基地簡直不堪一擊，因此北韓應從這些難以防守的地方撤退並加強防禦。他甚至指著地圖對李相祖說，仁川是最有可能遭到攻擊的目標。然而出乎中國人意料的是，金日成對此滿不在乎，沒有在仁川港布雷。

中國很清楚前線正在發生的大事，但是北韓領導卻渾然不覺。在極權主義制度下，最大的問題就是壞消息很難從前線準確地傳回大後方。儘管民主國家同樣會發生類似的事，但是這一點在階級制度格外森嚴的北韓尤其明顯。不利的消息往往會在傳播過程中逐漸變成有利的訊息。因此，九月四日，當毛澤東的特使柴成文告訴金日成，戰事已經在釜山地區陷入僵持狀態時，這位北韓領導人並不相信。他告訴中國代表，他的重大攻勢才剛剛開始，勢必能迅速打破僵局。柴成文又提到，美軍可能會在北韓後方發動襲擊，但是金日成回答：「據我們估計，現在美軍不可能進行反攻。他們沒有足夠的兵力增援，更不用說在我們後方登陸。」十分詫異的柴成文在九月十日，也就是仁川登陸五天前回到了北京，但是隨即又返回平壤。周恩來讓柴成文轉告金日成，希望他能做戰略性撤退。「我從不考慮撤退。」金日成回答。周恩來對這個答覆十分不快。美軍幾乎是在毫無阻礙的情況下實施了仁川登陸計畫。三天後，即九月十八日，周恩來會見了蘇聯代表，再次建議北韓軍撤退到北方進行重組，並向西方國家宣稱中國或蘇聯會參戰。

* * *

一萬三千名美軍官兵穿越海堤與碼頭登陸，隨後向漢城迅速推進，這一切完全依麥帥預定的情況發展，完美得令人難以置信。作戰狀況出人意料地極為有利，美軍幾乎沒有遭遇任何抵抗。從地形看來，仁川港就像是半截大拇指一樣向外突出，往東大約十英里就是金浦機場，如果一切順利，從金浦再往東大約五、六英里就是漢城。第一陸戰團和第七團將首先拿下仁川，接著攻克金浦，然後向東越過漢江直搗漢城。這麼一來，他們很快就能與華克的第八軍團取得聯繫，後者屆時將突破洛東江包圍圈，迅速揮師北進。

一開始，陸戰隊的傷亡很小：在月尾島一戰中沒有人員傷亡，隨即打開了港口；在開戰的第一天，美軍只有二十名士兵陣亡。但是隨著聯合國軍不斷逼近漢城，北韓也加強了抵禦。同時，第十軍軍長阿爾蒙德與屬下第一陸戰師師長史密斯之間的摩擦也越演越烈。阿爾蒙德主張不惜一切代價速戰速決，而史密斯則認為，在這場愈發艱難的戰役中，海軍陸戰隊應避免無謂的犧牲。史密斯（以及陸戰隊大多數的將領）逐漸意識到，阿爾蒙德是不顧現實條件的指揮官，除了聽命於自己的上司，他根本不在乎自己的指揮正確與否，也不在乎手下將士的存亡安危，更不用說聽取他人的意見了。這就為他們日後的各自為政埋下了禍根。從一開始，陸戰隊將官就覺得，毫無兩棲登陸經驗的阿爾蒙德不僅刻意忽略美軍可能遭遇的危險與困難，而且對自己的下級軍官及其需要置若罔聞。阿爾蒙德和史密斯本來就是兩種人：前者目空一切、剛愎自用；後者踏踏實實、低調敬業（事實上，史密斯還有個綽號叫「教授」，不過沒有人敢當面這麼稱呼他）。他們的摩擦也反映陸軍與陸戰隊本質的不同。陸軍規模龐大，所以陸軍將領與部下的關係往往異常疏離；陸戰隊規模較小，因此軍官與部下之間非常親密、感情很深。此外，史密斯比一般的陸戰隊將領更小心謹慎。一九四四年十月，當第一陸戰師在貝里琉登陸時，史密斯是副師長。那是太平洋戰場上最殘酷、代價最高的戰役之一。因為重大情報失誤，陸戰隊在登陸時才發現敵我力量的差距極為懸殊，自己即將面對的是九千多名在掩體裡嚴陣以待的日軍士兵。可以說，這麼一次遭遇可以永遠改變一個人的性格。

如果說這些將領從一開始就不和，那麼隨著戰爭的展開，他們的關係就更四分五裂了。他們之間的夙怨，借用陸戰隊歷史專家愛德溫．西蒙斯（Edwin Simmons）的話來說，可謂「一言難盡」。西蒙斯曾經是陸戰隊軍官，參加過仁川登陸與長津湖戰役。在他看來，這些人的摩擦與二戰期間將領之間的不和完全不同。在歐洲戰場，打擊德軍的美國陸軍火力極為強大，當德軍潰敗時，大批敵兵會集體繳械，只有少數人倉皇逃竄，因此使得部隊能立刻順勢推進、趁勝追擊。然而，太平洋戰場上的陸戰隊與陸軍官兵的戰鬥條件異常艱苦。當日軍無力還擊時，他們會慢慢撤退，因此部隊只能一步步向前推進，而且日本人極少投降。

史密斯曾警告阿爾蒙德，仁川登陸大獲全勝只是一種假象，美軍打敗的是敵軍的小股部隊，攻克漢城仍十分困難。他說，初步偵察結果顯示，守衛這座城市的是北韓精銳部隊的數萬名將士。史密斯的猜測一點也沒錯。之前，麥帥的情報處長估計，在仁川—漢城一帶有六、七千名敵軍官兵，但是仁川登陸結束後，金日成緊急調來兩萬大軍，即一個師外加三個獨立團的兵力增援漢城。因此，最後守住漢城的，是一支三萬五千至五萬人的大軍，雖然有些士兵毫無作戰經驗，個個卻異常勇猛。史密斯後來一針見血地指出，通往漢城的道路「在報紙上看起來平常，但在戰場上絕非如此」。處於人數劣勢的美軍只在武器裝備與火力上占有優勢。但是，漢城易守難攻。攻占這樣一座城市，巷戰必不可少，因此這場戰役打得極為辛苦，美軍為此付出了慘痛的代價。有時候，勝利甚至是一條街一條街地奪來的。因為美軍只能依靠自己的強大火力，所以交戰過後，這座城市的大多數地區都已被夷為平地。隨著美軍攻勢逐漸減弱，奪取每一寸土地都需要付出越來越高的代價。史密斯變得壓力沉重，而阿爾蒙德和麥帥的野心卻越來越大。阿爾蒙德對史密斯設定的進攻速度十分不滿。他開始以師長自居——在

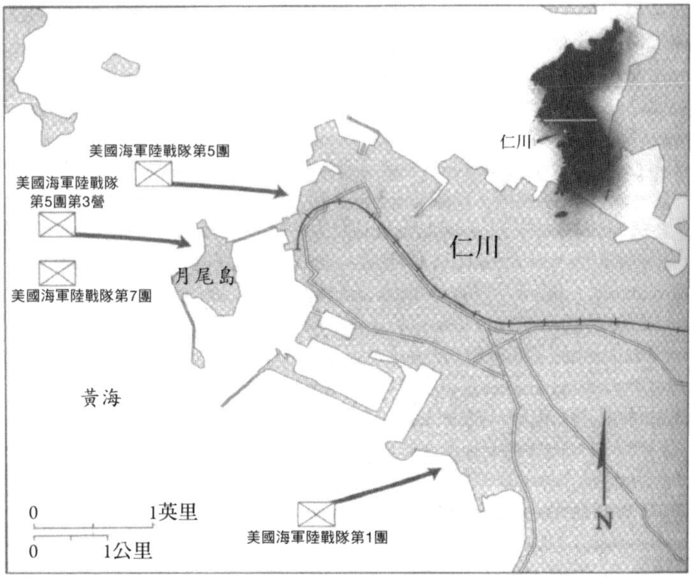

圖九　仁川登陸，一九五〇年九月十五日

接下來的幾場作戰中也是如此——他搭乘自己的小型偵察機四處巡視，越過史密斯的師部不斷對其手下的團長、營長甚至連長發號施令。阿爾蒙德以傑出的戰場指揮官自居，凡其所到之處，不管下面是哪支部隊，他都會透過無線電發出指令。史密斯對阿爾蒙德越權指揮十分惱火。「你可以下達指令給我，由我負責執行這些命令。」有一次他對阿爾蒙德說。但是阿爾蒙德依然我行我素，繼續指揮史密斯的手下。最後，史密斯只好向自己的作戰處長鮑澤上校下達命令，如果沒有師部的認可，他可以拒絕執行任何命令。

在史密斯看來，切斷北韓軍的補給線能達到速戰速決的效果。然而，戰場上的重重壓力反映出麥帥總部對公共關係的過度迷戀以及對虛榮永無止境的慾望，這無疑會分散軍隊的注意力。但是，他的這種看法讓自己與阿爾蒙德的關係更加緊張。在這個問題上，東京與華盛頓出現了嚴重分歧。就史密斯、華克及在華府盛頓遠遠觀望的參聯會認為，最明智的方法就是繞過漢城，封鎖它，然後迅速往東與正揮師北上的華克部隊會合。他們希望，這個戰略不僅能讓美軍取得大捷，還可以合圍大部分的北韓軍。在他們看來，麥帥與阿爾蒙德對漢城的執著已經超出這次登陸的目的，如果照他們的想法去做，大批敵軍就能藉機逃之夭夭。但是他們知道，麥帥急於在九月二十五日之前或當天，也就是北韓首度越過三十八度線三個月以後這個別具紀念意義的日子裡，一舉攻克漢城。麥帥原本打算把攻克漢城的日期定在九月二十日，後來卻聽從阿爾蒙德的這個建議。史密斯認為，阿爾蒙德為了登上報紙頭條，不惜拿陸戰隊將士的生命去冒險。但是，他的那一套在史密斯這裡卻行不通，因為在他看來，那些東西只不過是騙人的把戲而已。

* * *

在此同時，麥克阿瑟總部對華克及其第八軍團，未能在洛東江有所突破感到沮喪。但比起華克，他們的沮喪算不了什麼。九月十七日，華克在第一次聽到仁川登陸的消息時就發現，那裡的防禦簡直不堪一擊，這讓他大為光火。「他們耗費了大量彈藥來對付月尾島和仁川一小撮毫無作戰經驗的敵軍。我們這裡缺少彈藥，卻要抵禦北韓九成的主力部隊。」華克在看了仁川戰報後對自己的朋友說。華克知道，在有些地點，他的手下很難衝破洛東江畔的封鎖線。雖然這條河無異於他們抵禦北韓軍隊的天然屏障，但同樣也使美軍難以追擊北韓軍。最讓他憤怒的還是來自上級的壓力。他這裡彈藥嚴重不足，沒有任何搭橋裝備。最好的辦法就是前往第十軍的防區，與他們一起渡過所有橋樑都已經炸毀的漢江。然而讓華克不平的是，阿爾蒙德主掌的參謀長辦公室所做出的決定似乎都是針對自己而來的。

麥帥及其手下從來不曾提過以下的經過。九月十九日，在「麥金利山」號指揮艦舉行的參謀會議，海軍和陸戰隊大部分的高階將領都出席了（「幾乎可以稱做一次公關會議。」克萊．布萊爾這麼說）。在這次會議上，麥帥公然表達自己對華克感到失望，並希望能委任一名更精明能幹的將領來取代華克。這對華克無疑是一種侮辱。於是，華克致電代理參謀長多伊爾．希奇，解釋部隊為何進展緩慢。「我們就跟私生子沒有兩樣，」他告訴希奇，「架橋裝備還沒有到位，我們已經焦頭爛額了。」接著，華克又說：「我可不想讓你們認為是我在扯後腿，整個洛東江沿線的士兵都必須過河，但是這裡只有兩座橋，簡直是杯水車薪。」

當麥帥抱怨華克時，海軍陸戰隊的攻勢也開始減緩，因為他們在這裡遇到的強大阻力遠比東京總部估計的大。阿爾蒙德想要史密斯保證，海軍陸戰隊能在最後期限前攻陷漢城。「我告訴阿爾蒙德我什麼也不能保證，因為這要看敵軍的情況。我們已經竭盡全力了。」後來史密斯說道。這可不是阿爾蒙德想要的答案。如果史密斯是一名陸軍軍官的話，那麼他很可能會被阿爾蒙德就地解職。阿爾蒙德很快就帶著自己制訂的作戰計畫過來，想要史密斯加緊進攻，但是在史密斯看來，這個計畫會分散美軍的力量，而非加強他們的火力。在阿爾蒙德的作戰計畫中，有一處讓史密斯尤為不安，因為美軍似乎是從同一個城市的兩個完全相反的方向對敵軍發動進攻，最後他們會在戰鬥中亂成一團，並互相射擊。他幾乎是看了一眼就斷然拒絕了阿爾蒙德的計畫。然而，這個舉動令阿爾蒙德怨恨不已。一個師長竟然拒絕了一個軍長的作戰計畫，他們的關係幾近崩潰。

九月二十五日，海軍陸戰隊一部的確到了漢城的郊區。這麼一來，阿爾蒙德就能發表公報，聲稱美軍已攻克南韓的首都。但對於那些正在前線浴血奮戰的將士來說，這純屬無稽之談。「如果這座城市已經解放了，」在阿爾蒙德發出公報後的第二天，一名美聯社的記者說道：「正在堅持抵抗的北韓人還不知道。」事實上，直到九月二十八日，激戰仍在持續。美軍仰仗自己猛烈的砲火最終獲勝，但他們所到之處無不是一片廢墟。在提到美軍攻克漢城一事時，英國記者雷吉納德．湯普森（Reginald Thompson）寫道：「場面極為混亂，四處狼藉。俯衝轟炸機呼嘯著掠過人們的頭頂，戰車砲管噴射出烏青色的火光，一幢幢大樓在沖天的火焰中劈啪作響，電線纏繞著橫七豎八的電報亭和高壓電線杆……這樣的解放恐怕很少有人經歷過。」

這場殘忍的戰鬥不僅為漢城造成慘重的損失，也為阿爾蒙德與海軍陸戰隊的關係帶來嚴重的後果。沒錯，阿爾蒙德按照原定日期將漢城交給了麥帥。阿爾蒙德的這種做法，克萊．布萊爾寫道，與他在二戰期間的所作所為如出一轍。他是一個「吹毛求疵、目中無人且毫無耐心的傢伙」，總是喜歡把自己手中的軍隊分成小股，然後在沒有足夠預備隊的情況下就把他們送上前線，絲毫不擔心他們的側翼究竟有沒有人防守。布萊爾還寫道：「他魯莽到了極點，還希望其他人都和他一樣。」然而，在許多下層軍官看來，他這種態度根本就是置將士的安危存亡於不顧。阿爾蒙德「反覆強調要迅速攻克漢城，完全是出於個人的心理或公關之需，而不是為了建立一道牢不可破的防線，防止北韓軍逃走」。也正因為如此，才會有許多敵軍從這個本來應當是天羅地網的防禦圈中逃之夭夭。出於對他的鄙夷，華克偷偷把第十軍稱為「公關旅」。儘管此戰在戰術上並不完全成功，但這對麥帥來說是一次輝煌的軍事大捷與個人勝利，也標誌著他的事業達到了巔峰。這次戰役摧毀了北韓大軍的鬥志，同時讓北韓的大門為美軍洞開。

仁川登陸的一舉成功讓麥帥的領導統御本質發生了巨大轉變，他立刻開始秋後算帳。凡是那些支持仁川登陸的人都受到褒獎，而那些表示懷疑的人則必須為自己對麥帥缺乏信任的行為付出代價。就在攻克漢城當天，麥帥在剛被攻陷的金浦機場從自己的飛機上拾級而下，看都不看便逕自走過那位在釜山率領將士英勇作戰、並在幾次九死一生的殘酷戰鬥中倖免於難的三星將軍華克，熱情洋溢地對阿爾蒙德致以問候。華克的飛機駕駛員林區滿懷輕蔑地看著這一幕。「內德，我的孩子。」他親暱地對阿爾蒙德說道。這種冷漠無疑是對華克在仁川問題上錯誤地與柯林斯及其他參謀長站在一起的懲罰。然而更糟的是，麥帥的這個舉動對整個聯合國軍造成了嚴重影響。華克原本以為仁川戰役結束後，被借走的第十軍順理成章應當歸還給他，重新編入第八軍團，但現在他很清楚，這完全不可能。只要阿爾蒙德擔任參謀長，他就不會放棄自己對第十軍的戰地指揮權。隨著美軍開始北上，麥帥顯然想要削減他的指揮權。

從一開始，把第十軍劃歸於阿爾蒙德名下的決定就讓包括東京與華盛頓在內的許多高階將領大惑不解。在他們看來，這是特殊情況下的權宜之計。事情再明顯不過，華克在苦守釜山時敵眾我寡，而麥帥的總部裡早已人才濟濟。但現在，阿爾蒙德第十軍卻歸他一人掌管，再也不會有人向華克匯報。此外，華克只能在北上途中與阿爾蒙德一較高下——這是第十軍的又一次兩棲作戰計畫，而這次的登陸地點選在東海岸三十八度線以北的元山。初戰大捷、春風得意的麥帥開始攫取更大的指揮權。然而在此同時，彷彿就像命中注定一樣，事情開始變得棘手。補給不是川流不息地運入仁川，而是部隊與裝備不斷從此地運走。在這段極為寶貴的時間裡，美軍沒有從漢城東進，合圍正在撤退的北韓軍隊，而是讓第十軍緩慢而笨拙地從釜山上船，向元山進發，以準備下一次登陸。這時，北韓軍隊正在華克的追擊下向北方倉皇撤退，但是這時第十軍第七師卻有道路的優先使用權，因為他們正往南面的釜山地區進發，準備發動下一次海上襲擊。因此，在這條狹窄的主幹道上，北上的部隊要讓路給正在南下的第七師，但是這麼一來就違反了陸軍的基本準則之一：永遠都不要跟丟你的敵人。

事實上，元山登陸從一開始就是一場巨大的災難。海軍對這個計畫十分震驚。負責兩棲作戰的特納．喬伊上將對元山登陸一點也不感興趣，因為他估計北韓人很可能已經在元山港布下地雷。因此，他想去東京對麥帥提出抗議，卻吃了閉門羹。事實證明，元山登陸完全是兒戲。如果華克的軍隊能及時北上，即使是按照傳統的行軍模式，也能輕易地速戰速決。然而，事事都不順利。決策者們猶豫不決，一次次貽誤時機，反而讓南韓友軍先趕到元山。十月十日，南韓軍第三師和首都師在幾乎沒有遭遇任何抵抗的情況下抵達元山，讓美軍丟盡了臉。第二天，華克與戰區空軍司令厄爾．派特里奇少將一同飛抵這座港口城市。當他們發現機場開放後，便開始用貨輪向南韓軍隊運送補給物資。十月十九日，滿載海軍陸戰隊士兵的戰艦終於抵達元山港。喬伊上將說的沒錯，北韓軍隊已經在這裡布下

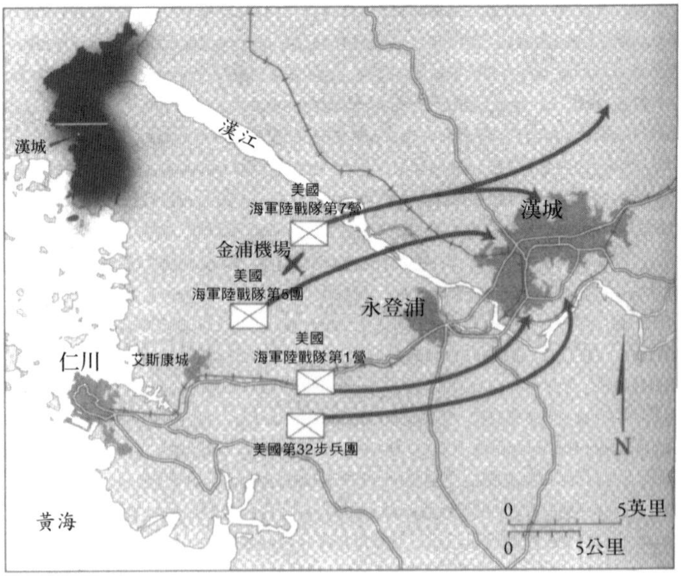

圖十　開赴漢城，一九五〇年九月十六至二十五日

大約兩百枚水雷，而他們只帶了十二艘掃雷艇。於是，在掃雷時，海軍陸戰隊的士兵只能待在艦艇裡等待。在這段漫長的等待中，很快的，許多士兵開始暈船。接著，痢疾又流行開來。一艘大型運輸艦上的七百五十名官兵染病。在得知南韓軍隊已拿下這座城市後，他們把這次登陸行動稱為「溜溜球行動」。

然而更讓他們羞愧的，還應該是鮑伯．霍伯的到來。霍伯是著名的喜劇演員，經常到戰地慰問演出。但是當他來到元山準備為前方將士義演時，卻發現海軍陸戰隊隊員還在等待上岸。於是，在元山臨時搭建的舞臺上，他靈機一動，脫口而出，說這是自己第一次先於海軍陸戰隊登陸。「看到你們可真是高興，」他對著一小群維修人員、南韓士兵以及一些從船艦上下來的膽大之徒說：「我們願意邀請你加入我們的每一次登陸行動。」十月二十五日，南韓軍隊抵達元山兩週以後，海軍陸戰隊終於上了岸。

但真正的危險——東京及華盛頓的每個人幾乎心裡有數——不是元山登陸，而是司令部的分裂。在美國陸軍所有不成文的規定當中，這一條也許是最為嚴重的，因為這種事無論在什麼情況下都不應該發生。對於美國軍人來說，一提起指揮權的分裂，他們就會立刻聯想到卡斯特（George Armstrong Custer）在小大角戰役中全軍覆沒的慘痛遭遇。現在能和卡斯特當時的情況相提並論的就是麥帥和阿爾蒙德，而他們最終的悲劇發生在清川江與鴨綠江。就是在那裡，麥帥把自己的部隊送進一個異常危險、地形極為複雜的區域（就連天氣也開始跟他們作對，他後來這麼說），因此讓這支部隊變得不堪一擊。此事不僅反映出麥帥的某些弱點，更反映出他對自己的下一個潛在對手中國的不夠尊重。這個對手對麥帥早已瞭若指掌，而麥克阿瑟卻從來沒有認真去了解中國人，正是他的疏忽大意讓自己的手下付出慘痛的代價。

然而在麥克阿瑟看來，這只是一次小小的技術失誤，根本就微不足道。當阿爾蒙德在麥帥的准許下身兼兩職時，很多人對此難以置信。用年輕時曾任中尉、後來成為戰爭學者的傑克．墨菲的話來說，這個舉動很可能代表了「據我所知美國陸軍內部最嚴重的一場大規模利益衝突」。

隨著美軍繼續北上，人們越來越懷疑這支隊伍的指揮結構。他們當中的許多人都曾經到過各級司令部，見過標示有各式各樣不同標誌的作戰地圖。在洛東江一戰中，墨菲被召到第八軍團司令部，當他看到眼前那張巨幅地圖時，立刻就被鴨綠江岸邊三個紅色的小三角形吸引住了。這時有人告訴他，一個小三角形就代表一支中共部隊。墨菲心想，那麼這就代表在那一帶有三個中國師了，兵力相當可觀。後來他才知道，一個小三角既不是代表一個師或一個軍，也不是代表一個軍團（三個師相當於一個軍，三個軍相當於一個軍團，三個軍團相當於一個集團軍），而是一個集團軍。或者借用他在情報部門工作的朋友的話來說，就像是一支有二十七個師的隊伍，粗略估計，兵力應該介於二十五萬到三十萬人之間。無論洛東江戰役有多麼可怕，他想，只要看一眼這幅地圖，就會立刻不寒而慄。

沒有人能完全明白，麥帥為什麼會分散兵力，還毫不猶豫地讓其中一支踏上一個需要嚴加防範的險地。無論他後來說什麼或做什麼都不足以解釋這個決定；無論他的部下及同情他的新聞記者或其他人寫了些什麼，都不能說明他為何會做出這種舉動。在李奇威看來，既然這個決定不能從軍事角度解釋，那麼對於麥帥這樣一個從來都不會漫不經心地出招、每一步都有深刻政治意義的人來說，一定還有別的原因。這是一個訊號，時隔五十年後李奇威說，在仁川登陸後，麥帥意識到自己的影響力與日俱增，因此他其實是在著手建立一支獨立於華盛頓與參聯會、甚至在華克管轄範圍之外的軍中之軍。他想要逐步弱化華盛頓派來的那位第八軍團司令華克的重要性與獨立性，並創造出華克難以控制、屬於他自己的體制。從這個意義上來說，阿爾蒙德是一個工具，或一枚棋子，麥帥想要藉他的手攫取本應屬於參聯會主席與政府的權力，但是等到他們意識到這一點時，一切都為時已晚。分散兵力的舉動讓他獲得了更大的影響力，而華盛頓的影響力卻隨之削弱。

只要是麥帥想要的事，就算他沒有說，阿爾蒙德都會立刻照辦。如果說麥克阿瑟希望不論自己下達什麼樣的命令都會有人唯命是從的話，那麼這個人就是阿爾蒙德；華克卻截然相反，因為他不是麥帥的人。從仁川戰役中就可以窺知他崇尚獨立的個性。李奇威相信，麥帥分散兵力是有意要破壞華克的獨立性，從而限制華盛頓在朝鮮半島的影響。也就是說，華克不再是麥帥手下唯一的軍團司令，他的左右臂已被毫不留情地砍掉了。華克只是兩位指揮官之一，事實上，在許多問題上他不得不容忍身兼參謀長的阿爾蒙德。此外，他還被迫參與了一場與阿爾蒙德競爭的比賽：看誰先打到鴨綠江邊。但是，由於質疑了揮師北上的命令，因此他只能在上司的咄咄逼問之下，設法解釋為什麼自己的部隊沒有阿爾蒙德那麼迅速。借用一個政治術語來說，李奇威認為，這是一場爭奪勢力範圍的戰爭。為了能讓東京總部掌握更大的權力，在麥帥與華盛頓的不斷衝突中，他走了一步極為高明的險棋，並取得決定性的勝利。然而當參聯會開始覺醒，李奇威認為，一切都為時已晚。

21 保護臺灣

一九五〇年秋天，當國會的兩黨議員，甚至那些曾經對蔣介石忠心耿耿的支持者都不願意為向中國大陸派兵承擔責任時，蔣介石反攻大陸的夢想就化為泡影了。然而在白宮，這個反攻的夢想還具有相當的政治價值，不僅可以讓政客們反覆用來抨擊政敵，還受到國民黨駐美大使館的極大鼓勵。但是，當使館官員們得到那些可能對美國不利的訊息時，他們往往不會對自己的美國朋友直言相告。

在中國參戰的幾週前，大批中共軍隊在中韓邊境集結。對於這個動向，無論是臺灣的國民黨高層還是其駐美大使館的要員都全然洞悉，幾乎能肯定中共下一步會有什麼舉動。他們完全知道，當美軍、南韓軍直逼中國和北韓的邊境時，中共對北韓搖搖欲墜的局勢會有哪些反應，就像他們知道中共會對他們做出哪些反應一樣。然而，他們的情報並不只是基於自己的直覺。在中國內戰期間，當國民黨某個師向中共投降時，一些前國民黨黨員也被強行併入共產黨軍隊當中。這些人會透過無線電臺透露中共的某些作戰計畫。因此，國民黨往往能掌握一些相當重要的情報，不僅從那些共軍內部的前國民黨特務那裡，還從一些鐵路工人身上，甚至還能從舊政府的其他部分那裡得到這些情報。從聯合國軍越過三十八度線的那一天起，對於即將發生的事，他們具有某種強烈的預感，而且他們所得到的每一條情報似乎都在印證這些預感（有關這件事的部分電報後來被國民黨駐美大使館的一位異議人士公諸於世，因此才真相大白）。中國介入韓戰可能會引發的衝突正是他們亟待看到的事——只有等到新中國參戰後，他們才有機會返回大陸。這是他們唯一能反攻奪權的希望，因此他們並不急於提醒自己的美國盟友即將發生什麼事，否則美國就會極力避免可能發生的衝突。國民黨駐美大使館官員在美國問題上的態度遠比美國人在臺灣問題上的態度複雜得多。他們反覆告誡身在臺灣的國民黨高層要保持冷靜，不要讓這項訊息傳到美國人耳中。

國民黨駐美大使館的力量絕不可低估，這不僅是因為他們個個足智多謀，更是因為在美國的右派勢力中有一個極為重要的派別特別想支持國民黨。到一九四八年，無論國民黨政權是否能生存下去，他們在華盛頓的生存機率卻比在中國大得多。它的支持者是美國的政客和記者，而不是中國的平民百姓。國民黨政權最聰明的兩位代表人物宋子文和顧維鈞以高超的技巧活躍於華盛頓的政治舞臺上。一九四九年五月，哥倫比亞廣播公司的艾瑞克．薩瓦賴德（二戰期間曾擔任駐華記者）寫道：「國民黨政府已經土崩瓦解。如果說它還有一個真正總部的話，那麼一定是在華盛頓。在這裡，國民黨的說客及其美國支持者正拚命地四處奔走，想促成美國再次對國民黨進行大規模援助。」

引發美國與中國之間衝突的力量遠比大洋兩岸人民所以為的強大得多。很多美國人都沒有意識到，從蔣介石退守臺灣的那一刻起，臺灣就成為中美關係的癥結所在。當新中國成立以後，美國立刻斷絕了一切與之交流的可能性。當包括英國在內的重要盟友開始與中國對話時，美國仍拒絕承認新中國，孤立了中國，也孤立了自己。這無異於主動將中國推入史達林的懷抱。此外，在美國人看來，與蔣介石保持聯繫就意味著要保護他，而保護蔣介石就要保衛臺灣。在美國與新中國斷絕往來之前，參聯會認為這個島嶼對美國的國家安全無關緊要。一九四九年三月，麥帥也表示：「把臺灣視為我們的一個基地，毫無軍事根據」。他的這項聲明被國務院有意公開（這只會讓這位太平洋戰區司令在艾奇遜眼裡變得更加面目可憎）。然而，政策並非總是一成不變。但當這個政策逆轉，即美國決定支持蔣介石與臺灣時，卻造成了極為嚴重的後果。可以說這是美國對亞洲巨大變化所做出的相對較小的政策調適，但是在毛澤東及其擁護者眼中絕非如此。他們認為，這是一次公然的挑釁，阻礙了他們統一國家的發展。在美國切斷了一切可能與他們交流的管道時，事實上也是阻擋了他們徹底革命的發展。當時，雙方對於這一點都沒有太大的轉圜餘地。在華盛頓，杜魯門政府只是憑著自己的本能做出反應。美國官員以為，這只是對地緣政治的微調。然而在中國大陸的勝利者眼中，華盛頓的所作所為卻使解放全中國這個夢想成了泡影。美國的這項舉動立刻讓自己成為對方不共戴天的仇敵。

從蔣介石離開大陸的那一刻起，國民黨駐美大使館與「中國遊說團」所做的都是在阻止美國承認新中國。他們成功地讓是否承認新中國變成美國國內一個持久的論題，即使在時隔二十幾年之後，民主黨仍對這個話題噤若寒蟬。尼克森總統曾是一名勇於批評民主黨人對待共產主義過於軟弱的年輕政治家，人們以為他不會受到共產黨的紅色誘惑。不過，一九七二年二月，他首度打破堅冰，出訪中國。然而，除了尼克森以外，如果換成其他民主黨人出訪中國，那就會被指責為親共。同時，美國人不得不考慮這麼一個奇怪的問題：究竟哪一個國家才是中國？是那個有著五億、六億、然後又迅速攀升到七億人口的國家，還是那個遠離大陸、只有八百萬人的小小島嶼？對於這個問題，美國人在很長一段時間裡都沒有做出正確的回答。

政策問題更是至關重要：難道臺灣和蔣介石真的那麼重要，繼續支持他們會不會讓美國與一個初具雛形的亞洲大國之間的關係變得更加岌岌可危？難道對於那個曾經一次又一次地失信於民、對美國在軍事與政治經濟上的建議置若罔聞、卻又把自己的先進武器裝備拱手送給敵人的業已垮臺的領袖，美國真的欠他的人情？難道美國真的甘願把一個實力正在上升、有可能成為自己潛在威脅、將來一定會變得強大的泱泱大國逼入自己仇敵的懷抱？難道美國有必要印證毛澤東的信仰，證明自己是一個覬覦中國的新帝國主義列強？難道美國真的打算按照毛澤東的某種說法變得狂妄自大，從而進一步鞏固他對美國的敵視態度與敵對政策？這些都是當時亟待解決的問題，而每一個問題的答案幾乎都是否定的。但是由於事涉國家安全，當時人們對這些問題噤若寒蟬，而且較之於國內政治鬥爭，它們立刻顯得無足輕重。因此，最後美國還是決定繼續支持那個業已死亡的國民黨政權。

對於即將發生的衝突，沒有人比麥爾比看得更為清楚。這個中國通親眼目睹國民黨政府的垮臺，因此對很多事情他往往能採取更明智的舉動。麥爾比是一個傳奇人物。一九四五年，在哈里曼的力薦之下，他從美國駐蘇聯大使館來到中國，然後又成為美國駐蘇聯大使，並受命密切注意該國政府的一舉一動。他很快就成為美國使館中重要的反蔣人物。他發現共產黨在中國受到擁戴並取得成功與蘇聯並沒有太大關係，而是因為他們積極回應了人民的呼聲與國內潛藏著的民族主義情結，從而變得堅不可摧。因此，麥爾比毫不懷疑，儘管美國與毛澤東領導下的中國之間的關係一定會十分艱難，但美國在處理這項關係時卻應當十分慎重。一九四八年六月，也就是蔣介石政權垮臺的前一年，就像是在預言即將發生的事情那樣，他在日記中寫道：「美國竭盡全力也無力阻擋亞洲的潮流，但是如果能集思廣益，我們完全能讓這股潮流變得比現在更加友善。」

在韓戰爆發後，美國立刻決定把第七艦隊調往臺灣海峽。然而美國人當時卻沒有意識到，自己做出了一個宿命的決定。毛澤東深知，他無法在海上和空中與美國軍隊抗衡，因此當他最終決定與美國一決雌雄時，那麼戰場一定是在韓國。中國規模龐大的陸軍輕易就能抵達北韓。毛澤東的軍隊能徒步穿越鴨綠江，但是美國軍隊卻無法游過臺灣海峽。如果美國膽敢在臺灣海峽劃定自己的界線，那麼毛澤東在北韓劃出自己的界線簡直是易如反掌。

【下冊待續】

最寒冷的冬天（上冊）

韓戰啟示錄（普立茲獎得主——大衛・哈伯斯坦——傳世經典紀念版）

The Coldest Winter: America and the Korean War

作者　大衛・哈伯斯坦（David Halberstam）
譯者　王祖寧、劉寅龍
校審　謝仲平、許劍虹（二版）

主編　洪源鴻
責任編輯　洪源鴻（三版）、區肇威（二版）
行銷企劃總監　蔡慧華
行銷企劃專員　張意婷
封面設計　薛偉成
內頁排版　宸遠彩藝

出版　八旗文化／遠足文化事業股份有限公司
發行　遠足文化事業股份有限公司（讀書共和國出版集團）
地址　新北市（二三一）新店區民權路一〇八－二號九樓
電話　（〇二）二二一八－一四一七
傳真　（〇二）二二一八－八〇五七
客服專線　〇八〇〇－二二一－〇二九
信箱　gusa0601@gmail.com
Facebook　facebook.com/gusapublishing
Blog　gusapublishing.blogspot.com
法律顧問　華洋法律事務所　蘇文生律師
印刷　成陽印刷股份有限公司

出版　二〇二三年十月（三版1刷）
定價　九六〇元（上、下冊不分售）
ISBN　978-626-7234-64-8（平裝）
978-626-7234-63-1（EPUB）
978-626-7234-62-4（PDF）

◎本書曾以《最寒冷的冬天：韓戰真相解密（停戰65週年版）》之名於2018年出版

國家圖書館出版品預行編目(CIP)資料

最寒冷的冬天：韓戰啟示錄
（普立茲獎得主——大衛・哈伯斯坦——傳世經典紀念版）
大衛・哈伯斯坦（David Halberstam）著／王祖寧、劉寅龍譯／三版／新北市／八旗文化／遠足文化事業股份有限公司／2023.10

譯自：The coldest winter: America and the Korean War
ISBN 978-626-7234-64-8（平裝）

1. 韓戰　2. 戰史

732.2723　112013200